AF358520

Diseño: Gerardo Miño
Composición: Eduardo Rosende

Edición: Primera. Mayo de 2023
ISBN: 978-84-18929-87-8
Depósito legal: M-28470-2022
Códigos IBIC: HBLA1 (Historia clásica/civilización clásica)
1QDAG (Antigua Grecia)
1QDAR (Antigua Roma)

Lugar de edición: Buenos Aires, Argentina

dirección postal: Tacuarí 540 (C1071AAL)
Ciudad de Buenos Aires, Argentina
tel-fax: (54 11) 4331-1565
e-mail producción: produccion@minoydavila.com
e-mail administración: info@minoydavila.com
web: www.minoydavila.com
redes sociales: @MyDeditores, www.facebook.com/MinoyDavila

PAOLA DRUILLE y LAURA PÉREZ (eds.)

FILÓN DE ALEJANDRÍA EN CLAVE CONTEMPORÁNEA

Estudios del Mediterráneo Antiguo / **PEFSCEA Nº 26**

PROGRAMA

Consejo de dirección:

Marcelo Campagno   (Universidad de Buenos Aires-CONICET);
Julián Gallego   (Universidad de Buenos Aires-CONICET);
Carlos García Mac Gaw   (Universidad Nacional de La Plata-Universidad de Buenos Aires).

Comité asesor externo:

Jean Andreau   (École des Hautes Études en Sciences Sociales, París);
Josep Cervelló Autuori   (Universidad Autónoma de Barcelona, España);
César Fornis   (Universidad de Sevilla, España);
Antonio Gonzalès   (Université de Franche-Comté, Francia);
Ana Iriarte   (Universidad del País Vasco, España);
Pedro López Barja   (Universidad de Santiago de Compostela, España);
Antonio Loprieno   (Universidad de Basilea, Suiza);
Francisco Marshall   (Universidade Federal de Rio Grande do Sul, Brasil);
Domingo Plácido   (Universidad Complutense de Madrid, España).

ÍNDICE

Siglas y abreviaturas

Obras de Filón de Alejandría

Mos.	*De vita Mosis 1 y 2. Vida de Moisés 1 y 2.*
Opif.	*De Opificio mundi. La creación del mundo según Moisés.*
QG	*Quaestiones et solutiones in Genesim 1, 2, 3, 4, 5 y 6. Cuestiones sobre el Génesis 1, 2, 3, 4, 5 y 6.*
QE	*Quaestiones et solutiones in Exodum 1 y 2. Cuestiones sobre el Éxodo 1 y 2.*
Leg.	*Legum allegoriae 1-3. Alegorías de las leyes.*
Cher.	*De Cherubim. Sobre los Querubines.*
Sacr.	*De sacrificiis Abeli et Caini. Los sacrificios de Abel y Caín.*
Det.	*Quod deterius potiori insidiare soleat. Las insidias.*
Post.	*De posteritate Caini. La posteridad de Caín.*
Deus	*Quod deus sit immutabilis. Sobre la inmutabilidad de Dios.*
Gig.	*De Gigantibus. Sobre los gigantes.*
Agr.	*De agricultura. Sobre la agricultura.*
Plant.	*De plantatione. Sobre la plantación.*
Ebr.	*De ebrietate. Sobre la ebriedad.*
Sobr.	*De sobrietate. Sobre la sobriedad.*
Conf.	*De confusione linguarum. La confusión de las lenguas.*
Migr.	*De migratione Abrahami. La migración de Abraham.*
Her.	*Quis rerum divinarum heres sit. El heredero de los bienes divinos*
Congr.	*De congressu eruditionis gratia. Acerca de la unión con los estudios preliminares*
Fug.	*De fuga et inventione. Sobre la fuga y el encuentro.*
Mut.	*De mutatione nominum. Sobre el cambio de nombres.*
Deo	*Fragmento De deo. Sobre Dios.*
Somn.	*De somniis 1 y 2. Sobre los sueños 1 y 2.*
Abr.	*De Abrahamo. Sobre Abraham.*
Jos.	*De Josepho. Sobre José.*
Decal.	*De decalogo. Sobre el decálogo.*
Spec.	*De specialibus legibus 1, 2, 3 y 4. Las leyes particulares 1, 2, 3 y 4.*
Virt.	*De virtutibus. Sobre las virtudes.*
Praem.	*De praemiis et poenis. Premios y castigos.*
Flacc.	*In Flaccum. Contra Flaco.*
Legat.	*De lagatione ad Gaium. Embajada ante Gayo.*
Contempl.	*De vita contemplativa. La vida contemplativa.*

Prov. De providentia 1-2. *Sobre la providencia.*
Hypoth. Hypothetica, Apologia pro Judeis. *Apología por los judíos.*
Aet. De aeternitate mundi. *Sobre la indestructibilidad del mundo.*
Prob. Quod omnis probus liber sit. *Todo hombre bueno es libre.*
Animal. De animalibus. *Sobre los animales.*

Otras abreviaturas

BS   Boeri, M. y Salles, R. (2012). *Los filósofos estoicos. Ontología, lógica, física y ética. Traducción, comentario filosófico y edición anotada de los principales textos griegos y latinos.* Sankt Agustin: Academia Verlag.

DGE   Rodríguez Adrados, F., Aura Jorro, F. y Rodríguez Somolinos, J. (1989-). *Diccionario griego-español.* Madrid: Consejo Superior de Investigaciones Científicas, Instituto de Filología Antonio de Nebrija.

LSJ   Liddell, H. G. y Scott, R. (1996). *A Greek-English Lexicon* (1º ed. 1843). Gran Bretaña: Oxford University Press.

LXX   Rahlfs, A. (1935). *Septuaginta. Id est, Vetus Testamentum graece iuxta LXX interpretes.* Stuttgart: Privilegierte württembergische Bibelanstalt.

OCFA   Martín, J. P. (2009-2016). *Filón de Alejandría. Obras Completas,* vols. 1-5. Madrid: Trotta.

SVF   Arnim, H. F. A. (1903-1924). *Stoicorum veterum fragmenta,* vols. 1-4. *Zeno et Zenoni Discipvlis.* Lipsiae: in aedibus B.G. Teubneri.

TLG   Pantelia, Maria (dir.) (2001-). *Thesaurus Linguae Graecae. A Digital Library of Greek Literature.* University of California: http://www.tlg.uci.edu/

AGRADECIMIENTOS

*F*ilón de Alejandría en clave contemporánea ha sido posible gracias a los resultados obtenidos a través del Proyecto de Investigación de título homónimo (PICT 2015 0343), financiado por la Agencia Nacional de Promoción Científica y Tecnológica que depende del Ministerio de Ciencia, Tecnología e Innovación Productiva de la República Argentina. Nuestro agradecimiento a la Universidad Nacional de La Pampa, la Unidad Ejecutora del Proyecto, y a la Facultad de Ciencias Humanas dependiente de la misma institución por brindarnos un espacio de trabajo en la investigación a los y las integrantes del equipo que escribieron la mayoría de los capítulos de nuestro volumen. En el mismo sentido, damos las gracias al Instituto Interdisciplinario de Estudios Americanos y Europeos y su directora, la Dra. Lidia Raquel Miranda, permanente colaboradora del equipo filónico, por ofrecernos un ámbito de diálogo e intercambio y por avalar y acompañar continuamente todas las actividades y proyectos que emprendemos.

La publicación de *Filón de Alejandría en clave contemporánea* constituye el cumplimiento de una nueva etapa en un trabajo ininterrumpido de traducción al español y estudio de la obra de Filón de Alejandría bajo la guía generosa del Dr. José Pablo Martín († 2016), iniciador de las investigaciones sobre el autor en nuestro país, y de la Dra. Marta Alesso, principal formadora y maestra en el campo de la investigación y la filología de quienes editan el presente libro y también la Directora del PICT en que este se inscribe. Ambos nos enseñaron y enseñan el camino respetuoso e igualitario hacia una vida académica plena de conocimiento y constante formación profesional basada en la co-participación en desafíos compartidos y el respaldo generado por la amable transmisión de experiencias. Este apoyo entre pares ha sido enriquecido en los últimos años gracias al fortalecimiento de vínculos académicos con investigadores de diversas instituciones del país, especialmente de la Universidad de Buenos Aires, la Universidad Nacional de Tres de Febrero, la Universidad Nacional del Litoral, la Universidad Católica de Santa Fe y la Universidad Católica de las Misiones, entre otras, que han hecho posible nuestra publicación con la contribución de varios de los capítulos que conforman el libro. Su colaboración ha resultado de inestimable valor pues permite ampliar la perspectiva en los estudios de Filón gracias a su puesta en relación con las tradiciones y autores en que cada investigador se especializa –los escritores cristianos, bizantinos o el judaísmo rabínico– y a un abordaje interdisplinar que se nutre de los enfoques históricos, filológico-literarios y filosóficos.

Por último, queremos agradecer a nuestros familiares y personas más cercanas por estar junto a nosotras durante la preparación y edición de este volumen, y por su incondicional paciencia y comprensión.

     Filón de Alejandría en clave contemporánea

Filón de Alejandría en clave contemporánea es resultado del Proyecto de Investigación Científica y Tecnológica (PICT 2015 0343, Universidad Nacional de La Pampa), dirigido por la Dra. Marta Alesso y financiado por la Agencia Nacional de Promoción Científica y Tecnológica que depende del Ministerio de Ciencia, Tecnología e Innovación Productiva de la República Argentina. El Proyecto proponía demostrar que en la obra del autor judeohelenista pueden hallarse inicialmente formulados, o desarrollados en una forma original, términos, conceptos e ideas que han tenido una rica historia e influencia durante todo el devenir de la cultura occidental hasta nuestros días, y que en muchos casos han sido atribuidos a autores insignes del pensamiento contemporáneo como creaciones propias y absolutamente inéditas. Con esta hipótesis como punto de partida, el objetivo del equipo estuvo enfocado en revisar ejes conceptuales precisos para constituir un elenco de nociones axiales que tuvieron su nacimiento en el ambiente intelectual de las escuelas de Alejandría en la época del Imperio romano y, en particular, en el inmenso trabajo de indagación exegética y filosófica de Filón de Alejandría, y que son conceptos capitales del pensamiento filosófico y socio-histórico moderno.

El equipo de investigación que dio forma a este libro ha recorrido una larga trayectoria en el estudio e interpretación de la obra de Filón en el marco de un Proyecto más amplio destinado a la edición y publicación de las *Obras completas de Filón de Alejandría* (*OCFA*), traducidas por primera vez de forma completa al español desde la lengua original griega o las lenguas en que se han conservado algunos de los tratados, latín y armenio. Con José Pablo Martín († 2016) y Marta Alesso como editores, de los ocho volúmenes que comprende *OCFA*, la editorial Trotta (Madrid, España) ha publicado el volumen I y el V (2009), el II (2010), el III (2012) y el IV (2016), y ha realizado la reimpresión del volumen I (2016), de inesperada y profusa aceptación en el mundo académico europeo. Se encuentra en prensa el volumen VI, y están en preparación, con un importante grado de avance, los volúmenes finales de la colección, VII y VIII. La minuciosa lectura de los textos que exige este trabajo filológico y de traducción se complementa con un análisis profundo de las ideas y concepciones filónicas que no descuida su relación con las ricas y variadas tradiciones culturales en que abreva el autor, como la literatura y la filosofía griegas, la exégesis judía, e incluso las producciones del ámbito jurídico romano. Tales investigaciones, plasmadas en las notas e introducciones a cada uno de los tratados de las *OCFA*, se han encauzado además en una serie de proyectos académicos que han vertebrado los estudios del equipo y permitido la difusión de los resultados en eventos académicos, revistas científicas y libros. Entre los más importantes, podemos mencionar el proyecto fundante que reunió al equipo internacional involucrado en la traducción de los tratados filónicos bajo la dirección de José Pablo Martín, titulado "Proyecto Internacional *Philo Hispanicus*, I: Edición de las Obras de Filón de Alejandría; II: Estudio de su relación con la Cultura Occidental" (Proyecto 30/3102 de la Universidad Nacional de General Sarmiento), y los Proyectos de Investigación Científica y Tecnológica dirigidos por Marta Alesso, "Hermenéutica de los géneros: de la Antigüedad al primer cristianismo" (PICT 2005 217) y "Mesianismo y política en los textos de Filón de Alejandría" (PICT 2008 0897), ambos ejecutados por la Universidad Nacional de La Pampa gracias a los fondos de la Agencia Nacional de Promoción Científica y Tecnológica.

Los capítulos que conforman *Filón de Alejandría en clave contemporánea*, entonces, están enmarcados en estas investigaciones previas. Se abocan a novedosas líneas de indagación que constituyen verdaderos avances en el ámbito de los estudios filónicos y que tienen gran presencia en la actualidad, sea a través de su influencia permanente o bien a partir de su re-ingreso al pensamiento moderno mediante la propuesta de reconocidos autores contemporáneos. En tal sentido, la organización de los capítulos busca destacar las relaciones entre diversos enfoques en función de las problemáticas exegéticas, lingüísticas, filosóficas, metodológicas y religiosas que plantea la obra del alejandrino.

   Filón de Alejandría en clave contemporánea

Dentro de estas problemáticas, el método alegórico ocupa un lugar primordial. Su aplicación favorece la indagación, más allá de la literalidad, de las verdades permanentes del texto. La lectura detallada del *Génesis* se despliega en interpretaciones que incorporan perspectivas platónicas, estoicas, pitagóricas y aristotélicas. Filón abre sus sentidos a la alegoría, en un ambiente intelectual y social donde se pone en juego un trabajo analítico en el que los métodos de la filosofía y de la exégesis no son extraños entre sí, sino distintos, combinados en el seno de una misma labor. Esta hermenéutica en el sentido más moderno, considerada una escuela de pensamiento opuesta al positivismo –mucho más tarde asociada a nombres como Schleiermacher, Dilthey, Gadamer o Ricoeur–, germina en la lectura alegórica de Filón. Tal procedimiento filónico para enfrentar el texto sagrado consiste en buscar y sacar a la superficie el sentido que subyace en las figuras y las acciones narradas en el Pentateuco, como demuestra Marta Alesso en el capítulo "La alegoría en Filón: antecedentes, fines y proyecciones". La autora entiende que este axioma de la verdad permanece íntegro para todo el texto de la Ley; la alegoría, como segundo sentido, oficia como una heurística, necesaria para ascender por el camino de la hermenéutica que el texto mismo exige. Alesso se pregunta en primera instancia cuáles son las fuentes de la alegoría filoniana, en especial en Alejandría. Si bien los filósofos estoicos no utilizaron la palabra "alegoría", el capítulo indaga el modo en que influyeron en la lectura alegórica filoniana, en tanto coincidían en que la mitología clásica contenía una gran cantidad de sabiduría filosófica y cosmológica. Después de repasar las instancias del método alegórico en Filón, que asocia de manera sistemática significados de términos filosóficos griegos con las Escrituras, Alesso deja constancia de los distintos niveles de la exégesis alegórica. Un último apartado examina las instancias del retorno del método alegórico en la modernidad a modo de procedimiento de lectura guiado por una voz autorizada.

Este original método de lectura de Filón se combina con una creatividad lingüística prolífica en la acuñación de nuevas palabras y en la atribución de nuevos sentidos a términos ya existentes. El examen de la obra de Filón se torna así en un excelente medio para profundizar una investigación sobre las realidades sociales y culturales de Alejandría en la época imperial, dado que el análisis lingüístico –lexical y semántico– nos lleva inexorablemente a una apropiada percepción de la sociedad de la época y a obtener referencias de diversos hechos históricos, como también de la vida política, las costumbres y las creencias más allá de la religión. Un corpus filónico tan amplio y completo ofrece la oportunidad de bucear en el griego alejandrino mediante la ayuda de lexicógrafos y gramáticos expertos como Hesiquio o Ateneo y los escoliastas del Museo, para percibir cuestiones relativas a la *koiné* popular, a la que se acercan algunos giros de Filón. Por tal razón, si bien es de fundamental interés la riqueza semántica del vocabulario filosófico y las implicaciones en determinadas líneas de pensamiento que harán retoñar los conceptos rodeados de una luz nueva, también es útil explorar con detenimiento el elenco terminológico de vocablos mencionados por primera vez en la obra de Filón, donde encontramos una cantidad ingente de neologismos. Generalmente son palabras largas, de cuatro o más sílabas, formadas por composición o por derivación. Suponen una manipulación del sistema lingüístico y una presentación de una idea compleja con una sola palabra. Se trata de unidades léxicas que se han formado mediante la aplicación de procedimientos internos de la lengua: la afijación (prefijación, sufijación), la composición y la parasíntesis. Este genio innovador de Filón en el plano lingüístico es inagotable y abre por delante un apasionante campo inexplorado para averiguar el destino de estas expresiones. En este terreno se introduce Pablo Cavallero con su capítulo "Proyección bizantina de algunos neologismos de Filón", que ayuda a comprender la influencia del léxico creativo del sabio alejandrino en el pensamiento medieval. Pese a que es difícil asegurar que un autor o un texto sean el punto de partida de las posteriores ocurrencias de un término, salvo citas textuales, es significativo que un vocablo sin tradición clásica sea utilizado después de tantos siglos. Sin duda, es la demostración de que un escritor como Filón debió incidir, quizás por vías perdidas, en la aceptación y reproducción de la connotación de un concepto con diversos grados de influencia. Hay neologismos dudosos y neologismos que no han tenido repercusión, pero también muchos vocablos originales, o hápax, algunos con escasa presencia posterior y otros con mayor descendencia, de los cuales algunos parecen haber sido vitales solo en el período bizantino y, otros, parecen haber mantenido la vitalidad en la etapa moderna. Los vocablos más exitosos son aquellos que, por su contenido semántico, resultan más apropiados para la temática religioso-espiritual, tan abundante en la literatura bizantina, y psico-social.

Un ejemplo representativo de la creatividad semántica de Filón es el concepto filosófico ἀρχέτυπος, compuesto al que asigna un significado posiblemente derivado de la noción del paradigma de Platón y que se transmite a la patrología y trasciende a la Edad Media y la Modernidad a partir del uso filoniano. La investigación "Actualización de la idea de arquetipo de Filón en la sicología analítica de Carl Jung" de Marta Alesso persigue el objetivo de realizar un seguimiento desde la constitución lexical del término "arquetipo" antes de la era común hasta su uso en las nuevas ciencias del campo psico-social. La autora sigue una metodología de orden filológico para evitar confusiones con otros términos de significado similar, como paradigma, modelo, etc. Con este propósito, primero realiza un registro del vocablo ἀρχέτυπος en la obra de Filón de Alejandría –nuestra fuente principal– y en la Patrología. Seguidamente hace lo propio con la palabra *archetype* en las conferencias traducidas al inglés de Carl Jung. Mediante el análisis junguiano, Alesso descubre la existencia de símbolos que se reiteran bajo diferentes formas en distintas culturas como patrones de imágenes que pasan de generación en generación, un inconsciente colectivo cuyas piezas fundamentales son los arquetipos que afectan y estructuran nuestra manera de pensar tanto a nivel personal como comunitario. Las similitudes y desavenencias entre la idea filoniana de arquetipo y la junguiana consideran una serie de cuestiones de orden lingüístico-lexical para comprender la entidad filosófica de esta noción, y responder al interrogante de si en verdad existe una coincidencia entre este principio enunciado en griego helenístico y la significación que se le otorga en el pensamiento contemporáneo.

En un camino cercano al de ἀρχέτυπος se inscribe el término κοσμοπολίτης, que ha tenido una vitalidad permanente desde sus primeras apariciones en la obra de nuestro autor y del que se derivan el vocablo "cosmopolita" y la expresión "ciudadano del mundo". Aunque nunca pueda tenerse la certeza absoluta de que sea una creación filónica, los tratados de Filón son las obras más antiguas que registran el compuesto. En sus textos, el vocablo se reitera en numerosos y variados usos y se incorpora en un pensamiento elaborado que le atribuye un sentido filosófico y político. No obstante, los recuentos históricos de las raíces antiguas del cosmopolitismo aluden generalmente a una frase, aislada y de significado incierto, atribuida por el testimonio mucho más tardío de Diógenes Laercio a Diógenes el Cínico, y, con mayor certeza, al concepto estoico del cosmos como una ciudad. El estudio moderno de estos relatos, sin embargo, pierde de vista que Filón fue probablemente el primero en incorporar a sus escritos el término κοσμοπολίτης con un sentido filosófico y universalista. Lo utiliza en referencia a quienes, judíos o no judíos, siguen la Ley divina coincidente con la Ley de la Naturaleza. El trabajo de Laura Pérez, "Filón de Alejandría y los orígenes del cosmopolitismo", se enfoca en este sentido. Analiza los diversos usos del término filónico para intentar definir el significado adquirido en sus textos en vinculación con ideas cosmológicas y políticas en cuyo marco la humanidad se concibe como una única comunidad social que debería convivir bajo una misma ley de alcance universal. Pérez defiende que la conceptualización filónica mantiene indudables lazos con los desarrollos estoicos que conciben al mundo como una ciudad regulada por la ley de la naturaleza, pero en el pensamiento judeo-helenístico estas nociones adquieren nuevos matices y conexiones y son elaboradas en una forma original. Su capítulo plantea así un recorrido por la historia antigua del concepto y del ideal cosmopolita que se configura alrededor de este, desde su atribución al cínico Diógenes, pasando por las etapas de evolución de la concepción estoica de la ciudad-mundo, para llegar finalmente a observar la novedad que constituye el concepto filoniano. La relevancia del concepto en el mundo contemporáneo se destaca mediante un breve apartado que revisa algunos de los innumerables ámbitos de su aplicación en las ciencias sociales y humanas actuales. El examen del antecedente filónico puede aportar elementos valiosos a la hora de explorar las modernas concepciones del cosmopolitismo que proliferan en los campos de la filosofía política, la filosofía moral, la teoría del derecho internacional, y que aportan reflexiones y perspectivas de suma actualidad en el contexto contemporáneo, definido por la globalización y la fuerte injerencia de los organismos internacionales en los asuntos políticos nacionales.

Filón también otorga una relevancia central a un concepto de la terminología bíblica y que servirá para configurar una completa concepción de la legislación mosaica como un conjunto organizado: el decálogo, las diez palabras que Dios enunció directamente al revelar las Leyes en el monte Sinaí, se erige en el núcleo alrededor del cual se organizarán todas las demás leyes dictadas a través de Moisés y registradas en los distintos libros del Pentateuco. El autor judío es posiblemente el primero que reconoce el decálogo como fuente y centro neurálgico de la legislación judía, que prolifera, por fuera de las Escrituras bíblicas, en una ingente masa de normas orales transmitidas por la tradición. El esfuerzo metodológico de Filón por agrupar las leyes especiales que se desprenden del decálogo es parte de este

    Filón de Alejandría en clave contemporánea

proceso sistemático que busca ordenar toda la materia normativa de la Biblia en leyes generales que estructuran el tratamiento de las leyes particulares. El decálogo funciona como el principio unificador de la jurisprudencia judía, cuyo orden conduce a una organización racional de los materiales legales observado en los tratados legislativos de la *Exposición de la Ley*. En "La 'cuestión del método legislativo' en *De decalogo* y *De specialibus legibus* de Filón de Alejandría", Paola Druille reflexiona sobre la metodología usada por Filón en los tratados *Sobre el decálogo* y *Las leyes particulares*, a partir del debate abierto por los investigadores modernos en torno a la innovación expositiva del autor. La organización de los mandamientos del decálogo y las otras leyes del Pentateuco según una relación género-especie le permite a Filón ordenar cada ley particular bajo un encabezado principal. Ese procedimiento parece ubicar la figura de Filón como un innovador en la discusión sobre los diez mandamientos en la historia del pensamiento judío, y problematizar la cuestión del método expositivo en *Sobre el decálogo* y *Las leyes particulares*. Druille intenta demostrar que el método innovador de Filón incorpora el material normativo dentro de una estructura legal posiblemente sin precedentes en la historia del judaísmo helenístico.

La voluntad de apertura del autor para actualizar y racionalizar el sentido de las leyes y costumbres de la nación para su más amplia comprensión en un contexto ineludiblemente heterogéneo y multicultural, se observa de nuevo en su aplicación del método alegórico durante su tratamiento de los cultos y fiestas que organizan el calendario religioso judío. Filón atribuye a las fiestas judías sentidos simbólicos que las conectan con la humanidad en general y con la historia de la Creación, sumados a aquellos ligados a la historia de Israel y su relación exclusiva con la divinidad. El capítulo "El significado simbólico de las fiestas según Filón de Alejandría" de Juan Carlos Alby analiza este tratamiento filónico de las fiestas judías en el contexto de la exposición legislativa que el alejandrino despliega en *Las leyes particulares* 2. Alby entiende que Filón organiza su interpretación de las fiestas alrededor de su concepción de la hebdómada, constituida en el cruce de tres tradiciones: hipocrática, neopitagórica y medioplatónica. En su lectura de la tradición judía en convergencia con la filosofía griega, el alejandrino se asienta sobre estas explicaciones médicas y aritmológicas para demostrar la sacralidad de la hebdómada, donde tiene su fundamentación el sábado, la más santa de las celebraciones judías. Su tratamiento matemático no solo concierne a este día; implica además a cada una de las fiestas que componen el calendario judío y que en la exposición de Filón se completan en el número perfecto, el diez. Y en cuanto solo considera las fiestas que se relacionan con el sábado, el simbolismo numérico informa toda la interpretación de las celebraciones litúrgicas. La *Septuaginta* constituye la base bíblica de la lectura filoniana, separada de la tradición judía desarrollada en lengua hebrea y plasmada en la *Mishná*. Filón tampoco tiene en cuenta, en general, las tradiciones bíblicas externas al Pentateuco. Sin embargo, su interpretación aritmética permite vincular cada festividad con los episodios centrales de la historia de la Creación, cuya culminación es el siete. Igualmente pone el calendario judío en relación con la liturgia y liga las fiestas con los momentos centrales del año agrícola, la primavera y el otoño, la siembra y la recolección. Filón ofrece así una interpretación original de las festividades, que si bien posiblemente no influyó en el judaísmo posterior, constituye un antecedente invalorable para el conocimiento de las prácticas y concepciones litúrgicas de época judeohelenística, e invita a preguntarnos cuál fue el impacto que pudo haber ejercido su pensamiento sobre los primeros intérpretes y comunidades cristianas.

Esta pregunta surge otra vez cuando indagamos acerca de la aparición del compuesto πολύθεος, "de muchos dioses", registrado por vez primera en los textos de Filón y usado para hacer referencia a las prácticas religiosas consideradas como politeísmo. Tal calificación permite referir, mediante un único término, a realidades que eran absolutamente variadas y que solo requieren ser conceptualizadas en función de su oposición al monoteísmo. En el capítulo "El politeísmo en Filón y en los rabinos. Dos miradas diferentes sobre *Génesis* 1, 26", Rodrigo Laham Cohen compara las perspectivas que expresan los textos de Filón y la literatura rabínica con respecto al politeísmo, fenómeno con el que ambos convivieron y con el que lidiaron a través de diversas estrategias. En los escritos de Filón, el politeísmo es rechazado y ridiculizado; la idolatría es interpretada como la adoración de objetos fabricados por la mano del hombre que destina a objetos creados la veneración que debería dirigirse al único Dios. Sin embargo, Laham Cohen destaca que los ataques al politeísmo son esporádicos en los textos del alejandrino y nunca apuntan a la crítica de la religiosidad grecorromana *per se*, sino en cuanto a la atracción que esta pudiera producir en los propios judíos, a quienes se intenta mantener apegados a la Ley mosaica mediante la advertencia del peligro que significa la adopción de prácticas

   Filón de Alejandría en clave contemporánea

cultuales foráneas. De manera similar, muchos rabinos vivieron en ciudades gobernadas por politeístas y, aunque no tenían un término específico para referir en conjunto a tales cultos, dedicaron un tratado completo de la *Mishná*, *Avoda Zará*, a regular los contactos con los cultos no judíos. No obstante, tampoco batallaron directamente contra los cultos extranjeros ni estos ocuparon el centro de su atención, sino que mostraron actitudes dispares que podían fluctuar de la indiferencia, al rechazo y a la integración. Generalmente su actitud era más hostil que la de Filón, pues se asocia a los gentiles con la inmoralidad y se recomienda por tanto evitar el contacto. Más allá de la cuestión aún irresuelta de las posibles influencias entre Filón y los rabinos, Laham Cohen dedica un último apartado a comparar las actitudes del alejandrino y los rabinos frente al politeísmo mediante el examen de la respuesta que unos y otros dieron al problema del plural que presenta el texto bíblico de Gn 1, 16, "Hagamos al hombre a nuestra imagen y semejanza". El análisis no halla coincidencias. Filón enfrenta la evidente inconsistencia del texto como un problema filosófico y no intenta defenderse de posibles lecturas politeístas; los rabinos, en cambio, encuentran un grave problema planteado por interpretaciones politeístas de grupos religiosos disidentes. El autor explica esta diferencia por la diversa situación del texto bíblico en cada época: para Filón este no constituía un campo de batalla, pues no era conocido por los adversarios políticos o religiosos; los rabinos, en cambio, ante el surgimiento de otros monoteísmos basados en el mismo texto sagrado, buscaron respuestas para desacreditar los sentidos que estos le otorgaban.

Por último, si ya resulta evidente la creatividad de Filón para la acuñación de nuevos términos o para el uso y resignificación de vocablos relativos a conceptos originales, el autor atestigua de igual modo acepciones desconocidas hasta el momento para los términos ἀσκητής, "asceta", y ἀσκητικός, "ascético", de los que deriva la terminología religiosa referida al ascetismo. Posteriormente, un fenómeno que verá su aparición en un contexto plenamente cristiano, el ideal monástico, al momento de justificarse y validarse buscará sus antecedentes en prácticas ascéticas y formas de organización comunitaria de grupos religiosos judíos que Filón describe en sus obras, consideradas, sea errónea o voluntariamente, tempranas manifestaciones cristianas. El capítulo "Vidas en común, vidas solitarias: las prácticas ascéticas judías y la lectura de Eusebio de Cesarea" de Estefanía Sottocorno explora tales testimonios de Filón acerca de dos comunidades ascéticas judías, los esenios y los contemplativos o terapeutas, y la lectura de estas prácticas ascéticas realizadas por Eusebio de Cesarea. En sus obras *Preparación evangélica* e *Historia eclesiástica*, Eusebio enfoca la tradición ascética desde diversas perspectivas, que se relacionan con las estrategias argumentativas de cada escrito. Los esenios, conocidos igualmente a través de autores como Flavio Josefo y Plinio el Viejo, y asociados a testimonios arqueológicos y documentales descubiertos en Qumrán, ocupan un lugar importante en la *Preparación evangélica*. Sottocorno analiza la descripción de este grupo en el testimonio de Eusebio, con apoyo en diferentes textos filónicos que podrían hacer referencia a los esenios o aclarar conceptos atribuidos a ellos. El grupo, organizado en comunidades que comparten las labores y sus frutos, se define por su santidad, entendida como la entrega al servicio de Dios y el entrenamiento en la práctica de la virtud, que implica tanto el respeto y obediencia a la Ley como la comprensión de sus sentidos más profundos, velados tras sus significantes materiales. En *Sobre la vida contemplativa*, Filón también describe una comunidad con características parecidas a los esenios de Eusebio, que ubica en cercanías de Alejandría junto al lago Mareotis. Dedicada enteramente a la contemplación, sin ningún tipo de participación en la vida activa, Filón denomina a sus integrantes "terapeutas" y "terapéutrides", términos derivados del verbo que designa el servicio a Dios, θεραπεύω, y detalla sus jornadas destinadas al ejercicio espiritual, "ascesis", orientado a la reflexión sobre los sentidos alegóricos de las Escrituras, y definidas por la vida en soledad, alternada con instancias de reunión en momentos prestablecidos regularmente. La perspectiva de Eusebio hacia ambos grupos es diversa y ha influenciado la producción cristiana posterior. Desde su lectura, muchos autores cristianos han considerado la comunidad de los terapeutas, en ciertos casos identificados con los esenios, como una temprana comunidad cristiana ascética ubicada como antecedente del ideal monástico de los tiempos primigenios del cristianismo.

Todos los capítulos constituyen así verdaderos análisis de problemáticas sustanciales del pensamiento filónico, concentrados en un solo volumen. Los primeros dos capítulos se abocan al estudio de cuestiones vinculadas con la forma de interpretación de los textos bíblicos desarrollada por Filón, la alegoría, y con las consecuencias lingüísticas y conceptuales que se derivan de su método: la creación de numerosos neologismos que, empleados para nombrar ideas que surgen a partir de la puesta en conexión de la filosofía griega y la cultura judía, se han convertido en conceptos de enorme repercusión.

	Filón de Alejandría en clave contemporánea

Luego siguen dos capítulos que se enfocan en los conceptos filosóficos arquetipo y cosmopolitismo, que tienen gran peso en las ciencias humanas y sociales contemporáneas, y rastrean sus orígenes en el pensamiento filoniano. Este recorrido metodológico y conceptual estructura también los capítulos restantes. El abordaje de la metodología filónica se despliega en el quinto capítulo, que ofrece una explicación de la sistematización de la legislación bíblica de la que el autor judeohelenista se instituiría como el primer exponente. Las fiestas religiosas propias del calendario judío son dilucidadas simbólicamente en el sexto capítulo, con una lectura de las leyes bíblicas y los significados que no estaban aún contenidos en las Escrituras y que tendrán influencias variadas en los siglos subsiguientes. Los últimos dos capítulos se centran en la conceptualización del politeísmo y el ascetismo en Filón, y examinan las disquisiciones filónicas contra la idolatría y los numerosos cultos que convivían en el mundo grecorromano, y las prácticas ascéticas en relación con comunidades específicas del judaísmo de su tiempo con una mirada sobre el nacimiento de nociones que serían constitutivas de interpretaciones, prácticas religiosas e instituciones como el monacato, aún vigentes en los más variados ámbitos religiosos.

De esta manera, *Filón de Alejandría en clave contemporánea* deja al descubierto que los términos y conceptos desarrollados por Filón han tenido una pervivencia ilimitada y han ejercido un influjo incalculable a lo largo de toda la historia de la cultura occidental, en ámbitos como la filosofía, la religión, el derecho, la política y la hermenéutica. También ofrece un posible punto de partida para el estudio de la relación que las ideas plasmadas en los escritos filónicos puedan tener con nociones vigentes en el mundo contemporáneo y que, en algunos casos, constituyen conceptos fundamentales de disciplinas como las ciencias sociales, la filosofía y la historia de las religiones. *Filón de Alejandría en clave contemporánea* es entonces un material de consulta idóneo para quienes se dediquen a esclarecer estas mismas nociones en el corpus de teóricos contemporáneos, e invita a los lectores a explorar un autor y un ambiente cultural, el judaísmo helenístico, donde es posible hallar un floreciente espacio de creación de ideas que hasta el día de hoy siguen su curso y se desarrollan en múltiples direcciones, y que a su vez configuran y sirven para explicar problemáticas actuales.

Paola Druille y Laura Pérez

La alegoría en Filón: antecedentes, fines y proyecciones

Marta Alesso

Todos los tratados de Filón de Alejandría refieren a algún episodio del Pentateuco y en su mayor parte predomina la interpretación alegórica. De hecho, solo en la medida en que su lectura no se limita a la explicación del sentido literal, puede el alejandrino hacer filosofía. El procedimiento filónico para enfrentar el texto sagrado coincide con lo que se denomina el método alegórico, cuya finalidad es indagar, sacar a la superficie y hacer explícito el sentido que subyace en las figuras y las acciones narradas en el Pentateuco. Se entiende que el axioma de la verdad permanece íntegro para todo el texto de la Ley y la alegoría, como segundo sentido, oficia como una heurística, necesaria para ascender por el camino de la hermenéutica que el texto mismo exige. Uno de los primeros interrogantes sería, entonces, ¿cuáles son las fuentes de la alegoría filoniana?

En el siglo I a.C. se produjo en Alejandría una importante innovación en términos epistemológicos, producto del cruce de dos modos de enfrentar el problema de la aprehensión de sentido en los textos sacralizados. Podemos sintetizarla en un doble movimiento: por un lado, se interpretaron los poemas de Homero bajo la luz de una perspectiva monoteísta y, por otro, se enfrentó la lectura del Pentateuco bajo la luz de la filosofía griega. A ambos itinerarios filosóficos se los ha denominado alegorismo o lectura alegórica[1]. Esta práctica, como

---

1   El estudio de las diversas corrientes y autores que utilizaron la alegoría como modalidad poético-hermenéutica comenzó a despertar interés a partir de la publicación de dos monumentales manuales en lengua francesa a mediados del siglo pasado: *Les mythes d'Homère et la pensée grecque* de Félix Buffière (1956) y *Mythe et allégorie: les origines grecques et les contestations judéo-chrétiennes* de Jean Pépin (1976). Este tipo de investigaciones se ha intensificado en las últimas décadas, por ejemplo con los estudios de Robert Lamberton (1989), David Dawson (1992), Jon Whitman (2000), Reale-Radice (2005: XLI-LV).

modo de entender tanto las escrituras sagradas como los poemas homéricos pasa a ser una teoría de la interpretación de todo texto, que nos llevará más adelante al alegorismo cristiano.

Entre los escritores judíos de Alejandría, Filón no fue el primero en adoptar el método alegórico. De hecho, se puede ubicar luego de una extensa tradición de alegoristas que siendo judíos escribieron para oídos gentiles. El primero de quien tenemos algún rastro es Aristóbulo (pseudónimo griego de un judío de la diáspora), posiblemente funcionario de la corte de Ptolomeo VI, cuya obra, escrita *circa* 150 a.C., solo se conoce a través de fragmentos citados en escritores posteriores. Es indudable que Aristóbulo tomó prestado su modo alegórico de leer la Biblia de modelos helenísticos. No utilizó en verdad el sustantivo ἀλληγορία[2] ni el verbo ἀλληγορέω, pero tiene como objetivo eliminar, o al menos explicar, el antropomorfismo en las Escrituras. Su modo de interpretar no se parece en lo más mínimo al rabínico y tampoco es el que tuvo continuidad en el Nuevo Testamento y la patrología.

Otro escritor alejandrino anterior a Filón, y también a Aristóbulo, es el judío helenizado que escribió la *Carta de Aristeas a Filócrates*, célebre porque dedica los últimos párrafos (301-306) a la traducción al griego de la ley hebrea por parte de setenta y dos traductores traídos a la isla de Faros desde Jerusalén por uno de los Ptolomeos, no especifica cuál. El objetivo principal es exaltar la ley de Moisés ante los paganos y sobre todo ante los mismos judíos helenizados que la suelen considerar "supersticiosamente" (δεισιδαιμόνως, 129), lo cual significa que la aceptaban como un mandato arbitrario, sin conocer la verdadera razón de las diversas prescripciones. Los párrafos dedicados a la exégesis alegórica (143-166), aunque tampoco aparece la palabra ἀλληγορία, avanzan en una comprensión de las leyes por la línea metafórica, con la convicción de que Moisés las legó con un propósito de ordenamiento y control, y cada regulación tiene una explicación y una razón profunda.

Filón nombra dos fuentes de interpretación alegórica anteriores a la suya propia. Describe la comunidad de los esenios (*Prob.* 75-91) y afirma que hacían filosofía interpretando símbolos "a imitación de una tradición antigua" (ἀρχαιοτρόπῳ ζηλώσει, *Prob.* 82). Y, más extensamente, se refiere a la comunidad de los terapeutas, a quienes dedica un tratado completo, *Sobre la vida contemplativa*, continuación

---

2   Aunque el término alegoría se le adjudica alguna vez en la recopilación de sus fragmentos, cf. la edición de Denis (1970: 1.1a.12).

    Filón de Alejandría en clave contemporánea

de un libro anterior perdido, que trataba justamente sobre el tema de los esenios, pues comienza del siguiente modo: "tratado ya el tema de los esenios" (Ἐσσαίων πέρι διαλεχθείς, *Contempl.* 1). En un centro aislado del resto del mundo, los terapeutas leen las Escrituras y buscan la sabiduría "alegorizando" (ἀλληγοροῦντες), pues entienden que las expresiones literales son símbolos de una naturaleza escondida "que se revela en concepciones subyacentes" (ἐν ὑπονοίαις δηλουμένης, *Contempl.* 28).

Otra pregunta necesaria refiere a si la alegoría filoniana tiene relación con la literatura en hebreo que recoge las opiniones y comentarios de los rabinos más importantes. Existen afirmaciones contradictorias sobre si el método alegórico de Filón proviene del practicado en las escuelas rabínicas palestinas[3], o si se puede hacer una comparación con las raíces orales que se perciben en las preceptivas de la *Halaká* y en la narrativa de la *Hagadá*, aunque generalmente se concluye en una respuesta negativa. A la misma conclusión se llega con respecto al *Comentario de Habacuc*, preservado en las cuevas del Qumran, a las exhortaciones proféticas del *Documento de Damasco* y a la tradición macabea recogida en los libros bíblicos deuterocanónicos. De todos modos, aunque estas fuentes no tengan relación directa con los objetivos manifiestos de los comentarios del sabio alejandrino, no se puede negar el hecho de que el método alegórico está emparentado con la hermenéutica homilética, que es también el modo expositivo, exhortativo o didáctico de esta literatura de la tradición en lengua hebrea.

Pero sin lugar a dudas el marco de referencia de Filón es la cultura griega, proveniente de su educación y formación en la *paideía*, y si bien los pensadores de su época articulan un mosaico terminológico muy amplio de distintas escuelas, a veces incluso de criterios opuestos, podemos resumir que, desde el punto de vista filosófico, Filón usa un léxico aristotélico y estoico para expresar el pensamiento platónico.

Para la comprensión correcta del alegorismo filoniano se debe comenzar por la distinción entre la dimensión alegórica y la literal. Filón cree que no solo en la redacción del texto bíblico, sino también en su exégesis participa la inspiración divina. Esto no significa que la interpretación vaya a estar desprovista de orden lógico. Es verdad que el mismo personaje o la misma figura bíblica son a menudo interpretados de diferentes maneras, o que, a la inversa, se atribuyen

---

3   Por la respuesta negativa se decantan Hanson (1959: 44-45) y Martín (2009: 71), a pesar de los profundos estudios de Belkin (1940). Una mirada más positiva en Brewer (1992: 198-212) y Cohen 1995 (196-207) y, definitivamente, en Aslanoff (1998).

significados idénticos a personajes distintos, pero nuestro interés tenderá a percibir la coherencia interna de los principios filonianos en la intrincada red textual en la que se entrelazan varios niveles de intelección.

El cuerpo y el alma

Filón usa la analogía del cuerpo y el alma para explicar la diferencia entre el texto literal y su verdadero significado y con ello ratifica el efecto transformador de la lectura alegórica de la Escritura. El planteo de que el texto es cuerpo y el significado es el alma implica que los textos son, en cierto sentido, humanos, y que los lectores son al mismo tiempo textuales, lo cual es una noción interesante a la que han retornado algunos pensadores modernos[4].

Afirma Filón que las exégesis de las santas escrituras surgen "a partir de conceptos subyacentes en alegorías" (δι' ὑπονοιῶν ἐν ἀλληγορίαις), la entera legislación se asemeja "a un ser viviente" (ζῴῳ), cuyo "cuerpo" (σῶμα) está en las prescripciones literales, y cuya "alma" (ψυχή) es el intelecto invisible que está guardado en las palabras, "el alma racional" (ἡ λογικὴ ψυχή) sabe distinguir las cosas que le son propias y, a través de los nombres que funcionan como un espejo, discierne la extraordinaria belleza de las concepciones allí expresadas (*Contempl.* 78)[5]. La correspondencia de cuerpo y alma con significante y significado refleja además la correlación entre Torá y mundo, entre ley natural y ley escrita (*Mos.* 2.290; *Migr.* 93).

El origen de esta analogía es evidentemente oscuro (y es posible que hunda su raíz en el pensamiento presocrático), pero su elaboración completa requirió la clara distinción cuerpo-alma que encontramos en los diálogos de Platón. Cuando, por ejemplo, Sócrates critica un discurso escrito por Lisias en el *Fedro* (264c), compara un texto bien organizado con el cuerpo de un organismo vivo. Todo discurso debe tener un "cuerpo" (σῶμα), "como un ser vivo" (ὥσπερ ζῷον), afirma Sócrates, de manera que no sea acéfalo, ni le falten los pies, sino que tenga medio y extremos, y que, al escribirlo, se combinen las partes entre sí y con el todo. La estructura del lenguaje como la de

---

4   No es ajena al deconstructivismo de Jacques Derrida la idea de que los cuerpos son textuales. Cf. Dawson 1995 y 2000: 93.

5   Este párrafo ha sido trasmitido en los mismos términos por el cristianismo, según lo cita Eusebio en su *Historia eclesiástica* (2.17.20). El sentido literal en ocasiones es aceptado e incluso subrayado (*Leg.* 2.14; *Jos.* 28; *Spec.* 2.29) y, en otras, está subordinado al alegórico y es refutado porque corresponde "a lo mítico" (μυθῶδης, *Leg.* 2.19).

    Filón de Alejandría en clave contemporánea

cualquier espécimen viviente implica una unidad interna que consiste en la proporción que unos miembros guardan respecto de los otros (*Político* 277b; *Filebo* 64b y 66d; *Timeo* 69b, *Leyes* 752a).

Ahora bien, si el cuerpo es utilizado a modo de metáfora en la formulación de Sócrates, el alma en cuestión sigue siendo la del propio Lisias. Esta es una diferencia fundamental con la concepción de Filón, que postula un alma del texto que tiene existencia propia en la esfera de los arquetipos, en "el mundo incorporal e inteligible" (ὁ ἀσώματος καὶ νοητὸς κόσμος, *Conf.* 172). El texto de Lisias carece de un "cuerpo" (σῶμα) adecuado porque Lisias carece de los conocimientos apropiados en su propia alma. Pero, si Lisias tuviera tales conocimientos, ¿podrían sus saberes alcanzar las formas aptas para ser incorporadas en un texto? Probablemente no siempre, porque si bien es verdad que el alma responde a la conformación del cuerpo, hay que poder dividir las ideas "según las articulaciones naturales" (κατ' ἄρθρα ᾗ πέφυκεν) y no ponerse a quebrantar ninguno de sus miembros, a manera de un mal carnicero (265e). Sócrates no afirma que el conocimiento del autor se traslada al texto mismo de manera automática y es receptado de manera diáfana por todo el mundo. Más bien sucede que las palabras rueden por doquier, tanto "entre los entendidos" (τοῖς ἐπαΐουσιν) como entre aquellos a los que no les importa nada y, si son maltratadas o censuradas, necesitan siempre la ayuda del padre, ya que ellas solas no son capaces de defenderse ni de ayudarse a sí mismas (275e). En ese sentido, hay similitud con la convicción de Filón de que solamente el sabio, el maestro, el guía, sabe remontar los sentidos superficiales y arribar a los sentidos ocultos, que son los contenidos de la revelación.

Definitivamente, para Filón, el sentido de la letra de las Escrituras, interpretada de manera adecuada, es el alma del cuerpo del texto. Así como se debe atender al cuerpo, porque es el "hogar del alma" (ψυχῆς ἐστιν οἶκος), así también se deben cuidar las leyes establecidas, porque vigilándolas se tendrá un conocimiento más claro de aquellas realidades de las que son símbolos (*Migr.* 93). La comparación de las dos dimensiones de la interpretación de la Escritura con el alma y el cuerpo del hombre revela, al mismo tiempo, la necesidad y la inferioridad de la lectura literal frente a la alegórica. La lectura literal vendría a ser la apariencia exterior y la alegórica, la captación del espíritu auténtico de la palabra revelada.

La exégesis alejandrina anterior a Filón

Los exégetas judeo-alejandrinos anteriores a Filón no abogan por un sincretismo, no intentan fusionar significados bíblicos y no bíblicos, sino que subordinan significaciones no bíblicas a las Escrituras. La lectura alegórica trae el mundo griego en forma de significado subyacente del texto que, por sus características específicas tanto como por sus vínculos con la práctica social y religiosa, se reinterpreta. Desde el punto de vista judío, no es solo el significado de las Escrituras lo que está oculto, sino el significado del mundo. Pero, ¿cómo puede el mundo, impregnado de su carácter griego, ser el mismo descrito de manera tan adecuada en las escrituras judías? Los judíos helenistas no responden esa pregunta con la simple afirmación de que la verdad se encuentra tanto en los textos griegos como en las Escrituras. Su afirmación es mucho más audaz, la verdadera interpretación alegórica es de hecho una usurpación hermenéutica en la que los escritores clásicos son degradados al estatus de epígonos mosaicos, condenados a ser simple eco de las originales y sublimes aserciones de la ley de Moisés. La auténtica cultura griega es en realidad judía. Aristeas, Aristóbulo y otros judíos ptolemaicos que hoy desconocemos legaron esta lectura de las Escrituras a Filón, quien la desarrolló en una escala mayor.

Los intentos anteriores a Filón de lectura judía de las Escrituras en la Alejandría ptolemaica no parecen haber sido influenciados de manera significativa por los intereses y prácticas de los gramáticos y editores del Museo. Es sorprendente, puesto que el apogeo de la filología alejandrina coincidió con el surgimiento de la literatura interpretativa escrita en griego por judíos alejandrinos de importante estatus social, intelectual y político. Sucede que los eruditos del Museo y la Biblioteca estaban preocupados por la expurgación y edición de los poetas griegos, decididos a rescatar los restos de la herencia clásica, con obras y pasajes cuya autenticidad ya no podía darse por sentada. Los judíos alejandrinos no estaban preocupados por la autenticidad de su texto sagrado: en lugar de intentar editar viejos clásicos para una nueva era, buscaban interpretar la nueva era a la luz de su propio texto. Ahora bien, que la literatura judía ptolemaica no refleje la influencia de la filología alejandrina, no es óbice para que de todos modos haya sido beneficiada por la aprobación real, así Aristeas subraya la vinculación de la traducción de la Septuaginta con Demetrio de Falero, quien, afirma, era bibliotecario en

Alejandría. Por otra parte, la *Carta* demuestra de diversas maneras que la realeza alejandrina estaba interesada en los judíos y en su texto sagrado. El autor es claramente judío a pesar de ocultarse bajo un pseudónimo literario gentil y revela su estrecha relación con la administración real en tanto muestra un conocimiento detallado de la burocracia ptolemaica, especialmente en lo que refiere a los protocolos judiciales. Casi con seguridad los conocimientos de la organización interna de la corte se deben a que el autor ocupaba un alto cargo. La finalidad apologética de la *Carta* se dirige a enfatizar la admiración que las clases más elevadas y prestigiosas experimentaban, y debieran experimentar aún más, por la Ley judía[6]. La lectura alegórica de Aristóbulo es también apologética, como lo demuestra el pasaje que tiene que ver con el "séptimo día" (ἑβδόμη ἡμέρα) y persigue el objetivo de demostrar a los griegos su carácter sagrado, con ejemplos ilustres de su propia literatura, como Hesíodo y Homero (Eusebio, *Preparación evangélica* 13.12.9-15).

Estamos en una época en que el propósito de la mayor parte de la literatura era comunicar un mensaje, por ello, la utilización de las categorías de la retórica era la base de todo comentario literario. Nadie esperaba que un escritor usara una historia o un tema para expresar algo que no fuera un mensaje concreto. La distinción romántica entre el lenguaje que es evocador y sugestivo (poético) y el lenguaje que implica la traslación de una idea o conjunto de ideas (filosófico) no operaba en el mundo antiguo. Los lectores de las Escrituras, como Aristóbulo y Aristeas, no leen el Pentateuco de manera creativa o imaginativa, sino que lo leen de manera alegórica para recuperar el verdadero mensaje de Moisés, oculto deliberadamente.

Los pasajes de las Escrituras, especialmente aquellos que describen a Dios de manera antropomórfica o "como de fábula" (μυθῶδες) se vuelven claros para Aristóbulo cuando lee el texto interpretando su sentido figurado (Eusebio, *Preparación evangélica* 8.10.3[7]). Así, intenta "demostrar que 'las manos' de Dios representan su poder divino" (δηλοῦσθαι τὰς χεῖρας ἐπὶ δυνάμεως εἶναι θεοῦ, *Preparación evangélica* 8.10.8), como cuando en Ex 13, 14, se dice que Yavé los ha sacado

---

6   Cf. Zuntz (1972); Goldstein (1981); Frenkel (2006); De Crom (2008).

7   Citamos fragmentos de Aristóbulo tomados de la *Preparación evangélica* de Eusebio de Cesarea en los que demuestra ser un antecedente claro de Filón en su intento de armonizar las teorías filosóficas, especialmente aristotélicas, con la doctrina que Moisés expresa en el Pentateuco. Como bibliografía complementaria, cf. el capítulo "Jewish-Christian and Greek Thought: The Case of Philo's and Aristobulus' Texts" en el interesante libro de Sabrina Inowlocki (2006: 223-235).

de Egipto "con mano fuerte" (ἐν χειρὶ κραταιᾷ). La "voz divina" (θεία φωνή) no es una voz que habla, sino que significa el "establecimiento de sus obras" (ἔργων κατασκευή), pues Moisés, mediante la legislación nos transmite las palabras de Dios en el momento de la génesis del universo (*Preparación evangélica* 13.12.3).

Así como los filólogos alejandrinos refutan las lecturas inapropiadas o inadecuadas, Aristóbulo se lamenta de quienes admiran a los devotos solamente de la letra, carentes de "capacidad y conocimiento" (δυνάμεως καὶ συνέσεως) porque tales lecturas no descubren nada "elevado" (μεγαλεῖον) acerca de Dios (*Preparación evangélica* 8.10.5). Por el contrario, Aristóbulo exhorta a sus lectores a recibir las interpretaciones "de acuerdo a lo propio de la naturaleza" (πρὸς τὸ φυσικῶς) y privilegiar la concepción de Dios que concuerda con ellas (*Preparación evangélica* 8.10.2). La misma idea está expresada en numerosos lugares filónicos (*Plant.* 49 y 132; *Spec.* 2.3 y 42; *Sobr.* 25; *Post.* 185), donde afirma que vivir de acuerdo con la naturaleza es vivir de acuerdo con la Ley, encarnada en las Escrituras.

En la expresión de esta doctrina se pone de manifiesto el sustrato estoico[8] tanto de Aristóbulo como de Filón, aunque los alejandrinos establecen una profunda diferencia con el estoicismo cuando afirman que la verdad sobre la Ley de la naturaleza está en la palabra revelada que expresa el Pentateuco. La concepción estoica de vivir de acuerdo con la ley de la naturaleza va a ser retomada por el cristianismo, no a través de los autores estoicos, sino de estas argumentaciones judeo-helenistas[9]. La idea de conveniencia de vivir en conformidad con la naturaleza es de larga data, pero está reformulada en Aristóbulo y más aún en Filón, quien afirma con mayor contundencia que consiste en "seguir a Dios" (τὸ ἕπεσθαι θεῷ, *Migr.* 131), poniendo en práctica y acatando todas sus palabras (*Migr.* 128).

Para Aristóbulo, quienes son capaces de "pensar bien" (καλῶς νοεῖν) se maravillan de la sabiduría [de Moisés] y del espíritu divino (*Preparación evangélica* 8.10.4) y, por tanto él, como intérprete ajustado a la verdad, decide que examinará "según cada significado"

---

8   Cf. Diógenes Laercio 7.86-87; *SVF* 3.4 y 178.

9   Filón con frecuencia compara el cosmos con un reinado o una gran ciudad para ilustrar el orden mediante el cual la ley de la naturaleza (*Opif.* 3), el Logos (*Jos.* 29) o Dios (*Migr.* 128; *Prov.* 2) gobiernan u organizan el universo (Runia 2000: 365-366). La fórmula "la vida conforme a la naturaleza" pasó del estoicismo al llamado platonismo medio con Antíoco de Ascalón, último filósofo de la Tercera Academia en Alejandría y discípulo del estoico Mnesarco. Más tarde, el platónico pitagorizante Eudoro de Alejandría refiere el concepto a *Teeteto* 176b.

                                               Filón de Alejandría en clave contemporánea

(καθ' ἕκαστον σημαινόμενον) todo lo que sea posible y cualquier fracaso de su parte reflejará solo su propia debilidad hermenéutica al sondear las sublimes visiones mosaicas, "sin adjudicar jamás al Legislador irracionalidad alguna" (μὴ τῷ νομοθέτῃ προσάψῃς τὴν ἀλογίαν, *Preparación evangélica* 8.10.6). Aristóbulo resume algunas de las ideas tomadas según su opinión por los epígonos clásicos del relato de la creación de Moisés en el *Génesis* y afirma que Pitágoras, Sócrates y Platón lo siguen e imitan cuando dicen "que escuchan la voz de Dios" (ἀκούειν φωνῆς θεοῦ), cuando contemplan la "disposición del universo" (τὴν κατασκευὴν τῶν ὅλων); y Orfeo mismo también imita a Moisés en sus obras sobre el *Hierós Lógos* (*Preparación evangélica* 13.12.4). Platón, escribe Aristóbulo, "imitó nuestra legislación" (κατηκολούθησεν καθ' ἡμᾶς νομοθεσίᾳ) e investigó a fondo cada uno de los elementos que la componen; Pitágoras "transfirió muchas de nuestras doctrinas" (πολλὰ τῶν παρ' ἡμῖν μετενέγκας) y las integró en su propio sistema de creencias (*Preparación evangélica* 13.12.1). Salomón, en comparación con los peripatéticos, habla "más claro y mejor" (σαφέστερον δὲ καὶ κάλλιον) que todos respecto del gobierno del cielo y de la tierra (13.12.11).

Al igual que Aristóbulo, Aristeas anticipa que los lectores de las Escrituras pueden dejarse influir por significados aparentemente inadecuados, pero que el "Legislador" (νομοθέτης, *Carta* 139), que es un hombre sabio y especialmente dotado, tomó todos los recaudos para que su pueblo esté libre de toda imaginación vana, adorando al único Dios de toda la creación. Y para que nuestras vidas no sean pervertidas "por frivolidades" (φαύλοις, 142), nos rodeó de reglas de pureza, que afectan lo que comemos, bebemos, tocamos, oímos o vemos.

Siguiendo también estos razonamientos que vinculan la ley natural con la ley en la letra del Pentateuco, la *Carta de Aristeas* da una explicación sobre las particulares reglas dietéticas judías, redactadas, según el autor, no con el degradante objetivo de referirse "a ratones, comadrejas u otras cosas por el estilo" sino por causa de la justicia, para ayudar en la búsqueda de la virtud y para perfeccionar el carácter (144). Todas las reglas que Moisés ha establecido con respecto a comer ciertas aves o ciertos animales, las ha promulgado con el objeto de enseñarnos una lección moral. La división de la pezuña y la separación de las garras por ejemplo tienen por objeto enseñarnos que debemos "discriminar cada una de nuestras acciones" (διαστέλλειν ἕκαστα τῶν πράξεων) con miras a la práctica del bien

(150). Puesto que "nuestra Ley" (ὁ νόμος ἡμῶν) no permite dañar a nadie ni con palabras ni con hechos, "todas las prescripciones" (πάντα κεκανόνισται) son con miras a la justicia, nada ha sido escrito a través de las escrituras de manera descuidada o "ficticia" (μυθωδῶς, 168). Este último párrafo parece haber sido escrito por Filón.

Las bases estoicas

Las referencias a la adecuación y racionalidad de las Leyes son frecuentes en los alegoristas judeo-alejandrinos, presumiblemente en contestación a planteos de otros exégetas, con declaraciones tan enfáticas como la de los alegoristas de Homero: Heráclito el rétor, Cornuto y el autor de una *Vida y poesía de Homero* adjudicada a Plutarco. La contribución del estoicismo al alegorismo fue sustantiva, pero también incidental e indirecta. Fue sustantiva porque los estoicos demostraron cómo realizar una lectura cosmológica de ciertos mitos mediante el procedimiento de buscar las etimologías de los nombres de los agentes divinos. Fue indirecta e incidental, porque la filosofía estoica era la vigente cuando Heráclito y otros alegoristas acudieron a la filosofía para exculpar a Homero de la acusación de impiedad. Recurrieron al corpus filosófico en boga y usaron también sus procedimientos retóricos en lo que se refiere al uso de etimologías.

Heráclito da la definición más sencilla de la "figura" (τρόπος) que se denomina alegoría: "significar otra cosa de lo que se está diciendo" (ἕτερα δὲ ὧν λέγει σημαίνων, *Alegorías de Homero* 5.2). La doctrina estoica lee los textos como documentos que establecen principios cósmicos en el marco de un universalismo que los dota de sentido. Heráclito afirma que los cuatro elementos están alegorizados por Homero (Apolo es el sol, Hera es el aire, etc.). Zeus es la sustancia ígnea que tiene el cielo como morada, Poseidón es la "sustancia húmeda" (ὑγρὰ οὐσία) y Hades es "el aire tenebroso" (τὸν ἀφώτιστον ἀήρ, *Alegorías de Homero* 41.10). Para el Pseudo-Plutarco la sustancia húmeda (ὑγρὰ οὐσία) es Hera, el aire, y Zeus es el éter, esto es, la sustancia ígnea y cálida (ἡ πυρώδης καὶ ἔνθερμος οὐσία, *Vida de Homero* 996). Los estoicos percibían desde antiguo que había en los poemas épicos una verdad oculta acerca de la naturaleza, que se expresaba de manera simbólica[10]. Una de las vías para entender ese mundo natural fue la etimología de los nombres, que permitían

---

10   Cf. la opinión de Plutarco sobre Cleantes en *Moralia* (31e y 1033b); *SVF* 1.549 y 2.1086; también Méndez (2014).

       Filón de Alejandría en clave contemporánea

al intérprete identificar y articular las creencias correctas que motivaron esos mitos. Pero tengamos presente que el procedimiento etimológico no debe entenderse como lingüístico, sino que obedece a una búsqueda de significados ocultos en el origen de los nombres y su contenido es de índole física o moral, es decir, tanto la fonología como la morfología de los términos responden a una semántica filosófica más que a razones lexicográficas. No utilizaban los estoicos antiguos el término ἀλληγορία, pero sí sus equivalentes ὑπόνοια y αἴνιγμα, sinonimia que ya fue incluso percibida por Plutarco (*Moralia* 19e). De allí la gran discusión de que si los estoicos eran alegoristas o no lo eran. Hacia el final del siglo pasado, se comenzó a cuestionar la certeza de que las etimologías estoicas fuesen alegoría. Dawson (1992: 23 ss.) y Long (1992: 57), que realizan una revisión de las características de la exégesis alegórica desde sus orígenes en Alejandría hasta las derivaciones tanto en el neoplatonismo como en la patrística cristiana, demuestran que el estoicismo, que acudió a los poemas de Homero para una elaboración conceptual sobre el origen del universo, adoptó una hermenéutica fundamentada en el análisis de las etimologías de los nombres de los agentes divinos. Sin embargo, la utilización de un recurso común, explicaciones silogísticas basadas en la etimología de los nombres propios, no es razón suficiente para equiparar alegorismo con estoicismo.

Los estoicos no utilizaron la palabra "alegoría" ni la consideraron un método idóneo para bucear en las verdades ocultas de la tradición mitológica. La interpretación de Cornuto que relaciona μῶλυ (la plata mágica que Hermes da a Odiseo antes de su encuentro con Circe), con μωλύεσθαι ("liberarse", "distender" o "apagar" las pasiones), como señala Long (1992: 63), se trata de un juego etimológico, pero no de una interpretación alegórica. *Mutatis mutandi* debemos decir entonces que Heráclito el alegorista no está inscripto en el estoicismo. Estoico o no, se adjudica la tarea de exégeta que consiste en descubrir las verdades filosóficas que Homero oculta en sus obras. Dos episodios de *Ilíada* revelan la preocupación de Heráclito por preservar la coherencia entre su lectura alegórica y el texto homérico: el castigo de Zeus a Hera, a quien cuelga del firmamento con una cadena de oro (*Ilíada* 15.18-21), y la revuelta de los Olímpicos contra Zeus (*Ilíada* 1.39 ss.). Heráclito no sólo prueba que ambos pasajes son una alegoría de los cuatro elementos, sino que a diferencia de Cornuto y otros etimologistas estoicos, quiere demostrar que la secuencia narrativa está en consonancia con la secuencia cosmológica: no solamente representan la génesis del universo sino que el "orden" (τάξις) de los versos también señala la progresión propia de la generación del cosmos (éter, aire, agua, tierra).

Aunque nos parezcan hoy relaciones inusitadas, ni Heráclito ni Cornuto son en el plano cultural pensadores radicalizados que escriben para desafiar la cultura dominante. Más bien, sus trabajos demuestran algunas de las formas en que la etimología y la interpretación alegórica se utilizaron para reforzar los ideales culturales. Aquellos que buscaron el sentido oculto en los poemas épicos no eran fecundos siempre en ideas propias, originales. Problemas y soluciones a las cuestiones homéricas formaban una especie de fondo común, que los alegoristas transmitían de generación en generación, con retoques o correcciones en pequeños detalles que pudieran enriquecer el legado transmitido.

Las posiciones de los alegoristas bíblicos parecen más radicales, con intenciones más extremas que les llevan incluso a tergiversar el texto fuente. Aristóbulo apoya algunas de sus afirmaciones en el carácter subordinado y derivado de la poesía griega con ejemplos claramente manipulados. Declara de manera un tanto extrema que Homero y Hesíodo, habiendo tomado información "de nuestros libros" (ἐκ τῶν ἡμετέρων βιβλίων), afirman con claridad que el séptimo día es santo (*Preparación evangélica* 13.12.13). Y a continuación cita los hexámetros que lo prueban: "en primer lugar, el uno, el cuatro y el siete" (πρῶτον ἔνη τετράς τε καὶ ἑβδόμη ἱερὸν ἦμαρ, Hesíodo, *Trabajos y días* 770[11]), que son los días que vienen del providente Zeus. Para esta demostración, cita tres versos de Homero (*Preparación evangélica* 13.12.14): 1) "y después del séptimo se marchó, sagrado día" (ἑβδομάτη δήπειτα κατήλυθεν, ἱερὸν ἦμαρ); el verso así citado no existe, "sagrado día" (ἱερὸν ἦμαρ) aparece tres veces en Homero (*Ilíada* 8.66 y 11.84; *Odisea* 9.56), pero no en esta frase; 2) "era el séptimo día y todo había concluido para él" (ἕβδομον ἦμαρ ἔην καὶ τῷ τετέλεστο ἅπαντα), el hexámetro no existe, "séptimo día" (ἕβδομον ἦμαρ) aparece dos veces en *Odisea* (12.399 y 15.477) pero no en esta frase; 3) "en la séptima mañana dejamos la corriente del Aqueronte" (ἑβδομάτη δ᾽ ἠοῖ λίπομεν ῥόον ἐξ Ἀχέροντος[12]), Homero no dice

---

11   Eusebio vuelve a citar el verso en otro lugar más adelante (*Preparación evangélica* 13.13.34) y lo citará Clemente Alejandrino (*Stromata* 5.14.107.2), Filócoro (*Hist., Fragmenta*, ed. Jacoby, frag. 88a) y otros autores.

12   La cita se repite más adelante (*Preparación evangélica* 13.13.34) y la repetirá Clemente Alejandrino (*Stromata* 5.14.107.3).

     Filón de Alejandría en clave contemporánea

esto, se refiere a la "séptima mañana" (ἑβδομάτη) solo cuando llegan a Lamos (*Odisea* 10.81) o dejan Creta (*Odisea* 14.252). En todos los casos –en el único verso citado de Hesíodo y en los tres de Homero– no hay un contexto que indique que se señala al séptimo día como sagrado ni mucho menos se relacione con el sábado hebreo. Los versos que Aristóbulo cita han sido alterados, o inventados, para demostrar que se hacían eco de la alabanza bíblica del sábado u, ofreciendo el beneficio de la duda, usó una versión distinta a la que manejamos en nuestros días. De todos modos y conocedores como somos de la poesía épica griega, damos fe que ninguno de los dos grandes poetas percibió el séptimo día con la sacralidad que le otorgaba la comunidad judía.

Los estoicos de esa época coincidían en que la mitología clásica contenía una gran cantidad de sabiduría filosófica y cosmológica. Según Cornuto, esta mitología se había transmitido en muchas formas, incluidos los poemas de Homero y Hesíodo (*Epidrome* 24.45.23 a 24.46.1). En las páginas de *Ilíada*, *Odisea* y *Teogonía*, los lectores encuentran fragmentos de mitos antiguos que los poetas han combinado con sus propias creaciones literarias. Estos mitos antiguos, ya sean griegos, persas, egipcios, frigios, celtas, libios u otros (*Epidrome* 17.26.7-11), contienen las observaciones precisas de "los antiguos" (οἱ ἀρχαῖοι, *Epidrome* 1.2.18) que transmitieron su conocimiento de la realidad en la forma simbólica de creaciones míticas.

Si bien los comentaristas de Homero fueron quienes difundieron la interpretación etimológica que provenía del estoicismo antiguo, la práctica de la etimología estaba extendida mucho más allá de los límites de esta escuela, de manera que los intérpretes que explotaron esta clase de análisis apenas necesitaron referirse a discusiones técnicas estoicas. Una de las pruebas más antiguas es el análisis etimológico de nombres propios homéricos en el *Cratilo* de Platón. Sócrates analiza etimológicamente el significado de ciertos nombres propios con velada, o manifiesta, intención sarcástica. Debido al clima de ironía, que prima en una parte del diálogo (391d-421c), es factible suponer que el objetivo último era tan solo ridiculizar la manipulación que los sofistas hicieron de las etimologías.

Los nombres propios son los mejores candidatos para el análisis etimológico. A partir de la etimología de una palabra, los lectores invierten el proceso de construcción lingüística, e infieren de la forma lingüística actual los elementos miméticos primigenios a partir de los cuales se compuso el nombre. Cornuto recurre al análisis etimológico para recuperar las concepciones originales que los antiguos creadores de mitos consagraron en nombres poéticos, concepciones que contienen, al menos de manera embrionaria, importantes conocimientos de la física y la ética estoicas.

El proceso comienza desde el primer capítulo del compendio, cuando Cornuto describe una serie de referencias basadas en el término "cielo" (οὐρανός), porque según algunos es el "confín" (οὖρος) superior de toda realidad y según otros es denominado οὐρανός por la acción de ὡρεῖν o de ὡρεύειν los seres, es decir "custodiarlos". La exégesis etimológica de Cornuto se refiere al sistema nominal, no al sintáctico, pero pone de manifiesto que su concepción del origen de los mitos parte de la convicción de que los antiguos fueron capaces de percibir presencias aprehensibles que provenían del mundo que los rodeaba, pudieron captar la esencia de los elementos y darles un nombre. Por lo tanto, se puede develar la esencia de los elementos naturales, realizando el proceso inverso: analizar el nombre de cada uno de los personajes de los mitos, para descubrir el elemento cósmico que representan.

El método etimológico de los estoicos que interpretaban a Homero es parangonado usualmente con el de Filón y, de hecho, es notable la importancia que tiene el uso de las etimologías en el método alegórico del alejandrino: son los eslabones que encadenan el sentido literal a las significaciones ocultas del texto, a veces mediante varias interpretaciones posibles. Pero fue diferente, sin embargo, la aspiración de la filosofía estoica sobre el lenguaje: demostrar la relación entre significante y significado mediante la captación de la esencia fija e inmutable de cada cosa, representada por los fonemas que la identifican. No es la búsqueda de alegorías, término que nunca aparece en los estoicos genuinos, sino de etimología. Etimología no es sinónimo de alegoría, sino una de las vías para comprender el mundo natural y entender una idea difícil de explicar: la emanación de una realidad respecto de otra; el nombre, para el estoicismo, implica una relación directa entre la "dicción" (λέξις), el modo de articular una palabra, y lo dicho "el significado" (τὸ σημαινόμενον), ergo, hay una relación natural y física entre los "nombres" (ὀνόματα) y los objetos. En cambio, la hermenéutica tal como la entiende Filón se sirve de la etimología para demostrar lo opuesto a la opinión estoica: que el ἔτυμον no es lo verdadero, para, de este modo, organizar un método, el método alegórico, que quiere descubrir, más allá de la literalidad del texto, las verdades permanentes.

 Filón de Alejandría en clave contemporánea

La lectura alegórica de Filón

Filón entendió de la manera más clara y profunda que era necesario utilizar el método alegórico para asociar de manera sistemática significados de términos filosóficos griegos con las Escrituras, y –del mismo modo que algunos de sus antecesores judeo-helenísticos– procedió como si Moisés hubiera sido de hecho el verdadero autor de los clásicos de la cultura helénica. Intentó primero integrar la sabiduría de los clásicos en una concepción de tono universal y luego leyó las Escrituras presentando esa sabiduría como significado subyacente y verdadero del texto sagrado. Moisés tendría entonces precedencia cronológica absoluta sobre todos los autores clásicos y se convertiría así en el verdadero filósofo de los orígenes. La lectura alegórica de Filón transforma la escritura de Moisés, es decir, el Pentateuco, en una reescritura de significados clásicos y luego, de manera paradojal, la presenta como la escritura original. David Dawson (1992: 74) afirma que la analogía con un palimpsesto puede ayudarnos a captar este particular modo de revisión. Así como se volvió a escribir sobre una superficie que alguna vez contuvo una escritura y fue borrada, cuando se lee de manera alegórica, se otorga al escrito otro significado que se superpone al anterior. En este caso, invirtiendo los términos, en la misma letra se ha reescrito una nueva significación. Por ejemplo, cuando uno dice que el significado subyacente de cierto pasaje de las Escrituras es idéntico a la teoría del alma de Platón, puede interpretarse que esa teoría del alma había sido enunciada primero por Moisés, es decir, fue plasmada por Platón en el *Fedro*, pero primero fue escrita por Moisés en el Génesis. El palimpsesto mosaico se convertiría entonces en la escritura original más que en la secundaria y la teoría platónica quedaría reducida a una mera reiteración o reproducción.

Filón utiliza la lectura alegórica de las Escrituras para reinterpretar el cosmos, la historia universal y la realidad social alejandrina. La nueva visión resultante del mundo también implica cierto tipo de comportamiento, pues Filón insiste en que el Pentateuco es también una Ley que sigue y responde a la ley de la naturaleza y de allí su insistencia en la fidelidad a las prácticas religiosas impuestas por las Escrituras, especialmente detalladas en el *Sobre el decálogo* y *Las leyes particulares*. No puede dejar de percibirse en esta convicción una forma de helenizar las Escrituras, acomodando las particularidades del Pentateuco a las demandas de la cultura helénica que primaba en Alejandría. Sin embargo, el énfasis de Filón en los detalles léxicos y su preocupación por textualizar la realidad sugieren fuertemente que para el alejandrino la interpretación alegórica es un esfuerzo por hacer que la cultura griega sea judía en lugar de disolver la identidad judía en la cultura griega.

Mientras que en *Cuestiones sobre el Génesis* y *Cuestiones sobre el Éxodo*, tratados cronológicamente más tempranos, a cada pregunta sobre el significado de una expresión bíblica o de un versículo, Filón da una respuesta doble: una referida al significado literal y otra al significado alegórico, en el *Comentario alegórico* hay ausencia casi completa de análisis literal y, por el contrario, se despliega una red de conceptos filosóficos sobre la base de una lectura alegórica sistemática. La lectura literal muchas veces es omitida o anulada y nos encontramos con expresiones que pueden parecer insólitas: "nadie puede pensar que Dios planta árboles (*Leg.* 1.43), ni que el "Éufrates es un río" (*Leg.* 1.85), o "no se trata de un jardín de plantas" cuando Gn 2, 8 dice, "Y plantó Dios un jardín en el Edén" (*Conf.* 61).

Tanto Aristóbulo como Aristeas eran judíos de alto rango en Alejandría, que escribían en condiciones sociales y políticas altamente favorables. Esta situación ha cambiado de manera drástica en la generación de Filón. No obstante, la tradición de la lectura alegórica de las Escrituras, en la medida en que podemos reconstruirla a partir de restos fragmentarios, parece haber permanecido esencialmente igual desde la época de estos primeros intérpretes ptolemaicos hasta la de Filón. No solo nos preguntamos por las razones de la resistencia y permanencia de tal modo de lectura, sino sobre la percepción de la utilidad del método alegórico de Filón en el tenso contexto social y político del Egipto del Imperio romano. Preguntémonos primero sobre el propósito de la lectura alegórica judía de las escrituras en las circunstancias más favorables del período ptolemaico temprano. Los exégetas judíos de Alejandría buscaron reinterpretar la cultura griega descubriendo alegóricamente el verdadero significado de la Torá. Esta reinterpretación de la cultura mediante la lectura de un texto sagrado involucró dos procesos relacionados, pero distinguibles: subordinación de los autores canónicos de la cultura griega a la Ley judía y lectura alegórica de las Escrituras que relacionaban significados no bíblicos con las palabras y narrativas del Pentateuco. Aunque la subordinación y la alegoría son dos facetas de un mismo proceso, es útil distinguirlas a los fines de análisis. Los lectores judíos alejandrinos ubicaron los escritos filosóficos señeros de la cultura griega como

	Filón de Alejandría en clave contemporánea

posteriores, y por lo tanto subordinados, a los principios plasmados en la Biblia. Al leer sus propias escrituras de manera alegórica, estos intérpretes correlacionaron los significados de la cultura helénica con el texto de las Escrituras, de modo que los significados culturales se convirtieron en escriturales. Los alegoristas combinaron los dos procesos cuando leyeron alegóricamente también algunos textos de la cultura griega clásica. Por ejemplo, una lectura alegórica de un hexámetro de Homero podría mostrar otro significado, diferente al tradicionalmente adjudicado a un mito homérico, y más bien idéntico al significado de las Escrituras. Los alegoristas judíos subordinaron a Homero sin negar de manera explícita la originalidad homérica (por ejemplo, no afirmaron nunca que Homero plagió a Moisés), pero anularon de manera implícita su valor mítico a través de la correlación del significado oculto en Homero con el verdadero significado de las Escrituras. Del mismo modo en que Heráclito fundamentaba la preeminencia de la autoridad de Homero sobre Platón y otros filósofos, Aristóbulo afirma la prioridad de Moisés y su escritura sobre los autores griegos. Si para Heráclito, un Homero 'filosófico' es anterior a todos los demás filósofos, para Aristóbulo, Moisés es anterior a todos los escritores griegos. Aristóbulo afirma que entre aquellos a quienes corresponde "reflexionar adecuadamente" (τὸ καλῶς νοεῖν) hay filósofos pero también poetas que tomaron material significativo de Moisés y son admirados en consecuencia (*Preparación evangélica* 8.10.4).

Observemos cómo construye Filón sobre estas bases su propio método alegórico. El sabio alejandrino hace un trabajo filológico sobre los versículos del Pentateuco y, además, realiza un análisis semiológico de algunos términos griegos. En *Somn.* 1.61-67, por ejemplo, realiza un análisis del vocablo "lugar" (τόπος) y dice que significa tres cosas. Primero, es el espacio que llena un cuerpo (significación literal). Y, luego, da los significados alegóricos, que son dos: uno, τόπος es el Logos divino, que el propio Dios colma de potencias incorpóreas, y otro, τόπος es Dios mismo, refugio del todo y su propio espacio, "contenido en sí mismo y rodeado únicamente por sí mismo" (κεχωρηκὼς ἑαυτὸν καὶ ἐμφερόμενος μόνῳ ἑαυτῷ, *Somn.* 1.63). Con esta definición, ratifica que Dios no es antropomórfico y no se le puede aplicar ninguna de las ubicaciones relativas (arriba, abajo, derecha, izquierda, adelante, atrás; *Conf.* 139). Para ejemplificar, Filón refiere a la historia del sacrificio de Isaac por su padre Abraham. Simula perplejidad cuando lee que llegó "al lugar" (εἰς τὸν τόπον) que Dios le había dicho, y alzando los ojos vio el "lugar de lejos" (τὸν τόπον μακρόθεν, Gn 22, 3-4). Las dos ocurrencias de "lugar" crean una paradoja, porque por un lado indica proximidad ("llegó al lugar") y, por otro, distancia ("vio el lugar de lejos"). El texto sagrado ofrece en su letra una significación desconcertante: ¿está Abraham en un determinado lugar y simultáneamente lo ve desde lejos? La solución la ofrece la lectura alegórica. La misma palabra τόπος se usa para dos cosas diferentes. Una es el "Logos divino" (θεῖος λόγος) y la otra es Dios, que está "antes del Logos" (πρὸ τοῦ λόγου, *Somn.* 1.66). Moisés, según Filón, no usa la palabra "lugar" en ninguno de los dos casos con su significado de "un espacio ocupado por un cuerpo". Sugiere otras dos posibilidades: "lugar" es un homónimo con dos significados diferentes, Logos y Dios. Si reemplazamos los dos vocablos "lugar" por estos dos términos, el versículo se lee: "llegó al Lógos que Dios había dicho; y alzando los ojos vio a Dios de lejos". O "muy lejos" si le damos ese significado a μακρόθεν. Y en este caso se entendería que, "levantando la vista vio que el mismo lugar al que había ido estaba lejos del Dios innombrable, inefable e incomprensible en todas sus formas" (*Somn.* 1.67). Concluye que el significado subyacente o alegórico es que, a pesar de su progreso espiritual, Abraham no ha alcanzado aún un conocimiento inmediato del Dios ubicado más allá de lo comprensible, sino solo percibe el lugar en que se ubica el Lógos mediador. ¿En qué sentido ha sido alegórica la lectura de Filón de este versículo de las Escrituras? Su interpretación implica dos lecturas no literales interrelacionadas, distintas y complementarias: la primera, de una sola palabra y, la segunda, de una oración completa. Según la primera, los significados no literales de "lugar" (Lógos y Dios) se generan en contraste con el significado literal de "espacio ocupado por un cuerpo". Luego, usando estos nuevos significados de "lugar", se generan dos lecturas no literales diferentes de toda la oración ("vio a Dios de lejos" y "lo vio muy lejos"), en contraste con la lectura literal que parece desconcertar en una primera instancia.

Tanto la composición de la letra bíblica como la lectura de Filón se basan en la capacidad paradójica del lenguaje de las Escrituras para ser de manera simultánea representativo y no representativo. Filón sugiere que la capacidad de representación de las Escrituras se deriva de la aptitud de Adán en el *Génesis*, para dar nombre a las cosas, y de la preservación de esos nombres en la traducción de LXX. Dios quiso poner a prueba la competencia de Adán para conferir nombres, "como un maestro que pone en movimiento la disposición inmanente del

 Filón de Alejandría en clave contemporánea

discípulo" y lo instó a que pusiera designaciones que no fueran "ni impropias, ni discordes" (μήτ᾽ ἀνοικείους μήτ᾽ ἀναρμόστους), sino que mostraran muy bien las propiedades de los objetos (*Opif.* 149). El primer ser humano tuvo la posibilidad de obtener purísimas "representaciones de los cuerpos y cosas" (τὰς φαντασίας τῶν σωμάτων καὶ πραγμάτων) y daba "denominaciones" (κλήσεις), acertadas (*Opif.* 150). Adán, por tanto, re-presenta lingüísticamente las presentaciones originales de la naturaleza que lo rodea. Filón está usando conceptos y términos estoicos en estas argumentaciones. Los objetos que Adam percibe emiten "re-presentaciones" (φαντασίαι) que encarnan sus naturalezas esenciales. La asignación de un nombre "está en armonía con la cosa" (ἐφαρμόττειν τῷ πράγματι) y, para todos, sería el mismo símbolo, tanto "de la referencia" (τοῦ τυγχάνοντος) como del significado (τοῦ σημαινομένου, *Leg.* 2.15). En este lugar, Filón expresa el perfecto triángulo semiótico "cosa-símbolo-significado" (πρᾶγμα-σύμβολον-σημαινόμενον), que, según la doctrina estoica de la καταληπτικὴ φαντασία, es el criterio de verdad, que enuncia que ciertas impresiones que proyectan los objetos materiales en la mente de quien las contempla llegan con tan prístina claridad que constituyen un acceso directo a la verdad (Runia 2001: 352). Las representaciones que recibió Adam fueron claramente "aprehensibles" (καταληπτικαί) por medio de sus sentidos. Esas "representaciones" (φαντασίαι) eran reales y existentes y coincidían con los objetos, y así quedaron impresas clara y distintivamente en la mente de Adán. Los nombres adámicos son, por tanto, representaciones lingüísticas perfectas de realidades no lingüísticas. Filón entiende que el "significado" (σημαινόμενον) es equivalente a la esencia o naturaleza de la cosa nombrada. El principio de la congruencia adánica entre nombre y esencia se refleja en la reiterada práctica de Filón de explicar el significado de los nombres bíblicos. Isaac es "risa" (*Abr.* 201), Saray, el primer nombre de Sara, significa "la soberanía sobre mí" (*Cong.* 1), Agar implica "residencia" (*Sacr.* 43), Cam significa "calor" o "caliente", y Canaán, "comerciantes" o "intermediarios" (*QG* 2.77), etc.

En el mundo mimético del Edén, el lenguaje adámico representa la realidad de forma directa y precisa. La capacidad de otorgar nombres de Adán se reitera en los patriarcas. La competencia lingüística de Moisés asegura que esta posibilidad se actualice en las Escrituras, y en la lengua de LXX. Cuando reemplaza las palabras hebreas con equivalentes griegos precisos, conserva las correspondencias adámicas y mosaicas entre palabras y cosas. Esta correspondencia garantiza la confiabilidad del texto griego. Filón sostiene que la LXX no era una paráfrasis en la que se usó alguna opción de las palabras griegas, sinónimos u homónimos, para traducir palabras hebreas, sino que se trató de una traducción literal, palabra por palabra. Que coincidan de manera consistente las palabras griegas con las palabras hebreas significa que retienen los vínculos adánicos de esas palabras hebreas con sus referentes originales. Aquello fue "interpretar con exactitud" (διερμηνεύειν) las leyes dictadas por oráculos, de la que no se podía quitar ni agregar ni cambiar nada, debiendo, por el contrario, conservar "la idea y la impronta" (τὴν ἰδέαν καὶ τὸν τύπον) del original (*Mos.* 2.34). Por lo tanto, coinciden en lo mismo "los términos griegos con los caldeos" (τὰ Ἑλληνικὰ τοῖς Χαλδαϊκοῖς), en perfecta armonía con los asuntos expresados (*Mos.* 2.38). La elaboración de la LXX, a partir de un autor original inspirado (Moisés), así como traductores inspirados, es una extensión virtual de las denominaciones adánicas. Nos encontramos aquí con uno de los primeros testimonios de la doctrina de la inspiración de la LXX. Filón confía en que las palabras griegas conservan las correspondencias que las palabras hebreas mantenían con los objetos y acciones originales y esta correlación se remonta en última instancia a las percepciones perfectas y los nombres otorgados por Adán, el creador de todo el lenguaje. La letra hebrea y la versión son una y la misma "tanto en los contenidos como en los términos" (ἔν τε τοῖς πράγμασι καὶ τοῖς ὀνόμασι, *Mos.* 2.40). Filón comparte la idea expresada por Platón en el *Cratilo* de que el lenguaje es mimético y representativo de la realidad misma.

Homonimia y sinonimia

El lenguaje de Moisés abunda en homónimos y, como lector alegórico, Filón explota la riqueza semántica de tales homónimos, como hemos visto arriba en la lectura de "lugar" (τόπος) en el episodio de Abraham e Isaac. Además, las Escrituras también utilizan sinónimos; Moisés a menudo habla de lo mismo en diferentes términos. Homonimia y sinonimia reflejan el hecho de que el legislador habla retóricamente, usa gran variedad de formas lingüísticas para incorporar mensajes oblicuos, pero en última instancia descifrables. Filón se manifiesta capacitado para descubrir esos mensajes expresados indirectamente, solo que debe tener especial cuidado de que las formas léxicas no lo engañen a él y a sus lectores. El lenguaje, al tener

    Filón de Alejandría en clave contemporánea

un carácter abstracto y "general" (κοινότης), es incapaz en ocasiones de expresar los aspectos concretos y "particulares" (ἰδιότητες) de las cosas (*Her.* 72). Como un segundo Adán, Moisés usa el lenguaje con precisión, pero sus lectores deben prestar atención para no malinterpretar el mensaje riguroso, aunque expresado indirectamente. Los lectores deben ser sensibles al peculiar carácter dual de la escritura alegórica de Moisés. Filón busca eliminar las falsas identificaciones y diferencias sugeridas por las meras formas léxicas de sinónimos y homónimos para recuperar el auténtico mensaje mosaico. Los vocablos que son sinónimos en el uso ordinario pueden no serlo en el texto de las Escrituras. A la vez, se usan como sinónimos vocablos que no lo son, para sugerir la riqueza significante de un referente común[13].

La clave para la comprensión correcta de Gn 6, 2 (en una variante de LXX que dice que los ángeles de Dios tomaron esposas entre las hijas de los hombres) radica en descubrir que "almas, demonios y ángeles" (ψυχὰς καὶ δαίμονας καὶ ἀγγέλους) son sinónimos, nombres diferentes para "la misma cosa subyacente" (ταὐτὸν ὑποκείμενον, *Gig.* 16)[14]. En otro lugar, Filón observa que "cielo y campo" (οὐρανὸν δὲ καὶ ἀγρόν) de Gn 2, 19 ("todo animal del campo y toda ave del cielo") son sinónimos "que alegorizan el intelecto" (ἀλληγορῶν τὸν νοῦν, *Leg.* 2.10). Y cuando Dios condena a Adán a comer la hierba del campo y con el sudor conseguir el pan (Gn 3, 18b y 19a), "hierba y pan" (χόρτον καὶ ἄρτον) son sinónimos, de hecho son lo mismo porque la hierba es el alimento del irracional e irracionales son los sentidos; el intelecto que se lanza hacia las cosas perceptibles por medio de los irracionales sentidos, no sin sudor las persigue (*Leg.* 3.251).

En otras ocasiones, Filón se aboca a discernir los engaños que oculta a veces la sinonimia. Señala elementos del campo semántico no compartidos por dos términos aunque tengan en apariencia el mismo significado. Es más, los que parecen ser en ocasiones sinónimos pueden resultar ser antónimos. Moisés llama a Noé un "agricultor"

---

13   Los muchos vocablos con que se designa la sabiduría divina: maná (*Her.* 191; *Congr.* 174; *Fug.* 138), roca en el desierto (*Det.* 115), camino real (*Deus* 160), ciencia (*Ebr.* 30; *Congr.* 22 y 47), Lógos (*Congr.* 173; *Det.* 54 y 74; *Conf.* 63), además de su encarnación en Sara (*Cher.* 10; *Congr.* 13, *Mut.* 61, 130 y 194) indican que un mismo significado se usa para términos muy distintos.

14   Según Decharneux (1994: 28), ángeles, héroes, almas y demonios son distintas denominaciones culturales para un mismo fenómeno. En el platonismo no hay una distinción clara entre demonios y ángeles. Como indican Winston y Dillon (1983: 236-237), es posible que Filón esté respondiendo a una polémica de su tiempo sobre este pasaje. Martín (2002: 261-282) compara la interpretación filónica en este lugar con la literatura judía extracanónica de su tiempo.

(γεωργός) en Gn 9, 20 ("y comenzó Noé a ser agricultor"), pero "agricultura" (γεωργία) y "trabajo de la tierra" (γῆς ἐργασία) en realidad no solo no son lo mismo, sino que están apartados uno de otro, son totalmente opuestos y antagónicos (*Agr.* 3). Noé es un "agricultor" (γεωργός) y Caín es un "trabajador de la tierra" (ἐργαζόμενος τὴν γῆν, Gn 4, 2) porque el alma del malvado no se le ocurre otra cosa que ocuparse del cuerpo, de la carne, de ese conjunto de barro, mientras que los que han sembrado y plantado las virtudes, pueden recoger el fruto de una vida bienaventurada (*Agr.* 21-25).

Del mismo modo, no es lo mismo el "pastor" (ποιμήν) que "el criador de ganado" (κτηνοτρόφος), por eso el legislador habla a veces de crianza de ganado (κτηνοτροφίας) y a veces de pastoreo (ποιμενική), que, "en la atribución de un sentido más profundo" (ἐν ταῖς δι' ὑπονοιῶν ἀποδόσεσι), designan cosas diferentes (*Agr.* 27-28). El alma tiene un par de vástagos: uno es el intelecto y el otro está dividido en siete naturalezas, los cinco sentidos y los órganos del habla y de la reproducción. Toda esta multitud, por ser irracional, se parece a los rebaños y le hace falta un conductor. Si este es inexperto, suministra las provisiones en demasía y el ganado se solivianta y abandona a su guía. El rebaño de los sentidos se sacude el yugo y se comporta de manera indebida. A quienes permiten que los rebaños se sacien con todo lo que desean debe llamárselos "cuidadores de ganado" (κτηνοτρόφοι). "Pastores" (ποιμένες), en cambio, son quienes proveen solo los alimentos justos y necesarios y ponen la mira en que el rebaño no se disperse, castigándolo si es necesario, con un castigo medido para las sublevaciones remediables, pero severo para las incurables (*Agr.* 29-40).

La lectura filoniana de los sinónimos establece que el lenguaje de las Escrituras no relaciona de manera forzosa las palabras con los significados usuales. La diferencia entre el mensaje y los términos utilizados para expresarlo no debe ser pasada por alto y nunca hay que suponer que son idénticos. Al igual que los sinónimos, los homónimos pueden inducir a error, es decir, pueden sugerir una similitud en el significado que no existe en realidad. Esta advertencia es frecuente en boca de Filón: "no pocos han sido engañados 'con palabras homónimas' (ταῖς ὁμωνυμίαις) para distintas realidades" (*Mut.* 201); "la misma palabra se puede usar para dos cosas diferentes" (*Somn.* 1.65); Caín ha asesinado al homónimo de Abel, "a su forma sensible" (εἶδος), es decir a la forma que no puede vivir separada de la materia, pero no al arquetipo, no al género (γένος, *Det.* 78); "las

 Filón de Alejandría en clave contemporánea

cosas que tienen el mismo nombre no son absolutamente idénticas" (*Gig.* 56); "Hebrón significa 'unión' (συζυγή) pero esta puede tener dos sentidos", uno refiere a que el alma se entregue en matrimonio al cuerpo y otro a que armonice con la virtud (*Post.* 60).

En el tratado *Sobre la plantación*, en el lugar en que Filón expresa tesis contrarias sobre la embriaguez del sabio, hay una digresión acerca de la sinonimia y la homonimia. La argumentación ocupa 150-153 y no es más que una justificación de su método exegético, una de las variantes de la lectura alegórica, que consiste en considerar los términos en su valor absoluto y aplicar luego todos los sentidos posibles a cada caso en particular. Ejemplifica con la palabra "perro" (κύων), homónimo que se aplica "a muchas cosas distintas" (πλειόνων ἀνομοίων). Designa al animal cuadrúpedo y terrestre, a un pez de dientes agudos y cortantes, el cazón, a la estrella Sirio, también llamada "el Perro", debido a que pertenece a la constelación el Can Mayor, y a cada miembro de la escuela filosófica fundada por Antístenes, la escuela cínica, a la que perteneció Diógenes el Can. Otras denominaciones, en cambio, son palabras sinónimas (diferentes aunque se refieran a una misma cosa) "saeta, flecha y dardo" (ἰός, ὀϊστός, βέλος) pues así se llaman todas las cosas que son disparadas hacia el blanco por la cuerda del arco. O "bastón, cayado, báculo" (σκίπων, βακτηρία, ῥάβδος) que son denominaciones diferentes que se aplican a un mismo objeto. "Para nosotros, para quienes es natural alegorizar[15] y buscamos otras cosas más allá de lo que se ve, es oportuno y adecuado examinar y cuestionar los nombres" (*QG* 4.243).

La lectura alegórica de Filón tiene estructuras más complejas que los ejemplos citados, pero igualmente muchas basadas en interpretaciones que en el fondo juegan con la homonimia y la sinonimia. Por ejemplo, cuando Moisés toma su "tienda" (σκηνή)y la planta fuera del campamento (Ex 33, 7), quiere decir "lejos del campamento del cuerpo" (τοῦ σωματικοῦ στρατοπέδου), dando a entender que campamento y cuerpo son lo mismo. Esta tienda se denomina "del testimonio" (μαρτυρίου), porque es una tienda meramente nombrada, mientras que la tienda "del Existente" (τοῦ ὄντος) 'es' realmente. Por eso, aunque las dos se denominan "tienda" (σκηνή), la tienda

---

15   En armenio en el original, Aucher traduce "*nobis tamen quae allegoricam quaerimus naturam…*" y la *Old Latin version de Quaestiones in Genesin* IV, "*nobis tamen, qui per allegoricum examen ista requirimus*".

de Dios 'es' verdaderamente[16], pero la de Moisés no lo es, porque la del hombre es solo una copia, una imitación de la de Dios, pues los seres que están debajo de Él no existen con existencia real. La tienda de Moisés, que es simbólicamente la virtud del hombre, merecerá el nombre, no la existencia, porque es "imitación" (μίμημα) y "copia" (ἀπεικόνισμα) de aquella divina (*Det.* 160). Es decir, en el plano de la divinidad se encuentra el arquetipo, la realidad y la visión plena y, en el plano de la creación, la copia, la irrealidad y el lenguaje. Por tanto, es coherente que Filón vea las implicaciones mutuas del estatus de Adam como una "copia" (μίμημα) y como creador del lenguaje.

Niveles de la exégesis alegórica

Podemos distinguir tres niveles en la exégesis alegórica de Filón de Alejandría[17]. Sobre la base de las estrategias que hemos venido explicando (etimologías, sinonimia, homonimia) se distinguen con claridad los siguientes niveles en la lectura alegórica del Pentateuco: 1) cosmológico; 2) antropológico, 3) teológico o metafísico. Estos tres niveles se entrelazan en el correr del texto filónico, se unen y se distancian en correlación con el hecho de que la misma figura o secuencia bíblica puede significar alegóricamente cosas diferentes y, a la inversa, diferentes figuras pueden expresar un concepto análogo.

1. El nivel cosmológico funciona en la medida en que la narración bíblica pueda referir al cosmos y su estructura. En referencia a los padres de Abraham con quienes según el texto bíblico (Gn 15, 15), se irá a encontrar el patriarca después de una larga existencia son en realidad el sol, la luna y los demás astros (*Her.* 280). Las cortinas del tabernáculo representan simbólicamente los cuatro elementos, están fabricadas de lino fino (símbolo de la "tierra", γῆ), jacinto ("aire", ἀήρ), púrpura ("agua", ὕδωρ) y rojo escarlata ("fuego", πῦρ, *Congr.* 117; *Mos.* 2.88). La más interesante es la alegoría de las vestiduras del sumo sacerdote en términos de los elementos del universo (*Fug.* 110; *Mos.* 2.117-130; *Spec.* 1.84-96) que pone en correspondencia el macro

---

16   Para Filón, a partir de la expresión de Ex 3, 14: "yo *soy* el Existente" (ἐγώ εἰμι ὁ ὤν), solo Dios, el Creador, el Increado, existe, porque es trascendente a su creación y ontológicamente diferente de ella (no solo en *Det.* 160, sino también en *Mut.* 11; *Somn.* 1.231; *Mos.* 1.75).

17   Daniélou (1958: 129) planteó a mediados del siglo pasado tres niveles: antropológico, cosmológico y místico. Reale-Radice (2005: XLVIII) establecen cuatro niveles: cosmológico, antropológico/ sicológico; metafísico/ teológico y moral/ teológico.

    Filón de Alejandría en clave contemporánea

con el microcosmos en la medida que proyecta a medida humana la mezcla de tierra, agua, aire y fuego (*Opif.* 146 y *Her.* 152-153).

2. El nivel antropológico se desarrolla en todo lo referente al hombre, sus facultades cognitivas y sus posibilidades espirituales. El sacrificio de Isaac por Abraham se explica de diversas maneras. Isaac no es propiamente un ser humano, sino el fruto de un alma rica y fértil que se ofrenda (*Mos.* 1.10; *Leg.* 3.209). Abraham no ofrece en sacrificio a su hijo muy amado, porque *no es* un hombre (el sabio no mata a sus hijos), sino "el producto viril de un alma virtuosa" (τὸ τῆς ἀρετώσης ψυχῆς γέννημα ἄρρεν), el fruto que ha madurado en ella (*Migr.* 140). Abraham y Jacob, han cambiado de nombre, el primero es la virtud adquirida por la enseñanza y el segundo es la que se adquiere por el ejercicio. Isaac no lo ha cambiado porque es autodidacta, es la "raza autodidacta" (αὐτομαθὲς γένος, *Mut.* 88 y 255; *Migr.* 30; *Congr.* 36). Isaac no necesita ni la enseñanza ni la práctica porque posee la virtud por naturaleza, es el sabio que aprende por sí mismo, se enseña a sí mismo y se escucha a sí mismo, es símbolo de la ciencia, de la virtud infusa o perfecta (*Det.* 60; *Sobr.* 65; *Somn.* 1.194. 18). En el nivel antropológico se desarrollan la mayoría de las elucubraciones alegóricas de Filón, en especial porque los veinte tratados que conforman el *Comentario alegórico* constituyen el itinerario del alma en su ascenso hacia lo divino, como demuestra José Pablo Martín (2009: 29-32) en la "Introducción general" a las *Obras completas*.

3. El nivel teológico puede denominarse también nivel metafísico y concierne a todo lo que el texto bíblico pueda enseñar en relación con la presencia divina en la vida humana; está en íntima relación con la teoría del arquetipo que hemos desarrollado en otro capítulo de este mismo libro. El ejemplo más paradigmático es la interpretación alegórica de la creación del hombre. En *QG* 1.4[18], Filón explica la diferencia del primer relato de la creación del hombre (Gn 1, 26), hecho "según imagen y semejanza", y el segundo relato (Gn 2, 7), que habla de la plasmación mediante las manos del hombre formado del polvo de la tierra, al que Dios sopla en su nariz aliento de vida. Cuando el texto sagrado dice que el hombre fue creado "a imagen y semejanza

---

18 Cf. *Opif.* 25 y 69-72; *Leg.* 2.4; *Leg.* 3.96; *Plant.* 19-20; *Her.* 231. La interpretación de Filón es retomada y repetida casi con exactitud por Ambrosio (*Exameron* 6-7; *Ev. Lucas* 4; *Sobre el salmo CXVIII* 118) y Clemente de Alejandría (*Protrépico* 10. 98.4; *Pedagogo* 1.12.98.2; *Stromata* 5.14.94.5).

de Dios" no debe pensarse en las características corporales. Ni Dios tiene forma de ser humano, ni el cuerpo humano tiene aspecto divino. El término "imagen" (εἰκών) se aplica a la parte rectora del alma, al "intelecto" (νοῦς). El intelecto de las creaturas ha sido conformado a imagen del intelecto del universo, arquetipo este de aquel. El intelecto humano ocupa en el hombre la misma posición que el intelecto divino ocupa en el mundo todo. En *Leg.* 1.31 se explica que hay dos géneros de hombre: uno es el hombre celestial, el otro el terrenal[19]. El celestial, en tanto fue creado a imagen de Dios, no participa para nada de la sustancia corruptible y terrestre. El terrenal, en cambio, ha sido formado de la materia dispersa que se ha denominado "polvo". En *Opif.* 69 y 134 se señalan los dos momentos –uno ideal/general y otro individual– de la génesis del hombre. La diferencia entre el hombre plasmado y el nacido a imagen de Dios, según Filón, es inmensa. El moldeado sensible está compuesto de alma y cuerpo, varón o mujer, es de naturaleza mortal, mientras que el hecho a imagen es una cierta idea, género o sello, inteligible, incorpóreo, ni varón ni mujer, incorruptible por naturaleza (*Opif.* 134)[20].

El nivel teológico de la alegoría filoniana es el más rico y pleno de matices filosóficos, se alimenta de los otros dos niveles, el cosmológico y antropológico y constituye la entrada principal para entender cómo Filón lee el texto mosaico respecto de la creación: primero como creación del mundo inteligible y arquetipo de todas las cosas en el intelecto de Dios, y después, la creación del mundo sensible como reflejo y sustrato material del primero.

El retorno del método alegórico en la modernidad

La actividad principal de la alegoría a través del tiempo ha sido estimular diversas formas de lectura y escritura, es decir, diferentes formas de acercamiento e interacción entre el texto y sus lectores. No estamos hablando de alegoría en términos retóricos y referidos a una estructura poética, ni mucho menos a expresiones artísticas en la

---

19   Sobre la compleja cuestión de la naturaleza universal o individual de los distintos tipos de hombre, cf. Pearson (1984: 324) y Radice (1986: *passim*).

20   Cf. los comentarios de Runia (1986, esp. p. 140) a *Opif.* 134 en su traducción (*On the creation of the cosmos according to Moses*) pone en relación este parágrafo con la idea filoniana de que el Lógos es la imagen de Dios y que la humanidad es creada a modo de una imagen de la imagen del arquetipo (*Spec.* 1.81 y 3.83; *Leg.* 3.96; *Her.* 231). Cf. Tobin (1983: 58-65).

    Filón de Alejandría en clave contemporánea

pintura y la escultura, sino a una metodología de lectura, generalmente guiada por una voz autorizada. Si pudiéramos hacer un estudio diacrónico, imposible en esta limitada ocasión, debiéramos saltar un extenso período que va desde el Renacimiento al siglo XX. Después del medioevo, la llegada del humanismo descartó los saberes que tenían que ver con la teología y los tachó de dogmáticos; nacieron otros géneros como la biografía o la epístola y pulularon las traducciones de los textos sagrados en una variedad infinita de lenguas.

Pero en el siglo pasado se volvió a una renovada comprensión del término alegoría, aunque una definición específica se presentaba siempre escurridiza o surgía en comparación con otras categorías. Tzvetan Todorov (1970: 53) conectó la alegoría con la fábula y el cuento de hadas porque los tres están relacionados con un espacio moral, aunque teniendo en cuenta que la alegoría implica la existencia de por lo menos dos sentidos para las mismas palabras; a veces el sentido primero desaparece y en otras ocasiones sentido literal y alegórico aparecen juntos. Armand Strubel (1975: 345), por su parte, distingue en el marco de la alegoría un simbolismo extralingüístico propio de los referentes frente al simbolismo lingüístico de los tropos. Los signos del ámbito extralingüístico, *allegoria in factis*, son cosas y signos al mismo tiempo, es la alegoría propia de los acontecimientos bíblicos; los símbolos del discurso, *allegoria in verbis*, por el contrario, son siempre signos de otras cosas y pueden implicar un sentido espiritual o profético.

Uno de los intentos más importantes de teorizar sobre la alegoría como género se produjo con la publicación de *The language of allegory* de Maureen Quilligan (1975)[21], quien afirma que un género literario puede ser estructural o formal y la alegoría es un género estructural (p. 18). Los géneros en cuanto a la forma son los que el autor 'impone' al contenido que quiere expresar, por ejemplo un soneto es una pieza poética de 14 versos. Los géneros en cuanto a la estructura manipulan al lector a partir de su organización interna, por ejemplo la sátira, para despertar la indignación mediante la ironía o el sarcasmo, o la elegía, siempre una lamentación. La alegoría es un género estructural con mayor razón que la sátira, aunque ambas conlleven doble sentido. Hay una actitud frecuente en nuestros tiempos que consiste en percibir estos dos géneros estructurales –alegoría y sátira– tienen

---

21 Se sucedieron hacia fines del siglo pasado innovadoras reflexiones acerca de la alegoría en términos contemporáneos; cf. Greenblatt (1981); Bloomfield (1987) y Black (1983), que es una extensa reseña sobre el libro editado por Bloomfield (1981).

elementos en común. Por ejemplo pensemos en los *Viajes de Gulliver* ¿es una alegoría o una sátira? La diferencia entre alegoría y sátira es la relación con el referente o eventualmente con el pre-texto. El objetivo de la parodia y la sátira es socavar las bases del referente. La alegoría en cambio, comenta o interpreta un pre-texto real y su finalidad es la lectura correcta. O, en todo caso, corregir la tendencia a leer mal. Mas para lograr este objetivo, hay un procedimiento o proceso horizontal de autoridad, que se mueve continuamente hacia la verdad pero no siempre la alcanza. Y hay un proceso o tratamiento 'vertical' de autoridad que busca llegar a la verdad imponiéndola. Obviamente en nuestro mundo contemporáneo ya no se trata de buscar los significados profundos del texto bíblico, sino que las lecturas más anodinas e incluso infantiles pueden ser leídas políticamente. *Para leer el pato Donald* de Ariel Dorfman es un buen ejemplo. En nuestros días, el término alegoría tiene el significado general de creación verbal que despliega un discurso que ofrece dos o más niveles de significado (el literal y los figurados). Pero lo más importante es que tiene en cuenta la operación interpretativa que corresponde al receptor, aunque a esta segunda acción se la ha denominado *allegoresis*.

Quilligan (1975: 29) reformula el concepto de lectura alegórica y de *allegoresis* , a la que define como interpretación activa que ubica el 'significado' en la autoconciencia del lector, pero no como algo finito, sino como una relación continua con el enigma, con el 'sentido de lo sagrado' del texto. La pregunta ahora sería entonces si un texto, para estar dentro del género, tiene que ser intencionalmente alegórico (*Rebelión en la granja* de George Orwell) o puede leerse alegóricamente sin serlo en apariencia (*El señor de las moscas* de William Golding). En todos los casos la intencionalidad de la lectura es política. Por esa razón, sin caer en la generalidad de Northrop Frye (1967: 89) que declaró que "all commentary is allegorical interpretation" podemos afirmar que todo texto es pasible de ser interpretado alegóricamente siempre que genere una complicidad con un universo de lectores que pueda descifrar un mensaje en términos ideológicos.

Bibliografía

Ediciones y traducciones

Burnet, J. (1967-1968). *Platonis Opera*. Vols. I-V. Oxford: Clarendon Press.

Keaney. J.J. y Lamberton, R. (1996). *Essay on the Life and Poetry of Homer [Plutarch]*. Atlanta/ Georgia: Scholars Press.

  Filón de Alejandría en clave contemporánea

Hays, R.S. (1983). *Lucius Annaeus Cornutus: "Epidrome" (Introduction to the traditions of Greek Theology)*. Introduction, translation and notes. Ph.D. University of Texas.

Favrelle, G. (1982). *Eusèbe de Césarée. La Préparation évangélique* XI. Sources chrétiennes 292. Paris: Cerf.

Des Places, É. (1983). *Eusèbe de Césarée. La Préparation évangélique* XII–XIII. Sources chrétiennes 307. Paris: Cerf.

Denis, A.M. (1970). *Fragmenta Pseudepigraphorum quae supersunt Graeca una cum historicorum et auctorum judaeorum hellenistarum fragmentis*. Leiden: Brill.

Des Places, É. (1987). *Eusèbe de Césarée. La Préparation évangélique* XIV–XV. Sources chrétiennes 338. Paris: Cerf.

Martín, J.P. (2009-2016). *Obras completas de Filón de Alejandría*. Madrid: Trotta.

Pelletier, A. (1962). *La lettre d'Aristée à Philocrate*. Sources chrétiennes 89. Paris: Cerf.

Radice, R. y Reale, G. (2005). *Tutti i trattati del commentario allegorico alla Bibbia. Testo greco a fronte*. Milano: Bompiani.

Runia, D.T. (2001). *Philo of Alexandria. On the creation of the cosmos according to Moses*. Introduction, translation and commentary. Leiden Boston-Köln: Brill.

Schroeder, G. y des Places, É. (1991). *Eusèbe de Césarée. La Préparation évangélique* VIII-X. Sources chrétiennes 369. Paris: Cerf.

Von Arnim, H. (1978). *Stoicorum veterum fragmenta* [1º ed. 1905-1924]. Stuttgart. B.G. Teuber.

Bibliografía citada

Sandmel, S. (1984). "Philo Judaeus: An Introduction to the Man, his Writings, and his Significance", en W. Haase (ed.), *Hellenistisches Judentum in römischer Zeit: Philon und Josephus* 21/ 1. Berlin/New York: Walter de Gruyter, 3-46.

Aslanoff, C. (1998). "Exégèse philonienne et herméneutique midrashique: esquisse de confrontation dans une perpective linguistique", en C. Lévy (ed.), *Philon d'Alexandrie et le langage de la philosophie. Monothéismes et Philosophie. Actes du colloque international (Créteil, Fontenay, Paris, 26-28 octobre 1995)*. Turnhout: Brepols, 65-286.

Belkin, S. (1940). *Philo and the Oral Law; the Philonic Interpretation of Biblical Law in relation to the Palestinian Halakah*. Cambridge, Mass.: Harvard University Press.

Black, J.D. (1983). "Allegory Unveiled". *Poetics Today* 4, 109-126.

Bloomfield, M.W. (1981). *Allegory, Myth and Symbol*. Harvard English Studies 9. Cambridge/London: Harvard University Press.

Bloomfield, M.W. (1987). "Varieties of Allegory and Interpretation". *Revue Internationale de Philosophie* 41 (3/4), 329-346.

Borgen, P. (1984). "Philo of Alexandria. A critical and synthetical survey of research since World War II", en W. Haase (ed.), *Hellenistisches Judentum in römischer Zeit: Philon und Josephus* 21/ 1. Berlin/New York: Walter de Gruyter, 98-154.

Brewer, D. (1992). *Techniques and Assumptions in Jewish Exegesis Before 70 CE*. Tübingen: Mohr.

Buffière, F. (1956). *Les mythes d'Homère et la pensée grecque*. Paris: Les Belles Lettres.

Cohen, N.G. (1995). "Philo and Midrash". *Judaism. A Quarterly Journal of Jewish Life and Thought* 44/ 2, 196-207.

Daniélou, J. (1958). *Philon d'Alexandrie*. Paris: A. Fayard.

Dawson, D. (1992). "Philo: The reinscription of reality", en *Allegorical Readers and Cultural Revision in Ancient Alexandria*. Berkerley/ Los Angeles/ Oxford: University of California Press, 73-126.

Dawson, D. (1995). *Literary Theory*. Guides to Theological Inquiry Series. Minneapolis: Fortress.

Dawson, D. (2000). "Soul and body of text. Philo and Origen", en J. Whitman (ed.), *Interpretation and Allegory: Antiquity to the Modern Period*. Leiden: Brill, 89-108.

Decharneux, B. (1994). *L'Ange, le Devin et le Prophète. Chemins de la Parole dans l'oeuvre de Philon d'Alexandrie, fit «le Juif»*. Bruxelles: Université de Bruxelles.

De Crom, D. (2008). "The Letter of Aristeas and the Authority of the Septuagint". *Journal for the Study of the Pseudepigrapha* 17/ 2, 141-160.

Dillon, J. (1977). *The Middle Platonists. A Study of Platonism 80 B.C. to A.D. 220*. London: Duckworth.

Frenkel, D. (2006). "Una visión del Egipto Ptolemaico según la *Carta de Aristeas a Filócrates*". *Circe de clásicos y modernos* 10, 157-175.

Frye, N. (1967). *Anatomy of criticism. Four Essays* [1º ed. 1957]. New York: Atheneum.

Greenblatt, S. J. (1981). *Allegory and Representation, Selected Papers from the English Institute 1979-1980*. Baltimore/London: John Hopkins University Press.

Goldstein, J. (1981). "Jewish Acceptance and Rejection of Hellenism", en E. P. Sanders *et al.* (eds.), *Jewish and Christian Self-definition*. Philadelphia: Fortress Press, 64-87.

Hanson, R.P.C. (1959). *Allegory and Event: A Study of the Sources and Significance of Origen's Interpretation of Scripture*. Richmond, Virginia: John Knox Press.

Inowlocki, S. (2006). *Eusebius and the Jewish Authors: His Citation Technique in an Apologetic Context Ancient Judaism and Early Christianity*. Leiden: Brill.

Lamberton, R. (1989). *Homer, the Theologian. Neoplatonist Allegorical Reading and the Growth of the Epic Tradition*. Berkeley/Los Angeles: University of California Press.

Long, A.A. (1992). "Stoic Readings of Homer", en R. Lamberton y J. J. Keaney (eds.), *Homer's Ancient Readers. The Hermeneutics of Greek Epic's earliest exegetes*. Princeton: Princeton University Press, 41-66.

Niehoff, M. (2011). *Jewish Exegesis and Homeric Scholarship in Alexandria*. Cambridge: Cambridge University Press.

Pearson, B. A. (1984). "Philo and Gnosticism", en W. Haase (ed.), *Hellenistisches Judentum in römischer Zeit: Philon und Josephus* 21/ 1. Berlin/New York: Walter de Gruyter, 295-342.

Pépin, J. (1976). *Mythe et allégorie: les origines grecques et les contestations judéo-chrétiennes*. Paris: Études Augustiniennes.

Radice, R. (1986). "Ipotesi per una interpretazione della struttura della *kosmopoia* nel *De Opificio Mundi* di Filone di Alessandria". *Hellenica et Judaica*, 69-78.

Reale. G. y Radice, R. (2005). "Monografia introduttiva ai diciannove tratatti del *Commentario allegorico alla Bibbia*". Milano: Bompiani, XV-CLX.

Runia, D.T. (2000). "The idea and the Reality of the city in the Thought of Philo of Alexandria". *Journal of the History of Ideas* 61/3, 361-379.

Tobin, T. H. (1983). *The Creation of Man: Philo and the History of Interpretation*. Washington: Catholic Biblical Association of America.

Martín, J. P. (2002). "Alegoría de Filón sobre los ángeles que miraron con deseo a las hijas de los hombres". *Circe de clásicos y modernos* 7, 261-282.

Méndez, S. (2014). "Los nombres, los poetas y los mitos: la alegoría en los antiguos estoicos". *Habis* 45, 45-70.

Quilligan, M. (1979). *The Language if Allegory: Defining the Genre*. Ithaca/London: Cornell University Press.

Strubel, A. (1975). "'Allegoria in factis' et 'allegoria in verbis'". *Poétique* 23, 342-357.

Todorov, T. (1970). *Introduction a la litterature fantastique*. Paris: Editions du Seuil.

Winston, D. y Dillon, J. (1983). *Two treatises of Philo of Alexandria: a commentary on De gigantibus and Quod Deus immutabilis sit*. Brown Judaic Studies 25. Chico, California: Scholars Press.

Whitman, J. (2000). "General Introduction"; "Part One. Antiquity to the Late Middle Ages", en *Interpretation and Allegory: Antiquity to the Modern Period*. Leiden: Brill, 3-258.

Zuntz, G. (1972). "Aristeas Studies II: Aristeas on the translation of the Torah", en *Opuscula Selecta. Classica. Hellenistica. Christiana*. Manchester: Manchester University Press, 126-143.

Proyección bizantina de algunos neologismos de Filón

Pablo Cavallero

Decir que Filón es un autor relevante es una verdad de Perogrullo. No sólo porque escribió más de cuarenta obras sino porque constituye un nexo entre la cultura helenístico-judía, tardoantigua-pagana y proto-cristiana. Se ha observado ya que muchos términos que aparecen en la literatura eclesiástica siguen una línea insistente que parte de la *Septuaginta*, pasa por el Nuevo Testamento y/o los Apócrifos y llega a los Padres de la Iglesia, pero a veces son Filón y Flavio Josefo quienes se suman como eslabones; y desde los Padres la corriente se esparce por la literatura bizantina[1].

Es nuestra intención aquí hacer un estudio de la proyección que ciertos neologismos filonianos han tenido en el mundo bizantino, como modo de contribución respecto del peso e influjo que este escritor ha tenido en el pensamiento medieval, al menos a partir de la permanencia de su léxico creativo. Si bien no siempre puede asegurarse que un autor o un texto sean el punto de partida de las posteriores ocurrencias de un término, salvo citas textuales, es connotativo que un vocablo sin tradición clásica ni excesiva expansión sino de creación literaria o técnica nazca en un autor que lo utiliza de modo consistente en un *corpus* amplio. De alguna manera, su obra debió de influir, quizás por vías perdidas, en la aceptación y reproducción de la voz.

---

1   Un ejemplo es ἐργοδιώκτης ("empujatrabajo", Martín 2009: 36), que LSJ y Lampe traducen como *taskmaster* ("capataz", "supervisor"); aparece seis veces en la *Spt*, dos en Filón y luego en Orígenes, Gregorio Nacianceno, Ps.-Macario, Evagrio, Juan Crisóstomo, Cirilo, Isidoro Pelusiotes, Neîlos de Ancira, Prokópios, Hesýkhios, *Chronicon Paschale*, Juan Damasceno, Jorge Sýnkellos, Teófanes Confesor, Nicéforo I, Ignacio Diácono, etc., algunos de ellos citando o parafraseando *loci* de la *Spt*.

I. Algunos vocablos cuya condición neológica es discutible:

ἀρχέτυπος. Según el *TLG*, Filón usa el término en ocho ocasiones[2]: *De opificio mundi* 25.6 y 7; *Legum allegoriarum libri* 1.22; 2.4, *De Cherubim* 97.2, *De ebrietate* 133.4, *De mutatione nominum* 135.1 y *De numeribus* fr. 26 D 1. En el primer *locus*, Filón dice: δῆλον ὅτι καὶ ἡ ἀρχέτυπος σφραγίς, ὃν φαμεν νοητὸν εἶναι κόσμον, αὐτὸς ἂν εἴη [τὸ παράδειγμα, ἀρχέτυπος ἰδέα τῶν ἰδεῶν] ὁ θεοῦ λόγος ("es evidente que también es el sello modélico, del que afirmamos que es un cosmos inteligible; él sería la Palabra de Dios"). Ἀρχέτυπος, por lo tanto, se trata de un adjetivo que indica el "modelo primero" de algo, pero que suele aparecer sustantivado. Sin embargo, el término se registra ya mucho antes de Filón. Salvo que la *Antología griega* haga una atribución errónea, a Simónides 16.204 y a Praxíteles 1, el *TLG* les asigna los versos Πραξιτέλης, ὃν ἔπασχε, διηκρίβωσεν ἔρωτα / ἐξ ἰδίης ἕλκων ἀρχέτυπον κραδίης. Luego registra el vocablo también en Empedocles (en testimonio de Ecio), en el Anónimo de Diodoro, en Ecfanto, Crisipo, Posidonio, Diodoro Sículo, Dionisio de Halicarnaso, Ario Dídimo, todos autores anteriores o contemporáneos a Filón, además de Domicio Calístrato y Serapión, el astrólogo, cuya ubicación temporal es dudosa[3]. Si interpretamos bien estas citas como precedentes, el vocablo no es neologismo filoniano[4].

ἀναδικάζω, "desconocer una sentencia". Este término es usado por Filón en *Quod Deus est immutabilis* 183.6, donde dice: γενήσεται δ᾽ ἡ τούτου συμφορὰ τοῖς μὴ τελέως δυσκαθάρτοις δίδαγμα αὐταρκέστατον τοῦ πειρᾶσθαι τὸν ἔνδον δικαστὴν ἔχειν εὐμενῆ· σχήσουσι δέ, εἰ μηδὲν τῶν ὀρθῶς ὑπ᾽ αὐτοῦ γνωσθέντων ἀναδικάζοιεν, "la desgracia de éste se convertirá, para los que no son completamente reacios a la purificación, en una enseñanza que actuará por sí sola con vistas a alcanzar la aprobación del juez interior. Y la obtendrán si no desconocen las sentencias que han sido rectamente dictaminadas por él" (trad. Martín 2010: 309). Sin embargo,

---

2   Para las obras de Filón remitimos a las empleadas por el Canon del TLG, a saber, L. Cohn, *Philonis Alexandrini opera quae supersunt*, vol. 1, Berlin, Reimer, 1896 (repr. Berlin, De Gruyter, 1962), P. Wendland, *Philonis Alexandrini opera quae supersunt*, vol. 2, Berlin, Reimer, 1897 (repr. Berlin: De Gruyter, 1962), vol. 3, Berlin, Reimer, 1898 (repr. Berlin, De Gruyter, 1962), K. Staehle, *Die Zahlenmystik bei Philon von Alexandreia*, Leipzig, Teubner, 1931.

3   De Serapión el Fragmento 8.4 dice Ἀρχέτυπος λέγεται ὁ καλούμενος κλῆρος τύχης, "Se dice 'arquetipo' la llamada 'piedra de la suerte'".

4   Empero, véase Alesso (2018).

                       Filón de Alejandría en clave contemporánea

el *Lexicon in decem oratores* α 110 de Harpocratión y el *Onomasticon* 8.24 de Julio Pólux citan al orador Iseo; el primero glosa este verbo como τὸ ἄνωθεν δικάσασθαι· οὕτως Ἰσαῖος, "juzgar de nuevo", de ahí que el *DGE* lo explique como "juzgar de nuevo", "apelar", "revocar un juicio o sentencia". De esta última acepción se desprende la usada por Martín. La misma definición dan el *Lexicon* de Phótios 1453, la Suda 1857, que repite el texto de Harpocratión, el léxico de Pseudo-Zonarás α 197 (siglo XIII) y el *Lexicon Vindobonense* α 8 (siglo XIV). El *Etymologicum Symeonis* ε 222 (siglo XII) dice Ἐκδικάσασθαι· Ἰσαῖος ἀντὶ τοῦ ἀναδικάσασθαι. Que los diccionarios medievales insistan tanto sugiere que el término era raro. De hecho, fuera de ellos sólo aparece en la *AG* V 222.6, de autor y fecha inciertos, en Pseudo-Juan Crisóstomo, *In poenitentiam Ninivitarum* (*PG* 64.433.13) y en Eustáthios de Tesalonica (siglo XII), *Comentarios a la Odisea* I. 164. 20. Las referencias a Iseo están desdibujadas. Bethe, el editor de Pólux, remite al fragmento "145 Tur", mientras que Theodoridis, el editor de Phótios, remite al fragmento "145 S.", y Dēmētrákos a "Aπ. 145", pero no hemos podido ubicar el pasaje. Queda, pues, dudoso que se trate de un neologismo de Filón, aunque probablemente la novedad haya consistido en usarlo en voz activa. No aparece en Du Cange ni Caracausi ni Kriarás pero sí en Dēmētrákos, quien a Filón y a Iseo suma la *Antología Palatina* 2.22 (que quizás sea V.222.6, κἀναδίκαζε, forma que mantiene la voz activa filoniana). El diccionario de griego moderno de Mpampiniótēs no incluye este término aunque sí se registra como término de *katharéuousa* en el diccionario de Περίδου (1960: 30).

II. Algunos neologismos parecen no haber tenido descendencia, al menos por los registros con que contamos hoy:

ἀπελευθεριάζω, "ser libre", "no tener trabas", "ser libertino" (LSJ y *DGE*), aparece registrado doce veces en el *TLG*, todas en *loci* filonianos (*De opificio mundi* 87.2; *De sacrificiis* 107.4; *Quod Deus sit immutabilis* 29.5; *De ebrietate* 101.10; *De confusione linguarum* 98.4; *De Abrahamo* 213.3; *De Josepho* 66.3; *De decalogo* 164.1; *De specialibus legibus* 2.97; 3.177; *Quod omnis probus liber sit* 104.2; *De aeternitate mundi* 74.4). Sin embargo, el *DGE* registra una ocurrencia papirácea del siglo I a.C., es decir contemporánea a Filón, con el sentido de "manumitir", acepción que ya Bailly daba al verbo en dos lugares de Filón, de acuerdo con el sentido de ἀπελευθερία, "manumisión" y de ἀπελεύθερος, "manumitido", ambos términos clásicos. Es probable, pues, que si no fue Filón el creador, al menos le haya dado uso literario al verbo. De todos modos, no tuvo descendencia, si bien el griego moderno le dio las formas ἀπελευθερῶ (en *katharéuousa*[5]) y ἀπελευθερώνω en demótico. Du Cange I.97 no incluye el verbo, pero sí ἀπελευθερικοί "libertini", mientras que Dēmētrákos 735 incluye el verbo remitiendo solamente a Filón. No hay entrada en Caracausi, ni en Kriarás ni en Mpampiniótēs.

ἐνομματόω, "dar ojos / estar dotado de ojos" (LSJ "to furnish with eyes"; *DGE* "dar ojos, proporcionar vista"), es un verbo que, según el *TLG*, aparece seis veces en Filón y solamente en sus textos. Los *loci* son: *De ebrietate* 82.3, *De congressu eruditionis gratia* 145.2, *De mutatione nominum* 56.10 y 82.4, *De somniis* 1.164. 3 y *De virtutibus* 11.3. La forma simple ὀμματόω ("dar ojos a" Plutarco, "hacer clarividente", "esclarecer" Ésquilo) es clásica. Filón añade un prefijo que genera un leve matiz semántico. Según parece, el neologismo no tuvo éxito en la literatura posterior (no se registra en Du Cange ni Caracausi ni Kriarás) ni en el griego moderno demótico[6]; aunque Dēmētrákos 2571, además de mencionar a Filón, remite a "ΨΧρυσ. 7.19" (¿Pseudo-Crisóstomo?) que no figura en lista ni pudimos ubicar.

ἐπιχειρονομέω, "agitar las manos" ("gesticulate" en LSJ), aparece en cinco registros del *TLG*, de los que cuatro pertenecen a Filón (*Quod Deus sit inmutabilis* 170. 5, *De specialibus legibus* 4. 215. 6, *De vita contemplativa* 84. 3, *Legatio ad Gaium* 354. 3) y uno a Hesiquio *Lexicon* α 5422 (ἐπιχειρονομοῦντες· ταῖς χερσὶν ὡς νόμοις χρώμενοι, *De specialibus legibus* 4. 215), quien cita uno de esos pasajes filonianos. Esto sugiere que el vocablo era raro, necesitó de una explicación y no tuvo descendencia. No aparece en Du Cange ni Caracausi ni Kriarás ni en el diccionario de Mpampiniótēs (2008: 662) ni en el de Περίδου (1960: 178).

εὐθυσμός, "dirección correcta", es una voz que, según el *TLG*, se registra solamente en Filón, es decir es un neologismo pero sin repercusión en la literatura posterior. LSJ lo glosa como *straightness*, "rectitud", y señala que es traducción del hebreo *Shur*, como el mismo Filón declara. Filón lo emplea tres veces en *De fuga et inventione* 203.3, *Quaestiones in Genesim* 3.27 y 4.59. Es una explicación a la mención de *Shur*, "en el camino hacia Shur", en *Génesis* 16, 7. El vocablo se vincula con el verbo clásico εὐθύνω, "dirigir", "corregir", "verificar cuentas",

---

5 Véase Περίδου (1960: 52).

6 Véase Mpampiniótēs (2008: 613).

a cuya raíz añade un sufijo clásico[7]. No se registra en Du Cange ni Caracausi ni Kriarás ni en griego moderno: Mpampiniótēs (2008: 689).

καλαμοσφάκτης, "asesino de una pluma", aparece en Filón, *In Flaccum* 132.2 y se trata, según los registros actuales, de un hápax. Posiblemente la imagen que el autor quiso crear, en una acuñación osada, no fue retomada. Filón está refiriéndose a un γραμματεύς con el término despectivo γραμματοκύφων, "que se inclina sobre las letras", y dice ὃν πολλάκις ὁ δῆμος ἅπας ὁμοθυμαδὸν εὐθυβόλως καὶ εὐσκόπως καλαμοσφάκτην ἐξεκήρυξεν, "al cual muchas veces el pueblo todo unánimemente, correcta y atinadamente lo proclamó 'asesino de plumas'". Sólo se registra en LSJ.

λογοφίλης, "amigo de los discursos", aparece en *Legum allegoriarum libri* 1.74.5 y en *Quaestiones in Exodum* fr. 7.3; en este último dice οἱ νῦν λογοφίλαι τὴν φιλόσοφον ψευδώνυμον κλῆσιν ὑποδυόμενοι, "los ahora amigos de los discursos, asumiendo la denominación de 'filósofo' como falso nombre (...)"; y en el primero Μωυσῆς δὲ λογοφίλην μὲν αὐτὸν οἶδε, φρόνιμον δὲ οὐδαμῶς, "Moisés lo supo amigo de los discursos, mas de ningún modo inteligente". En ambos pasajes, el término juega con φιλόλογος, "amigo de las palabras", que tiene matiz positivo como φιλόσοφος, para expresar un sentido peyorativo. Cf. λογόφιλος, "amante de discurrir" (Zenón de Cition, *apud* Estobeo, *Florilegio* 36.26). Dēmētrákos registra los mismos *loci*. No se registra en Du Cange, en Caracausi, en Kriarás, en *katharéuousa* ni demótico.

ταραξίπολις, -ιδος, de ταράσσω y πόλις, "perturbador de la ciudad, del estado, del orden público". Este neologismo aparece en dos pasajes filonianos: *In Flaccum* 21.1 y 137.3. No se registran, empero, usos posteriores. Dēmētrákos señala solamente el primer *locus* y no aparece la voz en otros diccionarios.

III. En cambio, menor o mayor repercusión han tenido otros términos neológicos, como los siguientes:

ἄδεικτος, "indesignable" (según el *DGE*, "no señalado", "que no se muestra", "oculto"; según LSJ, "not shown", "invisible"; "not indicated"; según Trapp, "nicht sichtbar") aparece en diez registros del *TLG*, de los cuales seis son de Filón. Los *loci* son: *Quod deterius potiori insidiari soleat* 31.5, *De confusione linguarum* 81.3, *De migratione*

---

7   Véase Chantraine (1933: § 105, p. 138 s.).

Abrahami 183.6, *Quis rerum divinarum heres sit* 130.2, *De mutatione nominum* 58.4, 264.3. Luego aparece en las *Hipiátricas* (siglo IX), dos veces en unos versos teológicos de Khoirospháktes (siglo X), además de en un fragmento cómico imposible de fechar (*Excerpta* 307 Austin). Es, pues, un adjetivo apreciado por Filón, posiblemente creado por él y con cierta aceptación posterior, aunque Du Cange ya no lo incluyó y tampoco Caracausi ni Kriarás. Dēmētrákos lo registra pero sin ejemplos; no aparece en Mankrídēs-Olalla ni en Mpampiniótēs.

ἀπαμπίσχω, "desnudar", "develar", es utilizado varias veces por Filón: *De ebrietate* 6.7, *De fuga et inventione* 158.3, *De somniis* 1.98 y 216, *De Josepho* 14. 2, 185.5, 238.5, *De specialibus legibus* 3.121, 4.185, *De providentia* fr. 2.35; lo aplica a contextos en que implica "desvestirse" o "descubrir" virtudes, vicios, pensamientos. El verbo interesó a varios lexicógrafos: la Συναγωγή λέξεων (siglo IX) α 1601, Phótios *Lexicon* α 2244, *Lexica Segueriana* α 110, Suda α 2891, y fue usado por comentaristas teólogos, Eusebio (siglo IV) *Praeparatio evangelica* 8.14, y Eustacio (siglo IV), *Commentarius in Hexaemeron* 745.37, 769.1, es decir, dos autores del período protobizantino. Pero Eustacio y todos los léxicos ofrecen la variante ἀπαμφίσκω con -φ-; esto se debe a que el verbo tiene dos prefijos, ἀπό y ἀμφί, que se combinan con ἴσχω, verbo relacionado con ἔχω, entonces algunos restituyen la φ aunque se registra ἀμπίσχω ("envolver", "revestir") pero no ἀμφίσχω. Bailly destaca, a propósito de ἀμπέχω / ἀμπίσχω, que es notoria la pérdida de espiración, probablemente por disimilación. Filón creó la forma ἀπαμπίσχω siguiendo este uso clásico. En cuanto a su recepción posterior, es escasa. Se limita a dos autores eclesiásticos y a lexicógrafos que, precisamente, lo citan como una rareza. No aparece en Du Cange ni en Caracausi ni en Kriarás; Dēmētrákos 709 sólo cita a Filón; no lo registra Mpampiniótēs (2008: 221).

ἀραχνοϋφής, "como tejido de araña", "tejido por arañas", "hilado fino o sutil" es un adjetivo empleado tres veces por Filón (*De somniis* 2.53.3, *De vita contemplativa* 51.4, *De providentia* fr. 2.17.15) y luego por Eusebio, quien cita el último pasaje filoniano prácticamente de modo literal; compárense:

οὔθ' ὅτι κλίναι λιθοκόλλητοι καὶ ὁλόχρυσοι θαυμάσαντες, οὔθ' ὅτι ἀραχνοϋφεῖς ἢ λίθῳ γεγραφημέναι στρωμναί, οὔθ' ὅτι ἐσθημάτων ἰδέαι διάφοροι, προσέτι δὲ τὰς περὶ αὐτὸν χλαίνας ἀπαμφιάσαντες, ἅπτονται χειρῶν, καὶ τὰς φλέβας προσπιεζοῦντες ἀκριβοῦσι τοὺς παλμούς, εἰ σωτήριοι· (Filón, *De providentia* 2.17)

   Filón de Alejandría en clave contemporánea

οὔθ' ὅτι κλῖναι λιθοκόλλητοι καὶ ὁλόχρυσοι θαυμάσαντες οὔθ' ὅτι ἀραχνοϋφεῖς ἢ λιθογραφημέναι στρωμναὶ οὔθ' ὅτι ἐσθημάτων ἰδέαι διάφοροι, προσέτι δὲ τὰς περὶ αὐτὸν χλαίνας ἀπαμφιάσαντες ἅπτονται χειρῶν καὶ τὰς φλέβας προσπιεζοῦντες ἀκριβοῦσι τοὺς παλμοὺς εἰ σωτήριοι. (Eusebio, *Praeparatio evangelica* 8.14.17)

que sólo difieren en λίθῳ γεγραφημέναι frente a λιθογραφημέναι. Esto asegura que es Filón la fuente directa del vocablo. Por otra parte, Hesýkhios α 6994 glosa el término así: ἀραχνοϋφεῖς· ὡς ὑπὸ ἀράχνης ὑφασμένας. Y, finalmente, el fragmento 1071 de los *Frustula adespota ex auctoribus* (Lloyd Jones-Parsons) consiste en la forma ἀραχνοϋφεῖς. Du Cange, Caracausi y Kriarás no lo mencionan. Dēmētrákos 922 cita los mismos pasajes de Filón y de Eusebio. El griego moderno cuenta con ἀραχνοϋφαντος, que Mpampiniótēs glosa como "aquel que tiene una textura muy sutil, como tela de araña" (2008: 267); y en *katharéuousa* se conservaba ἀραχνοειδής, "con forma de araña"[8].

ἐναύγασμα, "resplandor", "destello", se aplica a la facultad de discernimiento para indagar sin errores mediante el órgano de la visión. El *DGE* lo registra en Procopio de Gaza *PG* 87.1564, pero el *TLG* registra ocurrencias previas: en Filón, *Legum allegoriarum libri* 3.7.3, luego en Teodoro de Mopsuestia (*Fragmenta in Genesim* 3.6 y 7.1), en Nilo de Ancira (*Epístolas* I.150.8), Procopio (*Catena in Canticum* 1564.1), Eustáthios de Tesalonica (*Sermones* 13.202), a los que se suman dos *loci* registrados en el *LBG* de Trapp, quien lo glosa como *Erleuchtung*. No se registra en Du Cange ni Caracausi ni Kriarás. Dēmētrákos 2522 sólo menciona a Filón. Es, pues, un neologismo filoniano que ha sobrevivido hasta bien entrado el período bizantino (siglo XII).

ἐνευκαιρέω, "ocupar bien el tiempo" (el *DGE* lo glosa como "entretenerse en o con", "encontrarse a gusto", "florecer en", "encontrarse en", Lampe "ocuparse en", y LSJ "pasar el tiempo en"), es un verbo que aparece en cincuenta y seis ocurrencias en el *TLG*; de ellas, siete son filonianas y se manifiestan como las primeras: *De agricultura* 56.7, *De ebrietate* 195.3, *De confusione linguarum* 3.4, *De somniis* 2.128, *De specialibus legibus* 3.102, 4.160, *In Flaccum* 33.3. Este neologismo tuvo éxito, ya que lo asumieron Gregorio de Nisa, Epifanio (siglo IV), Aretas, Teófanes continuado (siglo X), Nikètas de Ancira (siglo XI), Theophílaktos, Gregorio Antíoco, Jorge Torníkēs, Eustáthios de Tesalonica (doce veces) (siglo XII), Jorge Kínnamos, Miguel Khoniátēs, Nikètas Khoniátēs, Eutimio Torníkēs, Juan Staurákios (siglo XIII),

---

8   Cf. Περίδου (1960: 66).

Jorge Pakhymérēs (trece veces) (siglo XIV). El verbo no necesitó aclaraciones de lexicógrafos; por el contrario, fue usado por los escolios a Clemente Alejandrino como antónimo del verbo ἀλύοι[9]. El término es un compuesto de εὐκαιρέω, "tener buen tiempo", "estar en buena situación", "tener ocio", derivado a su vez de εὖ-καιρος; de modo que Filón recurrió a una base clásica. Du Cange, Caracausi y Kriarás no lo incluyen. Dēmētrákos 2546 cita a Filón, Eustáthios y Pakhymérēs. No se registra en Mankrídēs-Olalla ni en Mpampiniótēs ni en Περίδου.

ἐπαναζωσάμενος es un hápax, según surge del *TLG* (*De vita contemplativa* 51.4), participio de confectivo del verbo ἐπαναζώννυμαι, "ceñir la cintura". Pero el diccionario de Trapp remite a la *Vida de Teodora de Tesalonica* 57.1, de modo que el neologismo de Filón tuvo al menos una repercusión registrada. Existen también: ἀναζώννυμι desde la *Spt.* que, además de ser usado por el mismo Filón, aparece en el Nuevo Testamento, Dion Crisóstomo, Policarpo, Ateneo, Herodiano, Metodio, etc.; ἐπιζώννυμι desde Heródoto, Flavio Josefo, Plutarco, Pausanias, Libanio, etc.; y προσαναζώννυμαι, empleado desde el siglo XII por Jorge Kedrenós, Juan Skilítzes y Gregorio Antíoco como "obtener", "conseguir". Filón combinó los dos primeros en una costumbre del griego postclásico, que se afirma en el bizantino (como en el latín medieval), que consiste en yuxtaponer prefijos sin mucho cambio semántico como resultado. El término no aparece en Du Cange ni en Caracausi ni en Kriarás, en Mpampiniótēs ni en Περίδου.

λογοθήρης, "cazador de palabras", es la voz que aparece junto con la siguiente. El *TLG* la registra como *plurale tantum* y da entrada a cinco ocurrencias, de las que tres son las filonianas: la ya mencionada *De progressu eruditionis gratia* 53.4, *Vita Mosis* 2.212, *Quod omnis probus liber sit* 80.2. Luego la retoma Eusebio en su *Praeparatio evangelica* 8.12.9 y el patriarca Gregorio II (siglo XIII) en su *Epístola* 48.5. El término tiene el mismo tono que λογοπώλης y presencia algo mayor. No tiene entrada en el diccionario de Du Cange, en el de Caracausi, en el de Krairás, en el de Mpampiniótēs ni en el de Περίδου. Dēmētrákos 4366 menciona λογοθήρας, ó y remite a un *locus* filoniano con el nominativo plural λογοθῆραι.

---

9   Cf. 181.22.

    Filón de Alejandría en clave contemporánea

λογοπώλης, "mercader de palabras", es un neologismo que Filón utiliza una sola vez (*De progressu eruditionis gratia* 53.4) junto con λογοθήρης para señalar que incluso entre los filósofos hay charlatanes que se dedican a nimiedades en vez de mejorar su vida con la virtud. El término fue retomado dos siglos después por Flavio Filóstrato en *Vitae sophistarum* I.526, atribuyéndole a Pancrates la frase "Lolliano no es vendedor de pan sino vendedor de palabras". Es, pues, un vocablo sarcástico, de invectiva. Este tipo de creaciones suele tener repercusión limitada. Dēmētrákos 4367 menciona a Filón y a Filóstrato. No se registra en Du Cange, Caracausi, Kriarás ni Mpampiniótēs.

μοναστήριον, "monasterio", es uno de los vocablos más difundidos y vitales, con más de seis mil ocurrencias registradas en el *TLG*. Aparece como neologismo filoniano, usado en *De vita contemplativa* 25.2 y 30.2; en el primer *locus* dice ἐν ἑκάστῃ δέ ἐστιν οἴκημα ἱερόν, ὃ καλεῖται σεμνεῖον καὶ μοναστήριον, ἐν ᾧ μονούμενοι τὰ τοῦ σεμνοῦ βίου μυστήρια τελοῦνται, "en cada una [casa] hay una habitación sagrada que se llama 'santuario' y 'monasterio', en la que, viviendo solitarios, celebran los misterios de la vida venerable". Formado sobre el adjetivo μονάς, -άδος, "solitario", "aislado", "solo", y un muy productivo sufijo -τήριον[10], el vocablo pasó al latín como *monasterium* y se conserva en griego moderno como μοναστήρι con la variante, también bizantina, μονή. El *locus* de Filón que hemos transcripto aparece citado por Eusebio en *Historia ecclesiastica* 2.17.9. Se ha puesto en duda que el pasaje de *La vida contemplativa* sea auténtico:

> Si bien no es el tratado del que se conserven más copias de la Antigüedad, es el tratado que nos llega por mayor cantidad de caminos diversos: 7 manuscritos (sin contar algunos que no han tenido en cuenta los editores), la traducción armenia, la traducción latina del siglo IV, los *excerpta* de Eusebio. Es de notar que todas las copias de que disponemos, en cualquiera de los tres idiomas, han sido hechas probablemente con la suposición por parte del copista de que Filón describía una comunidad cristiana. Sin embargo, no han tenido éxito los que han querido modificar el texto suponiendo interpolaciones de usos lingüísticos posteriores[11].

---

10   Véase Chantraine (1933: § 49).
11   Martín y Torallas Tovar (2009: 151).

Obviamente, la vida cenobítica cristiana no había comenzado en tiempos de Filón; de ahí gran parte del cuestionamiento. Sin embargo, es posible que Filón haya creado el término para describir usos de ascetas contemporáneos, no necesariamente "cristianos", y sin que tenga la aplicación estricta que se dio luego a "monasterio" como cenobio y ni siquiera como el habitáculo de los eremitas o anacoretas. Aquí Filón se refiere a casas que destinan una habitación para ciertos ritos individuales, lo que podríamos llamar un "oratorio" entre otros sectores de la residencia. El neologismo filoniano, pues, pudo ser adaptado a una acepción más cristiana al surgir el monasticismo en las vertientes de Pacomio o de Antonio (de ahí que Lampe glose el término como "celda de una ermita" o "monasterio"). Si realmente es un neologismo de Filón, es el que más amplitud y perduración logró y por ello aparece en todos los diccionarios.

σεμνεῖον, "santuario", aparece dos veces en Filón (*De vita contemplativa* 25.1 y 32.1) y luego, con un total de ciento siete ocurrencias, en Eusebio, la *Vida de Daniel Estilita*, Nicéforo, Teodoro Estudita, Ignacio Diácono, León VI, Jorge el Monje, Jorge Kedrenós, Juan Zonarás, Gregorio Antíoco, Juan Kínnamos, Miguel Khoniátes, textos anónimos, más algún comentario léxico de Herodiano, de Focio y glosas de Hesiquio o Hesýkhios (σεμνεῖον· οἶκος ἱερός) y la *Suda* o Suidas (Σεμνεῖον: τὸ μοναστήριον). Es un neologismo muy exitoso vinculado con el adjetivo σεμνός a cuya raíz se suma un sufijo productivo, -εῖον[12]. Du Cange 1351 incluye las formas "σεμνεῖον, σέμνιον, *Monasterium*, [...] *ut est apud Philonem*", lo cual sugiere que en el siglo XVII el vocablo todavía estaba vivo. No se registra en Caracausi. Aparece en Dēmētrákos 6492 (Filón y Suidas) pero no en Mpampiniótēs (2008: 1580) ni en Περίδου.

συνδιαιωνίζω, "participar de la eternidad", es un verbo formado con el productivo sufijo -ίζω, registrado por el *TLG* ochenta y siete veces. LSJ lo glosa como "pasar toda la vida junto con" en Hesiquio y como "coexistir perpetuamente con" en Filón, traducción esta última acogida por Lampe. Las primeras ocurrencias se dan en Filón en cuatro textos (*De vita Mosis* 2.108.5, *De specialibus legibus* 1.31.7 y 1.77.1, *De praemiis et poenis* 71.1), pero luego el verbo aparece en Atenágoras, Eusebio, Gregorio Nacianceno, Atanasio, Basilio, Dídimo, Efrén, Juan Crisóstomo, Macario, Cirilo, Marcos Eremita, Olimpiodoro, Ecumenio, Juan Damasceno, el *Barlaam y Joasaf*, Miguel Glykás, Ps.

---

12   Véase Chantraine (1933: § 48).

                                        Filón de Alejandría en clave contemporánea

Zonarás, Constancio Lukítēs, Gregorio Palamás, Philótheos Kókkinos, Theóktistos, Simeón de Tesalonica y Mateo Kamariótēs, además de textos anónimos y de Hesýkhios, que lo glosa como συνδιάγειν εἰς αἰῶνας. Es, pues, un neologismo que tuvo mucho éxito durante todo el período bizantino; no aparece en Du Cange, Dēmētrákos lo registra como medieval y Περίδου, Mankrídēs-Olalla y Mpampiniótēs no le dan entrada.

ὑποτυφόομαι, que LSJ glosa como "become somewhat arrogant *or* deluded", Lampe como "become infuriated" y Trapp como "schwelen" (*Anecdota Graeca medica*), parece aludir al hecho de "sentir una vana jactancia". El *TLG* da a Filón la primera ocurrencia, que es *De somniis* 2.46.2. Luego se registran otros nueve empleos en Palládios (siglo V), Málkhos (siglo VI), Esteban el Médico (siglo VII, dos veces), Jorge Patriarca de Alejandría (siglo VII), León el Médico (siglo IX), la Suda (siglo X, Z 84.8 τὴν ὑποτυφωμένην ἀλαζονείαν), *Vita brevior Iohannis Chrysostomi* (siglo XI) y en la Epístola 290.7 de Neófito Doukas (siglo XIX). Parece claro que el término se usó en sentido metafórico[13] pero también más recto, como un tumor. No aparece en Du Cange ni Caracausi; y Dēmētrákos 7519 sólo remite a dos lugares de Filón, lo cual extraña, porque lo ha empleado todavía un autor moderno[14].

φιλοπαθής. Tanto Lampe cuanto LSJ glosan este adjetivo como "devoted to one's passions, sensual", y Sophoklēs como "subject to the πάθη", de acuerdo con sus componentes φίλος y πάθος. El *TLG* registra cuarenta y dos ocurrencias, de las cuales veintitrés son de Filón, quien sería el creador del término: *Legum allegoriarum libri* 2.50.6, 2.52.1 y 4, 2.103.6, 3.107.5; *De sacrificiis Abelis et Caini* 48.4, 51.3; *De posteritate Caini* 98.5; *Quod Deus sit immutabilis* 111.1; *De agricultura* 83.5; *De migratione Abrahami* 16.4, 62.3, 66.6, 202.9, 224.7; *Quis rerum divinarum heres sit* 203.4; *De fuga et inventione* 18.6; *De somniis* 2.213.2. Su uso es, pues, reiterado y en obras variadas; suele hacer juego etimológico con otros términos, como φιλήδονος[15], φιλοσώματος[16], φιλάρετος[17]. Pero las restantes ocurrencias registradas corresponden a Eusebio, siglo IV (seis *loci*), a Dídimo el Ciego, siglo IV (cinco ocurrencias), a pseudo-Macario, siglo IV (un *locus*), a Nilo de Ancira, siglo

---

13 Cf. τύφος, "vapor que sube".

14 "νῦν γὰρ μᾶλλον ὑποτυφοῦται ταῖς ἐλπίσι μιᾶς ποίμνης μονώτατος αὐτὸς ἔσεσθαι ποιμήν".

15 "Amigo del placer", se registra desde los fragmentos pitagóricos.

16 "Amigo del cuerpo", "indulgente"; empleado desde Platón.

17 "Amigo de la virtud". Se registra desde Aristóteles. También usa Filón el adjetivo φιλομαθής, "amigo del aprendizaje o del conocimiento", registrado desde Isócrates.

V (un empleo), a Teodoro Stoudítēs, siglo IX (una ocurrencia), a Ni-
kétas David, siglo X (tres registros), a Eustáthios de Tesalonica, siglo
XII (un caso) y al texto anónimo *Prognostica ex signis zodiaci*, de fecha
incierta (un *locus*); de modo que el término tuvo larga supervivencia,
en autores eclesiásticos pero también en obra científica. Empero, Du
Cange y Caracausi ya no lo registran, de modo que es probable que
haya perecido en el bajo Bizancio. Dēmētrákos 7638 remite a Filón y
a Eusebio. No hay entradas modernas.

ὠμίασις, "hombro". El *TLG* lo registra en Filón como primera
ocurrencia, en dos lugares: *Legum allegoriarum* 3.25, κρύπτεται μὲν
ἀεὶ καὶ φυλάττεται τὰ πάθη ἐν Σικίμοις –ὠμίασις δὲ ἑρμηνεύεται,
ὁ γὰρ πονούμενος περὶ τὰς ἡδονὰς φυλακτικὸς τῶν ἡδονῶν ἐστιν–,
ἀπόλλυται δὲ καὶ διαφθείρεται παρὰ τῷ σοφῷ, que Martín I. 251
traduce: "las pasiones están ocultas y custodiadas siempre en Siquem –que significa hombro, pues el que se esfuerza por conseguir
placeres es como un guardián de los placeres–. En cambio junto al
sabio se arruinan y destruyen"; *De migratione Abramahi* 225 (221), οὗ
χάριν ὁ φιλομαθὴς τοῦ τόπου Συχὲμ ἐνείληπται, μεταληφθὲν δὲ
τοὔνομα Συχὲμ ὠμίασις καλεῖται, πόνου σύμβολον, ἐπειδὴ τοῖς
μέρεσι τούτοις ἀχθοφορεῖν ἔθος, que Martín III. 131 traduce: "con
este fin el amigo del saber, <Abraham>, toma posesión del lugar llamado Siquem. El nombre de Siquem traducido significa "sobre los
hombros" y es símbolo del esfuerzo, puesto que sobre estas partes
del cuerpo es costumbre llevar las cargas pesadas". El vocablo, pues,
parece un neologismo construido sobre el clásico ὦμος y utilizado
como alegoría del topónimo Siquem, en una expresión que alude a
nuestra frase "poner el hombro" en el sentido de "esforzarse". Así lo
señala Dídimo el Ciego (siglo IV) en *In Genesim* 215, donde dice a propósito del pasaje *Génesis* 12, 6: Ἔρχεται δὲ εἰς Συχὲμ ἑρμηνευομένην
ὠμίασιν διὰ πράξεων ἐναρετῶν ἁπάντων τούτων ἀξιούμενος·
ὁ ὦμος γάρ, ἀφ' οὗ ἡ ὠμίασις, σύμβολον ὑπάρχει ἔργου, καθὸ
εἴρηται· "Δὸς καρδίαν σου εἰς ὤμους σου", "Viene a Siquem, interpretado 'hombro', adecuado a causa de todas estas virtuosas acciones;
pues 'hombro', a partir de donde *omíasis*, es símbolo del esfuerzo,
según se ha dicho 'da tu corazón a tus hombros'". El mismo autor usa
el término en *Fragmenta in Psalmos* 1032, donde comenta el versículo
107.8 que menciona a Siquem:

"Ὠμίασις" ἑρμηνεύεται Σίκημα, ἔργου σύμβολον οὖσα.
ὑψωθεὶς οὖν ὁ κύριος ἐπὶ τὸν σταυρὸν καὶ ἀναβεβηκώς, διεμέρισε
τῶν ἀνθρώπων τὰ ἔργα ὡς τὰ μὲν δικαιῶσαι, τὰ δὲ ἀποδοκιμάσαι·

     Filón de Alejandría en clave contemporánea

"Siquem se interpreta 'hombro', que es símbolo del esfuerzo. En efecto, elevado el Señor sobre la cruz y habiendo ascendido, dividió los esfuerzos de los hombres, unos para justificarlos, otros para rechazarlos". También recurre a ὠμίασις, para comentar el pasaje de Salmos, Pseudo-Juan Crisóstomo *In Psalmos* 101-107, mientras que Hesiquio, en su *Comentarius brevis* lo emplea para el Salmo 59.8 y para el 107.8. En el siglo VII, Máximo Confesor lo utiliza para comentar el mismo pasaje del Salmo 59 (*Expositio in Psalmum LIX*. 179), como también lo hace en el siglo XI Miguel Psellós en sus *Opuscula theologica* 35.34 y 39.7. Todos estos textos son hermenéuticos, se refieren a los mismos pasajes y aplican la interpretación alegórica a partir de la etimología; todos parecen seguir a Filón. Dēmētrákos 8028 lo califica de "tardío" (μεταγενέστερον) y remite a dos *loci* de Filón; la voz no aparece en Du Cange, en Caracausi, en Mankrídēs-Olalla ni en Mpampiniótēs.

Conclusión

En conclusión, nos encontramos con neologismos dudosos y neologismos que no han tenido repercusión; pero también con vocablos originales, un hápax (καλαμοσφάκτης) y algunos con escasa presencia posterior (ἄδεικτος, ἀπαμπίσχω, ἀπελευθεριάζω, ἀραχνοῦφής, ἐπαναζώννυμαι, λογοπώλης, λογοθήρης, λογοφίλης, ταραξίπολις) y otros con mayor descendencia, de los cuales algunos parecen haber sido vitales solamente en el período bizantino (ἐναύγασμα, ἐνευκαιρέω, συνδιαιωνίζω, φιλοπαθής, ὠμίασις) y otros haberlo sido en esa época y haber mantenido la vitalidad en la etapa moderna (μοναστήριον, σεμνεῖον, ὑποτυφόομαι). En algún caso, la impronta filoniana es segura por la cita casi textual de su obra (ἀραχνοῦφής). Los vocablos más exitosos son los que por su contenido semántico son más apropiados para la temática religioso-espiritual, tan abundante en la literatura bizantina.

De este modo creemos confirmar que Filón no sólo heredó términos acuñados en el período helenístico, algunos presentes en la *Spt.*, sino que además tuvo creatividad léxica y que la subsistencia de estos términos abona una lectura cierta de su obra, sobre todo a partir de esos vocablos cuyo contexto ha sido citado literalmente o glosado por lexicógrafos. Esto último, asimismo, nos asegura que su vasto *corpus* no se limitó al campo histórico-teológico-espiritual-científico, sino que interesó, por su valor, al de los gramáticos y filólogos.

Bibliografía

Bibliografía citada

Alesso, M. (2018). "Raíces helenísticas de conceptos filosóficos contemporáneos", en C. Fernández, J. Napoli y C. Zecchin (eds.), *[Una] nueva visión de la cultura griega antigua en el comienzo del tercer milenio: perspectivas y desafíos*. La Plata: Edulp, Editorial de la Universidad de La Plata, 17-46.

Caracausi, G. (1990). *Lessico greco della Sicilia e dell'Italia meridionale (secoli X-XIV)*. Palermo: Centro di Studi filologici e linguistici siciliani.

Chantraine, P. (1933). *La formation des noms en grec ancien*. Paris: Champion.

Dēmētrákos, D. (1951). *Μέγα λέξικον όλης της ελληνικής γλώσσης*. Αθήναι: Δόμη.

Du Cange, Charles du Fresne, Sgr. (1668). *Glossarium ad scriptores mediae et infimae Graecitatis*. Lugduni, Anissonius-Posuel-Rigaud [= Graz, 1958].

Kriarás, E. (1971). *Λεξικό της μεσαιωνικής ελληνικής δημώδους γραμματείας 1100-1669*. Θεσσαλονίκη.

Mankridēs, A. y Olalla, P. (2007). *To νέο ελληνο-ισπανικό λεξικό. El nuevo diccionario griego-español*. Athens: Texto.

Martín, J. P. (2009). *Obras completas de Filón de Alejandría*, vol. I. Madrid: Trotta.

Martín, J. P. (2010). *Obras completas de Filón de Alejandría*, vol. II. Madrid: Trotta.

Martín, J. P. (2011). *Obras completas de Filón de Alejandría*, vol. III. Madrid: Trotta.

Martín, J. P. (2016). *Obras completas de Filón de Alejandría*, vol. IV. Madrid: Trotta.

Martín, J. P. (2009). *Obras completas de Filón de Alejandría*, vol. V. Madrid: Trotta.

Mpampiniótēs, G. (2008). *Λεξικό της νέας ελληνικής γλώσσας*, 3 έκδ. Αθήνα: Κέντρο Λεξικολογίας.

Περίδου, Γ. (1960). *Dictionnaire Français-Grec. ἑλληνο-γαλικόν λέξικον, νέα ἔκδοσις*. Ἀθῆναι: Βασιλείου.

Sophoklès, E. (1992). *Greek Lexicon of the Roman and Byzantine Periods* [1º ed. 1914]. Hildesheim, Zürich, New York: Georg Olms Verlag.

Stephanus, H. (1842-1846). *Thesaurus Graecae Linguae*. Paris: Didot.

TLG Pantelia, Maria (dir.) (2001-). *Thesaurus Linguae Graecae. A digital library of greek literature*. University of California: http://www.tlg.uci.edu/

Trapp, E. (2001). *Lexicon zur byzantinistischen Gräzität, besonders des 9.-12. Jahrhunderts*, Band A-K. Wien: Österreichischen Akademie der Wissenschaften.

Filón de Alejandría en clave contemporánea

Actualización de la idea de arquetipo de Filón en la sicología analítica de Carl Jung

Marta Alesso

Difícil es la definición del término "arquetipo" y más aún si nuestro objetivo es realizar un seguimiento desde su constitución lexical antes de la era común hasta los usos y abusos en nuevas ciencias del campo psico-social, sin olvidar que en la actualidad también forma parte de expresiones de uso generalizado y alejadas de sus orígenes filosóficos. Para subsanar posibles confusiones con otros términos de significado similar (paradigma, modelo, etc.), vamos a seguir una metodología estricta de orden filológico. Esto es, una indagación del registro del vocablo ἀρχέτυπος en la obra de Filón de Alejandría –nuestra fuente principal– y en la Patrología, en relación con el co-texto y con otros términos con los cuales comparte su campo semántico: εἰκών, ἰδέα, etc. Por otra parte, haremos lo propio con la palabra *archetype* en las conferencias traducidas al inglés de Carl Jung. Nuestro objetivo es por tanto abordar una serie de cuestiones de orden lingüístico lexical para comprender la entidad filosófica de la noción de "arquetipo" y responder al interrogante de si en verdad existe una coincidencia entre este principio enunciado en griego helenístico y la significación que se le otorga en el pensamiento contemporáneo.

Arquetipo en Filón

Casi todas la respuestas a las cuestiones que plantea la noción de arquetipo en Filón se pueden encontrar en la teoría de la creación tal como se articula en *De opificio mundi* (*Opif.*)[1], que es el núcleo de

---

1 Conviene seguir para su estudio el excelente comentario que acompaña la traducción al inglés de David Runia (2001).

la filosofía de Filón, no solo respecto del seguimiento de la teoría platónica de las Ideas como paradigma o formas perfectas determinadas a dejar su huella o proyectar su imagen sobre la materia, sino también de la demostración de que el principio supremo que Filón denomina Dios se entreteje de manera permanente con la realidad toda del universo. "No solo el mundo inteligible forma ahora parte de él, actuando como su razón, sino que parece rodear y penetrar toda la realidad sensible" (Lisi 2009: 103).

Mientras que, según Platón, las Ideas son eternas y ontológicamente autónomas, Filón postula que fueron creadas por Dios como arquitecto y por el Logos, quien se constituye en mediador entre la trascendencia del Creador y su creatura, en íntima relación con las Potencias divinas (Alesso 2015: 189). En efecto, Dios crea todas las cosas a partir de la materia, pero no tocándola él mismo, porque el bienaventurado no puede estar en contacto con la materia indeterminada y confusa, sino mediante las "incorpóreas potencias" (ἀσώματοι δυνάμεις), cuyo nombre auténtico es Ideas (*Spec.* 1.329). Por tanto, no se trata de un Platón puro el que asoma en el intertexto filónico, sino de un jalón en el largo y ancho camino del platonismo, al que se han ido incorporando elementos del estoicismo y el neopitagorismo y que Filón integra y aplica a la lectura de las Escrituras. La noción filosófica expresada con el término ἀρχέτυπος aparece por primera vez en los textos de Filón de Alejandría[2] y entronca, aunque difiere, con el concepto de paradigma de Platón quien nunca expresó en sus escritos el término *arquetipo* ni sus derivados, de modo que es el lexema de cuño filoniano el que se trasmite a la patrología y trasciende la Edad Media y a la Modernidad.

En la exégesis del relato del primer día de la creación, Filón introduce la noción de arquetipo en dos dimensiones: una a nivel macrocósmico (la creación del mundo) y otra a nivel microcósmico (la creación del hombre). Previamente a la creación del mundo físico y perceptible por nuestros sentidos, Dios concibió un modelo inteligible, una idea noética del universo y de cada uno de sus componentes. Filón designó ἀρχέτυπος a esa idea o paradigma divino.

Dios comprendió, por ser Dios, que una "copia bella" (μίμημα καλόν) nunca podría surgir "separada de un modelo bello" (δίχα

---

2   Pablo Cavallero, en el capítulo con su firma en este mismo libro, menciona numerosos registros del término ἀρχέτυπος anteriores o contemporáneos a Filón, de modo que evitaré decir que es un neologismo, pero sí afirmo que el alejandrino es el primero que lo utiliza como una noción filosófica.

   Filón de Alejandría en clave contemporánea

καλοῦ παραδείγματος) y que un objeto perceptible por los sentidos debe estar hecho a imagen de un "arquetipo" (ἀρχέτυπον) y de una forma inteligible (νοητὴν ἰδέαν). Cuando Dios quiso forjar este mundo visible, plasmó primero el inteligible, llevó a cabo el universo corpóreo utilizando un "modelo" (παραδείγματι) incorpóreo (*Opif.* 16)[3].

En este párrafo, idea noética (inteligible) y arquetipo son sinónimos. Se manifiesta indudable el parentesco con la parte de *Timeo* que sigue inmediatamente al proemio (29e-33b[4]), que a su vez refiere a *República* 379b-c, tal como fue ampliamente estudiado por David Runia en su tesis (Runia 1986: 139). La idea central es que el modelo en la mente de Dios es esencialmente "bello" (καλός) y, por ende, todo lo feo o lo malo debemos buscarlo en otra causa. Pero por sobre todas las cosas este parágrafo es el preámbulo de un concepto filónico de fundamental importancia, κόσμος νοητός[5], el mundo inteligible arquetipo de todas las cosas, del cual el mundo sensible es reflejo y copia (*Opif.* 19, 24 y 25).

Filón realiza un comparación que demuestra el paralelismo entre:1) la creación primera del universo inteligible y luego la del universo perceptible por los sentidos, utilizando al primero como modelo del segundo, y 2) la construcción de una ciudad en la mente de un arquitecto cuando un rey o un gobernante le hacen el encargo de un emprendimiento de tal importancia. El arquitecto edifica primero en una construcción ideal "templos, gimnasios, pritaneos, plazas, puertos, astilleros, callejuelas, construcciones de las murallas, asentamientos de las casas y de los restantes edificios públicos" (*Opif.* 17). Después de tener ese patrón concluido en su mente, recién va a comenzar a construir la ciudad de piedras y maderas mirando el modelo (18). De igual modo Dios, cuando pensó fundar la "gran ciu-

---

3   Para el texto griego seguimos la edición de *De opificio mundi* de Colson y Whitaker (1929: 6-139). Este fragmento corresponde a la traducción de Lisi en las *Obras Completas* I, en J.P. Martín, F. Lisi y M. Alesso (2009: 107-158).

4   Este fragmento de *Timeo* se organiza de la siguiente manera: el universo es bello porque dios lo ha creado a imagen de Sí mismo (29e-30b); Dios colocó el logos en el alma y el alma en el cuerpo del universo, por tanto el universo es un ser viviente perfecto, imagen del ser viviente inteligible (30c-d), es único (31a-b) y está constituido por cuatro elementos, fuego, aire, agua y tierra (31b-32a) para poseer una proporcionalidad adecuada e indestructible (32b-33b).

5   Curiosamente la expresión κόσμος νοητός se adjudica también a Platón y una rápida búsqueda con el TLG o el programa Diógenes no arroja ningún registro en la obra de Platón pero sí numerosos lugares en Filón. De allí pasó a Plotino y a toda la copiosa literatura bizantina.

dad", concibió primero sus matrices, el universo inteligible, y recién luego el sensible, utilizando a aquél como modelo (19).

Cuando Filón analiza Gn 2, 8, "Y plantó Dios un jardín en el Edén hacia el oriente", en *Leg.* 1.43, realiza un análisis de los simbolismos del pasaje bíblico sobre estas mismas bases. Afirma que el texto sagrado, mediante la plantación del jardín establece que "la sabiduría terrena" (τὴν ἐπίγειον σοφίαν) es una "copia" (μίμημα) de aquella otra, "como de un arquetipo" (ὡς ἂν ἀρχετύπου)[6]. La lectura alegórica filoniana quiere llegar a la verdad profunda de la significación del jardín y esta es: que no es un jardín con árboles plantados para placer o diversión (eso sería leer el texto sagrado como mera "mitología", μυθοποιΐα), sino que se trata de la representación terrenal de la "sabiduría" (σοφία). Lo que Dios siembra y planta (en ese jardín) es "la virtud terrena para el género mortal, virtud que es "copia" (μίμημα) "de la celestial y arquetípica" (τῆς οὐρανίου καὶ ἀρχετύπου)" (*Leg.* 1.45). La Sabiduría no es, como el sol, un instrumento para la visión, sino que es la luz de Dios, luz arquetipo, de la que el sol es imitación e imagen (*Migr.* 40). La interpretación alegórica va constituyendo niveles discursivos que a su vez proyectan otras esferas semánticas para explicar la existencia de un jardín edénico que existe, no en sentido literal, sino como representación del arquetipo divino. Una idea axial atraviesa la obra de Filón: Dios es el único Existente, las demás cosas son copia. La naturaleza de Dios es perfectísima, Dios es la cima, el fin y el límite de la felicidad, pues no participa de ninguna otra cosa para su mejora. Las cosas buenas que hay en el mundo "jamás habrían llegado a ser tales de no haber sido acuñadas "según un arquetipo" (πρὸς ἀρχέτυπον), "el verdadero bien" (τὸ πρὸς ἀλήθειαν καλόν), el increado, feliz e incorruptible" (*Cher.* 86). El Logos a su vez es el arquetipo de todas las cosas e imagen de Dios, constituye un sello moldeado como primer modelo. Y todo el universo sensible y cada una de sus partes, incluido el hombre, es copia de la imagen divina. "Esta doctrina pertenece a Moisés, no es mía", afirma Filón, pues cuando describe el nacimiento del hombre (en Gn 1, 27) concede abiertamente que fue estampado a imagen de Dios. Ahora bien", prosigue, "si la parte es "imagen de una imagen" (εἰκὼν εἰκόνος) y la "forma" (εἶδος) completa, todo este universo sensible, es copia de la imagen divina, es evidente también que el sello-arquetipo, el

---

6   La traducción de los fragmentos de *Legum Allegoriae* (*Leg.*) es la mía propia publicada en las *Obras Completas* I, en J.P. Martín, F. Lisi y M. Alesso (2009: 159-301). De las demás citas de las obras de Filón también la traducción es mía.

       Filón de Alejandría en clave contemporánea

que denominamos "mundo inteligible" (νοητὸς κόσμος) debiera ser el Logos de Dios" (*Opif.* 25). Dios se vale del Logos como de un instrumento y construye el mundo. La sombra del Logos, como si fuera una estampa, es arquetipo de otras cosas. Y como Dios es el paradigma de la imagen, la que acá se denomina "sombra" (σκιά), así la imagen deviene paradigma de otras cosas (*Leg.* 96). Dios modeló la esencia del universo cuando esta era amorfa, y "selló lo sin sellar" (ἀτύπωτον ἐτύπωσε) y le dio forma a lo inerte y una vez concluido, selló todo el universo con una imagen y una idea, su propio Logos (*Somn.* 2.45). Estos tres lugares, *Opif.* 25, *Leg.* 3.96 y *Somn.* 2.45, son los que expresan con claridad que el Logos es a la vez paradigma, sello e instrumento (Runia 1986: 105).

Las connotaciones platónicas en la interpretación filónica de Gn 1, 26 se basan sobre todo en la aparición del término εἰκών ("el hombre según la imagen", ἄνθρωπον κατ' εἰκόνα), en la versión de LXX, y la relación "idea-imagen" en diversos lugares de los textos de Platón (*Timeo* 51d-52e). Para Platón, el conjunto del mundo sensible es una imagen del mundo de las Ideas. Para Filón el mundo sensible es también una imagen de las ideas, pero el Logos que representa la totalidad de las ideas es en sí mismo una imagen de Dios. El mundo percibido por nuestros sentidos es, como ya citamos, "imagen de una imagen" (εἰκὼν εἰκόνος, *Opif.* 25). Esto es, el hombre no es una imagen inmediata de Dios, sino que está hecho luego de la imagen inmediata, que es el Logos. El hombre cuya creación se sustanció a imagen del Logos se describe en el primer capítulo del Génesis, y el hombre en cuya formación ha participado la materia dispersa se narra en el segundo. Son dos géneros de hombre: uno es el hombre celestial, el otro el terrenal (*Leg.* 1.31). La antropogonía filoniana se refiere en toda ocasión al ser humano como un compuesto bío-psíquico que responde a una imagen arquetípica, en consonancia con los dos momentos bíblicos de la creación: uno ideal/ general y otro individual (*Opif.* 69 y 134). Cuando en *QG* 1.4 se enuncia la pregunta: "¿Quién es el hombre modelado y en qué se distingue aquél que es "según la imagen"?", la respuesta es que el hombre "según la imagen" es el inteligible e incorpóreo, la réplica del arquetipo y, al mismo tiempo, la forma del sello de origen. El hombre modelado fue formado como por un artesano que forjó su cuerpo a partir del polvo y la tierra. Pero también recibió un alma, cuando Dios sopló la vida sobre su rostro, por ello, la composición de su naturaleza era una mezcla de lo corruptible y lo incorruptible[7].

En varios lugares, Filón emplea el término "sello" (σφραγίς) como equivalente de "imagen" (εἰκών) en el sentido activo de responder a un patrón. En primer lugar, el Logos es "el sello-arquetipo" (*Opif.* 25), es "el sello del universo" (*Mut.* 135) y el πνεῦμα es el sello que marca en el alma el carácter del Logos (*Plant.* 18); las leyes de Moisés son inalterables "porque están impresas con los sellos de la misma naturaleza" (*Mos.* 2, 14). Por su parte, el hombre celestial también es una idea, un tipo o un sello, porque el hombre terrenal es "la réplica del arquetipo y, al mismo tiempo, la forma del sello original" (*QG* 1.4). En otro lugar, Filón habla de una "figura que Dios ha estampado en el alma como en una moneda de curso legal" (*Leg.* 3.95). Una combinación de estos dos motivos –el del sello y el de la moneda– ocurre de manera similar en la Misná: "El hombre acuña muchas monedas con un mismo sello y todas se parecen unas a otras. En cambio, el rey de los reyes, el Santo, bendito sea, acuñó a todos los hombres con el sello del primer hombre y, sin embargo, ninguno de ellos se parece a su compañero" (*Sanedrín* 4.5, trad. de C. del Valle 2003: 731). A pesar de la diferencia cultural, es lícito pensar en una posible influencia de Platón, en este punto particular, en la compilación de esta normativa de la tradición oral judía.

Ἀρχέτυπος y τύποι

No podemos eludir en este trabajo una breve consideración etimológica. La etimología de ἀρχέτυπος no ofrece dificultad. Se trata de un sustantivo compuesto por dos términos que bien conocemos: τύπος y ἀρχή y ambos a su vez remiten a una referencia doble. En griego, τύπος señala tanto al utensilio o instrumento que se usa para estampar, es decir, un sello, el objeto que realiza una impresión como a la impresión misma, esto es, lo que queda estampado y que se denomina sello también. El prefijo nominal ἀρχή por su parte alude a un principio, a un origen, sea temporal u ontológico. Puede referir al comienzo del universo o al primer elemento de todas las cosas o

---

7   La doctrina de la doble naturaleza humana, conformada por un cuerpo y un alma, va a afianzarse en el cristianismo siguiendo esta misma interpretación de Gn 1, 26, que también ha expresado Filón en *Leg.* 2.4; *Leg.* 3.96; *Plant.* 19-20; *Her.* 231 (cf. Clemente de Alejandría, *Protréptico* 10.98.4; *Pedagogo* 1.12.98. 2; *Stromata* 5.14.94.5; Ambrosio *Exameron* 6-7; *Sobre el evangelio según Lucas* 4; *Sobre el Salmo* 118).

                         Filón de Alejandría en clave contemporánea

a la autoridad política de un gobierno. El término ἀρχέτυπος no es de tan extendido uso como lo son sus componentes.

Con la combinación de estos dos lexemas, la innovación de Filón consistió en formular también para el nivel humano la categoría de "arquetipo", es decir, reproducir en el microcosmos una categoría que usa en principio en el plano macrocósmico (el arquitecto divino que crea el cosmos), que equivale a la de paradigma platónico, aunque no totalmente. Lo expresa claramente cuando afirma que "mientras el creador creaba tanto el paradigma como la copia del todo, fabricó también el "sello arquetipo" (ἀρχέτυπον σφραγῖδα) de la virtud (*Ebr.* 133). El hombre es una hermosa imagen de un hermoso modelo, "formada según el paradigma de la idea arquetípica del Logos" (*Spec.* 3.83). Es posible destruir la forma sensible, la que no subsiste si está separada de la materia, como hizo Caín, "el que se ama a sí mismo" (φίλαυτος), cuando asesinó a Abel. Caín en verdad mató la "impresión" (τύπον) que representaba a Abel, "no al arquetipo, no al género, no a la idea" (οὐ τὸ ἀρχέτυπον, οὐ τὸ γένος, οὐ τὴν ἰδέαν), porque todos estos son incorruptibles (*Det.* 78).

El término ἀρχέτυπος es una innovación respecto del platonismo, pero no se puede negar que tiene implícita la concepción platónica del mundo. No obstante, el modelo en el esquema platónico es inmóvil, está quieto y en cambio en Filón es activo. No son pocos los intentos de conciliar la idea platónica de paradigma con la filónica de arquetipo. Una de las respuestas más originales es la de Carolina Delgado (2015: 43-57). Formula la hipótesis de que en el mapa platónico de la mimesis, donde se consignan solo las esferas de "paradigma" e "imagen", se podría incorporar una nueva instancia intermedia. Esta idea, que sería equivalente a la de "arquetipo" que Filón formuló casi cuatro siglos más tarde, funcionaría ya en Platón como el concepto de "diseño" (διαγραφή), intermedio entre "paradigma" e "imagen".

De hecho, aunque el término ἀρχήτυπος no se registra en Platón, aparecen con gran frecuencia tanto el término τύπος como su plural τύποι. Para tomar solo un ejemplo de *República*, recordemos cuando se habla de la educación de los niños en la ciudad ideal y de la inconveniencia de contarles mitos, porque es justamente en ese momento, en la infancia, en que la persona "es moldeada y marcada como con un "sello" (τύπος)" (377b 1-3). Por ello, hay que supervisar a los "forjadores de mitos" (οἱ μυθόποιοι) y persuadir a las ayas y a las madres a que cuenten a los niños solo los mitos admitidos, para moldear adecuadamente las almas (377c 1-4). Igual que Platón, Filón entiende τύπος como un rasgo de carácter que lleva a actuar de una particular manera, una virtud o un vicio. Es una disposición que un ser humano puede adquirir a través del hábito o la educación. Es esta una dimensión psicológica del significado de τύπος. Como puede suceder en un trozo de cera, un rasgo de carácter impreso en el alma de un ser humano puede ser borrado, y el alma puede ser re-estampada con un τύπος diferente, incluso un rasgo de carácter opuesto. De ahí la fragilidad de la virtud. No hay garantía de que un alma retenga un buen rasgo de carácter para siempre. Filón escribe en *Deus* 43 que la "imaginación" (o fantasía, φαντασία) es una "impronta" (τύπωσις) en el alma, porque ha impreso, como un "sello" (σφραγίς), el carácter (χαρακτήρ) propio de las cosas. El intelecto, como si fuera una cera, después de recibir el material impreso lo cuida en su interior, hasta que "disolviendo el "sello" (τύπος), lo oscurece o lo disipa completamente". En una maravillosa combinación de términos de origen estoico y platónico, Filón teje una red conceptual en cuyo centro está el término τύπος en relación con una constelación de términos asociados: φαντασία, σφραγίς, χαρακτήρ.

Φαντασία es un término estoico (*SVF* 1.55; 2.54; 2.836, etc.), que, si bien Cicerón traduce como *visum* (*Académica* 1.40), se define como una representación mental que deja un objeto en la mente, y puede ser juzgado o aceptado por el entendimiento en el momento de la comprensión. Pero la comparación del alma con la cera es una imagen fuertemente platónica: en *Teeteto* 191c aparece en boca de Sócrates este símil —que ha tenido mucho éxito en la literatura dramática y filosófica–, que afirma que hay en nuestras almas una tablilla de cera, a veces más pura, a veces más impura, a veces más dura, a veces más blanda[8]. La analogía del alma con una tablilla de cera implica la posibilidad de borrar y reimprimir, cualquier rasgo de buen o mal carácter puede ser reemplazado. La diferencia entre nuestros dos autores está en que Platón se preocupa por la aprehensión y retención de conocimiento, mientras que Filón se enfoca en la formación moral del alma a través de la acción.

En griego, tanto el término χαρακτήρ como τύπος tienen un significado con dos dimensiones (Najman 2003: 110): 1) tanto τύπος como χαρακτήρ son una huella legible, son una marca dejada por otra cosa

---

8   La imagen está adjudicada a "uno de los antiguos" en *Her.* 181 y utilizada en otros lugares sin referencia de autoría (*Her.* 294; *Mut.* 31 y 212). Pudo haberla tomado Filón de otro autor, porque es una idea frecuente, con variantes (Homero, *Ilíada* 6. 169; Esquilo, *Las suplicantes* 179; *Prometeo* 789; *Euménides* 275; Eurípides, *Ifigenia en Aulide* 798; Heródoto 7.239 y 8.135; Aristóteles, *Sobre el alma* 424a y 429b30-430a2).

y la marca una vez impresa deja una imagen similar a un original; 2) tanto τύπος como χαρακτήρ son una copia de algún original, que Platón llama παράδειγμα y Filón, ἀρχέτυπος. Según Filón, los tipos son menos perfectos que los originales, pero imitan los originales y sin duda se parecen a ellos. Sucede, afirma el alejandrino, que como en el ámbito de la escultura o de la pintura, "las copias" (τὰ μιμήματα) son inferiores a los originales, pero mucho más lo es lo que se pinta y esculpe a partir de las copias, puesto que cada vez va a estar a más extensa distancia "del principio" (τῆς ἀρχῆς). Filón hace una comparación con lo que sucede con un imán. El anillo de hierro que está adherido al imán obtiene de él la máxima fuerza, mientras que el que toca a aquél, tiene menos conexión. El tercer anillo cuelga del segundo, el cuarto del tercero, el quinto del cuarto y otros de otros, mantenidos en una larga sucesión por una única fuerza de atracción. Pero los que cuelgan más lejos del principio siempre se soltarán con mayor facilidad porque la atracción del imán cede. Algo semejante padece también la especie de los humanos, puesto que en cada generación reciben poderes y cualidades del cuerpo y del alma cada vez más débiles (*Opif.* 141).

El cuerpo del hombre es "imagen" (εἰκών) del "intelecto" (νοῦς) del hombre, y este a su vez es imagen del arquetipo primero, el Logos, que es pronunciación creadora de Dios y contiene los "sellos" (σφραγίδες), las formas de todas las cosas. Filón, en *Leg.* 1.22, compara con dos campos la idea de intelecto y la idea de sensibilidad. Afirma que, así como hay una "idea" (ἰδέα) que preexiste al intelecto particular e individual cual su arquetipo y paradigma, antes de que existan "las cosas perceptibles por los sentidos" (τὰ αἰσθητά), también existe "lo sensible genérico" (τὸ γενικὸν αἰσθητόν). Observamos entonces que en ocasiones los términos, "arquetipo" y "paradigma", se usan como sinónimos, es decir, Filón muchas veces adecua a sus intereses el lenguaje platónico. Filón ordena a su modo la teoría platónica mediante tres principios descendentes que pueden denominarse dios-ideas-materia, o términos equivalentes. Las ideas, según el alejandrino, se convierten en el contenido de la mente divina. Si bien Platón no presenta las Ideas como conceptos de mente alguna, el llamado platonismo medio avanzó en ese sentido.

En la letra de Filón, Moisés fue el único que pudo gozar de la *visio Dei* sin intermediarios, cuando recibió la Torá en el Sinaí. "Se dice que penetró en la tiniebla donde estaba Dios, esto es, en la "esencia" (οὐσία) sin forma, invisible e incorporal, paradigma de las cosas existentes, conociendo lo que la naturaleza mortal no puede contemplar" (*Mos.* 1.158). Para Moisés, el camino desde la caverna de Platón hacia la visión del Bien fue el sendero que subía al monte Sinaí. Entró en las "tinieblas donde estaba Dios" (Ex 20, 21) y contempló lo que estaba oculto a la vista de la naturaleza mortal; fue el único que tuvo oportunidad de la contemplación directa del "Existente" (τὸ ὄν). El viaje de Moisés por las laderas del Sinaí fue "un viaje etéreo y celestial" (*QE* 2.44) para entrar en el reino inteligible (*Mut.* 7; *Post.* 14) y poder contemplar las formas que son modelo y arquetipo, verdaderamente real aunque invisible, de las cosas terrenales. Para entender la conexión hermenéutica entre la recepción de Moisés de la Ley y su entrada en el mundo inteligible debemos aceptar que se trata de un lugar donde fue ascendido por primera vez a divinidad. "Fue llamado dios y rey de toda la nación (ὠνομάσθη ὅλου τοῦ ἔθνους θεὸς καὶ βασιλεύς)" (*Mos.* 1.158).

¿Pero qué sucede con el hombre común? Filón parece creer no solo que todos los seres humanos tienen la capacidad de un comportamiento virtuoso, sino también que todos nacen en un estado de bondad. Luego cada individuo puede reforzar esa bondad innata a través de las buenas acciones, o, por el contrario, comprometer sus capacidades morales por la transgresión. Es dable señalar que no todos los lugares conducen a un comportamiento virtuoso, Filón insiste en que la ciudad es un lugar de corrupción. En *Decal.* 10-11, Filón describe las transgresiones sobre el alma como "marcas" (τύποι) y sugiere que reeducar el alma es una condición previa para recibir la Ley. Es imprescindible que el que va a recibir las leyes sagradas limpie y purifique su alma de las manchas difíciles de lavar que le ha provocado el roce con la turba de los hombres de las ciudades, entremezclados y revueltos. Pero esto no es posible hasta que las "marcas" (τύποι) de las antiguas transgresiones se borren poco a poco, se desvanezcan y, finalmente, desaparezcan. Esa es la razón por la que Israel debe salir de Egipto y recibir la ley en el desierto. Es lícito comparar la necesidad de Israel de abandonar la ciudad con la necesidad del filósofo de abandonar la caverna en la *República* de Platón y volver a ella solo en el marco de una muy extensa formación. El filósofo regresa a la caverna para facilitar la iluminación de sus compañeros y poner luego en orden la ciudad y a sus ciudadanos (*República.* 539e-540b). Del mismo modo, los israelitas deben quedarse en el desierto para que eventualmente puedan constituir una nueva ciudad, más perfecta de acuerdo con las leyes de Dios, que no

   Filón de Alejandría en clave contemporánea

son otras que las leyes de la naturaleza. Para reunir las dimensiones cosmológica y psicológica en la tipología de Filón, es necesario tener en cuenta que las leyes mismas se describen como τύποι, imágenes o impresiones que los israelitas deben estampar en sus corazones. En el plano individual humano, observar la ley mosaica es borrar el mal que resulta de la transgresión y reafirmar los rasgos de carácter que tienen que ver con la bondad y la virtud. El hombre no debe descuidar el arquetipo de las dos mejores vidas, la práctica y la contemplativa, sino que, poniendo siempre la vista en ese modelo, debe grabar en su mente "claras imágenes e improntas, tratando de asimilar la naturaleza humana, en lo posible, a la inmortal, diciendo y haciendo lo debido" (*Decal.* 101).

Así como Moisés es la encarnación de la Ley porque impone vivir según la ley natural establecida desde la creación, en razón de que la legislación contenida en la Torá está en conformidad y armonía con la naturaleza y orden del universo (*Opif.* 3), los patriarcas –Abraham, Jacob e Issac– son la tríada mística y figuras modélicas de la conducta humana. Y todos los hombres sabios, fundadores del pueblo elegido, son las "leyes no escritas" (νόμοι ἄγραφοι) que el hombre virtuoso debe incorporar a su conducta vital. Esto marca una diferencia con la concepción tipológica del cristianismo posterior.

Para la tipología cristiana, tanto como principio teológico como instrumento hermenéutico, lo que narra el Nuevo Testamento es el cumplimiento de la *Heilsgeschichte*[9] anunciada y prevista en el Antiguo Testamento, es decir, la historia de la salvación que se expresa en el hilo lineal de los tiempos de la historia. Para la tipología cristiana, el significante y el significado son dos hechos históricos reales, se basa sobre la premisa de que dos acontecimientos en la actividad de Dios son dos polos ubicados en el trayecto de la corriente del tiempo real, mientras que la alegoría de Filón niega su valor histórico a los principales relatos del Pentateuco y los analiza como representación de valores espirituales. O en otros casos no lo niega, pero interpreta los hechos no en función de una línea temporal sino de una simultaneidad de la creación en la mente de Dios y en el mundo real. La organización en una cosmología jerárquica proyecta un esquema estático del universo. La tipología filónica concibe una cosmogonía en jerarquía:

---

9   *Heilsgeschichte* es la expresión alemana acuñada para designar la teoría de la salvación que funciona como eje de la teología bíblica que describe la historia sagrada como la obra redentora de Dios que se manifiesta en los eventos de la crónica. Cf. Hughes (1976); Goppelt (1982: 56); Carny (1988: 35-36).

primero está el Creador, el único Dios, primero en excelencia, no en tiempo. Luego viene el Logos y el mundo inteligible con sus ideas y potencias, a imagen de Dios, como tipo del primero y como arquetipo del siguiente. Y así una especie de cadena: primero-siguiente, no en el sentido de categoría cronológica, sino en valor. Último en la escala de valores está el mundo concreto, la grada inferior sobre la que viene imprimiéndose el sello ideal. Esto es lo que llamamos la tipología de Filón. Hay un sincronismo entre la creación del modelo inteligible y su realización en el mundo material.

El arquetipo en la Patrología

El concepto de "arquetipo" no está ausente por supuesto de los textos de la Patrología. Clemente, por ejemplo, no escapa tampoco en este punto a la sombra frondosa de su erudito antecesor alejandrino. El concepto de arquetipo en su obra es una pieza más que encastra en el complejo sistema teológico heredado de Filón, adaptado con maestría por el discípulo de Panteno a los fines del cristianismo. En *Protréptico* 4.49.2, Clemente exhorta a venerar la belleza, solo cuando ella sea "el verdadero arquetipo de las cosas bellas" (ἀληθινὸν ἀρχέτυπόν ἐστι τῶν καλῶν) y, en *Pedagogo* 3.11.66.2, dice que resulta absurdo que quienes han sido creados a imagen y semejanza de Dios, "despreciando el arquetipo" (ἀτιμάζοντας τὸ ἀρχέτυπον) acepten un modo extraño de embellecerse y prefieran el mal artificio humano a la divina creación. Es posible que la noción de arquetipo no tenga en Clemente la fuerza teológica que se manifiesta en los escritos filonianos, pero sí la suficiente como para demostrar la influencia del judío en los primeros escritos cristianos.

En *Protréptico* 10.98.4, Clemente sigue sin duda *Her.* 231 y otros lugares filónicos donde la expresión "imagen de Dios" (εἰκὼν τοῦ θεοῦ)[10] se relaciona con la forma o sello mediante el cual el Hacedor imprimió en el intelecto del ser humano las cualidades de su propio y luminoso Logos. Si bien el hombre como imagen divina es una figura a la que acude la filosofía de la época[11] con fines ajenos a la teología, el cuño filoniano sobre uno de los primeros padres de la iglesia es evidente. En *Her.* 231, Filón afirma que la que está *por encima* de nosotros es la imagen de Dios y la que está *en* nosotros es la impronta

---

10   Véase *Her.* 187; *Leg.* 2.4; *Fug.* 101; *Conf.* 148; *Spec.* 1.81. Cf. Altmann (1968: 240-241).

11   Cf. Cicerón, *Las leyes* 22.59; Plutarco, *A un gobernante falto de instrucción* 780; Diógenes Laercio 2.6.

de esa imagen, por eso Gn 1, 27 dice que Dios hizo al hombre, no a imagen de Dios, sino "según la imagen (κατ' εἰκόνα)". En *Protréptico* 10.98.4, Clemente dice que la "imagen de Dios" (εἰκὼν τοῦ θεοῦ) es su Logos (el hijo legítimo del νοῦς, del intelecto, luz arquetipo de la luz[12]) y "la imagen del Logos" (εἰκὼν δὲ τοῦ λόγου) es el hombre verdadero, el νοῦς que hay en él; por lo que se dice que fue hecho "según la imagen de Dios" (κατ' εἰκόνα τοῦ θεοῦ).

En estos lugares de la obra clementina, y en otros que sería muy extenso citar[13], es notable el influjo de la concepción filoniana tal como se expresa en *QG* 1.4, lugar donde a la *quaestio* "¿Quién es el hombre modelado y en qué se distingue de aquel que es 'según la imagen' (κατ' εἰκόνα)?", la *responsio* es que, así como el hombre modelado o plasmado es el captado por los sentidos y réplica del modelo inteligible, el hombre "según la imagen" (κατ' εἰκόνα) es el inteligible e incorpóreo, la réplica del arquetipo, el Logos de Dios, el primer principio, la idea arquetípica, la primera medida de todas las cosas. Por eso, el hombre modelado fue formado como por un artesano, a partir del polvo y la tierra, en lo que hace al cuerpo. Pero como también recibió un alma cuando Dios sopló sobre su rostro, la composición de su naturaleza es una mezcla de lo corruptible y lo incorruptible. El hombre "según la imagen" es incorruptible y sin mezcla en tanto proviene de una naturaleza invisible, simple y luminosa.

Otra perspectiva en este itinerario, no menos interesante, es la de Eusebio de Cesarea, considerado el arquitecto de la teología política bizantina, especialmente en lo que respecta a su concepción del monarca terrenal según el arquetipo de Dios, el monarca celestial. Pueden reconocerse sin dificultad en el pensamiento de Eusebio las profundas raíces de la ideología que vincula estrechamente el estado romano con el Dios cristiano (Williams 1951; Johnson 2006: 21). Eusebio, cuando justifica en la *Vida de Constantino* el poder supremo del primer emperador cristiano, sienta los fundamentos del principio del derecho divino de los reyes. Identifica a Constantino con los patriarcas del pueblo de Dios y lo proclama "el nuevo Moisés" (2. 12),

---

12   En griego hay un juego de palabras intraducible pero sumamente significativo: "luz arquetipo de la luz" traduce φωτὸς ἀρχέτυπον φῶς. Pero φωτός es el genitivo tanto de φῶς, "luz", como de "hombre" (φώς), de modo que la traducción podría ser también "la luz arquetipo del hombre".

13   Cf. también el concepto de arquetipo en Clemente en *Stromata* 1.26.170.4; 2.8.38.5; 5.5.29.3; 5.14.93.4; 6.9.79.1.

insertándolo de este modo en la historia sagrada[14]. Filón en sus dos monumentales *Vida de Moisés*, ya había entronizado a Moisés como "ley viviente" (νόμος ἔμψυχος[15], *Mos.* 1.162 y 2.4) y agente del Logos, encarnación de la virtud en la que confluyen lo divino y lo humano. En esta configuración de Constantino como paradigma de emperador, como nunca ninguno había sido, indica Eusebio cómo en el futuro todos debían ser. La encarnación paradigmática de este emperador cristiano se instaura como arquetipo del emperador del futuro. La teoría política del Logos-Nomos se convierte en constitutiva de las bases del Imperio después de sobrevivir prácticamente sin alteración al cambio oficial de religión en el siglo IV (Chesnut 1978: 1329).

La relación de εἰκών/ μίμησις en la teología eusebiana percibe el imperio cristiano como εἰκών del imperio celestial[16] y al emperador cristiano como μίμησις del Logos rey. La realidad terrenal reproduce la realidad celeste. Pero en este esquema, el Padre no ejerce el poder y la soberanía de manera directa, sino que transmite al Logos la capacidad de asumirlo y, de modo análogo, el Logos Cristo transmite el poder al emperador. La concepción de que Cristo es el Logos había establecido las bases de la doctrina de la divinidad de Jesús y de su posición como el hijo de Dios en el esquema de la Trinidad. El emperador entonces imita las virtudes del Logos para reproducir en sí la imagen del Padre. Así como Filón dice que las leyes son "imágenes" (εἰκόνες) de los patriarcas en general y de Moisés en particular, Eusebio afirma que la vida de Moisés, quien escribió la vida de los patriarcas como un prefacio para las leyes que deben regir la vida de los judíos (*Preparación evangélica* 7.7.1-4) es el modelo más importante a seguir. Moisés, con función protréptica, quiso que el pueblo hebreo, para quien estaba legislando, conociera la grandeza y la virtud de sus antepasados. Para Eusebio, las leyes de Moisés deben oficiar como un "estímulo de la vida de los piadosos" (εἰς προτροπὴν τοῦ τῶν

---

14   La *Vida de Constantino* es la obra de Eusebio que, quizás por su breve extensión, ha sido la más traducida. Hay una versión en lengua española (Gurruchaga 1994) y varias en lengua inglesa (consultamos Cameron y Hall 1999*)*, así como numerosos comentarios en artículos académicos; cf. Hollerich (1989 y 1990); Rapp (1998: 685-695) Amerise (2005).

15   Sobre la formación del concepto del rey como "ley viviente", cf. Termini (2004: 166-173); Ramelli (2006: 76-81).

16   No era de todos modos una idea nueva comparar la organización del reino celestial con un reino terrestre. Pero también en este aspecto puede haber influido Filón en Eusebio. *Spec.* 1.13 es un ejemplo de la idea filoniana de que el cosmos es como un gran reino que tiene magistrados y súbditos: magistrados son los astros y súbditos los seres que existen bajo la luna, en el aire y sobre la tierra.

    Filón de Alejandría en clave contemporánea

εὐσεβῶν βίου, *Preparación evangélica* 7.7.1). Más adelante da otra muestra de afirmación metafórica del antepasado como imagen que debe imitarse, se trata del personaje de Noé; un hombre que podría ser "un arquetipo, una imagen que vive y respira" (ἀρχέτυπος εἰκὼν ζῶσα καὶ ἔμψυχος) y ofrece un "ejemplo" (ὑπόδειγμα) a los venideros de un carácter que agrada a Dios (*Preparación evangélica* 7.8.18).

En *Abr.* 3-4, Filón hace la relación entre los antepasados hebreos que vivieron antes de la Ley mosaica y la Ley misma. Filón señala que las leyes particulares de la legislación de Moisés son, de hecho, copias de las generales, y a ella debemos dirigir en verdad nuestra atención, "como a primeros arquetipos" (ὡς ἂν ἀρχετύπους προτέρους), porque son personajes que han llevado una vida irreprochable, cuyas virtudes se inscriben en las sagradas Escrituras, no solo para ser elogiados, sino para exhortar a los lectores a emularlos.

A pesar de las similitudes, hay diferencias en el tratamiento de la relación εἰκών / ἀρχέτυπος entre Filón y Eusebio. Para Filón, por una parte, los patriarcas son arquetipos de las leyes o mandamientos; por otra, el hombre inteligible e incorporal, creado por Dios, es la imagen del Logos de Dios, copia del arquetipo, imagen que reproduce tanto en el aspecto como en la forma el sello original. Eusebio, por su parte, parece combinar en el concepto de arquetipo tanto la *imagen* como la referencia a los patriarcas. Si bien, al modo filoniano, describe el Logos como "un arquetipo y una verdadera imagen del Dios de todos" (ἀρχέτυπον καὶ ἀληθῆ τοῦ θεοῦ τῶν ὅλων εἰκόνα τὸν αὐτοῦ λόγον, *Preparación evangélica* 7.10.12) y seguidamente afirma que "el intelecto humano es la imagen de la imagen" (εἰκόνα δὲ εἰκόνος τὸν ἀνθρώπειον νοῦν), el pasaje sobre Noé refleja un enfoque claramente moral en el uso del término "imagen". En *Preparación evangélica* 7.7.4, Eusebio usa "imagen" (εἰκών) para conformar "los bocetos biográficos de los ancestros" (τοὺς βίους τῶν παλαιῶν), un uso particular de la metáfora en el género *bíos*. Pero más adelante, hace la afirmación adicional de que "las imágenes" (αἱ εἰκόνες) deben servir como "modelos" (ὑποδείγματα). Es decir, el personaje representado en los bocetos biográficos funciona como una imagen que debe ser observada y luego incorporada a la vida moral de los lectores. La imagen pintada por medio de las palabras en la narración convoca al espectador (lector) para emular un modelo distintivo de vida virtuosa. Esta es una vuelta de tuerca propia del cristianismo en relación con el ideario filoniano.

En un espacio distinto pero contemporáneo a los escritos de Clemente, y anterior a los de Eusebio, leemos en el relato sobre la creación del cosmos que Ireneo de Lyon (*Contra los herejes* 2.7.5) adjudica a los valentinianos una concepción del arquetipo primigenio según el gnosticismo del siglo II (Alby 2013). Para esta línea del gnosticismo cristiano, el universo no fue una creación *ex nihilo* del único Dios. El cosmos fue construido por el Demiurgo que copió (directa o indirectamente según la versión) el mundo arquetípico. No obstante, los gnósticos no usan el término ἀρχέτυπος, sino que eligen uno de impronta paulina: πλήρωμα y, revistiéndolo de significado platónico, lo incluyen en el marco de sus creencias en un lugar de relevancia. El Pléroma (Πλήρωμα) designaba entre los valentinianos la región superior del universo, pero sobre todo el mundo divino originario, la unidad primordial, arquetipo del cual emanan los eones. Las copias del Pléroma, totalidad primigenia construida por una especie de artesano divino, resultarán deficientes e imperfectas respecto de la perfección que le dio origen. Esta concepción que comparten muchas doctrinas gnósticas, la de una unidad primordial de la que el resto del universo es copia, está en indudable relación con la ya altamente desarrollada idea del arquetipo de Filón.

Arquetipo en Carl Jung

Será el siglo XX el que recibirá después de un largo camino el término arquetipo para instalarlo en las ciencias sociales con el significado de idea primigenia de la que se derivan otras muchas marcas más o menos alejadas del modelo original, pero repetidas *ad infinitum* en las conductas de las comunidades, sea a nivel individual o colectivo. Si bien el vocablo fue utilizado con suerte diversa por pensadores de la escolástica (Tomás de Aquino), en la modernidad (John Locke) y en la *Naturphilosophie* del siglo XIX (Carl G. Carus, Étienne G. Saint-Hilaire), quienes lo restablecieron en el canon cultural fueron dos pensadores que marcaron sendos hitos en el pensamiento occidental: Mircea Eliade y Carl G. Jung.

No sabemos si Eliade influyó en Jung o viceversa, pero pertenecientes los dos al Círculo Eranos, fue muy posible que en aquellos simposios en Ascona-Moscia, a orillas del lago Maggiore, tuvieran oportunidad de discutir y comparar sus ideas respecto de la noción

   Filón de Alejandría en clave contemporánea

de arquetipo[17]. Los conocimientos de Jung sobre la influencia de la religión en la psique le habían hecho conocer y aceptar la teoría de Eliade del arquetipo como modelo trascendente, de la ontología arcaica de los rituales, etc. Pero Jung entendía que las nociones arquetípicas, más que heredadas, estaban insertas en el interior de los seres humanos como algo físico o biológico. Mircea Eliade utiliza el vocablo en su método comparatista de las religiones para denominar los paradigmas sagrados que comparten los mitos y que se expresan en el ritual. Jung, por su parte, entiende que arquetipo es la designación adecuada para las estructuras dinámicas que funcionan en el inconsciente y que determinan los parámetros individuales de la experiencia y el comportamiento. Podríamos decir que Eliade aplica el concepto a macroestructuras culturales y Jung a microestructuras sicológicas.

Para Jung, el arquetipo proviene de un patrón colectivo que se actualiza cuando ingresa como imagen a la conciencia y puede luego expresarse de manera particular en la interacción con la realidad en que se restaura. Eliade, por su parte, utiliza el término para referirse a una realidad sagrada que fue revelada en el comienzo de los tiempos, lo cual implicaría que los modelos arquetípicos tienen un origen sobrenatural o trascendente. El *homo religiosus* tiene capacidad para distinguir dos modos bien diversos de ser en el mundo: lo sagrado y lo profano. Es decir, el ser humano tiene aptitudes para percibir el modelo trascendente o arquetípico en la realidad mundana que lo rodea. A su vez, esa materialidad es pasible de ser moldeada para corresponder a ese ideal transcendental. O dicho de otro modo, la cualidad de sagrado del arquetipo incentiva y compele a orientar la vida profana en torno de ese arquetipo. Lo sagrado se presenta a los seres humanos en el marco profano de los acontecimientos de la vida diaria, esto es, mediante una hierofanía, un acto de manifestación de lo sagrado en la realidad. Lo trascendente se manifiesta en un soporte material que adquiere significación de sacralidad sin dejar de ser lo que es. Existe indudablemente una pluralidad de ideas y creencias religiosas, que nacen a la luz de distintas condiciones culturales y socio-económicas y que, aunque conllevan diversidad de ritos y prácticas, según Mircea Eliade, tienen aspectos comunes. Incluso en el hombre moderno, agnóstico y escéptico, perduran estructuras

---

17   Cf. la introducción de Jonathan Z. Smith a *Cosmos and History* de Mircea Eliade (2018). Véase una reseña de la historia del Círculo Eranos y los aspectos relevantes de la hermenéutica eranosiana en Ortiz-Osés (2012: 26-138).

de orden religioso, degradadas y ocultas, que le permiten advertir en su entorno signos en relación con lo divino o supraterrenal. En la concepción de Eliade, los patrones arquetípicos perduran en el inconsciente de los individuos modernos e implican contenidos que los guían y motivan. Así sucede también a nivel colectivo, por ejemplo en las búsquedas científicas de la medicina moderna subyace de algún modo la búsqueda de la vida eterna. En el plano individual, la persona puede avanzar en la vida motivada inconscientemente por un modelo arquetípico, como puede ser el de héroe o heroína que vence las vicisitudes, o el de la anciana sabia o el del niño eterno.

Ahora bien, estos arquetipos internalizados se explican mejor por la teoría sicológica analítica de Carl Jung. Se ha señalado con frecuencia la dificultad de presentar un análisis sistemático de la teoría de los arquetipos en Jung. Su experiencia de médico psiquiatra hace que este marco teórico vaya naciendo del trabajo clínico sobre diferentes pacientes. Por eso conviene acudir a las palabras mismas de Jung expresadas en diferentes ocasiones. En una conferencia dictada en el círculo de Eranos en 1938[18], cuando ya se sucedía la segunda fase de estos encuentros –fase que se extendió hasta 1946–, dejó sentada la concepción de una fenomenología que se enfoca en temas en relación con la idea de arquetipo. Aludió en esa ocasión a que arquetipo era sinónimo de Idea en sentido platónico. Señaló que cuando el *Corpus Hermeticum*, que probablemente data del siglo III, describe a Dios como τὸ ἀρχέτυπον φῶς o "la luz arquetípica"[19], expresa la idea de que Dios es el prototipo de toda luz; es decir, preexistente y supraordinado al fenómeno "luz". Si yo fuera un filósofo, agrega Jung, debería continuar en esta corriente platónica y afirmar que en algún lugar, "más allá de los cielos", hay un prototipo o imagen principal de las

---

18   A continuación parafraseamos algunos conceptos tomados de la conferencia de C. Jung titulada "Die psychologischen Aspekte des Mutterarchetypus" publicada por primera vez en *Eranos-jahrbuch* (1938), y más adelante en *Von den Wuruln des Bewusstseins* (Zurich, 1954), traducida del alemán por R. F. C. Hull sobre la base de una primera versión de Cary F. Baynes y Ximena de Angulo (New York, 1943). H. Read, M. Fordham y G. Adler (1960-1990) realizaron un trabajo monumental editando la *Obra completa* de Jung en inglés (1960-1990) en veinte volúmenes, de los cuales hemos consultado el noveno (1981, primera edición en 1969).

19   No encontramos registro de la expresión "la luz arquetípica" (τὸ ἀρχέτυπον φῶς) en las ediciones canónicas del *Corpus Hermeticum*. En cambio se registra, adjudicada a una revelación de Poimandres –epíteto de una divinidad del gnosticismo–, la frase "percibiste en el intelecto la idea arquetípica" (εἶδες ἐν τῷ νῷ τὸ ἀρχέτυπον εἶδος, ed. Nock, vol. I. 1.8.2), así como en un Diálogo sin título aparece el enunciado "son como rayos el bien, la verdad, el arquetipo del espíritu, el arquetipo del alma" (ὥσπερ ἀκτῖνές εἰσι τὸ ἀγαθόν, ἡ ἀλήθεια, τὸ ἀρχέτυπον πνεύματος, τὸ ἀρχέτυπον ψυχῆς, ed. Nock, vol. I. 2.12.7).

                                                           Filón de Alejandría en clave contemporánea

cosas, que existe previamente y en un orden superior al fenómeno que se manifiesta en la tierra. Pero como soy, continúa Jung, un empirista y no un filósofo, no me permito suponer que mi actitud ante los problemas intelectuales sea universalmente válida. Dicho en otras palabras, la tesis (jungiana) acepta como válida cualquier resultado que ocurra en el mundo exterior y pueda ser verificado. La instancia ideal es la verificación por experimento. La antítesis de su postura se podría expresar del siguiente modo: aceptamos como válido lo que proviene de especulaciones y no se puede verificar. Esta última es la actitud que Jung adjudica a los filósofos en general y a Platón en particular. Jung soñaba, ya a principios de siglo pasado, con aplicar a las ciencias humanas los métodos de análisis de las ciencias biológicas, en una época en que la interdisciplinariedad no se justificaba en la ciencia como en la actualidad. Por eso su noción de arquetipo tiene una consistencia sustentada en la psicología, pero cimentada en principios biológicos y hasta, incluso, en la ciencia genética.

La psicología analítica jungiana instaura en el centro de toda personalidad el llamado "arquetipo de sí mismo", que puede pensarse como una especie de imagen en potencia, una capacidad que no se realiza más que en sus efectos. Habría además "representaciones arquetípicas" en cada psique que se actualizan con variaciones individuales, pero que activan reacciones universales para responder a situaciones típicas de la humanidad. Y es en esta línea que lo arquetípico humano es compatible con lo biológico animal en sentido amplio. Un ave puede construir un nido y enseñar a sus pichones a volar siempre que haya condiciones propicias. Los arquetipos en el ser humano funcionarían de manera similar. Reproducen en la sociedad la probabilidad de ciertas acciones siempre que se produzcan determinadas circunstancias. Formalizan en el ser humano un cuadro de actuaciones que propulsa a enfocar la vida y tomar decisiones de manera semejante, de acuerdo con un patrón que anticipa –con variaciones– la conducta que los individuos van a asumir ante una situación parecida, en razón de que están estructuradas previamente en la psique incluso con anterioridad a los primeros adiestramientos.

El arquetipo más importante en la psique de un niño es, según Jung, el arquetipo de la madre. Jung habla de actualización (o también de evocación y constelación) cuando el arquetipo se activa en la formación de la personalidad de un infante. Recordemos que, en la época en que Jung enunciaba esta teoría, la mayoría de los sicólogos o siquiatras consideraban al niño una especie de recipiente vacío que conformaba su personalidad a medida que iba recibiendo estímulos externos. Jung, por el contrario, se resiste a afirmar que la mente del niño es una *tabula rasa* en la que todo está por inscribirse. Pensaba más bien que el infante participaba activamente en la construcción de sus relaciones con el mundo. Los mismos factores que fueron esenciales para nuestros antepasados, tanto cercanos como remotos, serán constitutivos para nosotros, porque están insertos en un sistema orgánico que se va heredando. No obstante, debemos recordar que, según Jung, un arquetipo no es una idea heredada sino más bien un "modo heredado de funcionar" o en todo caso un modelo de comportamiento (Jacobi 2013: 187). Los arquetipos son en realidad una predisposición a configurar representaciones a partir de un modelo básico que afecta emocionalmente a la conciencia, a la que acuden sin que lleguemos nunca a interpretarlos adecuadamente. Es posible que no lleguemos nunca a identificarlos con propiedad y aun así no agotan su significado sino que asumen incontables formas y expresiones, impidiendo las más de las veces la armonía a la que propende el ser humano mediante el entendimiento de las razones de sus tendencias y pulsiones. Jung estaba proponiendo una teoría de la in/consciencia colectiva, para lo cual acudió a la antigua idea de arquetipo. Y no desconocía la trayectoria del término en la Antigüedad, incluyendo en primer término a Filón, la resume en una de sus primeras conferencias[20]:

> The term "archetype" occurs as early as Philo Judaeus, with reference to the *Imago Dei* (God-image) in man. It can also be found in Irenaeus, who says: "The creator of the world did not fashion these things directly from himself but copied them from archetypes outside himself". In the *Corpus Hermeticum*, God is called τὸ ἀρχέτυπον φῶς (archetypal light). The term occurs several times in Dionysius the Areopagite, as for instance in *De caelesti hierarchia*, 11, 4: "immaterial Archetypes", and in *De divinis nominibus* I, 6: "Archetypal stone". The term "archetype" is not found in St. Augustine, but the idea of it is. Thus in *De diversis quaestionibus* LXXXIII he speaks of "*ideae principales* which are themselves not formed... but are contained in the divine understanding".

---

20 El fragmento que citamos a continuación está tomado de la conferencia de C. Jung, publicada por primera vez en *Eranos-jahrbuch* 1934, y más adelante en *Von den Wuruln des Bewusstseins* (Zurich, 1954), traducida del alemán por R. F. C. Hull sobre la base de una primera versión de Stanley Dell en *The Integration of the Personality* (New York, 1939; London, 1940). Lo hemos tomado de *Read*, H., Fordham, M. & Adler, G. (IX/ 1, 1981: 4).

   Filón de Alejandría en clave contemporánea

Jung no estaba en desacuerdo con la teoría freudiana que afirma que la experiencia personal, sobre todo la experiencia vital de los primeros años, es crucial en el desarrollo de la personalidad de cada individuo, solo que niega que este desarrollo se erija sobre una base de personalidad desestructurada. Según Jung, la experiencia personal o individual desarrolla lo que ya existe cuando se produce la activación del potencial arquetípico que subyace en las capas más profundas del Sí mismo (*Selbst* o *Self*), que es el principio estructurante de los contenidos psicológicos más recónditos. Nuestra psique no es producto simplemente de la experiencia, como nuestro cuerpo no es solo producto del acto de alimentarnos. El diagrama jungiano[21] de la conformación de la psique puede ayudar a entender su teoría.

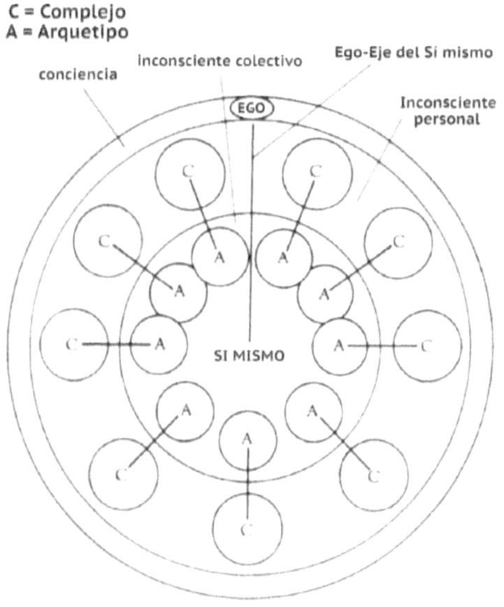

El modelo que representa la psique se visualiza como un globo o una esfera con tres capas concéntricas. En el centro y ejerciendo su influencia sobre el sistema completo está el Sí mismo (*Self*). En uno de los tres círculos concéntricos está el inconsciente colectivo, compuesto de los arquetipos. El círculo más externo es la conciencia, con el Ego orbitando alrededor del sistema como un planeta alrededor del sol o como la luna en torno de la tierra. En el espacio intermedio entre la

---

21   Stevens (1994; 2002).

conciencia y el inconsciente colectivo está el inconsciente individual, conformado de complejos, y cada complejo está en relación estrecha con el correspondiente arquetipo. Los arquetipos permanecen latentes hasta que un evento crítico o una combinación de factores produce la actualización y es así que los patrones arquetípicos son los responsables de despertar pensamientos, imágenes, sentimientos e ideas similares en seres humanos alejados entre sí en tiempo y espacio e independientemente de raza, credo o clase social. Muchas otras disciplinas han producido conceptos similares a la hipótesis jungiana de la existencia de arquetipos. Por ejemplo, Claude Levi-Strauss y la escuela francesa de antropología estructural encuentra que infrastructuras inconscientes son la base de las costumbres y de las instituciones. El modelo teórico lévistraussiano permite encontrar estructuras lógicas ordenadoras por debajo de la gran multitud aparentemente confusa de modalidades de manifestación empírica de tal o cual hecho religioso.

El modelo jungiano entiende el arquetipo como un modelo funcional e inconsciente que subyace a la conducta tanto del individuo como de la comunidad, y permite procesar las sensaciones, sentimientos y percepción del mundo según un patrón de pautas de comportamiento que compartimos por haber heredado un modo de funcionar como base cognitiva y emocional, no solo para las actuaciones en el marco de nuestro propio ámbito vital, sino también para acciones que se manifiestan en culturas diversas y alejadas incluso en tiempo y espacio, que actualizan con variantes una especie de matriz común.

Para Filón existe un "sello arquetipo" (ἀρχέτυπος σφραγίς) que deja en el ser humano una impresión. Ese sello funciona a la vez como instrumento divino y como marca que se graba también en el inconsciente, aunque no lo diga de esa manera. Pues esa "idea incorpórea" (ἀσώματός ἰδέα) inserta en lo más profundo de nuestra naturaleza no llega, sin embargo, a ser percibida por los sentidos. El alejandrino hace la comparación con un madero, sumergido en lo más profundo del mar Atlántico; su naturaleza lo habilita a ser quemado, pero nunca podrá ser destruido por el fuego debido justamente a que se encuentra en el fondo del mar (*Ebr.* 133). La ideología teocéntrica y monoteísta del alejandrino postula que el Creador hizo tanto el modelo como las copias. Así también, si existe un camino descendente desde Dios hacia sus creaturas, existe otro ascendente desde la racionalidad humana hacia Dios. En el momento en que Filón aproxima la doctrina platónica de las ideas a las especulaciones sobre la posibilidad de

   Filón de Alejandría en clave contemporánea

relación de lo perfecto divino con lo cambiante mortal, tenemos la conformación de la teoría de los arquetipos.

Para Jung, la existencia de símbolos que se reiteran bajo diferentes formas en distintas culturas son patrones de imágenes que pasan de generación en generación. Estas imágenes son universales y pueden ser reconocidas tanto en expresiones culturales colectivas como en roles o funciones individuales. Existe un inconsciente colectivo cuyas piezas fundamentales son los arquetipos que afectan y estructuran nuestra manera de pensar y de comportarnos tanto a nivel personal como comunitario.

El término "imagen" (εἰκών), en Filón, se aplica a la parte rectora del alma, al intelecto (νοῦς). El intelecto de las creaturas ha sido conformado a imagen del intelecto del universo, arquetipo este de aquel. El intelecto humano ocupa en el hombre la misma posición que el intelecto soberano ocupa en el mundo todo. El intelecto parcial, el de cada uno, se asemeja a aquel único que lo es de todas las cosas –el arquetipo–. Así como el gran Guía en todo el universo es el Noῦς, existe el νοῦς humano en el ser humano, que es invisible y tiene esencia inescrutable (*Opif.* 69). En Gn 1, 27 (la primera creación) se describe el nacimiento del hombre y se dice que fue estampado (ἀναγράφων) a imagen de Dios. Ahora bien, si la parte es imagen de una imagen (εἰκών εἰκόνος), la forma completa –todo este universo sensible– es "copia de la imagen divina" (μίμημα θείας εἰκόνος). La relación arquetipo-copia se actualiza en varios niveles, especialmente si entendemos que cuanto más alejada del arquetipo está la copia, más alejada está de Dios (del Bien y lo Bello), aunque Dios ofrezca siempre la posibilidad de volver al arquetipo. En un plano más profano, para Jung, también el acercamiento al conocimiento del arquetipo es salvador, es el modo más eficaz para que el terapeuta pueda detectar conflictos entre el inconsciente y la parte consciente de la mente humana.

Bibliografía

Ediciones y traducciones

Burnet, J. (1968). *"Timaeus"*, en *Platonis Opera: Recognovit Brevique Adnotatione Critica Instruxit.* Oxford: Clarendon Press.

Boeri, M. D. y Salles, R. (2014). *Los filósofos estoicos. Ontología, Lógica, Física y Ética. Traducción, comentario filosófico y edición anotada de los principales textos griegos y latinos.* Sankt Augustin: Academia.

Cameron, A. y S. G. Hall, S. G. (1999). Eusebius. Life of Constantine. Oxford: Clarendon Press.

Colson, F. H. y Whitaker, G. H. (1929-1962). *Philo in Ten Volumes.* London/Cambridge, Mass.: Heinemann.

Del Valle, C. (1997). *La Misná.* Salamanca: Sígueme.

Gurruchaga, M. (1994). *Eusebio de Cesarea.* Vida de Constantino. Introducción, traducción y notas. Madrid: Gredos.

Heikel, I. A. (1913). "Die Demonstratio evangelica", en *Eusebius Werke.* Band 6. Leipzig: Hinrichs; 1-492.

Martín, J. P., Lisi, F. y Alesso, M. (2009). *Filón de Alejandría. Obras completas.* Vol. I, Madrid: Trotta.

Mondésert, C. (1949). *Clément d'Alexandrie. Le protreptique.* Paris: Cerf.

Nock, A. D. (1972 [1946]). *Corpus Hermeticum.* Trad. A.-J. Festugière. Vol. I. Paris: Les Belles Lettres.

Read, H., Fordham, M. y Adler, G. (1981). *Collected Works of C. G. Jung.* Vol. 9 Part 1. "The Archetypes and the Collective Unconscious" [1º ed. 1969]. Trad. del alemán de R. F. C. Hull. London: Routledge.

Rousseau, A. *et al.* (1969-1982). *Irénée de Lyon, Contre les hérésies, I, II, IV, V.* Sources chrétiennes 100, 153, 264, 294. Paris: Cerf.

Runia, D. T. (2001). *Philo of Alexandria. On the creation of the cosmos according to Moses.* Introduction, translation and commentary. Leiden/Boston/Köln: Brill.

Von Arnim, H. (1903-1924). *Stoicorum Veterum Fragmenta*, 4 vols. Lipsiae: Teubner.

Winkelmann, F. (1975). "Über das Leben des Kaisers Konstantin", en *Eusebius Werke*, Bd 1.1. Berlin: Akademie.

Bibliografía citada

Alesso, M. (2015). "La complessità della teoria filoniana delle potenze nel De fuga et inventione", en F. Calabi, O. Munnich, G. Reydams-Schils y E. Vimercati (eds.), *Pouvoir et puissances chez Philon d'Alexandrie.* Turnhout (Belgique): Brepols, 191-202.

Lisi, F. (2009). "Introducción a *La creación del cosmos según Moisés*", en J. P. Martín, F. Lisi y M. Alesso, *Filón de Alejandría. Obras completas.* Vol. I, Madrid: Trotta, 97-106.

Alby, J. C. (2013). "La refutación de las herejías: del *Nuevo Testamento* a Ireneo de Lyon", en M. Alesso (ed.), *Hermenéutica de* los géneros literarios: *de la Antigüedad al cristianismo.* Buenos Aires: Facultad de Filosofía y Letras, Universidad de Buenos Aires.

Altmann, A. (1968). "'Homo Imago Dei' in Jewish and Christian Theology". *The Journal of Religion* 48/3, 235–259.

Amerise, B. (2005). "Costantino il nuevo Mosé". *Salesianum* 67, 671/700.

Carny, P. (1988). "Philo's Uniqueness and Particularity", en B. Uffenheimer y H. Graf Reventlow (eds.), *Creative Biblical Exegesis: Christian and Jewish Hermeneutics through the Centuries.* Journal for the Study of the Old Testament Supplement Series 59. Sheffield: Sheffield Academic Press, 31-38.

Filón de Alejandría en clave contemporánea

Chesnut, G. (1978). "The Ruler and the Logos in Neo-pythagorean, Middle Platonic, and Late Stoic Political Philosophy", en W. Haase, W. (ed.), *Aufstieg und Niedergang der römischen Welt* II, 16, 2, 1310-1332.

Delgado, C. (2015). "Mímesis y arquetipo. Filón 'rescata' al poeta platónico". *Circe de clásicos y modernos* 19, 25-39.

Eliade, M. (2018). *Myth of the Eternal Return: Cosmos and History* [1º ed. 1954]. Trad. de W. R Trask. Introducción de J. Z. Smith. Princenton, New Jersey: Princenton University Press.

Goppelt, L. (1982). *Typos: The Typological Interpretation of the Old Testament in the New*. Grand Rapids: Eerdmands.

Hollerich, M. J. (1989). "The Comparison of Moses and Constantine in Eusebius of Caesarea's *Life of Constantine*". *Studia Patristica* 19, 80-95.

Hollerich, M. J. (1990). "Religion and Politics in the Writings of Eusebius: Reassessing the First 'Court Theologian'". *Church History* 59/3, 309-325.

Hughes, H. D. (1976). "Salvation-History as Hermeneutic". *Evangelical Quarterly* 48, 79-89.

Jacobi, J. (2013). Complex/Archetype/Symbol In The Psychology of C. G. Jung [1º ed. 1999]. London.

Johnson, A. P. (2006). Ethnicity and Argument in Eusebius' Praeparatio Evangelica. Oxford: Oxford University Press.

Najman, H. (2003). "Cain and Abel as Character Traits: A Study in the Allegorical Typology of Philo of Alexandria", en G. P. Luttikhuizen (ed.), *Eve's Children*. Leiden, Boston: Brill, 107-118.

Ortiz-Osés, A. (2012). *Hermenéutica de Eranos. Las estructuras simbólicas del mundo*. Proemio de E. Trías. Apéndice de G. Durand. Barcelona: Anthropos.

Stevens A. (1994). *Jung*. Past Masters Series. Oxford: Oxford University Press.

Stevens A. (2001). *Jung: a very short introduction*. Oxford: Oxford University Press.

Ramelli, I. (2006). *Il* basileus *come* nomos empsychos *tra diritto naturale e diritto divino. Spunti platonici del concetto e sviluppi di età imperiale e tardo-antica*. Naples: Bibliopolis.

Termini, C. (2004). "Dal Sinai alla creazione: il rapporto tra legge naturale e legge rivelata in Filone di Alessandria", en A. M. Mazzanti y F. Calabi (eds.), *La rivelazione in Filone di Alessandria: natura, legge e storia*. Atti del VII Convegno di Studi del Gruppo Italiano di Ricerca su Origene e la Tradizione Alessandrina, Biblioteca di Adamantius 2, Pazzini: Verucchio, 159-191.

Rapp, C. (1998). "Imperial Ideology in the Making: Eusebius of Caesarea on Constantine as 'Bishop'". *Journal of Theological Studies* 49, 685-695.

Runia, D. (1986). *Philo of Alexandria and the* Timaeus *of Plato*. Leiden: Brill.

Williams, G. M. (1951). "Christology and Church-State relations in the fourth century". *Church History* 20/ 3, 3-33.

Filón de Alejandría
y los orígenes del cosmopolitismo

Laura Pérez

El concepto de cosmopolitismo ha llegado a ocupar un espacio importante en el ámbito de las ciencias sociales y humanas de las últimas décadas. Con aplicaciones en los variados campos de la moral, la política, el derecho, la economía, la educación y la cultura en general, los estudios cosmopolitas se han desarrollado en una ingente bibliografía de investigaciones, ensayos teóricos y filosóficos que indagan los problemas de un mundo globalizado y las vías de realización de modelos sociales, políticos e institucionales que apunten a una mayor justicia y equidad en el desarrollo vital de los seres humanos como integrantes de una especie común. No obstante, la dificultad para arribar a una definición inequívoca y compartida del concepto, así como los desafíos teóricos y metodológicos que plantea su estudio son causa de la enorme variedad de enfoques y de intensos debates.

La gran mayoría de los investigadores reconoce los orígenes antiguos del concepto, que suelen ubicarse en el filósofo cínico Diógenes –sobre la base de una anécdota tardía e imprecisa– y, principalmente, en las teorías estoicas sobre el ciudadano del mundo y la ley natural común a toda la humanidad. Casi ninguno de los estudiosos modernos se refiere a Filón de Alejandría, el autor más antiguo en que se registra el término del que deriva nuestro actual concepto: κοσμοπολίτης, ciudadano del mundo, y que desarrolla alrededor de él una compleja conceptualización en que la identificación mundo-ciudad juega un rol fundamental y la humanidad se concibe como un único conjunto social que puede ser regulado por una ley de alcance universal. El desarrollo de estas ideas por parte de Filón, uno de los más prolíficos representantes del judaísmo helenístico en el cambio de era, posee indudables lazos con las teorizaciones estoicas pero se distingue de ellas en elementos originales de gran relevancia.

En el presente trabajo, procederemos en diversas etapas. En primer lugar, examinaremos brevemente algunas nociones modernas acerca del cosmopolitismo, con especial atención a la recuperación del concepto antiguo en las historias de esta idea y a los puntos de contacto o continuidad que se han intentado destacar con respecto a aquel. En un segundo momento, realizaremos un breve recorrido por la historia de la concepción antigua del cosmopolitismo, desde las expresiones cínicas al estoicismo romano, y señalaremos las diversas etapas que marcaron cambios en su sentido o alcance. Por último, analizaremos la concepción filoniana del cosmopolitismo a través de un estudio de los pasajes en que se registra el término κοσμοπολίτης y de otros textos relacionados que contribuyen a delimitar sus ideas sobre los alcances y el modo de realización de la ciudadanía universal. Nuestro autor desarrolla el concepto en formas originales, no solo a través de su combinación con otras nociones filosóficas, en su mayor parte procedentes del platonismo, sino especialmente por su inclusión en un sistema cosmológico-teológico en el que la ley natural y divina que funda la comunidad política universal se identifica con la Ley mosaica revelada por el Dios único. Al finalizar este recorrido, esperamos demostrar el interés que reviste la aportación original de Filón de Alejandría para la historia del concepto, en cuanto su punto de vista sobre el cosmopolitismo puede ayudar a comprender o iluminar ciertas facetas de las posturas cosmopolitas contemporáneas.

El cosmopolitismo en un mundo globalizado

Los términos "cosmopolita" y "cosmopolitismo" son usados en contextos y con sentidos tan variados que resulta una tarea difícil –aunque imprescindible– intentar una delimitación del contenido que se asigna a estos conceptos cuando se los considera como categorías de análisis útiles para pensar la sociedad y la vida humana en términos filosóficos o desde la perspectiva de las ciencias humanas y sociales. Las definiciones que predominan en los usos coloquiales, especialmente del adjetivo "cosmopolita", suelen destacar, cuando refieren a una persona, su experiencia o conocimiento de muchas partes del mundo o bien su capacidad de sentirse a gusto y "en casa" en cualquier lugar, así como el prescindir, por considerarlo innecesario, de un lugar fijo de pertenencia o radicación. Aplicado a un lugar o

   Filón de Alejandría en clave contemporánea

ambiente, el calificativo resalta la variedad de influencias o la convergencia de naciones, costumbres o personas de diversas partes del
mundo[1]. Este tipo de significado de uso corriente es el que se registra
ya en el siglo XVIII en la *Encyclopédie* de Diderot y D'Alembert, quienes incluso señalan el registro humorístico que suele marcar el uso
del término: "On se sert quelquefois de ce nom en plaisantant, pour
signifier un homme qui n'a point de demeure fixe, ou bien un homme
qui n'est étranger nulle part"[2]. Pero, además, en esta definición de la
Enciclopedia se incluye no solo el origen etimológico del término, que
deriva del compuesto griego formado por κόσμος (mundo) y πόλις
(ciudad), sino también la anécdota sobre la aparición de la idea en
una respuesta espontánea de un antiguo filósofo griego: "Comme on
demandoit à un ancien philosophe d'où il étoit, il répondit: *Je suis
Cosmopolite*, c'est-à-dire *citoyen de l'univers*". Aunque no se lo nombra,
reconocemos la frase atribuida a Diógenes el cínico y podemos percibir cuál ha sido históricamente la interpretación de tal afirmación.

La definición de la *Enciclopedia* es significativa porque es justamente en este contexto del pensamiento ilustrado del siglo XVIII que se
produce la recuperación kantiana del concepto de cosmopolitismo,
que inaugura su uso científico y filosófico en la modernidad. Desde entonces, su sentido ha tendido a concentrarse en el contenido
semántico más abstracto y generalizable de la palabra, al utilizarla
para enfatizar la unidad esencial del conjunto de la especie humana y
las consecuencias éticas y políticas que entraña –o debería entrañar–
tal unidad. En la expansión exponencial de los estudios de perspectiva
cosmopolita que se ha producido desde la última década del siglo
XX, el "núcleo nebuloso" (*nebulous core*) –en palabras de Kleingeld
y Brown (2002)– compartido por los diversos enfoques del concepto
puede sintetizarse en la idea de que todos los seres humanos, sin
importar su afiliación política, pertenecen (o al menos pueden perte-
necer) a una única comunidad, y de que esa comunidad debería ser
cultivada. En este sentido, uno de los principales problemas plantea-
dos por las teorías del cosmopolitismo –y sus críticos– se vincula con

---

1   Definiciones semejantes pueden hallarse en los diccionarios de varias lenguas modernas,
como el Diccionario de la Real Academia Española (versión online 2019: https://dle.rae.es/
cosmopolita), el *Cambridge Dictionary* de la lengua inglesa (versión online 2020: https://
dictionary.cambridge.org/ dictionary/english/cosmopolitan) o el espacio lexicográfico del
Centre National des Recherches Textuelles et Lexicales (https://www.cnrtl.fr/definition/
cosmopolite) para la lengua francesa.

2   *Encyclopédie, ou dictionnaire raisonné des sciences, des arts et des métiers, etc., s.v.*
"cosmopolitain, ou cosmopolite" (Diderot y d'Alembert 1754, vol. 4: 297; ed. a cargo
de Morrisey y Roe 2017).

la contraposición o el grado posible de interrelación entre identidades o afiliaciones sociales, políticas, culturales más restringidas –nacionalismo, patriotismo o pertenencia a grupos sociales, religiosos u otros– y la comunidad humana universal o cosmopolita.

En efecto, al mismo tiempo que la Ilustración del siglo XVIII daba forma a los ideales de la nación estado y de su soberanía e independencia, Kant postulaba que todos los seres racionales, *i.e.* humanos, son miembros de una única comunidad moral, que debería tener su correlato en una ley cosmopolita. Compartida por todos los Estados, organizados en una Liga o Federación de Naciones, esta legislación podría asegurar la paz mundial y el reconocimiento y respeto de los derechos de los Estados a la vez que de los individuos, en cuanto "ciudadanos de la Tierra" y no de algún Estado en particular. Es decir que, por un lado, el autor sienta las bases para el desarrollo de la ley internacional y de instituciones internacionales, al tiempo que propone la existencia de una sociedad civil universal[3]. Por la misma época, el barón de Cloots postulaba una solución más extrema a la teoría política cosmopolita: la abolición de los Estados individuales y el establecimiento de un único Estado mundial que comprendiera a todos los seres humanos individuales directamente[4]. Kant, por el contrario, destaca los peligros subyacentes a la idea de un Estado universal, que tendería necesariamente al totalitarismo[5].

El resurgimiento del concepto producido desde las últimas décadas del siglo XX ha dado lugar a una variedad de teorías y aspiraciones tan amplia que resulta imposible sintetizar todas sus aristas[6]. Vertovec y Cohen (2002) han propuesto una clasificación en la que dis-

---

3   Cf. Kleingeld y Brown (2002); Fine y Cohen (2002: 139-143); Nussbaum (1997: 25-57). Kant desarrolla estas ideas en varias obras, entre las cuales conviene citar por su especial relevancia *Idea for a Universal History from a Cosmopolitan Point of View* (1785) y *Toward Perpetual Peace* (1795).

4   Cf. Kleingeld y Brown (2002).

5   Justamente en relación con los totalitarismos del siglo XX ha sido recuperado el concepto de cosmopolitismo por autores como Hannah Arendt y Karl Jaspers, en especial en el ámbito del derecho o la legislación cosmopolita, en el que se inserta su discusión sobre los crímenes contra la humanidad, cf. Fine y Cohen (2002: 145-155).

6   Estas se expresan de hecho en una producción bibliográfica en crecimiento permanente –como muestran los volúmenes colectivos que buscan abordar el concepto desde los diversos enfoques: cf. Vertovec y Cohen (2002), Brock y Brighouse (2005), Rovisco y Nowicka (2011), Delanty (2012)–, así como en la profusión de debates entre quienes destacan el valor y la voluntad transformadora en la noción de cosmopolitismo y quienes asumen posiciones críticas. Cf. Nussbaum, Rorty *et al.* (1997), Nussbaum y Cohen (1996), y las objeciones a las distintas formas del cosmopolitismo que revisan Kleingeld y Brown (2002).

        Filón de Alejandría en clave contemporánea

tinguen seis perspectivas de interpretación del cosmopolitismo: como una condición socio-cultural, como una filosofía o visión del mundo –que suele tomar la forma del cosmopolitismo moral o legal–, como un proyecto político que involucra instituciones transnacionales, como un proyecto político que defiende los sujetos múltiples –*i.e.*, con múltiples afiliaciones–, como una actitud o disposición, como una práctica o competencia. Por su parte, Kleingeld y Brown (2002) diferencian cuatro orientaciones principales en su taxonomía de los cosmopolitismos contemporáneos. Si bien todos postulan una forma de comunidad entre los seres humanos, esta puede concebirse: (1) en sentido puramente moral, (2) en términos de instituciones políticas compartidas o (3) de expresiones culturales a ser apreciadas por todos; (4) o bien desde el punto de vista económico, en términos de mercados abiertos a todos. Partiendo de ambas clasificaciones, son especialmente las perspectivas filosóficas y políticas las que interesan para los propósitos de nuestro estudio, pues es allí donde pueden reconocerse mayores puntos de contacto con las concepciones antiguas del cosmopolitismo.

Desde el punto de vista del cosmopolitismo filosófico y moral, el acento se ubica en los deberes de ayudar a los seres humanos en general y de defender el respeto de los derechos y la justicia más allá de los límites del propio país. Martha Nussbaum es una de las autoras que con mayor énfasis y repercusión ha propugnado esta concepción, que ha asentado sobre la base de los antecedentes estoicos. En efecto, si bien la autora ubica como punto de partida de la idea la supuesta mención de Diógenes el cínico de la palabra *kosmopolítes*, su pensamiento se sustenta esencialmente en la tradición del estoicismo, con especial interés por los autores romanos, como Séneca, Cicerón y Marco Aurelio. Partiendo de estos antecedentes, la autora distingue dos comunidades de pertenencia: la local y la de alcance común a la humanidad, y afirma que es de esta última de la que derivan los valores y obligaciones morales más básicos. Atribuye a los estoicos la definición del ciudadano del mundo o *kósmou polítes* como aquel que "reconoce en las personas aquello que es especialmente fundamental, lo que merece el mayor de los respetos y reconocimientos: sus aspiraciones a la justicia y al bien y sus capacidades de razonamiento acerca de esta conexión" (Nussbaum 1999: 19).

Del reconocimiento de la esencial unidad de la que participan todos los seres humanos en virtud de la razón, compartida por toda la especie, se deriva una igual dignidad y la obligación de que todo ser humano promueva el bien para todo otro ser humano solo por el hecho de ser tal, idea que la autora se apropia de Cicerón (*Sobre los deberes* 3, 27-28; Nussbaum 1997: 31-32). La pensadora afirma que nuestra lealtad más fundamental debe ser otorgada a la comunidad de todos los seres humanos y no a un gobierno particular u organización política local, pero aclara que estas afiliaciones más restringidas no desaparecen. Al contrario, siguiendo al estoico Hierocles[7], propugna que, como ciudadanos del mundo, la tarea que nos corresponde es acercar los diversos grados de contacto o relación con otras personas –graficados como círculos concéntricos– hacia el centro, que contiene los afectos más cercanos, de manera que consideremos a todos los seres humanos tan familiares como a nuestros conciudadanos o amigos (Nussbaum 1999: 19-20)[8]. Su proyecto de promoción del cosmopolitismo se centra entonces en la agenda educativa: debe procurarse, afirma la autora, "hacer de la ciudadanía mundial, más que de la democrática o nacional, el núcleo de la educación cívica" (1999: 22). Por este medio, plantea, se puede avanzar en el reconocimiento de las diferencias y desigualdades existentes en el mundo en cuanto al acceso a las materias primas básicas, a la supervivencia, así como a los derechos inalienables y a la participación política y democrática, de modo que se pondrá a la vista la necesidad de colaboración y planificación global para resolver muchas de estas problemáticas y para la defensa de los valores compartidos.

Mientras que en la propuesta de Nussbaum no hallamos en primer término una formulación político-institucional del ideal cosmopolita, el cosmopolitismo moral resulta muy próximo a aquel que desde una perspectiva política centra la reflexión en la cuestión del derecho y las instituciones políticas de carácter internacional, que garanticen el respeto y dignidad de la persona humana en cualquier punto del mundo en que se encuentre[9]. Tal vinculación resulta inevitable si tenemos en cuenta que las teorías sobre el cosmopolitismo tienen su

---

7   En el apartado siguiente, volveremos sobre estas posturas antiguas en que se basa la autora.

8   La propuesta de Nussbaum constituye una forma de cosmopolitismo estricto, pues la autora niega que exista una responsabilidad moral más fuerte para con los conciudadanos que la que existe con respecto a cualquier otro ser humano. Otros autores consideran más plausible aspirar a un cosmopolitismo moderado, en que a través de la mayor atención que reciben los seres más próximos, se alcance de todos modos a aportar al bien común (Scheffer 1999: 269-275). Cf. Kleingeld y Brown (2002) sobre la distinción entre cosmopolitismo estricto y moderado.

9   Como afirman Brock y Brighouse (2005: 2-3), en la distinción entre las afiliaciones locales y la pertenencia a la comunidad mundo –o entre cosmopolitismo "suave" y "fuerte"– entra

                                    Filón de Alejandría en clave contemporánea

origen en la noción de ley natural, fundamental tanto en el pensamiento estoico como en la teorización kantiana. Sin embargo, también dentro de este ámbito existen posiciones muy disímiles en cuanto a las formas que pueda adquirir la organización internacional. Muy pocos abogan por la formación de un Estado global centralizado, aunque hay quienes defienden un sistema federal de naciones al estilo kantiano[10]. En general se promueve una forma de organización más laxa, privilegiando la idea de instituciones políticas internacionales que se focalicen en problemas específicos[11]. Por otra parte, si estas instituciones de diverso grado de incumbencia implican la creación de un cosmopolitismo político "desde arriba", otras posturas enfatizan la formación de un cosmopolitismo "desde abajo", a través de la emergencia de una sociedad civil global o de una democracia cosmopolita y transnacional que se manifiesta en movimientos sociales y redes internacionales preocupados por asuntos como el medio ambiente, las condiciones laborales, los derechos humanos o de las mujeres, etc.[12]

No obstante, un punto que resulta oscuro y de difícil dilucidación es quién determina cuáles son los valores compartidos y hasta qué punto es posible promover la implementación de derechos y leyes internacionales sin modificar profundamente los modos de vida y las concepciones culturales de muchas comunidades. ¿Dónde ubicar la línea de equilibrio entre el respeto a las diferencias y particularidades culturales y la defensa de ideales y valores surgidos en un ámbito de pensamiento también inevitablemente situado histórica y geográficamente? De estas preguntas surgen las visiones críticas que señalan un cariz imperialista o al menos ideológicamente sesgado en las propuestas cosmopolitas y las vinculan con las diversas formas históricas de colonialismo. Así, Mignolo (2000: 743) cuestiona el "universal abstracto" provisto por las perspectivas hegemónicas y propugna un cosmopolitismo crítico que surja de la diferencia colonial y persiga la diversidad como un proyecto universal[13]. Como veremos,

---

en juego la discusión sobre la significación y legitimidad de las fronteras y las soberanías nacionales.

10   Por ejemplo, L. Pojman (2005: 70) parte de la idea kantiana de una federación de Estados regidos por una ley internacional para postular la necesidad de una forma de gobierno global republicano que, de todas maneras, favorezca y promueva la autonomía de las naciones-estados individuales dentro de su dominio.

11   Cf. Kleingeld y Brown (2002).

12   Cf. Vertovec y Cohen (2002: 11).

13   El autor llama a este proyecto "*diversality*": "Critical and dialogic cosmopolitanism as a regulative principle demands yielding [...] toward diversity as a universal and cosmopolitan project in which everyone participates instead of "being participated". Such a

esta ambivalencia entre unidad y diversidad, entre lo particular y lo universal, se encuentra ya en el cosmopolitismo antiguo, particularmente en el filónico, y se vincula con la inserción histórico-política de los autores y sus ideas en el mundo del Imperio romano en que adquieren su forma, bajo una ineludible orientación ideológica.

Del filósofo cínico a los estoicos: el sentido del cosmopolitismo antiguo

Si bien los textos más antiguos en que se conserva el término κοσμοπολίτης son los de Filón, el tratado *Vidas y opiniones de los filósofos más ilustres* de Diógenes Laercio (s. III d.C.) atribuye al filósofo cínico Diógenes de Sínope el uso del vocablo en una réplica cuyo sentido resulta abierto a las más disímiles interpretaciones y que, por tal motivo, ha sido objeto de debates hasta la actualidad: "Preguntado de dónde era, respondió: «ciudadano del mundo»" (ἐρωτηθεὶς πόθεν εἴη, "κοσμοπολίτης", ἔφη)[14]. La fiabilidad del testimonio doxográfico no es absoluta, pero muchos investigadores se inclinan por considerarla al menos plausible, pues la acuñación de términos compuestos era un procedimiento característico del filósofo y, sobre todo, puesto que la idea –o las ideas– que parece contener la breve réplica no resultan ajenas al modo de pensamiento y de vida cínicos[15]. La tendencia mayoritaria entre los estudiosos modernos ha sido la de asignar una interpretación negativa a la frase, pues indicaría que el cosmopolita no estaba afiliado a ninguna ciudad en

<hr>

regulative principle shall replace and displace the abstract universal cosmopolitan ideals (Christian, liberal, socialist, neoliberal) that had helped (and continue to help) to hold together the modern/colonial world system and to preserve the managerial role of the North Atlantic" (Mignolo 2000: 744).

14 Diógenes Laercio, *Vidas y opiniones de los filósofos más ilustres* 6.63. Todas las traducciones de los autores antiguos citados nos pertenecen. Para los textos de Filón de Alejandría, utilizamos la edición de Cohn, Wendland y Reiter (1962) y citamos los tratados según las abreviaturas de los títulos latinos establecidas por *The Studia Philonica Annual*. Para los fragmentos estoicos, seguimos las ediciones de fragmentos y testimonios de Von Arnim (1964) (= *SVF*) y Boeri y Salles (2012) (= BS).

15 Una anécdota muy similar se cuenta acerca de Sócrates a quien, sin embargo, en lugar del término κοσμοπολίτης se le adjudica la respuesta "soy del universo" o "del mundo", κόσμιος (Epicteto, *Discursos* 1.9.1.6; Plutarco, *De exilio* 600f9; Cicerón, *Disertaciones Tusculanas* 5.108). Esta atribución es poco plausible, pues solo aparece relatada en contextos estoicos, que buscarían posicionar a Sócrates como una de sus fuentes; cf. Moles (1996: 106 y n. 5) y Brown (2006: 550). Chin (2016: 137-143) analiza este término en vinculación con el equivalente latino en Cicerón, *mundanus*.

      Filón de Alejandría en clave contemporánea

particular, que no se definía según su patria o el lugar en que vivía[16]. Tal negación resultaría sin duda paradójica o absurda en el mundo griego, en que la pertenencia a una ciudad específica –y, a partir de ella, panhelénica– constituía la marca fundamental de identidad[17]; sin embargo, en boca de Diógenes, podía indicar un rechazo de las convenciones políticas, de los deberes y obligaciones que imponía la participación ciudadana, de modo que no sería incongruente con la tendencia general de la actitud cínica a despreciar las leyes y costumbres locales para seguir un modo de vida "de acuerdo a la naturaleza" (κατὰ φύσιν, Diógenes Laercio 2.71).

No obstante, otra posible interpretación atribuye al cosmopolitismo cínico una significación más positiva, en cuanto expresaría un tipo de afiliación que supera la de cualquiera de las ciudades particulares para reclamar como ámbito de pertenencia el mundo entero: el κόσμος. Para asignar un contenido concreto a tal afirmación, esta lectura requiere tener en cuenta otro pasaje de Diógenes Laercio (6.72) que ofrecería información sobre los contenidos de un tratado *Sobre la República* producido por el filósofo cínico, si aceptamos la hipótesis defendida por Moles (1995: 136 ss.)[18]. Allí se afirma que Diógenes "se burlaba de la nobleza, la reputación y todas las cosas de este tipo pues decía que eran ornamentos del vicio: la única recta forma de gobierno es la que hay en el cosmos" (εὐγενείας δὲ καὶ δόξας καὶ τὰ τοιαῦτα πάντα διέπαιζε, προκοσμήματα κακίας εἶναι λέγων· μόνην τε ὀρθὴν πολιτείαν εἶναι τὴν ἐν κόσμῳ). El juego de palabras entre προκοσμήματα (ornamentos, adornos) y κόσμος –típico, por otra parte, del estilo lúdico e irónico de los cínicos– no requiere interpretar de otro modo que el corriente la referencia al κόσμος como universo[19]. Pero, si esta verdadera "forma de gobierno" o "comunidad política" (ὀρθὴν πολιτείαν) se extiende en el cosmos, ¿significa ello que abarca

---

16   Cf. Baldry (1965: 108-111); Schofield (1999: 144); Brown (2006: 551); Konstan (2009: 473-474). Chin (2016: 130-134) considera que Diógenes usó el término no como un concepto, sino como un acto parresíaco de auto-identificación.

17   Cf. Long (2008b: 50).

18   Tanto la existencia como la autoría de tal escrito por Diógenes han sido objeto de discusión desde la Antigüedad (cf. Tarn 1945: 406-409), y el pasaje en cuestión de Diógenes Laercio (6.72) ha sido rechazado como doxografía fiable por otros estudiosos: Schofield (1999: 141-145) argumenta que se trata de una elaboración estoica realizada con la finalidad de ubicar a Diógenes en la línea de sucesión en que se inserta el estoicismo; seguido por Brown (2006: 551). En refutación de esta teoría, cf. Moles (1995: 132-135).

19   Konstan (2009: 473) señala el problema de que κόσμος podría interpretarse también como "buen orden" o "comportamiento", pero tal dificultad es desestimada por Moles (1995: 137; 1996: 113).

a toda la humanidad? El contraste con las convenciones que "decoran" el vicio indicaría lo contrario, y a la misma conclusión apunta la mención –poco antes en el mismo pasaje– de los sabios (σοφοί) en el marco de un silogismo que demuestra su relación con el mundo natural y divino: "Todo es de los dioses. Los dioses son amigos para los sabios. Las cosas de los amigos son comunes. Todo es de los sabios" (πάντα τῶν θεῶν ἐστι· φίλοι δὲ τοῖς σοφοῖς οἱ θεοί· κοινὰ δὲ τὰ τῶν φίλων· πάντα ἄρα τῶν σοφῶν, Diógenes Laercio 6.72). Por supuesto, las posesiones que tiene "en común" el sabio desde el punto de vista cínico no son las riquezas, los honores, ni todos los demás atributos convencionales, pues su entrenamiento (ἄσκησις) para la virtud (ἀρετή) y para "vivir feliz" (ζῆν εὐδαιμόνως) consiste en elegir, en lugar de "trabajos inútiles" (ἀντὶ τῶν ἀχρήστων πόνων) o "según la ley o la costumbre" (κατὰ νόμον), únicamente aquellos que estén "de acuerdo con la naturaleza" (κατὰ φύσιν), y en no "preferir nada a la libertad" (μηδὲν ἐλευθερίας προκρίνων)[20]. De hecho, si son bien conocidos los comportamientos provocadores del cínico Diógenes y su actitud desdeñosa de cualquier norma social[21], estos se sustentan en los ideales de auto-suficiencia (αὐτάρκεια), libertad (ἐλευθερία) y simplicidad (εὐτέλεια) que constituyen el fundamento del modo de vida cínico, una actitud mental y moral de independencia respecto de cualquiera de los bienes externos e indiferentes[22].

Entendido de esta manera, el cosmopolitismo cínico no implicaría solamente una actitud negativa o de rechazo de los gobiernos y leyes particulares a las distintas ciudades, sino también un contenido positivo en la comprensión del modo de vida cínico, la vida según la naturaleza, como la única forma de gobierno correcta. En términos de Moles, la patria, *polis* o *politeia* cínica –a través de uno de sus característicos procedimientos de reapropiación o reevaluación de términos– es el modo de vida cínico[23]. Es en este sentido que en cualquier parte del mundo puede el cínico estar en casa y en su propia ciudad, que es así extensiva al universo. No se trata, entonces, de un cosmopolitismo que abarque a la humanidad entera, sino de una

---

20   Véase Diógenes Laercio, *Vidas* 6.70-71.

21   Véase Diógenes Laercio, *Vidas* 6.23, 46, 69, etc.

22   Véase Diógenes Laercio, *Vidas* 6.37-38, 78, 105; Epicteto, *Discursos* 3.22.47-48; Cicerón, *Disertaciones Tusculanas* 5.92; etc. Cf. Moles (1996: 111); Sellars (2007: 7).

23   "... by a typical revaluation of terms, *patris*, *patra*, *polis*, *politeia*, and so on ("fatherland", "city", "government", etc.), become metaphors for the Cynic way of life itself [...] the Cynic *politeia*, the Cynic "state", is nothing other than a *moral* "state": the "state" of being a Cynic" (Moles 1996: 111; cf. Moles 1995: 137).

                                    Filón de Alejandría en clave contemporánea

visión más bien individualista que divide y excluye a los sabios del resto de los hombres, a los que ni siquiera se considera –en otra de las redefiniciones conceptuales cínicas– verdaderamente humanos (ἄνθρωποι)[24]. De hecho, los únicos conciudadanos con que puede contar el cínico son sus iguales (ὅμοιοι), *i. e.* otros cínicos, los únicos a los que considera amigos y con quienes puede, por ende, conformar algún tipo de comunidad[25]. Sin embargo, también es posible ver en las provocaciones y ridiculizaciones cínicas, formas de llamar la atención de los demás y de despertarlos o atraerlos hacia el modo de vida asentado en la razón y la naturaleza: todos los seres humanos, de hecho, están dotados de razón y la filantropía cínica se manifiesta en el interés didáctico por ayudar al mejoramiento de otros[26]. De allí resulta que el cosmopolitismo podría potencialmente ampliarse a un ideal que comprenda a toda la humanidad en un hipotético futuro[27]. Como hemos indicado, no existe unanimidad en cuanto a la plausibilidad de esta interpretación positiva del cosmopolitismo cínico, y mucho menos respecto del último elemento señalado, su potencial universalismo. Pero interesa comentarla porque a partir de esta lectura las ideas contenidas en la autoafirmación de Diógenes como κοσμοπολίτης pueden reconocerse como el antecedente e influencia importante de, al menos, el estoicismo más temprano, el de Zenón y Crisipo, en su concepción de una ciudad universal cuyos integrantes o ciudadanos comparten una misma ley de carácter natural[28].

El estoicismo, de hecho, ha sido generalmente reconocido por la crítica y la filosofía moderna como el punto de partida del ideal cosmopolita y como el ámbito de pensamiento en que tal teoría alcanzó mayor desarrollo y sistematización en la Antigüedad. En efecto, si estamos lejos de tener alguna certeza sobre la existencia de la *República* de Diógenes, es mucho más segura la redacción de un tratado de tal título por el fundador de la escuela estoica, Zenón de Citio. No obstante, no resulta tan claro, a partir de las fuentes con que contamos,

---

24   Véase Diógenes Laercio, *Vidas* 6.41, 60. Cf. Baldry (1965: 108-110); Sellars (2007: 7 y n. 35); Long (2008b: 55).

25   Véase Diógenes Laercio, *Vidas* 6.105; Epicteto, *Discursos* 3.22.62-63.

26   Véase Diógenes Laercio, *Vidas* 6.24, 75, 78; Epicteto, *Discursos* 3.22.46, 82-89; 3.24.112; Juliano, *Discursos* 6.187b y 201b. Cf. Moles (1996: 114-116).

27   Cf. Moles (1995: 140-143; 1996: 120); Sellars (2007: 7 y 11). No obstante, para muchos investigadores esta no parece ser la tendencia prevaleciente, cf. Baldry (1965: 111) y véase *supra* n. 16.

28   Cf. Moles (1996: 119): "Cynic cosmopolitanism influenced Stoic cosmopolitanism far more than current opinion recognizes". La misma opinión comparte Sellars (2007: 8; 16; 24).

determinar su contenido y, mucho menos, su intención. En el caso de Diógenes, se ha señalado como objetivo más probable de su escrito la burla o parodia de las πολιτείαι ideales propuestas por Platón y Aristóteles; ¿puede postularse el mismo impulso para el tratado de Zenón? El hecho de que aún se discuta si esta obra política fue escrita mientras el autor todavía se hallaba bajo la órbita del cinismo a través de su maestro Crates, y cuánto debe su escrito a la influencia de este movimiento[29], indica que ninguna respuesta puede considerarse unívoca[30]. De todas maneras, intentaremos aquí una aproximación a los aspectos sobre los que se ha alcanzado mayor acuerdo.

El testimonio más importante sobre los contenidos de la *República* de Zenón lo ofrece Plutarco en su discurso *Sobre la fortuna o virtud de Alejandro Magno* (329a-b), donde resume en pocas palabras el que habría sido el argumento principal de la obra:

> Καὶ μὴν ἡ πολὺ θαυμαζομένη πολιτεία τοῦ τὴν Στωικῶν αἵρεσιν καταβαλομένου Ζήνωνος εἰς ἓν τοῦτο συντείνει κεφάλαιον, ἵνα μὴ κατὰ πόλεις μηδὲ δήμους οἰκῶμεν ἰδίοις ἕκαστοι διωρισμένοι δικαίοις, ἀλλὰ πάντας ἀνθρώπους ἡγώμεθα δημότας καὶ πολίτας, εἰς δὲ βίος ἦ καὶ κόσμος, ὥσπερ ἀγέλης συννόμου νόμῳ κοινῷ συντρεφομένης. τοῦτο Ζήνων μὲν ἔγραψεν ὥσπερ ὄναρ ἢ εἴδωλον εὐνομίας φιλοσόφου καὶ πολιτείας ἀνατυπωσάμενος.

> Y la muy admirada *República* del fundador de la escuela estoica, Zenón, tiende hacia este único punto principal: que no habitemos ciudades ni pueblos delimitados cada uno por sus propias leyes, sino que consideremos a todos los seres humanos pobladores y ciudadanos que tuvieran un único modo de vida y organización, como un rebaño que se alimenta junto paciendo en una ley común. Zenón escribió esto como si describiera un sueño o una imagen del buen orden y gobierno del filósofo[31].

---

29   Contra quienes asumen tal influencia (véase nota precedente), cf. Vander Waerdt (1994: 279); Erskine (2011: 9).

30   Schofield (1999: 22) distingue tres posibilidades de lectura: a) una puramente antinómica y crítica, sin ideal político positivo; b) un ideal político de una comunidad de sabios, que comparten la misma sociedad en cualquier parte del mundo en que se encuentren; c) un ideal de reforma de las ciudades existentes hacia un comunismo de cuño platónico e influenciado por la constitución espartana de Licurgo. El autor defiende esta tercera interpretación, contra la opinión mayoritaria, que se inclina por la segunda: cf. Vander Waerdt (1999: 294-296); Sellars (2007: 16 y n. 88; 19). Cf. Baldry (1965: 154): "modern conclusions from it have varied all the way from a world-state embracing all humanity to a small community comparable with Sparta".

31   *SVF* 1.262; BS 30.7. Schofield (1999: 24 y 104-111) rechaza este texto como evidencia de la *República* de Zenón, contra la opinión mayoritaria, que lo considera un testimonio válido, cf. Vander Waerdt (1994: 282-283), Sellars (2007: 12-13).

     Filón de Alejandría en clave contemporánea

La idea central es la esencial unidad y vida en común de los seres humanos que, mediante un hábil juego de palabras, se describen como un rebaño nutrido en una misma "pastura" (νόμος) o –según otro sentido del mismo término– "ley". La metáfora introduce la idea de la "ley común" (νόμος κοινός) sobre la que se sustenta el κόσμος, entendido como organización, administración u orden –y de allí, por supuesto, su sentido de "universo" o "mundo"–, que se contrapone entonces a las organizaciones políticas y leyes particulares, diferentes unas de otras y sujetas al cambio. Estas, se afirma, no deberían existir, sino que todos los seres humanos, en carácter de ciudadanos, deberían estar regidos por el orden establecido por la ley común. Parecería tratarse, entonces, de una forma de organización política que convierte a todos los hombres en ciudadanos de una misma constitución. Sin embargo, Diógenes Laercio refiere que, entre otras críticas, se reprochó a Zenón que en su *República* considerara como "ciudadanos, amigos, familiares y libres" (πολίτας καὶ φίλους καὶ οἰκείους καὶ ἐλευθέρους) únicamente a los "virtuosos" (σπουδαίους), mientras que los que no lo son, incluso si se tratara de los propios padres, hijos, hermanos o parientes, eran tenidos por "enemigos, hostiles, esclavos y extraños" (ἐχθροὺς καὶ πολεμίους καὶ δούλους καὶ ἀλλοτρίους) puesto que "no son sabios" (οὐ γάρ εἰσι σοφοί)[32]. Estas afirmaciones que restringen los integrantes de la πολιτεία zenoniana a los sabios (σοφοί) y virtuosos (σπουδαῖοι) parecen entrar en contradicción con la referencia a "todos los seres humanos" (πάντας ἀνθρώπους) que encontrábamos en el pasaje de Plutarco, pero pueden explicarse si tenemos en cuenta que el estoicismo temprano retoma del cinismo la tendencia a reformular el sentido habitual de los términos más usuales y, en el caso de ἄνθρωπος, solo se definen como verdaderos hombres los sabios y virtuosos, que han perfeccionado la racionalidad distintiva de la especie[33]. Por otra parte, la referencia, en el texto de Plutarco, al "modo de vida" (βίος) como sinónimo del κόσμος u orden común y su calificación de esta organización o πολιτεία como la propia "del filósofo" o "filosófica" (φιλοσόφου) pueden leerse en el mismo sentido: quienes comparten una comunidad y organización política son los sabios –i. e., filósofos– que siguen el modo de vida acorde a la razón y a la naturaleza[34]. Es este modo de vida el que los

---

32   Diógenes Laercio, *Vidas* 7.32-33.

33   Véase *supra* n. 24 sobre Diógenes y cf. Sellars (2007: 15); Vander Waerdt (1999: 284).

34   Véase Diógenes Laercio, *Vidas* 7.87-89 (BS 23.1) y pasajes anotados en *SVF* 1.179. La coincidencia con Diógenes el cínico no debe sorprender, si tenemos en cuenta que, según

convierte en familiares y amigos y el que propicia la "concordia" (ὁμόνοια) que, según transmite Ateneo, caracteriza a la comunidad política imaginada por Zenón[35]. Si todos los ciudadanos son sabios y virtuosos, no existirán en la ciudad motivos de enemistad ni injusticia, pues el sabio, cuyo razonamiento es infalible, solo realiza acciones correctas[36]. En tal sociedad, las tradicionales instituciones políticas, legales y económicas no serían necesarias[37].

Todos estos datos dispersos no son suficientes para dilucidar una teoría relativamente sistematizada en la *República* de Zenón, pero ofrecen algunos conceptos clave que sirven como punto de partida para comprender el sentido del cosmopolitismo estoico en sus orígenes y que pueden explicarse o ampliarse mediante testimonios referidos a autores posteriores. En efecto, en los fragmentos zenonianos no se establece en forma explícita una identificación entre el cosmos y la ciudad, pero se reconoce la idea básica de que los hombres –los sabios, cuanto menos– forman una comunidad política (πολιτεία) que debe regirse por una ley común (κοινὸς νόμος). Y es justamente este concepto el que funciona como nexo para tal identificación: la ley común es, como ya queda claramente explicitado en textos tempranos como el *Himno a Zeus* de Cleantes, la razón de Zeus que se extiende por todo el universo, lo gobierna y lo mantiene en orden, de modo que es también "razón común" (κοινὸς λόγος) y "ley universal de dios" (θεοῦ κοινὸς νόμος). De ella participan "todos los mortales", ya que son del "linaje" (γένος) de Zeus, aunque los perversos o malvados huyen de ella sin escucharla, mientras que "si la obedecieran con el razonamiento tendrían una vida feliz" (ᾧ κεν πειθόμενοι σὺν νῷ βίον ἐσθλὸν ἔχοιεν)"[38]. Esta razón común, la razón divina que se extiende en todas las cosas, es la ley común que los hombres, por su

---

los estoicos, el sabio debe seguir el modo de vida cínico: véase Diógenes Laercio, *Vidas* 7.121; Estobeo, 2.115.22 (*SVF* 3.638). Cf. Sellars (2007: 17).

35   Ateneo, *Banquete de los eruditos* 13.12 (*SVF* 1.263; BS 30.33). Sobre los antecedentes platónicos del concepto estoico de ὁμόνοια, cf. Boeri (2013: 197).

36   Sobre la infalibilidad del sabio, que siempre actúa bien, y las acciones virtuosas como el tipo superior de acciones correctas solo ejecutadas por el sabio (*katorthómena*), cf. Vander Waerdt (1994: 274-276; 287); véase Plutarco, *Contradicciones de los estoicos* 1037c-d; 1041a-b; Estobeo, 2.7.11g (*SVF* 1.216); etc.

37   Cf. Brown (2006: 552); Boeri (2013: 211). Así se explican algunos de los rasgos más radicales de esta *politeía*: la ausencia de tribunales, gimnasios o de la acuñación de moneda, la comunidad de mujeres, e incluso otros más escandalosos, como la admisión, en circunstancias particulares, del incesto o el canibalismo –elementos por los que el filósofo ha sido acusado de mantenerse muy próximo al anti-convencionalismo cínico–. Véase Diógenes Laercio, *Vidas* 7.131, 188; *SVF* 3.728; 743-753. Cf. Vander Waerdt (1994: 279).

38   Estobeo, *Eclogae* 1.1.12 (*SVF* 1.537).

                                                    Filón de Alejandría en clave contemporánea

parentesco con los dioses, también poseen y pueden conocer mediante el ejercicio de su racionalidad. De allí que el fin (τέλος) de la vida humana para los estoicos, la vida feliz, pueda formularse igualmente como el vivir de acuerdo a la naturaleza o a la razón.

Estas ideas ya bien establecidas en el estoicismo más temprano son las que derivan en la homologación cosmos-ciudad que encontramos elaborada en los testimonios y fragmentos de Crisipo: "el mundo es como una casa común de dioses y hombres o la ciudad de ambos, pues solo ellos viven de acuerdo al derecho (o la justicia: *ius*) y la ley mediante el uso de la razón" (*Est enim mundus quasi communis deorum atque hominum domus aut urbs utrorumque; soli enim ratione utentes iure ac lege vivunt*)[39]. A la comunidad política que Zenón postulaba entre los hombres (sabios) que participan de la razón/ley se añaden aquí los dioses, pues así como las ciudades cuentan con leyes, decretos y una constitución política, el mundo como un todo o sistema ordenado se rige por la ley racional, que comparten dioses y hombres –en cuanto seres dotados de razón– y que penetra la naturaleza entera y regula la relación entre sus partes[40]. En el mismo sentido, Filodemo transmite algunos de los contenidos del primer libro del tratado *Sobre la naturaleza* de Crisipo, entre ellos, la afirmación de que "el universo es uno para los sabios, que tiene como conciudadanos a dioses y seres humanos" (Τὸν κόσμον ἕνα τῶν φρονίμων, συνπολειτευόμενον θεοῖς καὶ ἀνθρώποις)[41]. El hecho de compartir una ciudad y ley convierte a hombres y dioses, entonces, en conciudadanos, aunque la aparente inclusión generalizada de todos los seres humanos resulta limitada por la mención de los sabios (φρόνιμοι)[42], pues la pertenencia ciudadana de los seres racionales se restringe a una clase especial de ellos. Por su parte, el testimonio de Ario Dídimo explica que, así como una ciudad puede considerarse tal en dos sentidos, como lugar de residencia y como organización de los habitantes y ciudadanos, el

---

39 Cicerón, *De Natura Deorum* 2.154 (*SVF* 2.1131; BS 30.28). Cf. Schofield (1999: 64-67) y Obbink (1999: 184-191) para la interpretación y atribución a Crisipo de la doxografía plasmada en este pasaje y en los de Filodemo y Ario Dídimo que tratamos a continuación.

40 La directa ligazón entre dios y naturaleza se asienta en el panteísmo estoico: la razón de dios se difunde por el universo entero, de allí que este sea concebido como un animal racional y como un dios. Cf. Boeri (2013: 187, n. 10).

41 Filodemo, *De pietate* 14-15 (*SVF* 2.636; BS 30.29). Para la interpretación de la frase Τὸν κόσμον ἕνα τῶν φρονίμων, cf. Schofield (1999: 74 y n. 19) y Obbink (1999: 185), quien ofrece una lectura y traducción del pasaje completo en el *Papiro de Herculano* 1248 col. 7.12-8.13 (pp. 184-185).

42 El término φρόνιμος se refiere también al sabio o prudente, en cuanto poseedor de sabiduría práctica.

universo –*i. e.*, el "sistema" (σύστημα) compuesto de cielo, tierra, aire, mar y las naturalezas contenidas en ellos– es el "lugar de residencia [o la casa] de dioses y hombres" (τὸ οἰκητήριον θεῶν καὶ ἀνθρώπων), donde estos conforman una sociedad: "hay comunidad entre ellos porque participan de la razón, que es la ley natural" (κοινωνίαν δ' ὑπάρχειν πρὸς ἀλλήλους διὰ τὸ λόγου μετέχειν, ὅς ἐστι φύσει νόμος)[43].

Como sostiene Obbink (1999: 186), estos pasajes muestran que la definición del cosmos como una ciudad no expresa un ideal a cumplirse en un futuro más o menos utópico, sino que describe el "sistema" del universo tal como es para los estoicos. De hecho, la inclusión de algunos de los pasajes más importantes de Crisipo en un tratado *Sobre la naturaleza* indica que las nociones relativas al cosmopolitismo, que podríamos calificar hoy como una teoría política, son inseparables de la física en el pensamiento estoico, vinculada también indisolublemente con la teología; de hecho, la teoría del cosmos-ciudad se integra sin duda en la teleología providencial estoica[44], que afirma el cuidado de los dioses hacia el mundo y los hombres, e incluso la divinidad del mundo mismo. Pero, por otra parte, los textos mencionados, especialmente el fragmento de Ario Dídimo, han puesto de manifiesto que el elemento nodal que sirve de nexo a la teoría de la ciudad cósmica es la ley. De hecho, uno de los aspectos más estudiados y debatidos en relación con el estoicismo antiguo es su concepción de la ley universal de la naturaleza, pues se ha ubicado allí el punto de partida para todas las elaboraciones posteriores sobre la ley natural y el iusnaturalismo. Una de las formulaciones más completas que muestra el recorrido de las conexiones que hemos ido señalando se halla en el libro *Sobre las leyes* de Cicerón. Luego de presentar la más corriente definición estoica de la ley como "la razón suprema implantada en la naturaleza que ordena lo que hay que hacer y prohíbe lo contrario" (*lex est ratio summa, insita in natura, quae iubet eaquae facienda sunt, prohibet que contraria*)[45], el filósofo romano desarrolla la argumentación siguiente: puesto que el hombre y la divinidad tienen en común la razón, que es el primer vínculo de sociedad entre ellos, comparten también la "recta razón" (*recta ratio*),

---

43   Ario Dídimo *ap.* Eusebio, *Praeparatio Evangelica* 15.15.

44   Obbink (1999: 186). Boeri (2009: 182-193) demuestra la conexión intrínseca entre la cosmología y la ética estoicas.

45   *De legibus* 1.18 (BS 30.3). Véase también Marciano, *Instituciones* 1 (*SVF* 3.314; BS 30.1); Cicerón, *De republica* 3.33 (*SVF* 3.325; BS 30.2); Estobeo, *Eclogae* 2.7.11d; etc.

y como ella es "ley", hombres y dioses poseen entonces "comunidad de ley" (*communio legis*) y "de derecho" (*communio iuris*). Quienes tienen en común estas cosas deben tener "una misma ciudadanía" (*ciuitatis eiusdem*); se concluye entonces que "este mundo en su totalidad ha de ser considerado una sola ciudad común a los dioses y los hombres" (*iam uniuersus sit hic mundus una ciuitas communis deorum atque hominum existimanda*)[46].

A pesar de la aparente universalidad de la referencia a hombres y dioses en estas formulaciones, debemos notar nuevamente la limitación de su alcance efectivo: no todos los humanos desarrollan su potencial racional. En efecto, dado que la ley es la "recta razón", tanto en la naturaleza como en la mente humana, no todos los seres racionales alcanzan el nivel de perfeccionamiento que requiere el acceso a ella: así, Cicerón afirma que la razón, "cuando se confirma y perfecciona en la mente del ser humano es ley" (*cum est in hominis mente confirmata et perfecta, lex est*, Cicerón, *De legibus* 1.18; *SVF* 3.315; BS 30.3), de modo que ella es "la mente y la razón del prudente" (*mens ratio que prudentis*, ibíd. 1.19; BS 30.3) o también "la razón y la inteligencia del sabio" (*ratio mens que sapientis*, ibíd. 2.8)[47]. En un pasaje de Ario Dídimo encontramos nuevamente la radical oposición entre los sabios (σοφοί) y los necios o viles (φαῦλοι), que no solo lleva a considerar únicamente a los primeros como "obedientes" (νόμιμοι) y "conocedores" de la ley (νομικοί), sino también a excluir a los segundos de la participación en la ciudadanía universal: "todo vil es un exiliado en la medida en que está privado de la ley y de la ciudadanía que le corresponde según la naturaleza" (<φυγάδα> πάντα <φαῦλον> εἶναι, καθ' ὅσον στέρεται νόμου καὶ πολιτείας κατὰ φύσιν ἐπιβαλλούσης)[48].

Esta limitación a los sabios está motivada por la propia definición de ley que mantienen los estoicos, pues si esta se identifica con la recta razón –y, en tal sentido, con la razón de dios que se extiende en la naturaleza– resulta que no se trata en ningún modo de un código de normas prescriptivas o prohibitivas que puedan ser válidas y aplicables de manera incondicional y sin excepciones. De hecho, los estoicos no aceptan la existencia de reglas no excepcionales: es decir,

---

46 Cicerón, *De legibus* 1.23 (BS 30.4); cf. también Marco Aurelio, *Meditaciones* 4.4 (BS 30.22).

47 Cf. también *De legibus* 2.11 (BS 30.5).

48 Ario Dídimo, *ap.* Estobeo 2.7.11d.33-40; 2.7.11i.27-33; .7.11i.59-60 (*SVF* 3.613-614; BS 30.16).

toda norma, por más justa que parezca en su enunciado general, puede resultar inadecuada en ciertas circunstancias. De allí que solo los sabios, que pueden determinar mediante su perfecto razonamiento el accionar correcto en cada caso particular, podrán vivir de acuerdo con la ley suprema. Por lo tanto, la ley natural que proponen los estoicos no sería concebida como un código normativo, sino como la disposición mental del sabio, que elegirá de manera infalible el mejor comportamiento en función de las circunstancias[49]. Ahora bien, si así se define la ley, ¿cómo se conecta tal concepción con las legislaciones particulares? Y si el cosmos es en sí mismo una ciudad, ¿cuál es el rol de todas las ciudades particulares? La respuesta en ambos casos es muy sencilla: las constituciones y códigos legales de las ciudades particulares solo reciben este nombre pero no son realmente leyes, como tampoco las ciudades son llamadas tales rectamente, pues la única ciudad verdadera es el cosmos. Así lo expresa Clemente de Alejandría en una definición que atribuye a los estoicos y que ha sido adjudicada a Crisipo: "el cosmos es en sentido propio una ciudad" (τὸν μὲν οὐρανὸν κυρίως πόλιν), mientras que las que están "en la tierra" (ἐπὶ γῆς), aunque sean llamadas así, no lo son (οὐκ εἶναι)[50]. Y hallamos la misma oposición en Cicerón con respecto a las leyes de los diversos pueblos: mientras que "vulgarmente" (*populariter*) se denomina ley "a la que por escrito sanciona lo que quiere, ya sea ordenando o prohibiendo", la que es en verdad ley es "aquella ley suprema que, para todos los siglos, nació antes que cualquier ley escrita y que cualquier ciudad constituida" (*illa summa lege capiamus exordium, quae, saeclis communis omnibus, ante nata est quam scripta lex ulla aut quam omnino ciuitas constituta*)[51]. En contraste, "las que de modo variado se describen por un tiempo para los pueblos tienen el nombre de ley más por un favor que de hecho" (*Quae sunt autem uarie et ad tempus descriptae populis, fauore magis quam re legum nomen tenent*)[52]. Y en otro lugar afirma Cicerón que la "verdadera ley" (*vera lex*) es la recta razón, de modo que no habrá una ley en Atenas y otra

---

49   Esta es la tesis defendida por Vander Waerdt (1994: 274-275; 286-289; 2003: 21-22, 27), Boeri (2013: 207-211) y Boeri y Salles (2012: 744), con quienes concordamos. En cambio, Schofield (1999: 70-73) entiende ley natural estoica como un conjunto valores o de normas sociales o comunitarias universalmente aceptadas, y Mitsis (2003: esp. 50 ss.) considera que es un código de normas de validez eterna y universal.

50   Clemente de Alejandría, *Stromata* 4.26.172.2; *SVF* 3.327. Véase también Dión Crisóstomo, *Orationes* 36.20 (*SVF* 3.329) y 36.22-23.

51   Cicerón, *De legibus* 1.19 (BS 30.3).

52   Cicerón, *De legibus* 2.11 (BS 30.5).

    Filón de Alejandría en clave contemporánea

en Roma, sino que "una única ley, eterna e inmutable, contendrá a todos los pueblos y en todo tiempo" (*omnes gentes et omni tempore una lex et sempiterna et immutabilis continebit*)[53].

Sin embargo, si estas ideas, como hemos notado a lo largo de nuestro recorrido, se van expandiendo o profundizando en el estoicismo temprano –Zenón, Cleantes, Crisipo– sin perder su general coincidencia y continuidad, en autores posteriores comenzamos a notar ciertos cambios de perspectiva o de énfasis. En primer lugar, debemos considerar una vez más a Cicerón, quien además de ofrecer inestimables testimonios sobre el pensamiento de los autores precedentes –algunos claramente identificables, otros atribuidos en forma explícita–, también elabora a partir de ellos sus propios argumentos y añade algunos elementos originales. Este es el motivo por el que el autor presenta también afirmaciones contradictorias con algunas de las ideas que transmite –y que hemos citado–. En primer lugar, por momentos junto a las teorías estoicas más tradicionales sobre el sabio como poseedor de la ley, Cicerón muestra una perspectiva menos restrictiva al postular, por ejemplo, que la razón es común a la totalidad de los seres humanos y aunque difiera en cuanto a sus aprendizajes, es igual en la facultad de aprender, de modo que "no hay nadie en pueblo alguno que tomando la naturaleza por guía no pueda llegar a la virtud" (*Nec est quis quam gentis ullius, qui ducem naturam nactus ad uirtutem peruenire non possit, De legibus* 1.30)[54]. Este cambio de perspectiva implica que la comunidad de todos los hombres deja de ser un ideal prácticamente inalcanzable –recordemos la rareza de los verdaderos sabios según el pensamiento estoico temprano[55]– para convertirse en una posibilidad más realista[56]. Pero este interés práctico de Cicerón se manifiesta sobre todo en la otra gran modificación que realiza sobre la teoría estoica al redefinir el concepto de "ley", que además de ser la razón de la naturaleza y la razón perfeccionada en la mente del sabio, es también definida como aquel código escrito

---

53   Cicerón, *De re publica* 3.33 (*SVF* 3.325; BS 30.2).

54   Cf. Baldry (1965: 196-198); Sellars (2007: 22). Véase también *De legibus* 1.27; 1.35. Como han señalado los investigadores, este cambio se debe muy probablemente a que Cicerón no sigue como fuentes a los estoicos tempranos sino a autores de lo que se ha denominado el "estoicismo medio" –Panecio, Posidonio, Antíoco–, quienes elaboraron un estoicismo ecléctico, en el que se incorporan muchos elementos platónicos. Cf. Sellars (2007: 20-24); Baldry (1965: 177-203).

55   Cf. Alejandro de Afrodisias, *De Fato* 199.14-22 (*SVF* 3.658; BS 26.35); Séneca, *Epistulae* 42.1; cf. Boeri y Salles (2012: 753-754).

56   Sellars (2007: 22): "the conception of a cosmic city embracing all humankind becomes a realistic possibility, whearas for Zeno it was merely a hypothetical ideal".

que responda a los "principios del derecho" (*iuris principia*, *De legibus* 1.18) contenidos en la ley universal, suprema y eterna. De modo que podrá llamarse con justeza "ley" a "la distinción entre lo justo y lo injusto expresada de acuerdo con aquella naturaleza antiquísima y primordial de todas las cosas a la que se conforman las leyes de los hombres que imponen el castigo a los malvados y defienden y protegen a los hombres buenos" (*iustorum iniustorumque distinctio, ad illam antiquissimam et rerum omnium principem expressa naturam, ad quam leges hominum diriguntur, quae supplicio improbos adficiunt, defendunt ac tuentur bonos*, *De legibus* 2.13). Por el contrario, el nombre no estará bien aplicado cuando refiera a leyes sancionadas en los pueblos para su daño y ruina (ibíd.). Dado que es posible promulgar una legislación acorde con la dispuesta en la naturaleza, Cicerón se aboca en los libros II y III del tratado *De legibus* a proponer unas leyes "que nunca sean derogadas" (*quae numquam abrogentur*) pues responden a aquella ley superior que "no se puede ni suprimir ni abrogar" (*neque tolli neque abrogari potest*, ibíd. 2.14). Por supuesto, las leyes que propone el autor romano tienen un aspecto muy cercano al de las leyes y costumbres de Roma y buscan ser acordes a la mejor forma de estado que el propio autor configuró en su tratado *Sobre la República*[57], pero lo que nos interesa resaltar de este viraje en la concepción de Cicerón es la orientación práctica y concreta, que se aparta de las idealizaciones precedentes[58]. En este sentido, si puede postularse un código escrito que responda a los estándares del derecho y la justicia radicados en la ley natural, resulta que los seres humanos ya no tendrán necesidad de alcanzar el ideal de sabiduría y virtud perfectas para poder vivir de acuerdo a esta ley, pues un código prescriptivo puede ser seguido por todos, inclusive, y muy especialmente, por los no sabios[59].

Esta ampliación de la participación en la ciudadanía universal a toda la humanidad será la actitud prevaleciente en el estoicismo más tardío. Así, el estoico romano Séneca, retomando la oposición entre la ciudad-cosmos y las ciudades particulares, afirma la pertenencia de todo ser humano a dos comunidades (*res publicas*): por un lado, la que nos es asignada por el accidente de nuestro nacimiento y, por otro, la que es grande y verdaderamente común (*magnam et vere*

---

57   Véase *De legibus* 1.20, 2.23, 3.12.

58   Según Baldry (1965: 177), en los autores más tardíos se observa "a movement, even among the philosophers themselves, away from high philosophical speculation in the direction of a more practical realism, linked with factual knowledge".

59   Cf. Sellars (2007: 23).

    Filón de Alejandría en clave contemporánea

publicam), "que abraza a dioses y hombres" (*qua dii atque homines continentur*) y en la que "los límites de nuestra ciudadanía se miden por el sol" (*términos civitatis nostrae cum sole metimur*)[60]. Si bien añade que algunos hombres se dedican a cultivar una u otra exclusivamente, mientras otros cuidan su pertenencia a ambas, la doble participación es extensiva a todos. De igual modo, Epicteto distingue dos ciudades, grande y pequeña, a las que cada hombre pertenece, puesto que, gracias a su razón, es "ciudadano del mundo" (πολίτης τοῦ κόσμου)[61]. Y Marco Aurelio, por su parte, luego de exponer la cadena de conceptos –inteligencia, razón, ley, ciudadanos– que lleva a considerar a los hombres como poseedores de una misma ciudadanía y al cosmos como una ciudad, pregunta: "¿pues de qué otra común ciudadanía se podría afirmar que participa todo el género humano?" (τίνος γὰρ ἄλλου φήσει τις τὸ τῶν ἀνθρώπων πᾶν γένος κοινοῦ πολιτεύματος μετέχειν; *Meditaciones* 4.4; BS 30.22). En este autor desaparece la alusión a la participación divina en la ciudadanía cósmica, pero sin duda se incluye en ella toda la humanidad[62].

Además de esta ampliación de la participación en la ciudad-cosmos, el estoicismo medio y tardío desarrolla y asigna mayor énfasis a las consecuencias morales que se derivan de la comunidad humana. En primer término, la sociedad existente entre los humanos implica que cualquier persona debe tener interés no solo por el bien propio, sino también común. Según Cicerón, de la concepción estoica del mundo como ciudad y Estado común de hombres y dioses se deduce como "consecuencia natural" (*natura consequi*) que "antepongamos la utilidad común a la nuestra" (*communem utilitatem nostrae anteponamus*) (*De finibus* 3.64; *SVF* 3.333; BS 30.45). Un concepto clave que sirvió de base para justificar esta idea y explicar el vínculo de solidaridad, incluso afecto, que se produce entre los humanos es el de οἰκείωσις, familiaridad o apropiación, que según Crisipo surge naturalmente en todo ser vivo y consiste en una tendencia a la auto-conservación –alejarse de lo dañino y acercarse a lo familiar– (Diógenes Laercio 7.85; *SVF* 3.178; BS 22.1). No es claro en las fuentes el proceso por el que este concepto se extiende desde la esfera personal para abarcar a la humanidad completa, pero este recorrido aparece ya completo en

---

60   Cf. Epicteto, *Discursos* 1.9.1-9 (BS 30.40).

61   Epicteto, *Eclogae* 2.10.3 (BS 30.24); 2.15.10-12 (BS 30.25); y véase también 1.9.4 (BS 30.40).

62   Véase además Marco Aurelio, *Meditaciones* 3.11.1; 6.44.2. Sobre los ideales cosmopolitas de Epicteto y Marco Aurelio y las diferencias entre ambos, cf. Stanton (1968: 183-195).

Cicerón[63]. Según su explicación en *De officiis* 1.11-12, junto al instinto natural de procreación del ser humano surge el de cuidar y brindar afecto a los hijos, y desde allí se extiende a la familia y también los demás conciudadanos, con los que busca reunirse y asociarse para obtener lo necesario para su propio bienestar y el de su familia. Pero en el mismo tratado el argumento se invierte y toma como punto de partida "los fundamentos naturales para la comunidad y sociedad humanas" (*naturae principia sint communitatis et societatis humanae*), es decir, la razón y el lenguaje, gracias a los cuales se origina la unión de todo el género humano (*universi generis humani*) en una comunidad natural (*naturali societate*) (*De officiis* 1.50)[64]. A partir de esta comunidad ilimitada se derivan los distintos "grados" (*gradus*) de sucesiva cercanía: la comunidad de estirpe, pueblo o lengua; la de la misma ciudad, la de los amigos y parientes, hasta concluir en el círculo más pequeño y estrecho, el del matrimonio y los hijos (*De officiis* 1.53). En esta gradación, Cicerón considera que es natural que el afecto y cuidado, así como los beneficios que podamos otorgar, sean mayores en los grados más cercanos[65], aunque, en clara sintonía con su identidad romana, afirma que ninguna comunidad es más querida que la república (*nulla carior quam ea, quae cum re publica est uni cuique nostrum*, ibíd. 1.57). En cambio, otra versión de esta sucesión de grados de comunidad ofrece Hierocles, al explicar que cada ser humano está rodeado de muchos círculos: en el centro está uno mismo, luego los padres, hermanos, esposa e hijos y, sucesivamente, los diversos niveles de parentesco, la tribu, la ciudad, la etnia y, "el más externo y el más amplio de los círculos, es el de todo el género humano" (ὁ δ' ἐξωτάτω καὶ μέγιστος περιέχων τε πάντας τοὺς κύκλους ὁ τοῦ παντὸς ἀνθρώπων γένους, Hierocles en Estobeo, 4.671.7-4.673.11; BS 22.20). En relación con la conducta y cuidado hacia cada uno de esos círculos, Hierocles opina que debemos intentar por nuestra propia iniciativa acortar la distancia entre ellos en un proceso de contracción que acerque los más lejanos al centro (ibíd.)[66]. De este modo, en el

---

63 Cf. Boeri y Salles (2012: 501); Baldry (1965: 182 ss.) atribuye a Panecio y Antíoco los pasos necesarios para esta transformación del concepto, que se habría realizado mediante su conjunción con la doctrina peripatética de la οἰκείοτης.

64 Véase también Cicerón, *De finibus* 5.65 (BS 22.10).

65 Cf. Cicerón, *De amicitia* 19-20; Baldry (1965: 200). Brown (2006: 555) califica este cosmopolitismo como "moderado" (véase *supra* nota 8).

66 Junto a este argumento, surge otro asentado sobre la relación entre el todo y sus partes. Si el mundo es uno y la humanidad conforma una única comunidad, cada uno de sus integrantes —como miembros de un mismo organismo vivo— debe contribuir al bien del

    Filón de Alejandría en clave contemporánea

estoicismo medio y tardío el ideal cosmopolita alcanza su nivel más amplio de universalismo, mediante la apertura de la ciudadanía del mundo a todos los seres humanos y la preocupación por el beneficio del conjunto. Veremos en el próximo apartado la relación de Filón con estas ideas y los elementos originales que aporta el autor judío.

La Ley y el ciudadano del mundo en Filón de Alejandría

Si descontamos la tardía atribución del término κοσμοπολίτης al cínico Diógenes, la fuente más antigua en que se registra este concepto es la obra de Filón de Alejandría. De hecho, las únicas instancias en que el vocablo es adjudicado a un autor estoico, Crisipo, en la compilación de fragmentos estoicos de Von Arnim, *Stoicorum Veterum Fragmenta*, se trata de fragmentos de Filón, quien, sin embargo, no solo no cita a ningún autor estoico en dichos pasajes, sino que en ningún momento de su obra se preocupa por transmitir sus ideas, sino que, en todo caso, las utiliza libremente para sus propias formulaciones[67]. El término es utilizado en diversos contextos en los escritos filónicos, que aportan elementos y matices para la interpretación de su sentido, pero la relevancia del concepto se percibe desde la lectura de los primeros párrafos del tratado *La creación del mundo según Moisés*. Este texto, de hecho, además de ser uno de los más conocidos y comentados de Filón desde la Antigüedad hasta el presente, posee una especial gravitación en su obra puesto que, por ser el único lugar en que interpreta el primer capítulo del *Génesis*, no solo funciona como apertura de la serie *Exposición de la Ley* sino que puede considerarse como el "comienzo lógico" de toda su empresa exegética[68]. El primer aspecto de la Ley mosaica que Filón debe explicar en este tratado es el motivo por el que esta comienza por el relato de la creación del mundo[69]:

---

conjunto. Cf. Epicteto, *Discursos* 2.10-1-6 (BS 30.24). De allí se deriva la idea de que todo ser humano debe intentar beneficiar a otros y al conjunto. Cicerón, *De officiis* 3.20-24 (BS 30.10); *De finibus* 3.64-67 (BS 30-45). Véase también Séneca, *De beneficiis* 3.22.1-4; 3.28.1-3 (BS 30.36 y 30-37; *SVF* 3.351, 349); Estobeo, *Eclogae* 2.101.21-102.3 (BS 30.35).

67   Los pasajes son *Opif.* 3 y 142-143 (*SVF* 3.336-337). Cf. Chin (2016: 134); sobre el uso filoniano del vocabulario estoico en *Opif.* 3, cf. Long (2008a: 138-139).

68   En términos de Martín (2009: 25). En efecto, las otras dos series en que se organiza la exégesis bíblica filoniana, el *Comentario alegórico* y las *Cuestiones sobre el Génesis y sobre el Éxodo*, comienzan ambas a partir de Gn 2.

69   Para Filón el término νόμος, cuando se refiere a la Ley mosaica, comprende todo el Pentateuco pues se usa como traducción del hebreo Torá, de manera que incluye, además de leyes, relatos, genealogías, poesía, etc. Cf. Cohen (2002: 33-34) y Reinhartz (1986: 345).

ἡ δ᾽ ἀρχή, καθάπερ ἔφην, ἐστὶ θαυμασιωτάτη κοσμοποιίαν περιέχουσα, ὡς καὶ τοῦ κόσμου τῷ νόμῳ καὶ τοῦ νόμου τῷ κόσμῳ συνάδοντος καὶ τοῦ νομίμου ἀνδρὸς εὐθὺς ὄντος κοσμοπολίτου πρὸς τὸ βούλημα τῆς φύσεως τὰς πράξεις ἀπευθύνοντος, καθ᾽ ἣν καὶ ὁ σύμπας κόσμος διοικεῖται.

El comienzo, como decía, es sumamente admirable, pues comprende la Creación, en razón de que el mundo se conforma a la Ley y la Ley al mundo, y el hombre que respeta la Ley es directamente un ciudadano del mundo (κοσμοπολίτης) que ajusta sus acciones a la voluntad de la naturaleza, según la cual se gobierna también el mundo entero (*Opif.* 3).

Encontramos aquí una de las primeras definiciones antiguas del κοσμοπολίτης: el "ciudadano del mundo" es aquel que respeta la Ley y ajusta así sus acciones a la voluntad de la naturaleza. Sin embargo, aunque parece una idea clara, expresada en forma simple y concisa, al revisarla con atención surgen una serie de preguntas difíciles de resolver y que no obtienen una respuesta sencilla en los textos filonianos. ¿Qué ley debe respetar el ciudadano del mundo? ¿Sólo los judíos que conocen y respetan la Ley mosaica son ciudadanos del mundo? ¿Es posible ajustar el comportamiento directamente, sin intermediación mosaica, a la voluntad de la naturaleza que gobierna al mundo? ¿Son ambas lo mismo? En definitiva, dos elementos pueden destacarse de este conjunto de interrogantes. Por un lado, debemos indagar si el cosmopolitismo de Filón es verdaderamente universalista, es decir, se interesa por incluir a la humanidad completa, o bien distingue a un grupo particular como únicos miembros de la ciudadanía universal. Por otro lado, en caso de que alcance potencialmente a toda la humanidad, conviene investigar cuáles son los requisitos o modos de participación en la comunidad universal, es decir, debemos determinar si la ciudadanía del mundo es inherente y abierta a todos los seres humanos sin discriminación, o bien exige para su adquisición el cumplimiento de ciertas condiciones.

Dos nuevas apariciones del término κοσμοπολίτης en el mismo tratado ofrecen algunos elementos más en relación con estas cuestiones. Luego de establecer el vínculo existente entre la Ley mosaica y el mundo, Filón interpreta el sentido profundo de los siete días de la Creación hasta la formación del hombre y explica que Adán, el primer ser humano, fue también "el único ciudadano del mundo" (μόνος κοσμοπολίτης) pues este era para él su "casa" (οἶκος), "ciudad" (πόλις) y "patria" (πατρίς) (*Opif.* 142). En continuidad con

     Filón de Alejandría en clave contemporánea

esta metáfora, afirma Filón que, "como toda ciudad bien ordenada tiene una constitución, correspondía necesariamente al ciudadano del mundo usar la constitución que también <seguía> el mundo entero" (ἐπεὶ δὲ πᾶσα πόλις εὔνομος ἔχει πολιτείαν, ἀναγκαίως συνέβαινε τῷ κοσμοπολίτῃ χρῆσθαι πολιτείᾳ ᾗ καὶ σύμπας ὁ κόσμος). Tal constitución es "la recta razón de la naturaleza", que puede llamarse también θεσμός, el término griego que designa las leyes establecidas por la divinidad[70], dado que es efectivamente una "ley divina" (νόμος θεῖος). Por lo tanto, quienes siguen esta regulación –el primer hombre, junto al que Filón incluye aquí habitantes anteriores, naturalezas incorpóreas y racionales– son "ciudadanos de la gran ciudad" (μεγαλοπολῖται) y están inscriptos "en la comunidad cívica más grande y más perfecta" (τῷ μεγίστῳ καὶ τελειοτάτῳ πολιτεύματι ἐγγραφέντες) (*Opif.* 143).

Vemos en estos pasajes dos concepciones distintas del ciudadano del mundo: en un caso, *Opif.* 3, se trata de aquel que respeta la Ley inscrita en los libros mosaicos; en otro, *Opif.* 142-143, el ciudadano universal se rige directamente –gracias al uso de su razón– por la "constitución del mundo" que coincide con la razón de la naturaleza y que es una ley divina. Para aclarar estas dos ideas que a primera vista parecen contradictorias es necesario detenernos en la concepción de la Ley que diseña Filón, pues, al igual que para los filósofos estoicos, en su pensamiento la definición de una ciudadanía o comunidad universal se apoya sobre la idea de una ley natural que regula el funcionamiento del mundo y que por tanto es de carácter universal.

En el tratado que comentamos, Filón despliega su explicación del relato de la Creación en el *Génesis* mediante una analogía con la fundación de una ciudad, de modo que los roles o acciones divinas pueden así compararse con las tres instancias necesarias para llevar a cabo tal empresa: la iniciativa de un "rey" (βασιλεύς) o "soberano" (ἡγεμών), la planificación o diagramación de un "arquitecto" (ἀνὴρ ἀρχιτεκτονικός) que imagina en su mente la "ciudad ideal" (νοητὴ πόλις) y la posterior construcción material que realiza el "artesano" (δημιουργός) a partir de ese modelo o paradigma (εἰς τὸ παράδειγμα) (*Opif.* 17-18). Esta imagen tiene como finalidad introducir la concepción filoniana de la creación divina, que comienza en

---

70   Sobre la dificultad de distinguir el sentido de este término respecto de νόμος en Filón, cf. Martens (2003: 131-149). Horsley (1978: 41) considera el uso de θεσμός indicativo de una influencia platónica dentro de la concepción estoica que despliega aquí Filón.

el día uno por el mundo de las ideas y luego modela la materia para dar forma al mundo generado:

> τὰ παραπλήσια δὴ καὶ περὶ θεοῦ δοξαστέον, ὡς ἄρα τὴν μεγαλόπολιν κτίζειν διανοηθεὶς ἐνενόησε πρότερον τοὺς τύπους αὐτῆς, ἐξ ὧν κόσμον νοητὸν συστησάμενος ἀπετέλει καὶ τὸν αἰσθητὸν παραδείγματι χρώμενος ἐκείνῳ

> Algo semejante, en efecto, hay que pensar acerca de Dios, que cuando se dispuso a fundar la gran ciudad, concibió primero sus matrices, a partir de las que compuso el mundo inteligible y también el sensible utilizando a aquel como modelo (*Opif.* 19).

La terminología empleada en estos pasajes evidencia la influencia platónica, sobre la cual Filón asienta su concepción del "mundo inteligible" (κόσμον νοητόν), noción que estaba apuntada pero no llegó a ser formulada en estos términos por el propio Platón[71]. La figura del arquitecto que da forma en su razonamiento a la ciudad inteligible es la que permite a Filón homologar la razón de Dios (θεοῦ λόγος) con el mundo inteligible (*Opif.* 20 y 24). Pero así como toda ciudad necesita un plan o modelo previo a su plasmación material, una vez creada requiere además una regulación que establezca sus normas de funcionamiento y organización. Este papel ordenador es también atribuido por Filón a la razón de Dios que, en cuanto mantiene el orden del universo y asigna lo que corresponde a cada parte, se identifica con la noción estoica de la razón –o la recta razón– de la naturaleza (τῆς φύσεως ὀρθός λόγος) y, por lo tanto, también con la ley natural. Estas ideas son las que ya hemos visto aparecer en el pasaje sobre el primer hombre de la Creación, que vivía según la ley o, en terminología más propia de Filón, la "constitución" (πολιτεία) del mundo (*Opif.* 142-143), pero se expresan en muchos lugares de la obra filónica. Uno de los más explícitos y claros al respecto se encuentra en otro escrito correspondiente a la serie de *Exposición de la Ley*, el tratado *Sobre José*, que interpreta a este patriarca como representante paradigmático del hombre político. En relación con el significado alegórico de su nombre, "adición del Señor", Filón afirma que, puesto que el mundo es una "gran ciudad" (μεγαλόπολις), tiene "una sola constitución y una única ley, que es la razón de la naturaleza" (καὶ μιᾷ χρῆται πολιτείᾳ καὶ νόμῳ ἑνί· λόγος δέ ἐστι φύσεως), definida

---

71   Cf. Runia (1986: 162; 165-169; 2003: esp. 94), quien analiza la influencia platónica en este pasaje de *Opif.* y destaca que Filón es el primer autor en que se registra el concepto del κόσμος νοητός.

 Filón de Alejandría en clave contemporánea

en estrictos términos estoicos[72] como aquella "que dirige lo que es necesario hacer y prohíbe lo que no ha de hacerse" (προστακτικὸς μὲν ὧν πρακτέον, ἀπαγορευτικὸς δὲ ὧν οὐ ποιητέον) (*Jos.* 29). En consecuencia, los gobiernos locales y las leyes de las ciudades son adiciones al "gobierno único de la naturaleza" (πολιτεῖαι μιᾶς τῆς κατὰ τὴν φύσιν) y a "las leyes de la recta razón de la naturaleza" (νόμοι τοῦ τῆς φύσεως ὀρθοῦ λόγου) (*Jos.* 31).

Esta doble interpretación del *lógos* o razón divina –identificada, por un lado, al modo platónico, con el mundo inteligible del que el universo creado es copia y, por otro, al modo estoico, con la ley de la naturaleza que regula el funcionamiento del cosmos– tiene su correlato en la doble exégesis de la creación del hombre, de la que se deriva la posibilidad del primer humano –y de todos sus sucesores– de vivir de acuerdo a tal ley divina. En efecto, Filón interpreta los dos relatos de la creación del hombre en el *Génesis* a partir de las nociones filosóficas que le ofrecen estas dos escuelas griegas. Así, Gn 1, 26 narra la creación del hombre a imagen y semejanza de Dios, de allí su interpretación en términos de la relación platónica entre modelo y copia o imagen: el alma racional del ser humano es una "imagen" (εἰκών) del *lógos* divino (*Opif.* 69). En cambio, Gn 2, 7 relata la creación del hombre moldeado que recibe el soplo del "hálito" (πνεῦμα) divino, de modo que Filón la entiende a partir de categorías estoicas: el ser humano contiene un "fragmento" (ἀπόσπασμα) del *lógos* de Dios (*Opif.* 146)[73]. Ambas nociones muestran, en cualquier caso, que el ser humano está emparentado con el Creador y participa de la razón divina que creó y dirige el mundo de modo que, por el ejercicio de la propia racionalidad inherente en él, puede acceder al conocimiento de esa razón que es ley divina y natural del cosmos, tal como sucedía en el caso de Adán.

Pero, si el acceso a la ley natural es posible a través de la razón humana, ¿qué rol desempeña la Ley mosaica y cómo se vincula con la ley universal que rige el cosmos? Si el pasaje de *Opif.* 3 ya era indicativo del vínculo indisoluble que las une y, más aún, de la absoluta conformidad entre una y otra, la más explícita afirmación de la identidad existente entre ambas se encuentra en la sección de *Vida de Moisés* que presenta su actividad legislativa. Allí Filón explica una vez más que Moisés inicia la legislación con el relato de la creación con el fin de demostrar que "el mismo que es padre (πατέρα) y creador

---

72   Véase *supra* nota 45.
73   Cf. Wolfson (1962 I: 393-395).

(ποιητὴν) del mundo es también su legislador (νομοθέτην)" y que "quien sigue estas leyes se adhiere a la conformidad con la naturaleza y vive según el ordenamiento del universo" (τὸν χρησόμενον τοῖς νόμοις ἀκολουθίαν φύσεως ἀσπασόμενον καὶ βιωσόμενον κατὰ τὴν τοῦ ὅλου διάταξιν) (*Mos.* 2.48). Y más adelante añade que Moisés "introdujo la génesis de la gran ciudad" (τῆς μεγαλοπόλεως τὴν γένεσιν) porque pensaba que "las leyes son la imagen más fiel de la constitución del mundo" (τοὺς νόμους ἐμφερεστάτην εἰκόνα τῆς τοῦ κόσμου πολιτείας) (*Mos.* 2.51), de modo que se orientan hacia "la armonía del universo" (τῆς τοῦ παντὸς ἁρμονίας) y "concuerdan con la razón de la eterna naturaleza" (τῷ λόγῳ τῆς ἀιδίου φύσεως συνᾳδούσας) (*Mos.* 2.52). En este pasaje hallamos nuevamente la terminología estoica relativa a la razón y la ley que se ajustan al orden de la naturaleza en combinación con una noción platónica que es de suma relevancia para la comprensión filoniana de la Ley mosaica: esta se constituye en "imagen" o "copia" (εἰκών) de la que se manifiesta en el orden del cosmos y la naturaleza, de aquella razón divina o, en términos filónicos, "constitución del mundo" (τῆς τοῦ κόσμου πολιτείας)[74]. La idea de que la Ley revelada por Dios a Moisés y que él registró por escrito es una copia de la ley que regula el orden natural pues ambas proceden del mismo Dios creador implica por primera vez que existe una legislación escrita –única por su procedencia– que coincide plenamente con la ley inherente en la naturaleza y que por lo tanto posee validez universal.

De tal modo, los dos sentidos del término κοσμοπολίτης que hallamos en el tratado *La creación del mundo según Moisés* muestran estas dos posibles formas de conocer la única ley universal: mediante la contemplación del cosmos y el reconocimiento racional de las leyes que lo regulan, o a través de la Ley inscrita en los libros mosaicos. La primera de estas vías no solo fue accesible a Adán. En efecto, el relato genealógico que ocupa la segunda sección del Pentateuco, según la interpretación filónica de su estructura[75], contiene otros ejemplos de hombres virtuosos que vivieron según los mandatos de la ley divina antes de que Moisés la diera a conocer por escrito, pues accedieron a ella mediante la contemplación racional de la naturaleza. En efecto,

---

74   Sobre el uso de la terminología platónica de modelo/copia para establecer la identidad entre Ley natural y Ley mosaica, cf. Nikiprowetzky (1977: esp. 122), quien niega que Filón considere la copia inferior al modelo, dada la perfección del Creador, autor de ambos.

75   Véase *Praem.* 1-3; *Mos.* 2.46-47. Cf. Martín (2009 *OCFA* I: 33-36).

          Filón de Alejandría en clave contemporánea

los Patriarcas, y en especial el primer ancestro de los judíos, Abraham, siguieron tan fielmente la ley natural que llegaron a convertirse ellos mismos en "arquetipos" (ἀρχέτυποι, *Abr.* 3) y "leyes vivientes y racionales" (ἔμψυχοι καὶ λογικοὶ νόμοι, *Abr.* 5) dignas de imitación. Idéntica designación recibe el propio Moisés (*Mos.* 1.162), quien antes de convertirse en legislador, era ya con todo derecho un "ciudadano del mundo" (*Mos.* 1.157; *Conf.* 106). Vemos así, como han argumentado Najman (1999: 60-71) y Martens (2003: 112-113; 122-130), que estas distintas instancias en que se manifiesta una misma y única ley sirven a Filón para unificar y abarcar como meras formas de expresión de la Ley mosaica todos los conceptos filosóficos griegos sobre la ley superior: la ley natural inherente y manifiesta en la naturaleza, la ley viviente o encarnada en las vidas de reyes u hombres sabios y, por supuesto, la ley o mandato divino (θεσμός)[76].

Como podemos percibir a partir de lo dicho hasta aquí, la concepción filoniana de la Ley es imprescindible para comprender su cosmopolitismo. Sin embargo, las dificultades surgen justamente de esa dinámica noción de la Ley. Por un lado, hay dos vías de acceso a la ciudadanía universal: por el propio ejercicio racional que permite conocer la ley a través de la naturaleza o por la adopción de la legislación mosaica. Por otro, no resulta claro qué tan universal es el alcance de esta ciudadanía cosmopolita. La Ley mosaica, en cuanto texto revelado a una nación particular, no es conocida por todos los hombres, pero en cuanto está destinada a la humanidad completa por su Creador y se erige en la única que representa el ordenamiento natural del mundo, aspira a la universalidad. Por su parte, en lo que respecta a la Ley natural, en todos los tiempos hay quienes, como los Patriarcas, logran reconocerla y adaptarse a sus normas sin necesidad de ningún código escrito que los guíe; sin embargo, debemos preguntarnos si, en opinión de Filón, cualquiera de los que se consideran filósofos y sabios en su mundo contemporáneo, aún si no pertenecen a la nación judía ni adoptan la legislación mosaica, alcanza el estatuto de κοσμοπολίτης.

Empecemos por esta segunda cuestión: en ciertos pasajes Filón parece admitir que los sabios, sin importar su origen o cultura de pertenencia, pueden apropiarse por sí mismos de la ley inscrita en la naturaleza y convertirse así en ciudadanos del mundo. Uno de

---

76   Martín (2009b *OCFA* II: 91, n. 11) considera que se produce una "jerarquía de reflejos": el Logos, la Naturaleza, la ley viviente en Moisés y los Patriarcas, la Ley escrita o Torá. Cf. Nikiprowetzky (1977: 117-131).

los pasajes más elocuentes a este respecto se encuentra en el tratado *Las leyes particulares* 2.42-45, en la sección en que Filón explica las leyes sobre las fiestas y establece en el primer lugar del calendario la fiesta de cada día, que es celebrada por todos los sabios y virtuosos, que "siguen a la naturaleza y sus requerimientos" (ἑπομένων τῇ φύσει καὶ τοῖς ταύτης διατάγμασι, *Spec.* 2.42). Se trata de todos aquellos que "entre los griegos y entre los bárbaros" (ὅσοι γὰρ ἢ παρ' Ἕλλησιν ἢ παρὰ βαρβάροις) practican la sabiduría y llevan una vida irreprochable gracias a que son "excelentes investigadores de la naturaleza" (θεωροὶ τῆς φύσεως [...] ἄριστοι). De tal modo, llegan a ser "ciudadanos del mundo" (κοσμοπολῖται) y consideran que "el mundo es una ciudad" (κόσμον [...] εἶναι πόλιν) cuyos habitantes son "los que cultivan la sabiduría, inscritos por la virtud, a la que se ha confiado presidir la comunidad universal" (πολίτας δὲ τοὺς σοφίας ὁμιλητάς, ἀρετῆς ἐγγραφούσης, ᾗ πεπίστευται τὸ κοινὸν πολίτευμα πρυτανεύειν, *Spec.* 2.45).

La explícita mención del origen étnico distinto del judío para estos sabios parece indicar que la ciudadanía universal está abierta a toda persona que cultive una vida filosófica y virtuosa. Sin embargo, al desarrollar las actividades de estos "investigadores de la naturaleza", Filón se apropia de la imagen platónica de las almas provistas de alas que, elevadas en el aire, pueden contemplar las realidades inteligibles, pero él las llama aquí "las potencias" (τὰς δυνάμεις). Si bien, como indica Alesso (2011: 14), este concepto se relaciona en el pensamiento de Filón con la noción de las formas o ideas en el mundo inteligible, no podemos olvidar que para Filón el mundo inteligible coincide con la razón de Dios y, más aún, que las potencias son justamente las formas de manifestación de la acción de Dios sobre el mundo[77]. En consecuencia, estos sabios que contemplan la naturaleza llegan a través de ella al conocimiento de las potencias divinas y, en última instancia, a la concepción de Dios[78]. De hecho, en muchos pasajes Filón despliega las sucesivas etapas que van del conocimiento del mundo natural hasta la noción y reconocimiento de la existencia de

---

77 Sobre las potencias en el pensamiento filoniano, cf. Termini (2000).

78 Véase también *Prob.* 62. Martens (2003: 113-116) analiza estos pasajes y se pregunta si los griegos y bárbaros que siguen la ley natural por su propio raciocinio siguen también la Ley mosaica. Concluye: "This indicates that the virtuous Gentile can indeed follow the law of nature, and even the law of Moses. If Philo does not intend to say that the virtuous Gentile somehow follows the law of Moses, the way to superfluity of the Mosaic law is a real possibility" (p. 116). Filón, en cambio, defiende la necesidad de cumplir literalmente los mandatos bíblicos, véase *Migr.* 90-93; *Praem.* 79-82.

Dios[79]. Si en el pasaje de *Las leyes particulares* ello no es tan claramente explicitado, en otros lugares encontramos la misma vinculación entre el ciudadano del mundo, la sabiduría o virtud, y el conocimiento de Dios. Así, en *QG* 3.39 se interpreta a Abraham como el sabio que demuestra que "el virtuoso es ciudadano del mundo" y se establece la conexión con las dos potencias de Dios, divina y real, que son sus guardianes o supervisores.

Por otra parte, en otros pasajes no es la mera concepción de la existencia de Dios, sino su honra o amistad –y, por ende, su reconocimiento a través de ciertas las prácticas cultuales y creencias religiosas– las que aparecen directamente vinculadas con la ciudadanía universal. En *La migración de Abraham*, se equipara "el sabio" al "ciudadano del mundo" (ὁ κοσμοπολίτης σοφός), pero se lo define como el que tiende a "no separarse nunca del Dios máximo" (τοῦ μὴ διαζευχθῆναι θεοῦ τοῦ μεγίστου) (*Migr.* 58) e incluso se lo identifica con "el gran pueblo, el que se aproxima a Dios o al que Dios se aproxima" (τοῦ μεγάλου λεώ, τὸ τῷ θεῷ συνεγγίζειν ἢ "ᾧ θεὸς συνεγγίζει", *Migr.* 59). Igualmente, en *Sobre los sueños* 1.243 se afirma que "las almas que aman a dios (θεοφιλεῖς)" son "ciudadanas del mundo" (κοσμοπολῖται)[80]. En todo caso, debemos tener en cuenta que los tratados citados en los últimos ejemplos provienen todos del *Comentario alegórico*, una serie destinada muy probablemente a lectores judíos y que por lo tanto no necesitaba considerar otros posibles integrantes de la comunidad universal. En cambio, en la *Exposición de la Ley*, dirigida a una audiencia mucho más amplia, Filón deja lugar a interpretar de una forma más flexible la adquisición de la ciudadanía universal. No obstante, si tenemos en cuenta que esta serie –en la que se incluyen los pasajes comentados de *Opif.*, *Ios.*, y *Spec.* 2– se dedica justamente a presentar en una forma sintética y orgánica la Ley mosaica a judíos y no judíos, debemos ser cuidadosos al intentar interpretar el sentido exacto de las expresiones cosmopolitas que allí se encuentran. Y si es así en relación con la que podríamos denominar vía filosófica o natural para el conocimiento de la Ley, ello resulta mucho más necesario cuando se trata de la Ley escrita.

---

79   Véase *Abr.* 60-61 y 73-75; *Decal.* 81; *Spec.* 1.17-20; 34-35; etc.

80   Véase también *Somn.* 1.39, donde se contraponen los μικροπολῖται (ciudadanos de la pequeña ciudad) con quienes "están adscritos a una patria más grande, este mundo" (οἱ δὲ δὴ μείζονι ἐγγραφέντες πατρίδι, τῷδε τῷ κόσμῳ), que tienen más perfectos pensamientos e interpretan el sentido alegórico de la legislación.

En efecto, la postulación de un código escrito que reproduce en forma fiel y exacta la ley natural y divina puede considerarse un enfoque inclusivo y tendiente a un verdadero universalismo, en cuanto respetar un conjunto de mandatos y prohibiciones concretos resulta mucho más accesible al común de los seres humanos que convertirse en filósofos que alcancen el grado más alto de la sabiduría y la virtud a través del cultivo de la propia racionalidad. Sin embargo, ¿qué sucede con quienes, sin ser filósofos, tampoco se rigen por tal legislación? Puesto que la Ley mosaica es una ley particular otorgada por Dios al pueblo judío, resulta que los otros pueblos y culturas, gobernados por leyes distintas y variadas, no pueden considerarse integrantes de la comunidad universal conformada alrededor de esa única Ley. Sin embargo, esa legislación –idéntica a la ley de la naturaleza– tiene vocación universal y, de hecho, Filón considera que fue entregada a los hebreos pero con el fin de servir a la humanidad completa[81]. Por lo tanto, así como cualquier filósofo puede reconocer y honrar la ley natural por su propio raciocinio, también quien reconozca el valor y excelencia de la Ley mosaica, puede adoptar sus normas.

Estas ideas se expresan con la mayor claridad en el pasaje de *Vida de Moisés* en que Filón celebra fervorosamente la traducción de las Escrituras a la lengua griega en la versión de los Setenta o *Septuaginta* (*Mos.* 2.8-52). El carácter milagroso de esta traducción demuestra, para el alejandrino, el auspicio divino con que contaba la empresa y no solo la marca como si fuese casi un nuevo original, sino que indica la voluntad divina de que todos los hombres puedan conocer y disfrutar de estas leyes: Dios aceptó la obra, afirma Filón, "para que la mayor parte y aun la totalidad del género humano fuera beneficiada por el acceso a normas filosóficas y excelentísimas para alcanzar la rectitud de la vida" (ἵνα τὸ πλεῖστον ἢ καὶ τὸ σύμπαν γένος ἀνθρώπων ὠφεληθῇ χρησόμενον εἰς ἐπανόρθωσιν βίου φιλοσόφοις καὶ παγκάλοις διατάγμασι, *Mos.* 2.36). Es por eso que todos los años en la isla de Faros, "no solo judíos sino también muchísimos otros" (οὐκ Ἰουδαῖοι μόνον ἀλλὰ καὶ παμπληθεῖς ἕτεροι) celebran este evento para "agradecer a Dios este beneficio antiguo y siempre renovado" (παλαιᾶς ἕνεκεν εὐεργεσίας ἀεὶ νεαζούσης εὐχαριστήσοντες τῷ θεῷ) (*Mos.* 2.41). Y, de hecho, si ya esta celebración es indicativa de la admiración y respeto que suscitan las leyes mosaicas entre las demás naciones, Filón espera que cuando la situación de su comunidad –por

---

81   Cf. *Spec.* 1.320-323; cf. Borgen (1998: 67).

    Filón de Alejandría en clave contemporánea

el momento sometida políticamente y dispersa en la diáspora– se eleve a una mayor prosperidad, su brillo será tal que todas las demás naciones, reconociendo la superior bondad y justicia de estas leyes, abandonen las propias para adoptarlas:

εἰ δὲ γένοιτό τις ἀφορμὴ πρὸς τὸ λαμπρότερον, πόσην εἰκὸς ἐπίδοσιν γενήσεσθαι; καταλιπόντας ἂν οἶμαι τὰ ἴδια καὶ πολλὰ χαίρειν φράσαντας τοῖς πατρίοις ἑκάστους μεταβαλεῖν ἐπὶ τὴν τούτων μόνων τιμήν· εὐτυχίᾳ γὰρ τοῦ ἔθνους οἱ νόμοι συναναλάμψαντες ἀμαυρώσουσι τοὺς ἄλλους καθάπερ ἀνατείλας ἥλιος τοὺς ἀστέρας.

Pero si surgiera un impulso hacia un mayor esplendor, ¡qué gran progreso podría producirse! Pienso que los otros pueblos abandonarán cada uno sus costumbres propias y dirán grandes adioses a sus leyes ancestrales, para cambiar a la honra de estas únicamente. Porque las leyes, en momentos de prosperidad para la nación, brillarán hasta oscurecer a las demás, tal como el sol naciente oscurece las estrellas (*Mos.* 2.44).

La validez universal de la legislación mosaica no solo implica que las leyes de los demás pueblos son innecesarias e incluso nocivas[82], en cuanto se distancian inevitablemente, en mayor o menor medida, de la Ley natural, sino que supone también que las naciones que quieran seguir esa ley natural establecida por el Creador pueden adoptar el código inscrito en los libros bíblicos. Si aquí Filón parece pensar en la posibilidad de una adhesión generalizada o colectiva a la constitución de Moisés, en otros lugares se expresa con gran énfasis la aceptación en el seno de la comunidad mosaica de todos aquellos particulares que deseen convertirse en prosélitos. Estas personas, afirma el alejandrino, "han ingresado a una ciudadanía nueva y amante de Dios" (τοῦ προσεληλυθέναι καινῇ καὶ φιλοθέῳ πολιτείᾳ, *Spec.* 3.51) y obtienen como premio de su conversión hacia la virtud y la justicia "la participación en la más excelente comunidad ciudadana" (πολιτείας κοινωνίαν τῆς ἀρίστης, *Virt.* 175)[83].

Si estas expresiones de apertura a los prosélitos se encuentran en tratados de la *Exposición de la Ley*, ello resulta coherente con la orientación general de esta serie y en especial con el tratamiento legislativo que Filón despliega en el núcleo propiamente legal de la serie, los

---

82   Cf. *Jos.* 30.

83   Cf. *Spec.* 1.51-53; *Virt.* 102-104; 175; 182; *Praem.* 152. Sobre los prosélitos en Filón, cf. Borgen (1997: 208-216; 1998); Birnbaum (2007: 195-219); Pérez (2019).

tratados *Sobre el decálogo* y *Las leyes particulares*. La interpretación de las leyes bíblicas que Filón expone a través del análisis sistemático de los diez mandamientos y las leyes especiales incluidas bajo la órbita de cada uno de ellos busca mostrar tanto a judíos como a no judíos la superioridad moral de la legislación bíblica sobre cualquier otro código legal conocido por los hombres y, al mismo tiempo, la validez universal de las leyes que conducen a la mejor forma de vida en comunidad para cualquier sociedad humana. En el escrito que abre el grupo, *Sobre el decálogo*, ya se manifiesta el interés del mensaje mosaico por abarcar a todos. Así, en relación con los dos primeros mandamientos bíblicos (no adorar a otros dioses y no deificar elementos naturales o inanimados), luego de criticar el "error politeísta" de los otros pueblos, Filón expresa que las leyes llaman a honrar al único Dios "con la intención de conducir al género humano" (βουλόμενος δὲ τὸ γένος τῶν ἀνθρώπων ... ἄγειν), que se extravía fácilmente, "para que siguiendo a la naturaleza encuentre la mejor meta, el conocimiento del realmente Existente" (ἵν᾽ ἑπόμενον τῇ φύσει τὸ ἄριστον εὕρηται τέλος, ἐπιστήμην τοῦ ὄντως ὄντος, *Decal.* 81). Además de la explícita mención de la humanidad como destinataria final de las leyes, este pasaje asienta su justificación en la naturaleza, cuyo conocimiento se homologa al del propio Dios. A lo largo de los minuciosos análisis legislativos de *Las leyes particulares*, se reitera una y otra vez esta fundamentación de las leyes bíblicas sobre la base de la referencia a la ley natural –o de su inscripción en las "estelas de la naturaleza" (τῆς φύσεως στήλαις, *Spec.* 1.31)[84].

Si tal anclaje en la naturaleza permite extender el alcance de las leyes, que ofrecen la mejor regulación de la vida social en cualquier comunidad humana, es significativo que Filón también explique por este medio la ampliación del sentido de las leyes estrictamente religiosas, en especial las referidas a las fiestas del calendario anual judío, las que dejan de estar vinculadas exclusivamente con la historia de la nación y adquieren valores referidos a toda la humanidad. Así, incluso la fiesta más característica del pueblo judío, el Sábado, se aleja de su significación bíblica relacionada con el pacto de la Alianza (Ex 31.13 y 17) para convertirse en recuerdo del día séptimo de la Creación y, por tanto, del "día de nacimiento del mundo" (γενέθλιος τοῦ κόσμου, *Spec.* 2.59). Esta interpretación reaparece en diversos pasajes de la *Exposición de la Ley*, e incluso se vincula

---

84   Véase *Spec.* 1.155; 191; 202; 273; 306; 2.13; 29; 42; 48; 58; 129; 150; 170; 231; 233; 3.32; 46; 52; 112; 121; 176; 189; 4.131; 204; 212; 215; etc.

    Filón de Alejandría en clave contemporánea

directamente con la concepción de la ciudadanía universal a la que debe regir la constitución mosaica. Así, en *Vida de Moisés*, luego de explicar el carácter de cumpleaños del mundo de este día sagrado, Filón afirma que "Por esta razón, Moisés [...] estableció que aquellos que estaban inscritos en la sagrada ciudadanía del mundo, seguidores de las leyes de la naturaleza, celebren una fiesta" (ταύτης ἕνεκα τῆς αἰτίας Μωυσῆς ἐδικαίωσε τοὺς ἐγγραφέντας αὐτοῦ τῇ ἱερᾷ πολιτείᾳ θεσμοῖς φύσεως ἑπομένους πανηγυρίζειν, *Mos.* 2.211). De hecho, según informa Filón, esta fiesta ha suscitado el respeto y emulación de mucha gente de otros pueblos, que ha comenzado a participar de la celebración (*Mos.* 2.21)[85]. Por otra parte, en la sección dedicada a las fiestas judías en *Spec.* 2, Filón introduce en primer lugar la fiesta de todos los días: "La Ley registra cada día como una fiesta, porque se ajusta a la vida intachable de los hombres santos, que siguen a la naturaleza y sus requerimientos" (Ἅπασαν ἡμέραν ἑορτὴν ἀναγράφει ὁ νόμος πρὸς τὸν ἀνεπίληπτον βίον ἁρμοζόμενος ὁσίων ἀνθρώπων ἑπομένων τῇ φύσει καὶ τοῖς ταύτης διατάγμασι, *Spec.* 2.42). Es en este pasaje justamente donde Filón vincula la práctica de la sabiduría y la virtud, alcanzada por todos los "investigadores de la naturaleza" (θεωροὶ τῆς φύσεως), con su condición de "ciudadanos del mundo" (κοσμοπολῖται, *Spec.* 2.45). Para tales personas, la vida entera constituye una celebración. En el mismo sentido, la exposición de las demás fiestas cambia su significado restringido a la nación por uno más universal. La Pascua, fiesta de la travesía, además de recordar el Éxodo de Egipto, representa la purificación del alma (*Spec.* 2.145-147). La fiesta de los panes ácimos suma a su significación nacional, que recuerda aquella migración, otra que "es común a los pueblos, conforme a la ley de la naturaleza y la armonía de todo el universo" (ὁ δὲ κοινὸς κατὰ φύσεως ἀκολουθίαν καὶ τὴν τοῦ κόσμου παντὸς ἁρμονίαν, *Spec.* 2.150), pues celebra la primavera como representación de los tiempos originarios en que el mundo fue creado y los habitantes de la tierra se alimentaban con frugalidad de lo que la naturaleza proveía (*Spec.* 2.150-151; 159-160). Por último, la fiesta de la gavilla, también conectada con la primavera, consiste en la ofrenda de las primicias, pero "no solo de la primicia particular de nuestra nación, sino también de la universal de todo el género humano" (τὴν ἀπαρχὴν καὶ τοῦ ἔθνους ἰδίαν

---

85   Vease *Opif.* 89; *Decal.* 97-98; *Spec.* 2.41; etc.

καὶ ὑπὲρ ἅπαντος ἀνθρώπων γένους κοινήν, *Spec*. 2.162)[86]. En este punto, la explicación del sentido ampliado de la fiesta conecta con otra temática mediante la cual Filón universaliza el alcance de las costumbres judías: el rol sacerdotal del pueblo judío con respecto al resto de la humanidad. Así, afirma, "el sacerdote es para el estado lo que la nación judía es para todo el mundo habitado" (ὅτι ὃν λόγον ἔχει πρὸς πόλιν ἱερεύς, τοῦτον πρὸς ἅπασαν τὴν οἰκουμένην τὸ Ἰουδαίων ἔθνος, *Spec*. 2.162[87]), pues al rendir honores al Creador en beneficio de todo el género humano, "enmienda el paso en falso de los demás" (τὸ σφάλμα τῶν ἄλλων ἐπηνωρθώσατο), que, incluso cuando reconocen al "demiurgo del universo todo", rechazan honrarlo o reparten sus servicios con otros a los que también suponen dioses (*Spec*. 2.165-167).

Las referencias a este rol preponderante de la nación judía por sobre las demás adquieren un tono más enfático en uno de los tratados más tardíos de la vida de Filón, producido en una época en que los conflictos con el Imperio romano comenzaban a recrudecer y peligraba la situación de la comunidad judía en Alejandría y en el Imperio[88]: se trata del escrito *Premios y castigos,* que da cierre a la serie de la *Exposición de la Ley*. Allí Filón examina ejemplos de los premios y castigos que reciben quienes respetan o transgreden las leyes, respectivamente, e interpreta los pasajes proféticos sobre las bendiciones y maldiciones que aguardan a justos e injustos (Dt 31 y Lv 26). Si en los pasajes que hemos analizado hasta el momento el pueblo judío obtenía un rol mediador entre la humanidad y su Creador en cuanto depositario de la Ley y, por este motivo, modelo y ejemplo de la vida virtuosa que todos deberían seguir, en *Premios y castigos* Filón ubica a Israel, "el pueblo escogido [...] del único y verdadero Gobernante" (λαὸς ἐξαίρετος [...] τοῦ ἑνὸς καὶ πρὸς ἀλήθειαν ἄρχοντος, *Praem.* 123) como cabeza y guía de las demás naciones, pues el virtuoso, ya sea un hombre, una ciudad o una nación, "está por encima de todas las naciones como la cabeza sobre el cuerpo" (ἐπιβήσεται πᾶσιν ἔθνεσιν ὥσπερ κεφαλὴ σώματι) pero no para su propia gloria, sino para beneficio de todos que, al ver constantemente los paradigmas

---

86 Sobre la universalización del significado de las fiestas en Filón, cf. Hadas-Lebel (2012: 112-115); Leonhardt-Balzer (2007: 35-53). También otros aspectos de la religión judía adquieren valores universales en los textos de Filón: el Templo (*Spec*. 1.66-67), el sumo sacerdote (*Spec*. 1.96-97), etc.

87 Véase también *Spec*. 1.96-97, 1.168.

88 Sobre la situación política en que se inserta este tratado, cf. Martín (2009: 68-75; 2016: 340-344).

  Filón de Alejandría en clave contemporánea

del bien, podrán emularlos (*Praem.* 114; véase también § 125). En una visión esperanzada muy cercana a la que hallamos en *Vida de Moisés* 2.44 citada más arriba, Filón augura que cuando las leyes dejen de ser solamente recitadas y sean en cambio respetadas en todos los hábitos de la vida, "como si de una profunda oscuridad emergieran hacia la luz, resplandecerán por su celebridad y buena fama" (ὥσπερ ἐκ ζόφου βαθέος εἰς φῶς ἀναχθέντα περιλαμφθήσεται δι᾿ εὐκλείας καὶ εὐφημίας, *Praem.* 82). Atraerán entonces tanto a los prosélitos (§ 152) como a los judíos que se habían desviado y que podrán arrepentirse y retornar a la comunidad (§§ 162-164) que, receptora de las bendiciones divinas, triunfará sobre sus enemigos y alcanzará la hegemonía para beneficio de los subordinados (§ 97). En esta visión escatológica que no se ubica fuera de la historia y que Martín (2016: 343) ha denominado "prospectiva teocrática", el gobierno único de Dios en el universo –vinculado en las primeras secciones del tratado con la providencia del Creador que es ley de la naturaleza y que pilota y conduce el mundo como una ciudad con óptima legislación[89]– se reproduce en el rol hegemónico de Israel y en el gobierno de la πολιτεία mosaica en la historia.

Como sucede generalmente en la obra de Filón, se percibe una ambivalencia en su pensamiento entre dos tendencias encontradas, sin que exista un interés de su parte por resolver las contradicciones y lograr una ideología sistemática y coherente. Por un lado, ciertos pasajes[90] indican que todos los humanos pueden –y muchos hombres sabios ya lo han logrado– conocer por sí mismos al Creador a través del examen de la naturaleza y alcanzar así la vida feliz que se deriva de la armonía con las leyes de la naturaleza que rigen el universo. Por otro lado, frente a lo restrictiva que resulta esta posibilidad, dada la dificultad de lograr tal grado de sabiduría únicamente a través del propio ejercicio racional, Filón considera que existe una vía de acceso a la ley y *politeía* de la naturaleza más directa y fácil de seguir: la legislación escrita en los libros mosaicos, copia exacta de la ley natural, originadas ambas en el mismo legislador, el Dios creador y providente. Sin embargo, al mismo tiempo que la existencia de un código escrito permite una mayor inclusión en el acceso a la ciudadanía universal, no puede omitirse el hecho de que tal código

---

89   Véase *Praem.* 23; 34. Cf. *Prov.* 1.40; 70; 2.55 donde Filón incluye varias referencias a la idea del mundo-ciudad en relación con la argumentación a favor de la existencia de la providencia divina.

90   Véase, entre otros, *Spec.* 2.45; 2.165; *Praem.* 41.

escrito es la ley particular de un grupo delimitado étnica, religiosa y culturalmente. En este sentido, la ambivalencia entre universalismo y particularismo es irreductible en el pensamiento de Filón: la Ley mosaica, en cuanto deriva del único Dios Creador, está destinada a la humanidad completa, pero los judíos son sus depositarios y quienes pueden dar muestra de su excelencia y abrir su comunidad a todos aquellos que reconozcan la validez de tales leyes y deseen adoptarlas. La apertura a los prosélitos y la universalización del sentido de las leyes mosaicas son una forma de cosmopolitismo que parte de la particular perspectiva judía y que al tiempo que busca incluir a la humanidad completa, otorga a la nación judía un rol hegemónico, pues está destinada a servir de ejemplo y guía de los demás pueblos hacia la mejor forma de vida posible, la participación en la ciudadanía universal, natural y divina, la *politeía* mosaica.

Es en este sentido que Peder Borgen (1998: 59) ha calificado el pensamiento filónico de "particularismo universalista", en cuanto nunca pierde de vista el lugar central que ocupan –y que están llamados a ocupar– Israel y la Ley bíblica en el devenir de la historia providencial de la humanidad[91]. La prevalencia de esta perspectiva, sin embargo, no implica que el cosmopolitismo filoniano esté étnicamente restringido, contra la opinión de Chin (2016: 136), que lo califica como *"descent-restricted"*. Por el contrario, la Ley ha sido dispuesta por el Creador en beneficio de la humanidad, aunque sí requiere de la conversión e ingreso en la comunidad política regida por la legislación mosaica, ya sea en la forma individual en que realizan el cambio los prosélitos, ya en la adopción generalizada de la Ley que esperan pasajes como *Mos.* 2.44 y *Praem.* 82. Así, en *Virt.* 119, Filón afirma que lo que la legislación pretende lograr es "la concordia, la solidaridad, el consenso y la unión de caracteres, por las cuales los hogares y las ciudades, los pueblos y las regiones, y todo el género humano podrán avanzar hacia la felicidad suprema" (ὁμόνοιαν, κοινωνίαν, ὁμοφροσύνην, κρᾶσιν ἠθῶν, ἐξ ὧν οἰκίαι καὶ πόλεις ἔθνη τε καὶ χῶραι καὶ τὸ σύμπαν ἀνθρώπων γένος εἰς τὴν ἀνωτάτω προέλθοιεν εὐδαιμονίαν). Y manifiesta su convicción, en una nueva expresión esperanzada sobre el futuro, de que estos objetivos, que aún son "votos" (εὐχαί), "se convertirán en hechos muy reales" (γενήσεται … καὶ ἔργα ἀψευδέστατα) (*Virt.* 120).

---

91   Cf. Borgen (1997: 140-157; 280); Leonhardt-Balzer (2007: 33-35 y 52-53); Simkovich (2017: 77-81).

                        Filón de Alejandría en clave contemporánea

En vista del abandono de las "costumbres propias" y de las "leyes ancestrales" que prevé Filón (*Mos.* 2.44), resulta difícil imaginar, como propone Wolfson (1962 II: 419-420), que bajo el gobierno de esta Ley común puedan continuar existiendo todos los Estados históricos y los diferentes grupos étnicos y lingüísticos con sus particularidades culturales e identitarias, pues la unificación de las diversas naciones en una única πολιτεία organizada bajo la Ley de Moisés conduce más bien a una asimilación de las costumbres y formas de vida en función de las normativas bíblicas, que atañen a todos los ámbitos de la vida personal y social. No podemos dejar de notar, entonces, la relación que este ideal cosmopolita mantiene con las concepciones imperiales, que tan gran influencia ejercieron en el momento de producción de la obra filoniana, como también del estoicismo medio y tardío. En efecto, se ha señalado la perspectiva imperialista que suele reconocerse tras las afirmaciones cosmopolitas[92]. Así, Plutarco, al comentar la república imaginada por Zenón, afirma que fue Alejandro Magno quien llevó a la concreción ese ideal, la conformación de una única sociedad humana bajo el gobierno de una ley común[93]. Al respecto, Konstan (2009: 480) recuerda que Plutarco escribe en época imperial –entre los siglos I y II d.C.– y postula que tiene en mente a Roma cuando describe a Alejandro, a modo de modelo o espejo. Cicerón, como hemos comentado, piensa en la posibilidad de registrar por escrito un código legal que responda a los principios de la ley natural, pero identifica tales principios con los que rigen a Roma, capital del Imperio. También las expresiones cosmopolitas de los estoicos tardíos pueden leerse como una racionalización o justificación del Imperio, en cuanto la identificación de las leyes que se corresponden con la naturaleza y que deben regir al común de los hombres siempre está a cargo del conquistador y tiende a mantener su hegemonía[94]. En este contexto, conviene revisar la postura de Filón en relación con el contexto imperial en que el autor se inserta. Chin (2016: 137, 146) ha señalado que Filón –como Diógenes, según la interpretación de la autora– esgrime su perspectiva cosmopolita como defensa frente a los ataques imperiales y separa así al ciudadano del mundo –que sigue la Ley mosaica– del Imperio. Sin embargo, al tiempo que se contrapone al orden político vigente, Filón también compite con esta ideología y asume igualmente una mirada de pretensiones hegemónicas, al erigir

---

92   Cf. Sellars (2007: 1 y 23); Konstan (2009: 479-482); Chin (2016: 137-145).
93   Cf. Plutarco, *Sobre la fortuna de Alejandro Magno* 329c; 330c-d.
94   Cf. Konstan (2009: 480).

la Ley mosaica y la conducción de Israel como los únicos medios válidos para la integración de los seres humanos como ciudadanos del mundo.

Reflexiones finales

El estoicismo antiguo dio origen a la idea de que el mundo puede ser concebido como una ciudad en la que los seres humanos se integren como ciudadanos bajo el gobierno de una única ley, la ley de la naturaleza, que ordena racionalmente el cosmos y que puede ser aprehendida, por ende, mediante la razón humana. Esta posibilidad, sin embargo, exige un entrenamiento y desarrollo de la capacidad racional que lejos está de ser alcanzada por todos los seres humanos, sino que se limita a un escaso número de sabios. Son ellos quienes podrán seguir la ley natural y participarán, de tal modo, de una ciudadanía que al tiempo que es universal –natural y no atada a comunidad política o étnica alguna– es restringida en su participación. Si el cínico Diógenes asumió alguna idea cosmopolita de signo positivo, sería de este mismo tipo, un cosmopolitismo restringido a una comunidad de sabios. El principal motivo de tal restricción es la imposibilidad de que la ley natural sea plasmada en un código normativo escrito: para los estoicos, las imperfectas –y totalmente diversas– leyes existentes en los pueblos y ciudades no poseen más que el nombre de leyes. Los sabios ciudadanos del mundo no siguen ningún tipo de código prescriptivo, pues no hay normas infalibles y universales, sino que la razón del sabio –que es la ley y razón de la naturaleza– decide siempre la acción correcta en cualquier circunstancia. Solo con los autores del estoicismo más tardío, ya ubicados en el centro de la cultura imperial romana, la noción de la ciudad-mundo se universalizará al considerar que la mera posesión de la razón convierte a todos los seres humanos en ciudadanos de tal comunidad. Pero únicamente en Cicerón vemos apuntarse un medio para alcanzar la participación en la ley común: la posibilidad de que un código normativo responda a los principios del derecho natural.

Filón de Alejandría, inserto en el contexto de enorme efervescencia cultural del judaísmo helenístico, ámbito en el que confluyen la filosofía griega, la tradición judía y la cultura romana, se apropia de las tempranas concepciones estoicas, fundamentalmente de la noción de la ley natural y de la identificación ciudad-mundo, pero las combina de maneras novedosas con otros conceptos filosóficos y

 Filón de Alejandría en clave contemporánea

religiosos para conformar a partir de ellas un pensamiento original. El concepto κοσμοπολίτης –término registrado por vez primera en los textos de Filón– designa a la persona que sigue la Ley entendida en dos sentidos inseparables. La ley de la naturaleza es para Filón la ley divina dispuesta por el Dios Creador del universo, que es además su legislador y cuida providentemente de su administración; pero es también la Ley mosaica registrada en las Escrituras bíblicas. La razón humana es capaz de percibir y comprender la ley inherente a la naturaleza, también definida como la razón de Dios, y de ajustar a ella su vida para alcanzar la virtud y la felicidad. Así han podido vivir según la ley natural y divina los hombres excelentes y sabios del pasado, los Patriarcas, que se convirtieron por ello en arquetipos y modelos para quienes los veían. Sin embargo, aunque todos los humanos comparten la razón que los conecta con el Creador, pocos son los que logran alcanzar por sí mismos la sabiduría y, gracias a ella, seguir en forma espontánea la ley natural. De allí la trascendencia de la propuesta filoniana: al postular que la Ley mosaica es copia exacta de la ley natural, revelada por el mismo Creador, la vida del ciudadano del mundo, en armonía con la constitución del cosmos, se vuelve accesible a todos los que decidan acatar el conjunto de prescripciones y prohibiciones registradas en ese código escrito. La nación judía es la privilegiada depositaria de tal legislación, pero puesto que esta tiene vocación universal, Filón afirma enfáticamente la apertura de la comunidad al ingreso de los prosélitos como nuevos integrantes de la ciudadanía mosaica e incluso imagina un futuro en que todos los pueblos no solo adopten esta legislación y modo de vida, sino que acepten la guía y conducción de la nación judía, modelo ejemplar de la mejor forma de vida y constitución política.

Hay una tensión permanente en el pensamiento de Filón entre una interpretación universalista que concibe a todos los seres humanos como integrantes de una misma comunidad en razón de su común participación en la ley natural establecida por el Creador del universo y una defensa particularista de las propias costumbres y tradiciones como expresión exacta –y plasmada por escrito– de esa legislación de carácter universal. Esta ambivalencia se reproduce en el cosmopolitismo actual, que es, en algunas de sus líneas, heredero de los ideales cosmopolitas antiguos. Así, el estoicismo ha servido como fuente a las posturas actuales interesadas en la conformación de una ética cosmopolita que tienda a definir valores compartidos y a desarrollar una preocupación e interés por el bienestar de toda la humanidad. Por su parte, el rol primordial que Filón asigna a la Ley escrita en la configuración de una ciudadanía y un gobierno universal puede vincularse con las ideologías políticas modernas que sustentan –o han sustentado– el cosmopolitismo en la creación de leyes e instituciones internacionales. En este sentido, el concepto de Filón de Alejandría sobre el ciudadano del mundo y la ley de validez universal puede servir como un interesante punto de partida o de comparación para reflexionar sobre la tensión universal/particular en el cosmopolitismo actual y para la comprensión de los proyectos globales o cosmopolitas que se han propuesto a lo largo de la historia, así como de las posturas críticas que se les oponen. De especial gravitación en el ámbito del cosmopolitismo político, la postulación de un código escrito que puede ser respetado por la humanidad entera es una idea que se configura en forma completa por primera vez en los textos de Filón.

Bibliografía

Ediciones y traducciones

Boeri, M. y Salles, R. (2012). *Los filósofos estoicos. Ontología, lógica, física y ética. Traducción, comentario filosófico y edición anotada de los principales textos griegos y latinos.* Sankt Agustin: Academia Verlag.

Bruns, I. (1892). *Alexandri Aphrodisiensis praeter commentaria scripta minora.* Supl. 2.2. Berlin: Reimer.

Cohn, L., Wendland, P. y Reiter, S. (1962). *Philonis Alexandrini Opera quae supersunt,* vols. I-VII. Berlin: De Gruyter.

Colson, F. H. y Whitaker, G. H. (1929-1939). *Philo,* vols. I-X. London-New York: Heinemann.

Falconer, W. A. (1923). *Cicero: De Senectute. De Amicitia. De Divinatione.* Cambridge: Harvard University Press.

Farquharson, A.S.L. (1968). *The Meditations of the Emperor Marcus Aurelius,* vol. 1 [1º ed. 1944]. Oxford: Clarendon Press, 4-250.

Gummere, R. M. (1917-1925). *Seneca. Ad Lucilium Epistulae Morales,* 3 vols. Cambridge: Harvard University Press.

Kaibel, G. (1965-1966). *Athenaei Naucratitae deipnosophistarum libri xv.* 3 vols. [1º ed. 1887-1890]. Leipzig: Teubner.

Long, H.S. (1964). *Diogenis Laertii vitae philosophorum,* 2 vols. Oxford: Clarendon Press.

Marcus, R. (1993). *Questions and answers on Genesis. Philo* [1º ed. 1953]. Supplement I. Cambridge: Harvard University Press.

Marcus, R. (1987). *Questions and answers on Exodus. Philo* [1º ed. 1953]. Supplement II. Cambridge: Harvard University Press.

   Filón de Alejandría en clave contemporánea

Martín, J. P. (2009-2016). *Filón de Alejandría. Obras Completas*, vols. I-V. Madrid: Trotta.

Martín, J. P. (2009b). "Vida de Moisés. Libros 1 y 2", en J. P. Martín (ed.), *Filón de Alejandría. Obras Completas*, vol. V. Madrid: Trotta, 15-144.

Martín, J. P. (2016). "Premios y Castigos", en J. P. Martín (ed.), *Filón de Alejandría. Obras Completas*, vol. 4. Madrid: Trotta, 337-386.

Miller, W. (1913). *M. Tullius Cicero. De Officiis*. Cambridge: Harvard University Press.

Morrisey, R. y Roe, G. (2017). Denis Diderot and Jean le Rond d'Alembert. *Encyclopédie, ou dictionnaire raisonné des sciences, des arts et des métiers, etc.* [1º ed. 1754], vol. 4. University of Chicago: ARTFL Encyclopédie Project 297. Disponible en: [URL: http://encyclopedie.uchicago.edu/].

Müller, C. F. W. (1889). *M. Tullius Cicero. De Re Publica*. Leipzig: Teubner.

Nachstädt, W. (1935). *Plutarchi moralia*. Vol. 2.2. Leipzig: Teubner.

Plasberg, O. (1917). *De Natura Deorum. M. Tullius Cicero*. Leipzig: Teubner.

Plinval, G. de (1959). *M. Tullius Cicero. De Legibus*. Paris: Belles Lettres.

Pohlenz, M. (ed.) (1918). *Tusculanae Disputationes. M. Tullius Cicero*. Leipzig: Teubner.

Schenkl, H. (1916). *Epicteti dissertationes ab Arriano digestae*. Leipzig: Teubner.

Schiche, Th. (1915). *M. Tulli Ciceronis scripta quae manserunt omnia, fasc. 43. De Finibus Bonorum et Malorum*. Leipzig: Teubner.

Sieveking, W. (1972). *Plutarchi moralia* [1º ed. 1929], vol. 3. Leipzig: Teubner.

Stählin, O., Früchtel, L. y Treu, U. (1960-1970). *Clemens Alexandrinus*, vols. 2-3. Berlin: Akademie-Verlag.

Von Arnim, H. (1964). *Stoicorum Veterum Fragmenta*, vols. I-IV. Stuttgart: Teubner.

Wachsmuth, C. y Hense, O. (1958). *Ioannis Stobaei anthologium* [1º ed. 1884-1912], 5 vols. Berlin: Weidmann.

Westman, R. (post M. Pohlenz) (1959). *Plutarchi moralia*, vol. 6.2. Leipzig: Teubner.

Wright, W. C. (1913). *The Works of the Emperor Julian*, 3 vols. Loeb Classical Library. London: Heinemann; New York: MacMillan.

Bibliografía citada

Alesso, M. (2011). "Qué son las potencias del alma en los textos de Filón". *Circe* 15, 11-26.

Baldry, H. C. (1965). *The Unity of Mankind in Greek Thought*. Cambridge: Cambridge University Press.

Birnbaum, E. (2007). *The place of Judaism in Philo's thought. Israel, Jews, and Proselytes*. Atlanta: Scholars Press.

Boeri, M. (2009). "Does Cosmic Nature Matter? Some Remarks on the Cosmological Aspects of Stoic Ethics", en R. Salles (ed.), *God and Cosmos in Stoicism*. Oxford: Oxford University Press, 173-200.

Boeri, M. (2013). "Natural Law and World Order in Stoicism", en G. Rossi (ed.), *Nature and the Best Life. Exploring the Natural Basis of Practical Normativity in Ancient Philosophy*. Hildesheim-Zurich-New York: Georg Olms Verlag, 183-223.

Borgen, P. (1997). *Philo of Alexandria. An exegete for his time*. Leiden-New York-Köln: Brill.

Borgen, P. (1998). "Proselytes, Conquest, and Mission", en P. Borgen, V. K. Robbins y D. B. Gowler (eds.), *Recruitment, Conquest, and Conflict. Strategies in Judaism, Early Christianity, and the Greco-Roman World*. Atlanta: Scholars Press, 57-77.

Brock, G. y Brighouse, H. (2005). *The Political Philosophy of Cosmopolitanism*. Cambridge: Cambridge University Press.

Brown, E. (2006). "The emergence of Natural Law and the Cosmopolis", en S. Salkever (ed.), *The Cambridge Companion to Ancient Greek Political Thought*. Cambridge: Cambridge University Press, 331-363.

Chin, T. (2016). "What Is Imperial Cosmopolitanism? Revisiting Kosmopolitēs and Mundanus", en M. Lavan, R. E. Payne y J. Weisweiler (eds.), *Cosmopolitanism and Empire: Universal Rulers, Local Elites, and Cultural Integration in the Ancient Near East and Mediterranean*. Oxford: Oxford University Press, 129-151.

Cohen, N. G. (2002). "Context and connotation. Greek words for Jewish concepts in Philo", en J. L. Kugel (ed.), *Shem in the tents of Japhet. Essays on the encounter of Judaism and Hellenism*. Leiden: Brill, 31-61.

Delanty, G. (2012). *Routledge Handbook of Cosmopolitan Studies*. London-New York: Routledge.

Erskine, A. (2011 [1990]). *The Hellenistic Stoa. Political thought and Action*. London: Bristol Classical Press.

Fine, R. y Cohen, R. (2002). "Four Cosmopolitan Moments", en S. Vertovec y R. Cohen (eds), *Conceiving cosmopolitanism: theory, context and practice*. Oxford: Oxford University Press, 137-62.

Hadas-Lebel, M. (2012). *Philo of Alexandria: a thinker in the Jewish diaspora* [1º ed. 2003]. Leiden-Boston: Brill.

Horsley, R. A. (1978). "The Law of Nature in Philo and Cicero". *Harvard Theological Review* 71/1-2, 35-59.

Kleingeld, P. y Brown, E. (2019). "Cosmopolitanism", en E. N. Zalta *et al.* (ed.), *The Stanford Encyclopedia of Philosophy* [1º ed. 2002]. Stanford: Stanford University. Disponible en: [URL: https://plato.stanford.edu/archives/win2019/entries/ cosmopolitanism/].

Konstan, D. (2009). "Cosmopolitan traditions", en R. K. Balot (ed.), *A Companion to Greek and Roman political thought*. Chichester: Wiley-Blackwell, 473-484.

Long, A. A. (2008a). "Philo on Stoic Physics", en F. Alesse (ed.), *Philo of Alexandria and Post-Aristotelian Philosophy*. Boston-Leiden: Brill, 121-140.

Long, A. A. (2008b). "The Concept of the Cosmopolitan in Greek & Roman Thought". *Dedalus* 137(3), 50-58.

Leonhardt-Balzer, J. (2007). "Jewish worship and universal identity in Philo of Alexandria", en J. Frey, D. Schwartz y S. Gripentrog (eds.), *Jewish identity in the Greco-Roman World*. Leiden-Boston: Brill, 29-53.

Martens, J. W. (2003). *One God, one Law. Philo of Alexandria on the Mosaic and Greco-Roman Law*. Boston-Leiden: Brill Academic Publishers.

Mignolo, W. (2000). "The Many Faces of Cosmo-polis: Border Thinking and Critical Cosmopolitanism". *Public Culture* 12(3), 721-748.

Mitsis, P. (2003). "The Stoics and Aquinas on virtue and natural law". *The Studia Philonica Annual* 15, 35-53.

Filón de Alejandría en clave contemporánea

Moles, J. L. (1995). "The cynics and politics", en A. Laks y M. Schofield (eds.), *Justice and generosity. Studies in Hellenistic social and political philosophy. Proceedings of the Sixth Symposium Hellenisticum.* Cambridge: Cambridge University Press, 129-158.

Moles, J. L. (1996). "Cynic Cosmopolitanism", en R. Bracht Branham y M-O Goulet-Cazé (eds.), *The Cynics. The Cynic Movement in Antiquity and Its Legacy.* Berkeley, Los Ángeles, London: University of California Press, 105-120.

Najman, H. (1999). "The Law of Nature and the authority of Mosaic Law". *The Studia Philonica Annual* 11, 55-73.

Nikiprowetzky, V. (1977). *Le commentaire de l'Écriture chez Philon d'Alexandrie.* Leiden: Brill.

Nussbaum, M. (1997). "Kant and Cosmopolitanism", en J. Bohman y M. Lutz-Bachmann (eds.), *Perpetual Peace. Essays on Kant's Cosmopolitan Ideal.* Cambridge-London: The MIT Press, 25-57.

Nussbaum, M. (1999 [1996]). "Patriotismo y cosmopolitismo", en M. Nussbaum *et al.* (eds.), *Los límites del patriotismo. Identidad, pertenencia y «ciudadanía mundial».* Barcelona: Paidós, 13-29.

Nussbaum, M. y Cohen, J. (2002). *For love of country?* [1º ed. 1996]. Boston: Beacon Press.

Nussbaum, M., Rorty, R. *et al.* (1997). *Cosmopolitas o patriotas* [1º ed. 1995]. Buenos Aires: Fondo de Cultura Económica.

Obbink, D. (1999). "The stoic sage in the cosmic city", en K. Ierodiakonou (ed.), *Topics in Stoic Philosophy.* Oxford: Clarendon Press, 178-195.

Pérez, L. (2019). "Los prosélitos en la Exposición de la Ley de Filón: la conversión religiosa y el ingreso a la comunidad judía", en L. R. Miranda y V. Suñol (eds.), *Retórica, filosofía y educación: de la Antigüedad al Medioevo. Instituciones, cuerpos, discursos.* Buenos Aires: Miño y Dávila, 97-121.

Pojman, L. P. (2005). "Kant's Perpetual Peace and Cosmopolitanism". *Journal of Social Philosophy* 36(1), 62-71.

Reinhartz, A. (1986). "The meaning of *nomos* in Philo's *Exposition of the Law*". *Studies in Religion/Sciences Religieuses* 15(3), 337-345.

Rovisco, M. y Nowicka, M. (2011). *The Ashgate Research Companion to Cosmopolitanism.* London-New York: Routledge.

Runia, D. T. (1986). *Philo of Alexandria and the* Timaeus *of Plato.* Leiden: Brill.

Runia, D. T. (2003). "The King, the architect, the craftsman: a philosophical image in Philo of Alexandria", en R. W. Sharples y A. Sheppard (eds.), *Ancient approaches to Plato's* Timaeus. London: Bulletin of the Institute of Classical Studies, Supplement 78, 89-106.

Scheffler, S. (1999). "Conceptions of cosmopolitanism". *Utilitas* 11(3), 255-276.

Schofield, M. (1999). *The Stoic idea of the city.* Chicago-London: University of Chicago Press.

Sellars, J. (2007). "Stoic cosmopolitanism and Zeno's *Republic*". *History of Political Thought* 28/1, 1-29.

Simkovich, M. Z. (2017). *The Making of Jewish Universalism.* Lanham, Boulder, New York, London: Lexington Books.

Stanton, G. R. (1968). "The Cosmopolitan Ideas of Epictetus and Marcus Aurelius". *Phronesis* 13(2), 183-195.

Tarn, W. W. (2002). *Alexander the Great. Vol. I, Narrative; Vol. II, Sources and Studies* [1º ed. 1948]. Cambridge: Cambridge University Press.

Termini, C. (2000). *Le potenze di Dio. Studio du δύναμις in Filone di Alessandria.* Roma: Institutum Patristicum Augustinianum.

Vander Waerdt, P. A. (1994). "Zeno's Republic and the origins of Natural Law" en Vander Waerdt, Paul A. (ed.), *The Socratic Movement.* Ithaca-London: Cornell University Press, 272-308.

Vertovec, S. y Cohen, R. (2002). *Conceiving cosmopolitanism: theory, context and practice.* Oxford: Oxford University Press.

Wolfson, H. A. (1962). *Philo. Foundations of Religious Philosophy in Judaism, Christianity, and Islam* [1º ed. 1947], 2 vols. Cambridge: Harvard University Press.

Filón de Alejandría en clave contemporánea

LA 'CUESTIÓN DEL MÉTODO LEGISLATIVO' EN *DE DECALOGO* Y *DE SPECIALIBUS LEGIBUS* DE FILÓN DE ALEJANDRÍA. ESTRUCTURA INTERNA

Paola Druille

Introducción. Discusiones sobre el método legislativo

En su libro *Philo-Judaeus of Alexandria* publicado en 1910, Norman Bentwich incluye un capítulo titulado "Philo and the Torah" (pp. 105-131), que se convierte en uno de los primeros intentos modernos de estudiar la 'cuestión del método legislativo' empleado por Filón en los tratados[1] *De decalogo* y *De specialibus legibus* 1-4[2]. Si

---

1   La estructura del corpus de Filón ha sido un tema discutido largamente por los investigadores modernos. Véase L. Massebieau, "Le classement des oeuvres de Philon", *Bibliothèque de l'École des Hautes Études: Sciences religieuses* 1 (1889), pp. 1-91; L. Cohn, "Einteilung und Chronologie der Schriften Philos", *Philologus: Supplementband* 1 (1899), pp. 387-436; J. Morris, "The Jewish Philosopher Philo", en E. Schürer, G. Vermes, F. Millar, P. Vermes, M. Black y M. Goodman, *The History of the Jewish People in the Age of Jesus Christ (175 B.C. - A.D. 135)*, III.2 (Edinburgh 1987), pp. 813-870. Royse (2009: 32, nota 2) sostiene "besides these studies, the prefaces to the edition of Philo by L. Cohn and P. Wendland (PCW) contain much valuable material", además de las introducciones al inglés (PLCL), alemán (PCH), y francés (PAPM) de las traducciones de los trabajos de Filón. "The Cohn-Wendland edition, along with the editors' various concomitant studies, made many aspects of earlier research obsolete or at least in need of revision". Sobre la ubicación de *Opif.* como apertura de la "Exposición", véase Terian (1997: 19-36); también Nikiprowetzky (1977: 197-199); Martín (2009: 25-26); Royse (2009: 51). Para las relaciones entre la "Exposición de la ley" y *Mos.* 1 y 2, véase *Mos.* 2.46-48; *Virt.* 52; *Praem.* 53-56; Morris (1987: 847, nota 137); Martín (2009: 17-19 y 25); Sterling (2018: 35).

2   *De decalogo* y *De specialibus legibus* pertenecen a la serie conocida como la "Exposición de la ley de Moisés". Véase Royse (2009: 45, nota 35). Como explica Filón en *De Vita Mosis* 2.46-47, la serie está integrada por "una parte histórica, y otra de prescripciones y prohibiciones" (τὸ μέν (…) ἱστορικὸν μέρος, τὸ δὲ περὶ τὰς προστάξεις καὶ ἀπαγορεύσεις, *ibid*, 46). La parte histórica se divide nuevamente en "sobre la génesis del mundo y (…) sobre lo genealógico genealogías" (περὶ τῆς τοῦ κόσμου γενέσεως, (…) γενεαλογικόν, 47), y esta última "en la correspondiente al castigo de los impíos y a la honra de los justos" (περὶ κολάσεως ἀσεβῶν, (…) περὶ τιμῆς δικαίων). Un esquema programático cercano al anunciado por Filón en *De Vita Mosis* es retomado en el prólogo del tratado

bien considera como "a barren science" buscar los cánones filónicos (p. 101), plantea que en *De decalogo* y *De specialibus legibus* 1-4 Filón busca ordenar la ley bajo encabezados morales generales, y encuentra en el decálogo el texto sagrado sobre el cual el resto del código no es más que un comentario (p. 117). En este ordenamiento de la ley desde el decálogo, Filón habría seguido una tradición judía común, "for in the Midrash to Numbers (xiii) [=NumR 13. 15-16][3] it is said that the six hundred and thirteen precepts are all contained in the

que clausura la "Exposición", *De praemiis et poenis* 1-3, donde el alejandrino organiza la serie en cuatro partes en conformidad con las secciones que forman el Pentateuco (Martín 2009: 1.20): a) una sección cosmológica desarrollada en el tratado *De Opificio mundi*, que plasma la relación de la ley con la génesis y el orden del mundo; b) una sección de carácter genealógico e histórico constituida por los tratados *De Abrahamo* y *De Josepho*, que muestran las vidas de los patriarcas bíblicos como leyes vivientes acordes con la ley divina aún antes de su declaración escrita; c) una sección legislativa formada por *De decalogo* y los cuatro escritos de *De specalibus legibus* 1-4, que tratan sobre los diez mandamientos y sus leyes especiales; y d) una sección ético-judicial integrada por *De virtutibus* y *De praemiis et poenis*, que discuten la relación entre las leyes y las virtudes, por un lado, y los castigos y las recompensas, por otro. Dentro de este complejo de escritos, *De decalogo* ocupa una posición central. Mediante una combinación de Ex 19-20 y Dt 4-5, Filón expone los τῶν ἀναγραφέντων νόμων τὰς ἰδέας (*Decal.* 1) principios generales de los diez mandamientos bíblicos de los cuales deriva las leyes específicas que el autor trata en *De specalibus legibus* 1-4.132. Véase Goodenough (1929: 12); Nikiprowetzky (1965: 13); Morris (1987: 841). Según Royse (2009: 45-46), la "Exposición de la ley" contiene *De opificio mundi*, *De Abrahamo*, *De Isaaco* y *De Jacobo* (ambos perdidos), *De Josepho*, *De decalogo*, *De specialibus legibus* 1-4, *De virtutibus*, *De praemiis et poenis*. Véase también Goodenough (1929: 10-11); Royse (2001: 63-64); Termini (2006: 265-295); Svebakken (2009: 2-4; 2012: 2-3). Originalmente, el conjunto incluía tratados también sobre Isaac y Jacob (véase *Jos.* 1), ahora perdidos. Véase Nikiprowetzky (1965: 13; 1977: 234-235, nota 217); Morris (1987: 830-840, 845-846, nota 134); también Cohn (1899: 406, nota 23). Al considerar los diversos marcos editoriales y declaraciones de transición en su conjunto, Wilson (2010: 4) estima que Filón quería vincular los tratados de la "Exposición" de una manera que sus lectores pudieran seguir fácilmente, y propone el siguiente esquema:

> (*De vita Mosis* I–II)
> First Part: On Creation
>   *De opificio mundi*
> Second Part: On History
>   *De Abrahamo*
>   [*De Isaaco*]
>   [*De Iacobo*]
>   *De Iosepho*
> Third Part: On Legislation
>   *De decalogo*
>   *De specialibus legibus* 1.1–4.132
>   *De specialibus legibus* 4.133—*De virtutibus*
>   *De praemiis et poenis*

3   = *Bamidbar Rabbah* 13.16. Según Hecht (1978: 5-7), el texto bíblico en NumR 13.15-16 es la interpretación de Nm 7, 14. La idea central de este texto es que los 613 mandamientos están implícitos en el decálogo, respaldado por 613 letras desde la palabra inicial del primer mandamiento hasta la última palabra del décimo mandamiento.

    Filón de Alejandría en clave contemporánea

Ten Commandments" (p. 117). Sin embargo, Bentwich desconoce cómo los primeros rabinos llevaron a cabo esta idea; se conserva únicamente el testimonio de Filón, cuya manipulación del material legal tiene algunas "features are very suggestive" (p. 117). A los dos primeros mandamientos adjunta las leyes rituales relativas a los sacerdotes y sacrificios, al cuarto las leyes de todas las fiestas, al séptimo las leyes penales y civiles, y al décimo las leyes dietéticas. Sobre esta base, Bentwich asegura que Filón concibe el decálogo dividido en dos, donde el quinto mandamiento es un "link" entre los cuatro mandamientos iniciales y los cinco finales (p. 117). Los primeros cuatro mandamientos son ordenanzas que determinan la relación del hombre con Dios, y los últimos cinco los que determinan la relación con sus semejantes. El honor de los padres ubicado en quinto lugar, por lo tanto, es el vínculo entre las virtudes divinas y humanas, así como los padres mismos son un vínculo entre el Dios inmortal y el hombre mortal. Bentwich observa así una correspondencia entre las dos divisiones del decálogo y las dos virtudes genéricas que la legislación mosaica fija como meta, "piety, and humanity, or what the rabbis called charity" (p. 117). Esta lealtad filónica a la tradición judía no solo muestra un profundo sentimiento por la "historical continuity of Judaism" (p. 131), sino también un interés filosófico sobre la religión judía a modo de guía hacia la justa conducta y el amor a Dios. "The law was", finalmente, "the outward register of the moral ideal" (p. 131).

Tales declaraciones abrieron el camino de la discusión sobre el método seguido por Filón en su tratamiento legislativo, abordado desde dos perspectivas que justifican la elección de la expresión 'cuestión del método legislativo'. Estas son, en primer lugar, la influencia recibida por Filón durante la elaboración del procedimiento racional que sigue en *De decalogo* y *De specialibus legibus* 1-4 y, en segudno lugar, la estructura interna del método legislativo de Filón. A partir de Bentwich, ambas perspectivas han tenido un tratamiento diferente por parte de los investigadores modernos. Erwin R. Goodenough, en la "Introduction" (1-29) de *The Jurisprudence of the Jewish Courts in Egypt. Legal Administration by the Jews under the Early Roman Empire as described by Philo Judaeus* (1929), retoma la tesis de Bentwich y acuerda en que Filón no revela secretos de su tratamiento de la ley. No obstante, unas pocas líneas más adelante se aparta completamente de esta opinión y, sin mayores desvíos, sostiene que el método filónico "is easily discoverable" a través de la lucha de Filón por reconciliar el judaísmo con la filosofía ecléctica griega (p. 6). Aunque considera que el método filónico no debe entenderse en el sentido actual del término[4], observa que los cuatro libros de *De specialibus legibus* son en sí mismos parte de esta gran empresa, que tiene como propósito la explicación de cómo la Torá es el código escrito supremo conocido por toda la humanidad (p. 10). Para probar esta tesis racionalizadora, Filón escribe los escritos de la serie expositiva, cuyos tratados *De decalogo* y *De specialibus legibus* explica la codificación de la ley de una manera más definida y de fácil comprensión (p. 11). Según Goodenough, los diez mandamientos usados en *De decalogo* son un conjunto de principios legales, no morales, de los cuales Filón deduce el cuerpo entero de *De specialibus legibus*. Aquí, cada una de estas leyes asignadas a uno de los diez mandamientos de *De decalogo* funciona "as its justifying legal principle" de la "artificial classification" de toda la legislación derivada del decálogo (p. 12)[5]. Harry Austryn Wolfson, en cambio, no solo vuelve sobre la interpretación moral ya planteada por Bentwich, sino que dedica una parte de "Commandments and Virtues. (a) Classification of Commandments and Virtues" (pp. 2.200-208) de *Philo. Foundations of Religious Philosophy in Judaism, Christianity, and Islam* (1947 [1º ed.], 1962) a la explicación del método. Defiende que, en su esfuerzo por clasificar los mandamientos, Filón divide las leyes en dos grupos, que se corresponden con "the traditional Jewish division of the laws into those between man and God and those between man and man" (pp. 200-201)[6], donde las leyes contenidas en el Pentateuco son leyes especiales bajo el encabezamiento de los diez mandamientos descriptos como "heads (κεφάλαια)[7], general heads (γενικὰ κεφάλαια), roots (ῥίζαι), sources (ἀρχαί), and fountains (πηγαί)[8]". Partiendo de su concepción de la ley de Moisés como el código ideal de ley capaz de guiar a los hombres hacia la vida de acuerdo con la virtud (p. 201), Filón habría concebido los diez mandamientos de Moisés, y las leyes especiales incluidas en estos,

---

4   Goodenough (1929: 1) menciona que, en *Philo von Alexandria als Ausleger des alien Testaments* (Jena, 1875: 160-197), Carl Siegfried parece coincidir con su afirmación cuando trata de elaborar reglas y categorías para describir las diferentes técnicas exegéticas que aparentemente usó Filón.

5   En su "General Introduction" (ix-xviii) del volume VII de *Philo* (1937 [1º ed.], 1998, Harvard University Press), Colson también asume que los diez mandamientos revelados por Dios deben ser considerados como los encabezados generales bajo los cuales se agrupan las representaciones específicas dadas por medio de Moisés (p. ix).

6   M. Yoma VIII, 9.

7   Véase *Decal.* 5, 19.

8   Véase *Congr.* 21, 120.

como las virtudes de valor universal. Dentro de su esquema general de clasificación de las leyes hay otro esquema (p. 202), consistente en clasificar esas mismas leyes bajo los títulos de las diversas virtudes[9]. Como Bentwich antes que él, Wolfson no solo plantea una relación entre los diez mandamientos y las virtudes genéricas, sino que está convencido de que "in rabbinic literature, it is similarly said that the Ten Commandments contain all the laws of the Torah" (p. 201). Sin embargo, no apoya su interpretación en NumR 13.15-16, sino en *Canticum Canticorum Rabbah* 5.14.2 [= SongR 5.14.2][10] (p. 201, nota 8), donde los 613 mandamientos están implícitos en el decálogo. Este método de clasificación habría sido adoptado por Filón en su discusión directa de las leyes de Moisés.

Bentwich y Wolfson, en consecuencia, analizan la cuestión del método utilizando como base de formulación NumR 13.15-16 y SongR 5.14.2 y, a diferencia de Goodenough, concluyen que los rabinos y Filón entendieron las leyes del decálogo como las categorías generales de la ley. Estas categorías fueron luego especificadas, aplicadas o detalladas por los mandamientos subsumidos bajo ellas. Pero este paralelismo fundado en la continuidad del judaísmo en Filón no estuvo exento de dudas. En *The Sages: Their Concepts and Beliefs* (1975), Ephraim E. Urbach elabora un argumento muy contundente contra esta posición, sugiriendo que los rabinos no lograron una clasificación permanente de los mandamientos ni sobre su carácter interno ni sobre la base de la fuente de su revelación y las formas de su promulgación (p. 1.361). Sostiene que los textos de NumR 13.15-16 y SongR 5.14.2

---

9   Niehoff (2019: 177-178) retoma la discusión de los autores anteriores. Sostiene que, en su tratado *De decalogo*, Filón desarrolla una concepción innovadora de la ley judía, y agrega que esta concepción fue entendida como un logro pionero en el judaísmo antiguo. Aunque los diez mandamientos probablemente se usaron en el contexto de la liturgia ya en el siglo I a.C., Filón es el primer autor que conocemos que se refiere a ellos como el encabezados de toda la legislación mosaica. Niehoff (p. 178, nota 4) asegura que el logro innovador de Filón fue reconocido por Amir (1990), Termini (2004), Pearce (2013, 2015), mientras sostiene que Wolfson (1947 [1° ed.], 1962: 200-202) y Cohen (1995: 78–80) identificaron erróneamente algunos pasajes rabínicos posteriores como fuentes de Filón. Para Niehoff (2018, 2019: 178), este énfasis de Filón en el decálogo puede deberse a la posición especial de los diez mandamientos en la Biblia. En contraste con otros conjuntos de leyes bíblicas, los diez mandamientos establecen el pacto entre Dios e Israel y contienen instrucciones eternas para cada israelita, independientemente de las circunstancias específicas. A partir de esto, Niehoff subraya que Filón es el primer lector del decálogo que explora este potencial filosófico de las leyes bíblicas como fundamento de la ley judía. Crea así interpretación ética universal del judaísmo. Sobre la relación entre la interpretación de Filón, el *Libro de los Jubileos*, Aristóbulo y la *Carta de Aristeas*, véase p. 178.

10   = *Shir HaShirim Rabbah* 5. Sin embargo, véase Bentwich (1910: 117) y *supra* nota 3.

solo intentan mostrar que entre un mandamiento y otro se escriben la interpretación y las regulaciones detalladas del mandamiento correspondiente. En estas homilías no se afirma que los diez mandamientos incorporan todos los preceptos de la Torá; por el contrario, cada mandamiento forma la base de interpretaciones e inferencias, leyes detalladas y reglas generales, y deducciones por argumento de menor a mayor y por analogía, mostrando que toda la Halajá originada en la Ley Oral fue escrita al lado de cada mandamiento[11]. Esta posición fue apoyada por Richard D. Hecht, "Preliminary Issues in the Analisis of Philo's *De Specialibus Legibus*" (1978: 1-55), quien considera que Urbach ha presentado un argumento muy fuerte contrapuesto a cualquier paralelo trazado entre la discusión de Filón sobre el decálogo y la discusión rabínica de los diez mandamientos. Incluso sitúa la idea del decálogo equivalente a todos los mandamientos en el período de Gueonim (p. 12), dejando a los textos anteriores como descripciones de las implicaciones halájicas de los mandamientos separados del decálogo. Sin embargo, Hecht (1978: 12-14) encuentra una falla en el razonamiento de Urbach. No considera la evidencia de los Targumim. Hecht entiende esta falla como un espacio fértil para continuar la línea de investigación iniciada por investigadores como Bentwich y Wolfson. Utilizando la tesis "Philo used traditional exegetical methods and materials (…) employed these traditions with degrees of acceptance and he reworked them with varying degrees of consistency" de Burton Mack[12], Hecht analiza la relación género y especie (p. 4) existente entre los diez mandamientos, κεφάλαια o categorías generales, y las leyes particulares dentro del "system of interpretation" de la tradición exegética paralela o directamente relacionada con los intentos rabínicos de interpretar las instituciones

---

11 Urbach (1975: 1.362) sugiere además que el estatus especial de los diez mandamientos, entendidos a modo de categorías generales que incorporan todos los mandamientos, aparece por primera vez en los textos midrashicos tardíos (véase Hecht 1978: 11) a través de R. Judah Albarceloni y, desde allí, a R. Moses ha-Darshan. Véase 1.363. De hecho, Urbach considera que la idea de los diez mandamientos incorporando la totalidad de las leyes surge por primera vez en *'Azhārôt* de Saadia Gaon (véase *supra* nota 19), y encuentra confirmación en el comentario de Rashi sobre Ex 24.12. Véase *supra* nota 14.

12 Mack (1974-1975: 75) propone que "Philo used traditional exegetical methods and materials. These materials are diverse and may reflect stages of exegetical history or 'schools' of exegesis which are in debate with one another. Philo employed these traditions with degrees of acceptance and he reworked them with varying degrees of consistency". Anteriormente, Hamerton-Kelly sugirió que un "analysis of Philo's intention and techniques of composition in each treatise, as well as an investigation of the history of the traditions and sources which he utilizes should be undertaken if we are to advance our understanding of Philo" (1972: 3). Véase Hecht (1978: 43, nota 2).

legales, los mandamientos y las prohibiciones del Pentateuco (p. 2).
A partir de esta tesis, sostiene que *Targum Onkelos, Targum Neofiti I*
y *Targum Pseudo-Jonathan* pueden ser fuentes adicionales para determinar si Bentwich y Wolfson han leído incorrectamente los textos
del NumR 13.15-16 y SongR 5.14.2, como sostiene Urbach, o si estos
representan un intento palestino de ordenar los mandamientos de una
manera similar a la de Filón[13]. Un ejemplo al respecto, según Hecht
(p. 14), son las interpretaciones targúmicas de Ex 24, 12. La evidencia
de *Targum Pseudo-Jonathan* sugiere que había una tradición exegética
palestina basada en que el decálogo contiene todos los mandamientos del cuerpo legal mosaico. No obstante, "neither the TJI [=*Targum
Pseudo-Jonathan*] rendering of Ex 24, 12 nor the midrashic texts clearly
suggest that there is a similar exegetical structure in the Palestinian
sources and in Philo's treatment of the Decalogue" (p. 15). Pese a que
la evidencia presentada por Bentwich y Wolfson, junto con *Targum
Pseudo-Jonathan* sobre Ex 24, 12, indica un esfuerzo por concentrar
todos los mandamientos en un momento de la historia de Israel[14],

---

13   Hecht (1978: 12-13) propone otros dos argumentos en contra de Urbach. En primer lugar, señala que, si bien los rabinos pueden haberse negado a dar preeminencia a los diez
mandamientos en las estructuras exegéticas, el decálogo tenía una importancia distintiva
dentro de la liturgia de la antigua Palestina. Según Hecht (p. 13), *M. Tamid* 5.1 indica que
los diez mandamientos fueron recitados como parte del ritual diario del Templo, y señala
que una amplia evidencia textual muestra que los diez mandamientos fueron incluidos en
las selecciones escriturales colocadas dentro de las filacterias. Tal argumento es corrobo-
rado por las filacterias fragmentarias de Wadi Qumran (Cuevas 1 y 4), mientras que las
filacterias de Wadi Murabba'at contienen solo los cuatro textos habituales (*TLJ Berakot*
1. 5, 3c; *M. Sanhedrin* 11. 3; *Menahot* 3:7; *Kelim* 18. 8; *TLV Berakot* 12a; *Sifre* Deut.
34-35). "This suggests that while the rabbis in their formal halakhic discussions did not
give prominence to the Decalogue, the ritual life of Palestine indicates that at least one
group gave some degree of prominence to the Ten Commandments" (p. 13). Sin embargo, Hecht no considera que los diez mandamientos funcionan de manera similar en la
liturgia de Palestina y en Filón; solo asume que se le dio cierto grado de preeminencia al
decálogo en un período más o menos contemporáneo a Filón. En segundo lugar, aunque
Saadia en su *'Azhārôt* muestra claramente un estrecho paralelismo con el tratamiento
del decálogo de Filón (véase *supra* nota 11), no utiliza esta estructura interpretativa en
Kitāb al-Amānāt wa l-I'tiqādāt. "His major categories are consistently the same, "commandments of reason" and "commandments of obedience"". De hecho, Hecht sostiene
que Saadia tiene dos explicaciones muy diferentes del decálogo, una de las cuales parece
ser paralela a Filón, mientras que la otra coloca el decálogo dentro del contexto de los
"commandments of reason"" (p. 13).

14   El propio Urbach (1975: 1.364-365) sugiere que los textos rabínicos intentan concentrar
la revelación a lo largo de las generaciones en el Monte Sinaí. En su opinión, esta concentración se debe a dos motivos, cada uno de ellos con tintes polémicos. El primero surgió
de la necesidad de dar la misma importancia a la Ley Oral que a la Escrita. El segundo
surgió de la necesidad de hacer innecesario el reclamo de una revelación adicional, dado
que todo fue revelado en un solo momento. De hecho, los Targumim abundan en interpretaciones que apoyan la observación de Urbach. Véase *Targum a Cant.* 1.2. También hay un
esfuerzo concertado para demostrar que los patriarcas observaron firmemente la totalidad

Filón no usa Ex 24, 12 como base de su propia interpretación de la relación entre los diez mandamientos y el resto de las leyes, sino "another source" (p. 40), no determinada por Hecht[15].

Luego de los intentos anteriores, Yehoshua Amir propone una solución a la "historical continuity of Judaism" (Bentwich, p. 131) en el pensamiento legislativo de Filón con una tesis renovadora. En su capítulo "Die Zehn Gebote bei Philon von Alexandrien" (1983: 131-163 = "The Decalogue according to Philo", 1990: 121-160), Amir considera que *De decalogo* es "the earliest attempt, Jewish or non-Jewish, to make a special study" de los diez mandamientos (p. 121). El tratado contiene "the seminal formulation" de problemáticas relativas a la revelación en el Sinaí y el contenido de los diez mandamientos que convierten a Filón en un "innovator" (p. 121) tanto en la discusión del decálogo en la historia del pensamiento judío[16], como en la

---

de la Torá. Véase *Targum Pseudo-Jonathan a Génesis* 14.13. Por su parte, mientras que Ex 24, 12 es un texto crucial en el intento del Targum de concentrar la revelación en un momento de la historia de Israel, Hecht (1978: 16) sugiere que, cuando Filón se basa en el mismo texto, se hace tres preguntas y llega a conclusiones muy diferentes. Primero, ¿cómo se debe entender Ἀνάβηθι πρός με εἰς τὸ ὄρος καὶ ἴσθι ἐκεῖ ("Sube hacia mí, a la montaña, y estarás allí"?, LXX, Ex 24, 12a; ed. Rahlfs 1935). Segundo, ¿por qué están escritos los mandamientos en "tablas de piedra"? Tercero, ¿Dios realmente escribe la Ley? Con respecto a la primera pregunta sugerida por este verso, Hecht considera que Filón llama la atención sobre la divinización del alma a medida que asciende a la región más allá de las esferas o aire y éter. Al responder a la segunda pregunta, Filón sugiere, según Hecht, dos interpretaciones: 1) "tablas de piedra" significa que son permanentes y fijas, y 2) la piedra era necesaria para facilitar su circulación y hacer que los mandamientos fueran resistentes a los elementos naturales. Hecht observa que ofrece otra interpretación de la frase "tablas de piedra" que subraya su naturaleza simbólica: son un compuesto de permanencia, porque son de piedra, e impermanencia, porque su escritura puede borrarse. Véase *QE* 2.40-41. En relación con la tercera pregunta, Hecht advierte que Filón señala esta sección del versículo para sugerir que los mandamientos fueron escritos por mandato de Dios y con su autoridad como legislador. Según Hecht, Filón concluye su respuesta a esta pregunta en *QE* 2.42. Los motivos de la exegética filónica incluye así la ascensión del alma familiar de *De Abrahamo* y *De Josepho*, el dualismo de permanencia e impermanencia, y la perfección del legislador. Sin embargo, Hecht finaliza su interpretación diciendo que Filón, a diferencia de la tradición exegética palestina, no usa Ex 24, 12 como base para su división entre γενικὰ κεφάλια y λόγοι.

15 Sobre la base de este debate entre Wolfson, Urbach y Hecht, Borgen concluye que "Philo seems to develop in a more systematic fashion a notion also found in Palestinian tradition, that the Decalogue contained in nuce all the commandments of the Mosaic laws" (1996: 126). Filón tiene un concepto judío como principio organizador, pero lo desarrolla en una reescritura sistemática más amplia que la encontrada en otras partes de las fuentes judías contemporáneas. "Thus, Philo has a Jewish concept as organizing principle" (1997: 61).

16 Según Amir (1990:121-122), Filón planteó por primera vez una serie de cuestiones sobre las Escrituras. Sin embargo, en la discusión de estas cuestiones, dice Amir, su posición no ha sido la concedida usualmente a un portavoz principal. "Medieval Jewish exegetes and philosophers never mention his name, even when they are pursuing lines of thought which he first opened up. It must be assumed that these ideas carne to them from their Muslim milieu, and that they were unaware that the Muslims themselves had derived them

    Filón de Alejandría en clave contemporánea

relación género y especie entre los diez mandamientos y las demás leyes mosaicas de *De specialibus legibus*. Filón trata cada uno de los diez mandamientos a la manera de un género que agrupa especies y subespecies de leyes, creando un "grand architectonic blueprint" (p. 127) que, si bien no se realiza completamente en la presentación de Filón, "does not detract from the concept of method which he set for himself as a guide for his chosen task" (p. 127). En oposición a Wolfson (1962: 201), Amir considera imposible encontrar un motivo similar en las declaraciones midrashicas (1990: 126 y nota 11). Sí advierte una conexión entre las ideas filónicas y midrashicas, "only this time Philo seems to me to be the source, rather than the recipient" (p. 127)[17]. Filón no se limita a lanzar una sugerencia atractiva sobre la relación entre los diez mandamientos y todos los demás mandamientos de la Torá; hace de esta idea la base de la exposición de los cuatro libros de *De specialibus legibus* (p. 127). En función de este argumento, "is more important to understand what prompted Philo to choose this method" (p. 128). Si cada una de las leyes de la Torá está subordinada a una de las categorías principales representadas por cada uno de los mandamientos en ese conjunto primordial de principios conocido como el decálogo, entonces la legislación de Moisés no puede analizarse como una concatenación de leyes individuales, sino como "a well-organized code with its inherent logical system[18].

---

from Christians, who had in their turn been influenced in their interpretations of Scripture by the works of Philo Judaeus" (p. 122). Cuando estas tradiciones se filtraron hasta los judíos de la Edad Media, parece que ya se habían despojado del nombre de su progenitor. "Consequently, whenever motifs identified by us as Philonic appear in medieval Jewish thought, we have to find 'out if there are any retrospective links, Jewish or non-Jewish, connecting these writers with Philo".

17 Basado en *Yer.Sheq.* VI: 1, 49d, Amir (1990: 127-128) sostiene que "the Midrash sounds like the muffled echo of some traditional idea whose meaning was no longer understood; and if we did not have the text of Philo, we would have had to postulate something like it as the presumed source of the vaguely expressed talmudic idea" (p. 127). Repara en que un intento similar al de Filón, cosistente en asignar *mitzvot* a su propia categoría o a uno de los diez mandamientos, "was never tried by the Sages, and one might say that it was foreign to their spirit" (p. 127). Sin embargo, como Urbach antes que él, señala que "it may be noted that this very plan was implemented later by Saadiah Gaon in his azharah beginning with the words *I am Consuming Fire*" (p. 128). Véase *supra* notas 11 y 13. El piyyut aparece en *Siddur R. Saadiah Gaon* (ed. Davidson-Assaf-Joel, Mekize Nirdamim, Jerusalén, 1941: 191-216). Al final del poema se dice que hay seiscientas trece letras desde el comienzo del decálogo hasta su final. De acuerdo con Urbach, las fuentes midráshicas que relacionan las 613 mitzvot con los diez mandamientos son posteriores a Saadiah y probablemente derivaron la idea de él. La pregunta de si existe una "chain of tradition" (Amir, p. 128), cuyos vínculos no están disponibles para nosotros, permanece sin respuesta para Amir.

18 Según Morris (1987: 847-848), "[in *De specialibus legibus*] Philo makes an extremely interesting attempt to bring the Mosaic special laws into a systematic arrangement ac-

Its multiplicity is thus given internal unity; or if you will, not laws but a Law –in Philo's term a *nomos*" (p. 128).

La postura de Filón como un "innovator" fue aceptada por la comunidad académica, favoreciendo la aparición de interpretaciones que pusieron en comunicación la tesis de Amir con la tradición grecorromana del tiempo de Filón. Así se advierte en el artículo "Taxonomy of Biblical Law and Φιλοτεχνία in Philo of Alexandria: a Comparison with Josephus and Cicero" (2004: 1-24) de Cristina Termini, quien asegura que Filón puede ser considerado como el primer autor de la literatura judía de la época helenística-romana que da preeminencia al decálogo, intentando superar la resistencia del material legal al crear una taxonomía que usa para organizar *De decalogo* y *De specialibus legibus* (p. 16). Filón "knows that he is moving on a sahking ground and recognises the eventual limits of his own work". Jerarquiza las leyes a partir de κεφάλαια, que definen los diez mandamientos como "the heads summarizing the particular laws" (p. 2), y de un principio de género y especie que "cannot be found in the Old Testament" (p. 4) ni en las fuentes judías de su tiempo. Aquí se opone al enfoque defendido por Hecht y su estudio sobre el uso del decálogo como paradigma de leyes particulares en el sistema de interpretación o fase exegética rabínica[19]. Termini (p. 4)

---

cording to the ten rubrics of the Decalogue". Véase Svebakken (2009: 7; 2012: 7). Borgen (1996: 126), también considera que Filón parece desarrollar de manera más sistemática una noción que también se encuentra en la tradición palestina, que el Decálogo contenía in nuce todos los mandamientos de las leyes mosaicas. "Thus, Philo has a Jewish concept as organizing principle, but he has developed it into a broader systematic rewriting than found elsewhere in the contemporary Jewish sources".

19   Para Termini, "this alternative does not make much sense because in a synchronic perspective Philo created a system of interpretation, but in a diachronic perspective he made a contribution to the exegetic development of the Decalogue" (p. 5, nota 18). Tampoco está de acuerdo con Cohen (pp. 9-10). En *Philo Judaeus. His Universe of Discourse* (1995: 73), Cohen sugiere que la idea del decálogo como síntesis y principio de leyes especiales era bastante común en la época de Filón. "It is therefore tenable to assume that the Decalogue rather than Taryag (613) was a/the standard taxonomy in Philo's day, and that the midrashic traditions which look upon all the commandments as being contained in the Decalogue may very well antedate Philo" (1995: 73). Véase Cohen (1992: 46-57). El mismo argumento fue defendido por Bentwich (1910: 117) y Wolfson (1962: 201). Véase Daube (1956: 65), quien sostiene que "of particular relevance is the term *kelal*, literally 'the universal', signifying a basic commandment of the Torah and opposed to *peraṭ*, 'the individual', which means a detailed rule. It is worth noting that, according to R. Ishmael, who taught in the first half of the 2nd cent., 'The basic commandments were made known to Moses at Sinai, but the details in the tabernacle'". Termini (p. 10) afirma que, según Cohen, la contribución específica de Filón no radicaría en la estructura organizativa, sino en la elección de las normas especiales que se conectarán a los preceptos del decálogo (1995: 75-76). "This interpretation stands", que pone en conexión *Spec.* 3.7 y 4.132 con "external evidence some midrashim" (p. 10, nota 40), según Termini,

define el método usado en *De decalogo* y *De specialibus legibus* como φιλοτεχνία (*Spec.* 4.132-133) y habilita un camino hacia las posibles influencias del mundo grecorromano en la obra de Filón, ya indagada por Goodenough. De hecho, asegura que la obra de los juristas romanos durante la última República[20], particularmente el *ars* de

cae "on shaky ground" (2004: 10). Termini no discute los pasajes midráshicos indicados por Cohen para confirmar su posición, porque considera que siguen siendo válidas las objeciones de Urbach (1975: I. 360-365). En NumR 13. 15-16 y SongR 5. 14. 2 (véase Simon 1961: 246), Urbarch no observa que los diez mandamientos incorporan todos los preceptos de la Torá, sino que cada mandamiento es el fundamento de una serie de interpretaciones, reglas y deducciones que se derivan de esta (= Torá oral). Véase *supra* nota 11. Sobre esta base, Termini (2004: 10, nota 41) argumenta que la fuente de SongR 5. 14. 2 sería *y. Šeqal.* 6. 1 (véase Neusner 1982--1994: 15.124). Asegura igualmente que los textos de *Sifre* 313 a Dt 32, 10 (véase Hammer 1986: 320) y SongR 1.2.2 (véase Cohen 1995: 78-80) son similares. "As Urbach demonstrates convincingly, the statement that the 10 commandments include the whole Torah, *i.e.* the 613 precepts, appears for the first time in Bereshit Rabbati" (Termini 2004: 10, nota 41), compuesto en el siglo XI d.C. y dependiente de Saadia Gaon, quien en *'Azhārôt* defiende la idea de que el decálogo incluye la totalidad de los mandamientos. Cuando Rashi comenta Ex 24. 12, dice Termini, cita a Saadia Gaon como la fuente de tal doctrina, sin mencionar fuentes más antiguas. Dado que Rashi conocía muy bien la tradición exegética rabínica, no consideró los pasajes midráshicos citados anteriormente como un testimonio de la opinión de que el Decálogo es la síntesis de toda la Torá (p. 10, nota 41). De igual manera, la versión de Ex 24, 12 ofrecida por *Targum Pseudo-Jonathan* menciona los 613 preceptos además del decálogo, como mostró Hecht. Véase *supra* nota 14. Según Termini, si esta referencia a los 613 mandamientos no es una interpolación tardía, el texto solo confirma el deseo de concentrar la revelación de todas las leyes de la Torá escrita y oral en el Sinaí (véase *b. Ber.* 5a. I. en Epstein 1948: 1:16). Véase *QE* 2.40-42; Hecht (1978: 16); Amir (1990: 126-127). Por su parte, Borgen (1997: 60-62) asegura que Filón tiene un "Jewish concept as organizing principle", pero lo ha desarrollado en una reescritura sistémica más amplia que se encuentra en otras partes de las fuentes judías contemporáneas (p. 126); sin embargo, también reconoce su deuda con el pensamiento griego. Véase *infra* nota 35. En una línea cercana, Termini (2004: 10, nota 41) reflexiona que Filón conjuga "a biblical datum, *i.e.* the continuing relevance of the Decalogue", con categorías taxonómicas de origen griego.

20 Termini (2004: 21-23) explica que, hacia el final de la época republicana, los romanos comenzaron a sentir la urgencia de establecer un orden en los conjuntos de leyes, que proliferaban de manera caótica en torno a las Doce Tablas, el edicto anual del pretor, las decisiones judiciales y la *responsa* del *jurisconsulti*. Véase Ducos (1984: 154-170); Talamanca (1979: 149-183, 315-410); Vander Waerdt (2016: 4859; Watson (1974: 31-62).Enfatiza que esto ocurrió junto con una serie de profundas transformaciones sociales ocurridas entre los siglos II y I a.C.: la creciente complejidad de la sociedad, frecuentes contactos con otras poblaciones, cambios culturales relacionados con la difusión de la filosofía y desarrollos significativos en retórica y gramática. Dentro de este contexto, afirma que Pompeyo y César inauguraron un ambicioso programa de reforma para reducir la masa de leyes a una colección concisa de normas claras y esenciales, pero su proyecto fue detenido por el temor a la oposición. Sobre Pompeyo, véase Isidoro, *Etimología* 5.1.5 (*Leges autem redigere in libris primus cónsul Pompeius instituere voluit, sed non perseveravit obtrectatorum metu*; en el mismo pasaje, Isidoro también menciona a César: "*Deinde Caesar coepit [id] facere, sed ante interitectus est*, ed. Lindsay 1911); Suetonio, *Divus Julius* 44.3 (*ius civile ad certum modum redigere atque ex immensa idiffusaque legum copia optima quaeque et necessaria in paucissimos conferre libros*, ed. Ihm 1958). Según D'Ippolito (1978: 93-95), el clima de la época de Pompeyo y César estuvo dominado por el pensamiento de Cicerón sobre el derecho. Véase Ducos (1984: 182-187); Vander Waerdt (2016: 4867-4868).

Cicerón[21], permite emitir un juicio diferente sobre la contribución de Filón desde una perspectiva intercultural más amplia que excede toda conexión con la *Carta de Aristeas*, Aristóbulo y Flavio Josefo (pp. 11-21)[22]. Esto no implica una dependencia de Filón de los *veteres* (pp. 28-29); ayuda a delinear algunas aplicaciones regionales que derivan de un medio cultural común. Termini (p. 29) concluye que la influen-

---

Hubo más éxito en el área de jurisprudencia. Termini (p. 21) argumenta que la primera evidencia está en Pomponio, quien escribió sobre el Q. Mucius Scaevola (140-82 a.C.): *ius civile primus constituit generatim in libros decem et octo redigendo* (*Digesto* 1.2.2.41). Véase Wegmann-Stookebrand (2018: 22, nota 7); también Scarano Ussani (1997: 56). Para comentarios adicionales sobre el texto, véase Behrends (1976: 265-266); Talamanca (1977: 2.211). Dice igualmente que "Mucius Scaevola's work is known to us only through quotations and commentaries of ancient jurists, therefore it is hard to evaluate precisely the value of Pomponius' judgment. Apparently Mucius has not considered all the ius civile, but only its main institutes" (p. 22). En esta ordenación, Termini reconoce partes de la secuencia tradicional de las Doce Tablas con importantes mejoras en las siguientes áreas: la determinación de los límites, el orden y, sobre todo, la articulación interna de los temas discutidos. Véase Schiavone (1977: 101-102; 1987: 35-37); Watson (pp. 143 156, 181-182, 183); Wieaker (1988: 1.597, 598, 633-635); también Bretone (1982: 108). La expresión *constituere generatim* de *Dig.* 1.2.2.41 no indica, de hecho, una organización sistemática de los temas tratados, sino más bien la disposición de cada instituto. "Mucius was the first (*primus*) who made use of conceptualization and partition techniques. The adverb generatim thus describes a methodological choice that signals a change in the form of juridical thought from a qualitative point of view" (Termini, pp. 22-23). El uso de la lógica y la abstracción es señalado por Schiavone, quien habla de la ruptura epistemológica en la obra de Mucius (1977: 92-93, 101-102), mientras que la derivación griega es reconocida por Schulz (1946: 62-63, 67-68, 85-86) y Stein (1966: 33-39), y la influencia de la filosofía estoica en Q. Mucius Scaevola y de los académicos en Servius, las dos principales fuentes de influencia filosófica en la jurisprudencia en la era republicana, es asegurada por Behrends (1976: 281-292). Wieacker (1988: 1. 600), según Termini (2004: 23, nota 91), recomienda un juicio más cauteloso de las posibles influencias filosóficas. Véase Scarano Ussani (1997: 33, nota 49). La comparación entre Q. Mucius Scaevola y Servius puede reconstruirse gracias al testimonio de Cicerón. Véase *infra* nota 44.

21   Véase *infra* nota 44.

22   De la misma manera que Termini, Niehoff (2018: 153-154) advierte que los predecesores judíos de Filón, en especial Aristóbulo y *Carta de Aristeas*, no enfatizaron ni desarrolla-ron particularmente el decálogo como una filosofía sistemática de la ley judía. Por esta razón, su enfoque atrae una atención particular porque otros escritores tomaron caminos diferentes durante el período del Segundo Templo. Nota que el libro de los Jubileos, por ejemplo, se refiere sólo al más particular de los diez mandamientos, a saber, la observancia del Shabat. "Instead of providing a universal perspective on the Jewish tradition, the author regularly connects general precepts to specific events in Israelite history and renders them more particularistic than they originally were" (p. 152). De manera similar, reconoce que los diversos documentos legales de Qumrán enfatizan la autoridad y la revelación divinas, que son mediadas por líderes inspirados y se traducen en preceptos sectarios estrictos. En *De decalogo* "develops an innovative notion of Jewish law that has been recognized as a breakthrough in ancient Judaism" (p. 151), porque se inscribe dentro de los debates abiertos por Séneca y Kleantes en torno a cómo los principios éticos se relacionan con regulaciones específicas. Niehoff apoya su interpretación en *Decal.* 17, 13-14, 37-39, 50, 154, 177, *Spec.* 1.86-87; 3.104-107, también en Ex 20, 5-6, 12. Incluso considera que la dimensión filosófica de las declaraciones de Filón también es clara cuando enfatiza el desierto como el lugar de revelación del decálogo (2018: 154, nota 8). Véase Calabi (2008: 6-23; 2005: 41-43); Pearce (2013: 992-996).

cia filosófica que ayudó a cambiar el pensamiento jurídico romano durante el siglo I a.C. al orientarlo hacia un orden en la exposición a partir de formas conceptuales abstractas, también se observa en Filón.

Sin embargo, pese a la explicación de Termini de las similitudes del tratamiento filónico con el pensamiento filosófico de su tiempo, su línea de investigación no resuelve la 'cuestión del método legislativo'. Su tesis se suma a los intentos de los estudios anteriores preocupados por la influencia recibida por Filón en su elección metodológica, examinada desde la continuidad histórica del judaísmo de Bentwich, Wolfson, Urbach y Hecht, la solución de continuidad Amir, y la defensa de la influencia grecorromana de Goodenough. La falta de unanimidad en la fuente usada por Filón parece reafirmar la figura de Filón como un "innovator" en la discusión sobre los diez mandamientos en la historia del pensamiento judío, según observa Amir (1990: 121), e impulsa nuestra necesidad de profundizar la cuestión del método desde la estructura interna de su procedimiento. Para esto, dividimos nuestro estudio en dos partes. La primera reflexiona sobre los pasos seguidos por Filón para elaborar un esquema metodológico con niveles jerárquicos estrictos. Este análisis proporciona un enfoque posible del método legislativo, estructurado de una forma lógica según asociaciones de ideas o conceptos que se vinculan entre sí, y entre los que se establecen relaciones de subordinación. La segunda revisa el ordenamiento filónico del material legal supeditado a la organización del decálogo. Bajo cada mandamiento, Filón subsume una serie de normas que tratan de regular la relación de los hombres con el ámbito divino y humano mediante permisiones y prohibiciones sujetas a un principio o norma general.

El esquema del método legislativo de Filón

Filón inicia *Decal.* (1) con el anuncio del objetivo principal que guiará los tratados propiamente legislativos de la "Exposición de la Ley de Moisés" [23]. Sostiene "describiré con precisión y en orden consecutivo los tipos de las leyes escritas" (συντάξεσι μεμηνυκὼς κατὰ

---

23 Véase *supra* notas 1-2. Para los pasajes griegos de Filón citados a continuación seguimos la edición de Cohn, Wendland y Reiter (1897-1915), cuyas referencias completas se encuentran anotadas en el apartado "Ediciones y traducciones" de la sección "Bibliografía" ubicada en el final de nuestro capítulo. Todas las traducciones me pertenecen.

τὰ ἀκόλουθα ἑξῆς ἀκριβώσω[24] τῶν ἀναγραφέντων νόμων[25] τὰς
ἰδέας, ed. Cohn 1902: 4.269)[26]; ratifica este propósito en *Decal.* 18

---

24 En *Decal.* 1 Filón anuncia que su investigación de las leyes escritas no descuidará las interpretaciones alegóricas, cuando estén justificadas, y de hecho no lo hace (véase *Spec.* 2.29-31). Sin embargo, el comentario legal de Filón tiende a evitar la alegoría. En algunos casos ofrece solo un tratamiento literal de las leyes que en los tratados del Comentario alegórico son leídas simbólicamente. Véase *Ebr.* 14-95 en contraste con *Spec.* 2.232 sobre Dt 21, 18-21; Colson (1937 [1º ed.], 1998: xiii, nota c); Heinemann (1910: 4, nota 1). No obstante, véase Sandmel (1984: 10), quien asegura que los tratados de la "Exposición de la ley" no son menos alegóricas que los del Comentario alegórico.

25 Filón alude a las ἀναγραφέντες νόμοι, aunque parece presentar escasa explicación que nos permita comprender cuál es el significado de la expresión en el contexto de *Decal.* 1. Si bien parece introducir la expresión en un campo semántico que opone las leyes no escritas a las escritas, esta suposición no es suficiente para delimitar el significado de las ἀναγραφέντες νόμοι. La construcción del sustantivo νόμος y el participio del verbo ἀναγράφω aparece también en *Spec.* 4.149-150 y en un contexto que mantiene la relación entre νόμος ἄγραφος y ἀναγράφων νόμος ya señalada en *Decal.* 1. En *Spec.* 4.149-150, el autor dice que las ἄγραφοι νόμοι son "costumbres" (ἔθη, ed. Cohn 1906: 5.242), entendidas como "doctrinas" o "disposiciones" (δόγματα, 149) transmitidas por los fundadores del pueblo de Israel, que "no han sido grabadas en columnas o en hojitas de papiros" (οὐ στήλαις ἐγκεχαραγμένα καὶ χαρτιδίοις), sino en las almas de quienes participan de la sabiduría divina. Véase Najman (1999: 65); también Heinimann (1928: 149-171); Sandmel (1954: 226). Sobre *Spec.* 4.149, véase Cohen (1987: 165-186; 1995); Martens (1992: 38-45; 2003: 87, nota 10; 175-185). En el pasaje 150, Filón añade más información. Define las ἄγραφοι νόμοι como "costumbres patrias" (ἔθη πάτρια; véase Platón, *Político*, 298e, 299e y 301a) y sostiene que su transmisión ha sido no escrita. Véase *Legat.* 115 y *Hypoth.* 7. 6; Martens (2003: 87). Luego alude a las ἀναγραφέντες νόμοι (150), aunque no presenta ninguna explicación que nos permita comprender cuál es el significado de la expresión en ese contexto. La mayoría de los tratados de Filón registra la forma verbal en conexión con el sustantivo νόμος y en construcciones conjugadas como νόμος ἀναγράφει (*Sacr.* 19; *Deus* 127; *Spec.* 2.79; *Migr.* 204) o de infinitivo como ἀναγέγραπται νόμος (*Conf.* 141; *Aet.* 31). En ambos casos, el verbo ἀναγράφω tiene el sentido particular de "inscribir o grabar públicamente" (*s.v.* LSJ; DGE), cuya unión con νόμος o con el sustantivo στήλη hace referencia a las leyes que Moisés "inscribió en las estelas más sagradas de su ley" (ἀνέγραψεν ἐν ταῖς ἱερωτάταις τοῦ νόμου στήλαις, *Opif.* 128). Así en *Sacr.* 19, Filón anota Dt 21, 15-17, que legisla sobre los derechos de primogenitura; en *Deus* 127 apunta las normas para los leprosos de Lv 13, 11-13; en *Spec.* 2.79, el autor liga Dt 15, 12 y Ex 21, 2, que tratan sobre el año sabático y la liberación de los esclavos de origen hebreo; y en *Conf.* 141 remite a Ex 23, 1 y la ley que prohíbe aceptar falsos testimonios. En los casos mencionados, ἀναγράφω y νόμος son usados para la inscripción de la ley mosaica en piedra (*Opif.* 128) y para la inscripción de la ley mosaica en general, sin especificación alguna del material de grabación, tal cual se desprende de *Sacr.* 19, *Deus* 127, *Spec.* 2.79 y *Conf.* 141. A partir de esto podemos suponer que la expresión ἀναγράφων νόμος con el significado de "ley escrita o inscripta" de *Decal.* 1 aluda tanto a la inscripción del texto legal mosaico en piedra, cuyo hecho representativo es la grabación en dos tablas de los diez mandamientos del decálogo bíblico, como al registro público de las leyes mosaicas distribuidas en el Pentateuco. Su aplicación en *Decal.* podría marcar un nuevo giro innovador en el pensamiento de Filón en el momento en que el autor utiliza ἀναγράφων νόμος para referir a las normas escritas introduce la preceptiva judía en la historia jurídica de los pueblos con tradición normativa escrita. Véase Druille (2019: 73-96).

26 Filón separa las leyes escritas de las no escritas. En *Decal.* 1 dice: "tras haber expuesto en los anteriores tratados las vidas de los hombres sabios de los tiempos de Moisés, (…) [los] fundadores de nuestro pueblo y (…) leyes no escritas, a continuación describiré con precisión y en orden los tipos de las leyes escritas y, si se entreviera alguna forma de alegoría, no la pasaré por alto (…)" (τοὺς βίους τῶν κατὰ Μωυσέα σοφῶν ἀνδρῶν, (…)

   Filón de Alejandría en clave contemporánea

(ἑξῆς αὐτοὺς ἀκριβώσω τοὺς νόμους, ed. Cohn 1902: 4.272). Tan-

ἀρχηγέτας τοῦ ἡμετέρου ἔθνους καὶ νόμους ἀγράφους (…), ἐν ταῖς προτέραις συντάξεσι μεμηνυκὼς κατὰ τὰ ἀκόλουθα ἑξῆς τῶν ἀναγραφέντων νόμων τὰς ἰδέας ἀκριβώσω μηδ›, εἴ τις ὑποφαίνοιτο τρόπος ἀλληγορίας, τοῦτον παρείς (…)). A partir de la filiación entre la ley no escrita y la escrita, *Decal.* 1 muestra la relación directa entre los tratados histó-rico-genealógicos de la "Exposición de la Ley", que incluye los escritos *De Abrahamo* y *De Josepho*, y la propiamente legislativa. Véase *supra* notas 1 y 2. En efecto, *Decal.* 1 señala el tránsito desde los tratados que dedicados a "las vidas de los hombres sabios de los tiempos de Moisés" (τοὺς βίους τῶν κατὰ Μωυσέα σοφῶν ἀνδρῶν), que Filón iden-tifica como "[los] fundadores de nuestro pueblo" (ἀρχηγέτας τοῦ ἡμετέρου ἔθνους) y como "leyes no escritas" (νόμους ἀγράφους), hacia los tratados legislativos, que exponen acerca "de los tipos de leyes escritas" (τῶν ἀναγραφέντων νόμων). Sobre la expresión ἀναγράφων νόμος, véase *supra* nota 25. La expresión νόμος ἄγραφος es usada por el autor en otros dos lugares de su corpus: *Spec.* 4.149-150 y *Her.* 295. Cada uno de estos lugares aporta contenido léxico que ayuda a determinar el significado que la ley no es-crita tiene para Filón. Para *Spec.* 4.149-150, véase *supra* nota 25. Véase Najman (1999: 65), quien observa que en el pensamiento de Filón se advierte "a characteristically ancient Greek preference for what is *inscribed in the soul* over what is *written* on stone, paper or any physical surface" (el subrayado es del autor); Heinimann (1928: 149-171; 1929: 441); Sandmel (1954: 226). Wolfson (1947 [1° ed.], 1962: 188-194) asegura que en *Spec.* 4.149 Filón refiere a la ley oral judía, tesis defendida por Cohen (1987: 165-186), pero no por Martens (1992: 38-45; 2003, 87, nota 10; 175-185), cuyo argumento se concentra en sostener que Filón se refiere a las leyes no escritas en un sentido general, no específicamente a la ley oral judía. Vésae Smallwood (1961: 208-209); Cohen (1995). Sandmel (1954: 227) señala cercana conexión entre *Spec.* 4.150 y Aristóteles, *Retórica* 1375a15-20. "Philo seems to be reliant on this passage". Véase *Hypoth.* 7. 6, donde Filón utiliza la expresión ἄγραφα ἔθη. Torallas Tovar (2009: 256, nota 87), quien entiende la expresión νόμος ἄγραφος de *Legat.* 115 (ed. Cohn y Reiter 1915: 6.176) como una referencia ex-plícita de Filón a la Halajá. Sin embargo, cf. Martens (2003: 88), quien considera que si bien Filón podría hacer alusión a las leyes orales de los judíos, es dudoso que tenga en mente ciertas leyes rabínicas o palestinas; estima que lo más probable es que se refiera a las costumbres judías alejandrinas, o costumbres judías en general. En *Her.* 295, por su parte, las ἄγραφοι νόμοι designan las leyes no escritas de las ciudades que "admiran lo que debe ser objeto de risa" (θαυμάζοντες ἃ χρὴ γελᾶσθαι, *Her.* 295; ed. Wendland 1898: 3. 67). Aquí el autor hace referencia a los hábitos enseñados por los maestros que co-rrompen el alma de los hombres con la enseñanza de pasiones infundadas y alejadas de la verdadera sabiduría que es Dios (*Virt.* 178). Sin embargo, más allá de la valoración particular que Filón imprime en uno y otro pasaje, la lectura combinada de *Decal.* 1, *Spec.* 4.149-150 y *Her.* 295 ilumina el sentido específico que el autor asigna a la expresión en cuestión. Para Filón, las leyes no escritas son reglas tácitas o mandatos adquiridos, tesis defendidda por Martens (2003, 86). Considera que este es el sentido que adquiere la expresión en *Her.* 295 sin establecer una diferencia con el uso que Filón hace de la mis-ma expresión en *Decal.* 1 y *Spec.* 4.149-150. El valor negativo que el autor confiere a las leyes no escritas en *Her.* 295 se aleja significativamente del tono apologético de *Decal.* 1 y *Spec.* 4.149-150. En ambos lugares, las ἄγραφοι νόμοι son los patriarcas del pueblo de Israel, cuyos actos fueron expuestos en los tratados de la sección histórico-genealó-gica de la "Exposición". Filón equipara las leyes no escritas con los padres en *Virt.* 194. Véase *Abr.* 4-6; 34; 276; Nieto (2016: 324, nota 283). Sobre esta relación en Platón, véase *Critón* 50d; Martens 1991: 313, 315. Para la importancia de las leyes no escritas y su conexión y asimilación con la costumbre, véase Platón, *Leyes* 841b; también 793a; Lisi (1999: 17, nota 16). Aristóteles mantiene una interpretación cercana de las leyes Tan escritas en su teoría política, véase *Política* 1287b5-9; *Retórica* 1368b9; 1375a15, 17; 1375b5-17. Martens (2003: 3, 87); también Wolfson (1947 [1° ed.], 1962: 188-194); Cohen (2006: 227-233). Para Filón, los patriarcas de Israel fueron hombres virtuosos (véase *Sobr.* 9; *Jos.* 1; *Decal.* 1), que vivieron de acuerdo con la ley no escrita y consti-tuyeron verdaderos modelos animados o encarnaciones de esa ley (véase *Mos.* 2. 48; *Leg.*

to en un lugar como en otro, Filón no desarrolla una explicación de su objetivo. Sin embargo, el término ἀκριβώσω otorga información sustancial sobre la meta personal del autor. Derivado del verbo

3, 245; *Virt.* 194), como lo explica el propio autor en *Abr.* 5: "pues en estos hombres tenemos leyes dotadas de vida y razón, y Moisés las ensalzó por dos razones. Primero, deseaba mostrar que las ordenanzas promulgadas no son incompatibles con la naturaleza; y en segundo lugar, que aquellos que desean vivir de acuerdo con las leyes tal como están, no tienen tarea difícil, ya que las primeras generaciones antes de que se escribiera alguno de los estatutos particulares siguieron la ley no escrita con perfecta facilidad, de modo que uno podría decir correctamente que las leyes promulgadas no son más que memoriales de la vida de los antiguos, preservando para una generación posterior sus palabras y hechos reales" (οἱ γὰρ ἔμψυχοι καὶ λογικοὶ νόμοι ἄνδρες ἐκεῖνοι γεγόνασιν, οὓς δυοῖν χάριν ἐσέμνυνεν· ἑνὸς μὲν βουλόμενος ἐπιδεῖξαι, ὅτι τὰ τεθειμένα διατάγματα τῆς φύσεως οὐκ ἀπάδει, δευτέρου δὲ ὅτι οὐ πολὺς πόνος τοῖς ἐθέλουσι κατὰ τοὺς κειμένους νόμους ζῆν, ὁπότε καὶ ἀγράφῳ τῇ νομοθεσίᾳ, πρίν τι τὴν ἀρχὴν ἀναγραφῆναι τῶν ἐν μέρει, ῥᾳδίως καὶ εὐπετῶς ἐχρήσαντο οἱ πρῶτοι· ὡς δεόντως ἄν τινα φάναι, τοὺς τεθέντας νόμους μηδὲν ἄλλ᾿ ἢ ὑπομνήματα εἶναι βίου τῶν παλαιῶν, ἀρχαιολογοῦντας ἔργα καὶ λόγους, οἷς ἐχρήσαντο, ed. Cohn 1902: 4.2). Véase *Prob.* 62; *Abr.* 4-6; 276; *Mos.* 1.162; 2.4 y 12-14. El desarrollo argumentativo que Filón propone en *Abr.* 5 es significativo por distintas razones. Primero, porque plantea que los patriarcas son sabios representantes de las leyes no escritas que han internalizado completamente la disposición de vivir de acuerdo con la naturaleza (véase Najman 2003, 60-61; Martens 2003, 90). De ahí que la ley no escrita sea identificada con la ley de la naturaleza que "transcends the written laws of any human *polis*" (Najman, p. 55). Segundo, porque señala una equivalencia entre la vida de los patriarcas y las leyes de Moisés, como se desprende de la frase τὰ τεθειμένα διατάγματα τῆς φύσεως οὐκ ἀπάδει ("los mandamientos establecidos no desentonan con la naturaleza", *Abr.* 5). Esta tesis es defendida por Najman (p. 62). El autor sostiene que las leyes promulgadas por Moisés encarnan la ley de la naturaleza y que no pueden ser reducidas a ningún código escrito porque "no son otra cosa que recuerdos de la vida de los antiguos, lenguaje del pasado sobre las obras y palabras que usaron" (ὑπομνήματα εἶναι βίου τῶν παλαιῶν, ἀρχαιολογοῦντας ἔργα καὶ λόγους, οἷς ἐχρήσαντο, *Abr.* 5). En este sentido, Najman considera que el razonamiento que Filón elabora sobre la ley no escrita y su identificación con la ley natural solo es comprensible en la medida en que su lectura es incluida en una *"interpretative community"* (pp. 62-63; el subrayado no me pertenece), que hereda conocimientos y prácticas compartidas, interpretadas y transmitidas por las sucesivas generaciones. Véase Passoni DellAcqua (2004: 177-218). La permanente comunicación de las experiencias de los patriarcas es la que determina que sus ἔργα καὶ λόγους consigan la fuerza normativa de una ley. De ahí que los mandatos de Moisés sean una representación de la ley no escrita o expresiones de las ἔργα καὶ λόγους de los sabios fundadores de Israel (p. 61). Según Martens (2003: 88), Filón usa la ley no escrita para denotar "eternal, or divine law", pero asegura su "uniqueness" sobre esto aún no se ha estudiado exhaustivamente. Martens defiende que Filón es original en dos aspectos principales: vincula la ley no escrita directamente a la ley de la naturaleza, y asume que ciertas personas son leyes no escritas. El autor plantea que solo Filón hizo explícita en el mundo antiguo la conexión de la ley de la naturaleza con la ley no escrita, y la designación de las personas como leyes no escritas. Véase Termini (2006: 265-297). De Vos (2016: 96-98) sostiene que con la expresión νόμος ἄγραφος Filón también se refiere a un término que es común en griego (ἄγραφος νόμος ο ἄγραφα νόμιμα) y en latín antiguo (*ius naturale*). Razona que, aunque no existe un concepto inequívoco de la ley no escrita, en general se puede decir que el término se refiere a normas que son tan evidentes que en realidad no necesitan ser escritas. "Es sind Normen, die für alle einsichtig sind" (p. 96), el mandamiento de honrar a Dios y a los padres, la protección de la vida y la prohibición de conductas sexuales que se consideren anormales.

   Filón de Alejandría en clave contemporánea

ἀκρῑβόω, ἀκριβώσω supone una descripción detallada de las leyes escritas basada en la observación minuciosa y la catalogación de un conjunto de leyes con el fin de crear una estructura jerárquica, cuyo orden depende de un estricto criterio de subordinación entre leyes superiores e inferiores. Para exponer esta cualidad de gradación, diseña, planifica y dirige su atención hacia el examen categórico de cada ley produciendo un esquema legislativo a partir de una doble modalidad de revelación. En *Decal.* 18 dice que, entre las leyes, "unas el propio Dios consideró conveniente pronunciarlas por sí mismo sin servirse de otra persona" (μὲν αὐτὸς ὁ θεὸς οὐ προσχρησάμενος ἄλλῳ δι' ἑαυτοῦ μόνου θεσπίζειν ἠξίωσεν)[27], y "otras a través del profeta Moisés, que en razón de su valía fue elegido entre todos como el más adecuado para revelar los misterios" (δὲ διὰ προφήτου Μωυσέως, ὃν ἀριστίνδην ἐκ πάντων ὡς ἐπιτηδειότατον ἱεροφάντην ἐπελέξατο)[28]. Y en *Decal.* 19 agrega que las leyes pronunciadas por Dios son "leyes y también compendios de las leyes particulares" (νόμους εἶναι καὶ νόμων τῶν ἐν μέρει κεφάλαια, ed. Cohn 1902: 4.272), y las que enunció Moisés a través del profeta "se remontan todas a aquellas" (πάντας ἐπ' ἐκείνους ἀναφέρεσθαι). Filón repite esta división en *Decal.* 175, donde reflexiona "acerca de los diez mandamientos, que Dios mismo reveló, tal como corresponde a su santidad" (τῶν δέκα λογίων, ἅπερ ἱεροπρεπῶς ἔχρησεν αὐτὸς ὁ θεός, ed. Cohn 1902: 4.306-307), dado que "iba en consonancia con su naturaleza manifestar en oráculo personalmente lo esencial de las leyes especiales" (ἣν (…) ἁρμόττον αὐτοῦ τῇ φύσει, κεφάλαια

---

27 En *Spec.* 2.189 Filón desarrolla la noción de una milagrosa "voz divina" creada especialmente para la ocasión. Véase *Decal.* 32-35. Para un análisis de *Decal.* 18-19, véase Amir (1990: 135-148); también Weber (2001: 68-77).

28 En *Decal.* 18, Filón retorna al argumento principal de la exposición después de una digresión en la cual explica las siguientes razones de la revelación de las leyes en el desierto; 1) las ciudades están cargadas de sacrilegios contarrios a Dios (*Decal.* 2), vanidad (4-5), idolatría (6); 2) el contacto con los hombres de las ciudades mancha las almas que deben ser lavadas y purificadas para recibir las leyes divinas (10); 3) la preparación y el ejercicio en las reglas de la constitución (14); 4) las leyes son oráculos de Dios, no invenciones del hombre (14). Para una explicación de las cuatro razones filónicas, véase Amir (1990: 130-135); Termini (2004: 1, nota 1); Calabi (2005: 10-13). Sobre la civilización urbana, el lujo y la ley de la naturaleza y de Dios, véase Platón, *República* 371a-372d; LXX, Dt 8, 11-14; también *Sacr.* 55-58; *Somn.* 2.61-64; *Abr.* 133; *Virt.* 219; *Contempl.* 48 ss. Para un análisis de la vanidad en el corpus de Filón, véase *Prov.* 2.19; *Ebr.* 95; *Mos.* 2.162, 169, 270; *Spec.* 1.79; 3.125. Sobre el aprendizaje de un régimen civil en el desierto, véase Wolfson (1947 [1º ed.], 1962: 380-381). Para *Decal.* 15-16, véase LXX, Ex 15, 22-27; 16. 13-16; 17. 1-8; Nm 11, 31; Dt 8, 15-18; 32, 10; Is 48, 21; también *Mos.* 1.200; 2.251-261. Sobre el valor del desierto como un teatro milagroso y asociado a la fidelidad de Israel, véase *Mos.* 1.164, 202, 225; *Spec.* 2.198-199; 4.126 ss. En relación con la promulgación de las leyes para regular la vida civil, véase LXX, Nm 34; *Jos.* 13 s.

μὲν τῶν ἐν εἴδει νόμων αὐτοπροσώπως θεσπίσαι), y "las leyes particulares [conocidas] mediante el más perfecto de los profetas" (νόμους δὲ τοὺς ἐν τῷ μέρει διὰ τοῦ τελειοτάτου τῶν προφητῶν, ed. Cohn 1902: 4.307). *Decal.* 1, 18-19 y 175 presentan así un esquema metodológico que refiere a los pasos seguidos para la consecución del objetivo principal (1 y 18), según los dos niveles legislativos sugeridos por la doble modalidad de revelación:

Nivel 1. τοὺς νόμους (…) ὁ θεὸς (…) δι᾿ ἑαυτοῦ μόνου θεσπίζειν ἠξίωσεν (*Decal.* 18)

    1.1. νόμους εἶναι καὶ νόμων τῶν ἐν μέρει κεφάλαια (*Decal.* 19)

    1.2. τῶν δέκα λογίων (…) κεφάλαια (*Decal.* 175)

Nivel 2. τοὺς νόμους (…) [reveladas] διὰ προφήτου Μωυσέως (*Decal.* 18)

    2.1. πάντας ἐπ᾿ ἐκείνους ἀναφέρεσθαι (*Decal.* 19)

    2.2. τῶν ἐν εἴδει νόμων (…) νόμους δὲ τοὺς ἐν τῷ μέρει (*Decal.* 175)

En el nivel 1, las leyes reveladas por Dios son τὰ δέκα λόγια, ubicados como κεφάλαια[29] νόμων τῶν ἐν μέρει (*Decal.* 19) y ἐν

---

29 En *Praem.* 2, Filón hace referencia nuevamente a la parte legislativa de la "Exposición" utilizando κεφάλαια con el sentido aplicado en *Decal.* 18-19 y 175. Dice que "la [parte] legislativa contiene un asunto que es más universal y otro que son los mandamientos de las leyes particulares" (τοῦ δὲ νομοθετικοῦ τὸ μὲν καθολικωτέραν ὑπόθεσιν ἔχει, τὸ δ᾿ ἕτερον <τῶν κατὰ> μέρος νομίμων εἰσὶν ἐντολαί, ed. Cohn 1906: 5.336), y afirma: 1) "hay diez principios generales que (…) fueron revelados no por un intérprete, sino por una disposición de aire en lo alto que contenía una articulación racional" (κεφάλαια μὲν δέκα, ἅπερ (…) κεχρησμῳδῆσθαι οὐ δι᾿ ἑρμηνέως ἀλλ᾿ ἐν τῷ ὑψώματι τοῦ ἀέρος σχηματιζόμενα καὶ ἄρθρωσιν ἔχοντα λογικήν), y 2) "las otras leyes particulares fueron sancionadas por medio del profeta" (τὰ δ᾿ ἄλλα τὰ κατ᾿ εἶδος [μέρη] διὰ τοῦ | προφήτου θεσπισθέντα). Tal descripción no solo es una recapitulación del contenido de los tratados legislativos, sino también una confirmación del valor de κεφάλαια en relación con νόμοι ἐν μέρει y νόμοι ἐν εἴδει, reiterada una y otra vez en el corpus completo de esta sección. Véase *Decal.* 20; 154; 156; 158; 168; 170; *Spec.* 2.1; 2.39, 63, 223, 242, 261; 4.41, 78. Esta declaración programática y la descripción de la parte legislativa también se encuentra en *Mos.* 2.46, pero no repite las palabras de *Praem.* 2. En *Mos.* 2.46 Filón dice: "de estos libros, una parte es la histórica, la otra trata de prescripciones y prohibiciones" (τούτων τοίνυν τὸ μέν ἐστιν ἱστορικὸν μέρος, ὃ δὲ περὶ τὰς προστάξεις καὶ ἀπαγορεύσεις, ed. Cohn 1902: 4.210; véase 2.47 y 51), aunque aquí no usa κεφάλαια, sino προστάξεις καὶ ἀπαγορεύσεις. Esto sucede nuevamente en *Congr.* 120, donde Filón recuerda que "Moisés inscribió la legislación sagrada y divina en diez máximas en total" (τὴν γὰρ ἱερὰν καὶ θείαν νομοθεσίαν δέκα τοῖς σύμπασι λόγοις Μωυσῆς ἀναγέγραφεν, ed. Wendland 1898: 3.96), y éstas no solo "son normas" (εἰσὶ θεσμοί), sino también "puntos capitales y genéricos de leyes que son infinitas en sus partes" (τῶν κατὰ μέρος ἀπείρων νόμων γενικὰ κεφάλαια), "raíces" (ῥίζαι), "principios y fuentes perennes de disposiciones" (ἀρχαὶ <καὶ> πηγαὶ ἀέναοι διαταγμάτων) que contienen "órdenes y prohibiciones para

     Filón de Alejandría en clave contemporánea

εἴδει νόμοι (*Decal.* 175), mientras que en el nivel 2, las leyes dadas a conocer por Moisés son νόμους δὲ τοὺς ἐν τῷ μέρει y πάντας ἐπ᾽ ἐκείνους (=τὰ δέκα λόγια / κεφάλαια) ἀναφέρεσθαι. Apoyado en esta doble modalidad de revelación, Goodenough (1929: 11-12) propone una interpretación de *Decal.* 18-19 y 175. Después de considerar que a través de esta modalidad los hombres reciben "a more definite and easily understood codification of Law" (p. 11), observa que Dios reveló los diez mandamientos expuestos en *Decal.* como "the Law of God and Nature as reduced to principles by God himself" (p. 11). Esta parte de la "Law of God" fue manifestada directamente a toda la raza humana, y sólo después escrita a través de Moisés empoderado por inspiración divina "in the character (...) of Incarnation of the Law", para usar el decálogo "as a set of legal pinciples from wich he deduced the entire bod of those specific laws [*Spec.*]" (p. 11), donde cada bloque de leyes especiales está asignado a uno de los diez mandamientos "as its justifying legal principle" (p. 12). A partir de esta doble modalidad de revelación, por lo tanto, las regulaciones normativas del Pentateuco se convierten en una jerarquía, que no implica una deslegitimación de las leyes subordinadas, ni una disminución en su nivel de obligación[30], sino una vinculación permanente entre los diez mandamientos y la normativa restante que Amir (1990: 126) denomina "binding force" de la autoridad de los diez mandamientos. Las leyes dictadas por Moisés están en un nivel posterior a las reveladas por Dios[31], determinando así que las diez palabras divinas funcionen como los encabezados (νόμοι, κεφάλαια) que resumen

---

provecho de los que las observan" (προστάξεις καὶ ἀπαγορεύσεις (...) ἐπ᾽ ὠφελείᾳ τῶν χρωμένων). De hecho, la discriminación entre κεφάλαια y νόμοι ἐν μέρει y νόμοι ἐν εἴδει parece asignar a κεφάλαια un valor exclusivo de los tratados legislativos. Este valor no parece percibirse en en otros tratados. Véase *Deus* 53-54, donde Filón sostiene que "a las leyes que se encuentran en los mandatos y las prohibiciones, que son leyes en sentido estricto, se anteponen dos normas capitales superiores relativas a la causa" (τῶν γὰρ ἐν ταῖς προστάξεσι καὶ ἀπαγορεύσεσι νόμων, οἳ δὴ κυρίως εἰσὶ νόμοι, δύο τὰ ἀνωτάτω πρόκειται κεφάλαια περὶ τοῦ αἰτίου, 53; ed. Cohn y Wendland 1897: 2.68); 63; 69; *Decal.* 176; *Spec.* 1.299; también *Mos.* 2.46-48; *Leg.* 1.93 y 94; *Ebr.* 92; *Fug.* 100; *Sacr.* 94. Para otros usos de κεφάλαια, véase *Deus* 88. Sobre κεφάλαια en *Decal.*, véase De Vos (2016: 92-96). En otros tratados de su autoría, Filón asigna a κεφάλαιον otros significados: "tema" (véase *Leg.* 1.99; también 2.102; *Aet.* 124; *Sacr.* 82-83; *Post.* 131); "principal" (véase *Leg.* 3.188; *Aet.* 89; *Cher.* 17; *Sacr.* 85; *Mut.* 130); "capítulo" (véase *Agr.* 2; *Ebr.* 93 y 195); "cuenta" o "total" (véase *Ebr.* 114 y 115; *Conf.* 55); "punto capital" (véase *Heres.* 214); "fundamental" o "esencial" (véase *Fug.* 7; 143; 166; *Mut.* 106).

30   Véase Termini (2004: 8).

31   Véase *Praem.* 2, donde el decálogo, pronunciado directamente por Dios, representa el καθολικωτέραν ὑπόθεσιν de la legislación bíblica; también *Spec.* 2.189; 3.7; 4.132.

las leyes particulares (νόμων τῶν ἐν μέρει, y ἐν εἴδει νόμοι)[32]. Esta ambivalencia entre νόμος y κεφάλαιον marca "the foundation of Philo's reworking of Jewish legislation" (Termini 2004: 7), como lo muestra la estructura de *Decal.*, y su extensión a lo largo de los cuatro tratados de *Spec.*[33]. Incluso antes de comenzar con su plan de examinar "los mandatos particulares" (τὰ δ' ἐν μέρει διατάγματα, *Spec.* 1. 1; ed. Cohn 1906: 5.1), Filón introduce una división propia de *Spec.* Dice que "los géneros de las leyes especiales" (τὰ μὲν γένη τῶν ἐν εἴδει νόμων) son justamente "los llamados diez mandamientos (οἱ προσαγορευόμενοι δέκα λόγοι) que "han sido descriptos en el tratado precedente [*Decal.*]" (διὰ τῆς προτέρας ἠκρίβωνται συντάξεως). La división que plantea aquí se suma a la doble nivelación de *Decal.* 18-19 y 175 indicada más arriba:

Nivel 1. τοὺς νόμους (…) ὁ θεὸς (…) δι᾽ ἑαυτοῦ μόνου θεσπίζειν ἠξίωσεν (*Decal.* 18)

    1.1.νόμους εἶναι καὶ νόμων τῶν ἐν μέρει κεφάλαια (*Decal.* 19)
    1.2. τῶν δέκα λογίων (…) κεφάλαια μὲν (*Decal.* 175)
    1.3. τὰ γένη (*Spec.* 1.1)

Nivel 2. τοὺς νόμους (…) [reveladas] διὰ προφήτου Μωυσέως (*Decal.* 18)

    2.1. πάντας ἐπ᾽ ἐκείνους ἀναφέρεσθαι (*Decal.* 19)
    2.2. τῶν ἐν εἴδει νόμων (…) νόμους δὲ τοὺς ἐν τῷ μέρει (*Decal.* 175)
    2.3. τῶν ἐν εἴδει νόμων (*Spec.* 1.1)

---

32   Termini (2004: 2) considera que, en *Decal.* 19, el infinitivo ἀναφέρεσθαι, con su movimiento vertical y la pluralidad indicada por la expresión νόμων τῶν ἐν μέρει, son perfectamente consistentes con κεφάλαιον, en la medida en que Filón estima cualquier precepto del decálogo con un doble carácter: "as a νόμος, it prescribes something specific; as a κεφάλαιον it becomes the rule used to classify a series of particular laws" (p. 6). La transición de lo específico a lo general es crucial e implica un cambio cualitativo hecho posible por la abstracción y la analogía. Termini (p. 6) da el siguiente ejemplo: "the honour to be paid to parents concerns the restricted field of the family, but if we deduce from it the asymmetric value of the relationship, then the precept can be applied to the relation between old men and young men, between ruler and subjects, between benefactor and beneficiary, between master and slave".

33   Svebakken (2009: 4-6; 2012: 4-6) resume el propósito de Filón. Sostiene que Filón enmarca una exposición unificada, sistemática y completa de los mandatos y prohibiciones mosaicos, utilizando un esquema organizativo basado en los diez mandamientos. Para Filón, los diez mandamientos son absolutamente preeminentes, y su disposición y contenido determinan la disposición general y el contenido de su comentario legal en *Decal.* 1-*Spec.* 4.132. A partir de *Decal.* 18-19, Svebakken (2009: 5-6; 2012: 5) nota que dos rasgos clave distinguen a los diez mandamientos. Primero, Dios los entregó personalmente a los israelitas sin un mediador humano. Segundo, cada uno de los diez mandamientos tiene un significado dual único: 1) imperativo ético, 2) "encabezado" (κεφάλαιον) o "resumen" de una categoría completa de leyes particulares (νόμων τῶν ἐν μέρει).

          Filón de Alejandría en clave contemporánea

Filón parece colocar τὰ γένη[34] de *Spec.* 1.1 en el mismo nivel que τὰ δέκα λόγια y κεφάλαια (*Decal.* 19; 175), y ἐν εἴδει νόμοι (*Decal.* 175; *Spec.* 1.1) en el mismo nivel que νόμοι ἐν τῷ μέρει (*Decal.* 19). Esto muestra la dependencia de ἐν εἴδει νόμοι con τὰ γένη, donde γένη[35] es usado en lugar de κεφάλαια. Sin embargo, esto no supone una suplantación del valor exclusivamente legislativo asignado a

34 Filón usa γένος en unión con εἶδος en distintas oportunidades y con diferentes signifi-cados: "género" humano y sus "especies" (véase *Opif.* 76 y *Leg.* 2.13; *Deus* 76; *Heres.* 164), los géneros de las potencias y sus especies (véase *Leg.* 2.22), "raza" y "especie" (véase *Sacr.* 8; también *Deus* 119), las "especies" de la virtud "genérica" (véase *Sacr.* 84; también *Mut.* 78). Para otros usos, véase *Det.* 46; 77; *Post.* 105; *Agr.* 134; *Sobr.* 52; *Conf.* 192; *Migr.* 155; *Heres.* 127; *Somn.* 1, 45; 2.210.

35 En *Antigüedades judías* 4.196-197, Josefo dice: γέγραπται δὲ πάνθ' ὡς ἐκεῖνος κατέλιπεν οὐδὲν ἡμῶν ἐπὶ καλλωπισμῷ προσθέντων οὐδ' ὅτι μὴ κατελέλοιπε Μωυσῆς. νενεωτέρισται δ' ἡμῖν τὸ κατὰ γένος ἕκαστα τάξαι· σποράδην γὰρ ὑπ' ἐκείνου κατελείφθη γραφέντα καὶ ὡς ἕκαστόν τι παρὰ τοῦ θεοῦ πύθοιτο. τούτου χάριν ἀναγκαῖον ἡγησάμην προδιαστείλασθαι, μὴ καί τις ἡμῖν παρὰ τῶν ὁμοφύλων ἐντυχόντων τῇ γραφῇ μέμψις ὡς διημαρτηκόσι γένηται (ed. Niese 1887). Según Termini (2004: 16-17), el adjetivo σποράδην describe, de la misma manera que Filón (p. 16), la dificultad que encontró Josefo al presentar el material legal del Pentateuco. Para el uso de σποράδην en Filón, véase *Virt.* 16, donde el término es usado para indicar las leyes que están dispersas en varios lugares. A la luz de esta dificultad, Josefo sintió la necesidad de reafirmar su fidelidad al texto bíblico (véase *Antigüedades judías* 1.17; Dt 4, 2) y de justificar la naturaleza incohe-rente de las colecciones normativas sosteniendo que fueron reveladas en esta secuencia. En tal sentido, Termini (p. 17) defiende que el desorden de las leyes bíblicas no puede imputarse a la incapacidad humana; más bien, se convierte en la máxima garantía del carácter divino de la Torá y, al mismo tiempo, motiva la introducción de una renovación por Josefo. Termini también llama la atención sobre el tiempo perfecto νενεωτέρισται: "he verb νεωτερίζω carries a negative connotation in Greek since not only does it regularly refer to attempts of violent subversion of the political order, but also in a broader sense, it carries a sinister connotation since innovation was considered suspect in ancient societies which tended to give value to the continuity in the tradition". Cita a È. Nodet (1995: 48, nota 4) y L. H. Felddnan (2000: 3. 397, nota 573), quienes "remark that in this passage the verb νεωτερίζω has the neutral meaning of "to make an innovation"" (Termini 2004: 17, nota 69). Josefo reconoce abiertamente que su exposición se aleja, al menos formal-mente, de la narrativa bíblica (véase *Antigüedades judías* 8.224; Castelli 2001: 153), y este reconocimiento lo hace consciente de posibles críticos, especialmente judías. Para Termini (p. 17), "the contested innovation consists in ordering the laws κατὰ γένος and the use of the word γένος not only reminds us of Philo, but is the best testimony, in my opinion, of the pioneering undertaking of the Alexandrian philosopher". Pese a que no es seguro si Josefo conocía el trabajo de Filón (véase Elon 1994: 3.1055, nota 72), Termini asume que el texto muestra que más de cincuenta años después de Filón, una exposición del material legal en géneros seguía siendo una innovación que necesitaba justificación. Sin embargo, siguiendo a Daube (1956: 63-66), Cohen (1995: 76) advierte que la taxo-nomía género-especie es típica del pensamiento griego, y también se puede encontrar en la Halajá rabínica. Daube quizás va incluso más allá, diciendo que la relación entre el principio general y los casos particulares no proviene de la cultura griega, sino que ya está atestiguada en el Antiguo Testamento hasta convertirse en un principio de exégesis rabínica. No obstante, Termini (2004: 19, nota 77) sostiene que la terminología de los rabinos es diversa (véase Bacher 1905), y considera equilibrada la opinión de Gerhardsson (1961: 136-142), quien pensó que el uso de principios y casos subordinados era parte de un desarrollo natural interno de la tradición judía, aunque probablemente fue estimulado por la filosofía helenística (p. 20, nota 77).

κεφάλαια[36]. Por el contrario, permite entender que entre las leyes divinas y las mosaicas no hay una relación de lo primario a lo secundario, ni de lo importante a lo menos importante, sino de lo general a lo particular o "of the genus to the species" (Amir, p. 126). Según esta interpretación, cada uno de los diez mandamientos es tratado como un género, "the main category under which species and sub-species of mitzvot can be grouped" (p. 127). Termini (2004: 8) nota que es justamente este uso de γένος junto con εἶδος el que pone en evidencia "the technical nature of Philo's attempt", que se funda en una taxonomía lógica del decálogo exenta de cualquier criterio hermenéutico-axiológico. Esta "strategy" de Filón (p. 8) fortalece la conexión entre lo revelado directamente por Dios y las leyes mediadas por Moisés, que también se observa en otros lugares de *Spec*. En 3. 7 Filón comunica una vez más su intención expositiva, cuando dice "intentaré de nuevo adaptar las leyes especiales al marco de las generales" (πειράσομαι πάλιν καθ᾽ ἕκαστον τῶν γενῶν ἐφαρμόζειν τοὺς ἐν εἴδει νόμους, ed. Cohn 1906: 5.152)[37]; en 3. 125 insiste con la expresión "los géneros de las leyes especiales" (τὰ γένη τῶν ἐν

---

36   Véase *supra* nota 29. El término γένη no define los diez mandamientos en ningún lugar de *Decal*., donde adquire un valor diferente. Véase *Decal*. 23 (παρὰ τὸ δέχεσθαι καὶ κεχωρηκέναι τὰ γένη πάντα τῶν ἀριθμῶν καὶ λόγων τῶν κατ᾽ ἀριθμὸν καὶ ἀναλογιῶν ἁρμονιῶν τε αὖ καὶ συμφωνιῶν, ed. Cohn 1902: 4.273); 52 (: "πλάνος τις οὐ μικρὸς τὸ πλεῖστον τῶν ἀνθρώπων γένος κατέσχηκε περὶ πράγματος, ed. Cohn 1902: 4.280; véase *Decal*. 81; 91; 153); 71 (ἱερέων γὰρ καὶ τὸ γένος ἐξετάζεται μετὰ πάσης ἀκριβείας, εἰ ἀνεπίληπτον, καὶ ἡ κοινωνία τῶν τοῦ σώματος μερῶν, εἰ σύμπασα ὁλόκληρος, ed. Cohn 1902: 4.285); 130 (φανερὸν δ᾽ εἰ γένοιτο τἀδίκημα, κακοδαιμονέστατοι γένοιντ᾽ ἂν οἱ μηδὲν ἠδικηκότες ἄθλιοι παῖδες, μηδετέρῳ γένει προσνεμηθῆναι δυνάμενοι, μήτε τῷ τοῦ γήμαντος μήτε τῷ τοῦ μοιχοῦ. τοιαύτας συμφορὰς ἀπεργαζομένης τῆς ἐκνόμου μίξεως, εἰκότως στυγητὸν καὶ θεομίσητον πρᾶγμα, μοιχεία, πρῶτον ἀδικημάτων ἀνεγράφη, ed. Cohn 1902: 4.298). Sin embargo, εἶδος siempre indica las leyes especiales, principalmente en *Decal*. (véase Termini 2004: 8). Vease *Decal*. 154 (οἱ δέκα λόγοι κεφάλαια νόμων εἰσὶ τῶν ἐν εἴδει παρ᾽ ὅλην τὴν νομοθεσίαν ἐν ταῖς ἱεραῖς βίβλοις ἀναγραφέντων, ed. Cohn 1902: 4.303); 168 (Καὶ ἡ μὲν προτέρα πεντὰς ἐν τούτοις περατοῦται κεφαλαιώδη τύπον περιέχουσα, τῶν δ᾽ ἐν εἴδει νόμων οὐκ ὀλίγος ἀριθμός, ed. Cohn 1902: 4.305; véase *Spec*. 4. 78; *Legat*. 178-179); 175 (ἦν γὰρ ἁρμόττον αὐτοῦ τῇ φύσει, κεφάλαια μὲν τῶν ἐν εἴδει νόμων αὐτοπροσώπως θεσπίσαι; véase *Congr*. 120). Para Termini (2004: 8), la elección del verbo πειράζω, conjugado en primera persona del singular, muestra la coordinación de las ordenanzas particulares a los mandamientos del decálogo, concebidos como géneros. La autora advierte sobre el uso de γένος, junto con εἶδος en lugar de κεφάλαιον, como evidencia de la naturaleza técnica del intento de Filón. De hecho, considera que este uso de γένος para indicar los preceptos del decálogo es típico de los cuatro libros de *Spec*. (2004: 8, nota 29). Sin embargo, agrega: "since the incipit of *Spec*. 1.1, it marks a specification, because not every κεφάλαιον indicates a genus" (2004: 8, nota 29).

37   En otros lugares de *Spec*., Filón se vale de la relación γένος en unión con εἶδος. En *Spec*. 1.194 refiere a los "tipos" de sacrificios y sus "especies". Véase también 1.254. En 1.210 alude al "género" humano y sus "especies".

    Filón de Alejandría en clave contemporánea

εἴδει νόμων, ed. Cohn 1906: 5.185) de *Spec.* 1. 1[38]; por último, en 4. 132-133 cierra la sección legislativa con una breve exposición de las ideas cardinales y los conceptos relacionados con el procedimiento implementado en el conjunto de *De decalogo* y *De specialibus legibus*:

4.132. Τοσαῦτα (…) ἀποχρώντως κατὰ τὴν δύναμιν εἴρηται πρὸς συμπλήρωσιν τῶν δέκα λογίων καὶ τῶν τούτοις ὑποστελλόντων· | εἰ γὰρ δεῖ τὰ μὲν φωνῇ θείᾳ χρησμῳδηθέντα κεφάλαια γένη νόμων ἀποδεῖξαι, τοὺς δὲ κατὰ μέρος πάντας οὓς διηρμήνευσε Μωυσῆς ὑποστέλλων[39] τὰ εἴδη, πρὸς τὸ ἀσύγχυτον τῆς ἀκριβοῦς καταλήψεως φιλοτεχνίας ἐδέησεν, ᾗ χρησάμενος ἑκάστῳ τῶν γενῶν ἐξ ἁπάσης τῆς νομοθεσίας τὰ οἰκεῖα προσένειμα καὶ προσέφυσα.133. (…). οὐ δεῖ δ᾿ ἀγνοεῖν, ὅτι ὥσπερ ἰδίᾳ ἑκάστῳ τῶν δέκα συγγενῆ τινα τῶν ἐπὶ μέρους ἐστίν, ἃ πρὸς ἕτερον γένος οὐδεμίαν ἔχει κοινωνίαν (…) (ed. Cohn 1906: 5.238-239)

4. 132. Tales <reflexiones> (…) han quedado lo suficientemente expresadas en la medida de lo posible para la completa revisión de los diez mandamientos y de los subordinados a estos. Porque, si es necesario dar a conocer los principios capitales de las leyes generales que han sido revelados por la voz divina, y todas las <leyes> particulares que expuso Moisés como especies subordinadas, para su aprehensión precisa y sin confusión, también es necesaria la *philotechnía*, con cuya ayuda asigné y adherí a cada uno de los mandamientos generales lo que consideré propio de toda la legislación. 133. (…) No se debe ignorar que, así como a cada uno de los diez <mandamientos> en particular son afines algunas de las <leyes> especiales, que no tienen ninguna relación con otro género (…)

Filón parece concluir aquí el esquema metodológico anunciado en *Decal.* 18-19, 175. Por un lado, menciona el objetivo principal consistente "en la revisión de los diez mandamientos y de los subordinados a estos" (πρὸς συμπλήρωσιν τῶν δέκα λογίων καὶ τῶν τούτοις

---

38 Los δέκα λόγοι son τὰ μὲν γένη τῶν ἐν εἴδει νόμων (*Spec.* 1.1; 3.125: ἃ γένη τῶν ἐν εἴδει νόμων) y por lo tanto "genéricos" (*Her.* 173: γενικοί (…) κανόνες, ed. Wendland 1898: 3. 40). Sobre el estudio de esta interpretación como una taxonomía legal en Filón, véase Jastram (1989: 30-35), cuyos comentarios sitúan la taxonomía legal en el contexto de las aplicaciones más amplias de Filón del concepto género-especie. Termini (2004: 10, 20-21), sostiene que la aplicación de Filón de una taxonomía género-especie a la legislación mosaica es radicalmente innovadora, aunque su interés en la organización sistemática de materiales legales refleja las tendencias contemporáneas en la jurisprudencia romana. Véase *infra* nota 44.

39 Como el verbo ἀναφέρω de *Decal.* 19, el verbo ὑποστέλλω usado aquí también responde a la necesidad de expresar la jerarquía entre el decálogo y sus leyes derivadas.

ὑποστελλόντων⁴⁰, 132)⁴¹, que recuerda su meta programática de *Decal.* 1 y 18 y, por otro lado, alude al término que podría definir su método legislativo. Primero retoma la doble modalidad de revelación mencionada en *Decal.* 18 y 175, cuando sostiene "si es necesario dar a conocer los principios capitales de las leyes generales que han sido revelados por la voz divina" (εἰ γὰρ δεῖ τὰ μὲν φωνῇ θείᾳ χρησμῳδηθέντα κεφάλαια γένη νόμων ἀποδεῖξαι, 132), y "todas las <leyes> particulares que expuso Moisés como especies subordinadas" (τοὺς δὲ κατὰ μέρος πάντας οὓς διηρμήνευσε Μωυσῆς ὑποστέλλων τὰ εἴδη, 132). Segundo afirma que también "es necesaria la *philotechnía*" (φιλοτεχνίας ἐδέησεν, 132), con la cual "asigné y adherí a cada uno de los mandamientos generales lo que consideré propio de toda la legislación" (χρησάμενος ἑκάστῳ τῶν γενῶν ἐξ ἁπάσης τῆς νομοθεσίας τὰ οἰκεῖα προσένειμα καὶ προσέφυσα, 132). Durante este procedimiento, las acciones "asignar" (προσνέμω) y "adherir" (προσφύω) no se practican de manera caótica e impredecible, sino que responden a la "afinidad" (συγγενής) y "relación" (κοινωνία) existente entre los mandamientos y las leyes particulares ("a cada uno de los diez <mandamientos> en particular son afines algunas de las <leyes> especiales", ἰδίᾳ ἑκάστῳ τῶν δέκα συγγενῆ τινα τῶν ἐπὶ μέρους ἐστίν, ἃ πρὸς ἕτερον γένος οὐδεμίαν ἔχει κοινωνίαν, 133). El término φιλοτεχνία⁴², por lo tanto, pare-

---

40   Para las leyes particulares situadas "bajo" (ὑπό) sus respectivos encabezados, véase *Decal.* 170; como "ordenado bajo" (ὑποτάσσεσθαι), véase *Decal.* 168, 171; como "incluidos en" (ὑποπίπτειν), véase *Decal.* 174 (cf. ὑποστέλλειν en *Decal.* 157, *Spec.* 4, 1, y *Spec.* 4.132). En términos de función, Svebakken (2009: 6-7; 2012: 6) nota que todos "se remontan a" (ἀναφερεσθαι, *Decal.* 19) una sola orden sumaria, que sirve o promueve su propósito moral. Véase *Spec.* 2.223 y 242; también *Leg.* 2. 102; Eusebio, *Historia eclesiástica* 2. 18. 5 (Περὶ τῶν ἀναφερομένων ἐν εἴδει νόμων εἰς τὰ συντείνοντα κεφάλαια τῶν δέκα λόγων α´ β´ γ´ δ´, ed. Bardy 1955). Para Svebakken (2009: 6; 2012: 6), "Philo characterizes this unique relationship of particular law(s) to summary Commandment in a variety of ways. In terms of status, the particular laws are all subordinate to their respective "heads," as Philo's use of ὑπό ("under") and related compounds clearly indicates" (p. 6).

41   Svebakken (2009: 6; 2012: 5) interpreta así que, en opinión de Filón, Dios entregó cada uno de los diez mandamientos en forma de resumen, declarando sucintamente lo que Moisés explica en detalle por medio de leyes adicionales que se encuentran en otras partes del Pentateuco. Estas otras leyes forman un conjunto distinto de preceptos subsidiarios que, a pesar de su variedad individual, expresan de alguna manera la esencia moral de su respectivo mandamiento.

42   Al parecer, Filón usa el término φιλοτεχνία solo en *Spec.* 4.132. Sin embargo, usa τέχνη en *Congr.* 141, donde separa τέχνη de ἐπιστήμη. Dice, en efecto, "esta es la definición de *téchne*: sistema de conceptos que se ejercitan para un fin útil" (τέχνης μὲν γὰρ ὅρος οὗτος· σύστημα ἐκ καταλήψεων συγγεγυμνασμένων πρός τι τέλος εὔχρηστον), y agrega "de manera razonable se añade lo de útil, por causa de las malas artes" (τοῦ εὐχρήστου διὰ τὰς κακοτεχνίας ὑγιῶς προστιθεμένου·). Por su parte, "[la definición] de la ciencia es aprehensión sólida y firme que no cambia por obra de un argumento" (ἐπιστήμης

ce designar el método legislativo de Filón, usado para explicar el conjunto de acciones del procedimiento seguido para obtener los resultados expuestos en los tratados legislativos, sintetizados en el esquema metodológico de *Decal.* 18-19, 175, y *Spec.* 1.1, 3.7, 125. En estos lugares, Filón despliega lenta y ordenadamente la red conceptual de la "macrostructure" de su método (Termini 2004: 8) que luego concentra en *Spec.* 4.132-133. Las expresiones τὰ μὲν φωνῇ θείᾳ χρησμῳδηθέντα κεφάλαια γένη νόμων ἀποδεῖξαι (132) y τοὺς δὲ κατὰ μέρος πάντας οὓς διηρμήνευσε Μωυσῆς ὑποστέλλων τὰ εἴδη pueden colocarse así en un "logical vertical axis" (Termini, p. 8), formando la posible "equation between κεφάλαιον and γένος and between μέρος and εἶδος" de la φιλοτεχνία.

No obstante, resulta difícil afirmar que este término nombre el método legislativo de Filón. Según se explicó en la "Introducción", Goodenough (1929: 6) argumenta que "the "method" he [Philo] is using is easily discoverable" (p. 6). *De decalogo* y *De specialibus legibus* son una prueba de esto. Desde su concepción de la Torá como el *código escrito supremo* (p. 10), Filón parece presentar en los tratados legislativos una posible codificación de la ley comprensible para la razón humana (p. 11). Concibe los diez mandamientos como principios legales, mientras trabaja cada una de las leyes particulares

----

δέ· κατάληψις ἀσφαλὴς καὶ βέβαιος, ἀμετάπτωτος ὑπὸ λόγου). Véase 146-150. Estas definiciones parecen proceder del pensamiento estoico. Sobre τέχνη, véase *SVF* 1. fr. 73, atribuido a Zenón: Olympiodorus in Plat. Gorg. pp. 53, 54 (ed. Jahn nov. ann. philol. supplement. XIV 1848: 239, 240). Ζήνων δέ φησιν ὅτι τέχνη ἐστὶ σύστημα ἐκ καταλήψεων συγγεγυμνασμένων πρός τι τέλος εὔχρηστον τῶν ἐν τῷ βίῳ. – Lucianus Paras. c. 4. τέχνη ἐστίν, ὡς ἐγὼ διαμνημονεύω σοφοῦ τινος ἀκούσας, σύστημα ἐκ καταλήψεων συγγεγυμνασμένων πρός τι τέλος εὔχρηστον τῶν ἐν τῷ βίῳ. – Schol. ad. Ar. Nub. 317. οὕτω γὰρ ὁριζόμεθα τὴν τέχνην οἷον σύστημα ἐκ καταλήψεων ἐγγεγυμνασμένων καὶ τὰ ἐφεξῆς. – Sextus adv. math. II 10. πᾶσα τοίνυν τέχνη σύστημά ἐστιν ἐκ καταλήψεων συγγεγυμνασμένων καὶ ἐπὶ τέλος εὔχρηστον τῷ βίῳ λαμβανόντων τὴν ἀναφοράν. – *id.* Pyrrh. III 188, 241, 251, Math. I 75, VII 109, 373, 182. Schol. Dionys. Thrac. p. 649,31, ib. p. 721,25. οἱ Στωικοὶ οὕτως ὁρίζονται τὴν τέχνην· τέχνη ἐστὶ σύστημα περὶ ψυχὴν γενόμενον ἐκ καταλήψεων ἐγγεγυμνασμένων κ.τ.λ. Véase Crisipo en *SVF* 1. fr. 56, 93, 94, 95, 96, 97. En relación con ἐπιστήμη, véase *SVF* 1. 68: Cicero Acad. post. I 41. si ita erat comprehensum, ut convelli ratione non posset, scientiam, sin aliter, inscientiam nominabat. (Zeno). Stobaeus Ecl. II p. 73, 19 W. εἶναι τὴν ἐπιστήμην κατάληψιν ἀσφαλῆ καὶ ἀμετάπτωτον ὑπὸ λόγου. – ib. p. 111, 20. τὴν ἄγνοιαν μεταπτωτικὴν εἶναι συγκατάθεσιν καὶ ἀσθενῆ. – Sextus adv. math. VII 151. ἐπιστήμην εἶναι τὴν ἀσφαλῆ καὶ βεβαίαν καὶ ἀμετάθετον ὑπὸ λόγου κατάληψιν. – Diogenes Laërt. VII 47. αὐτήν τε τὴν ἐπιστήμην φασὶν ἢ κατάληψιν ἀσφαλῆ, ἢ ἕξιν ἐν φαντασιῶν προσδέξει ἀμετάπτωτον ὑπὸ λόγου. Véase Crisipo en *SVF* 1. fr. 90, 93, 95, 130; también 2. 112. En *Spec.* 4. 132, Filón usa términos (πρὸς τὸ ἀσύγχυτον τῆς ἀκριβοῦς καταλήψεως φιλοτεχνίας ἐδέησεν) cercanos a *Congr.* 141 (τέχνης μὲν γὰρ ὅρος οὗτος· σύστημα ἐκ καταλήψεων συγγεγυμνασμένων πρός τι τέλος εὔχρηστον, ed. Wendland 1898: 3.141), aunque no podemos asegurar que se apoye en esa terminología para definir φιλοτεχνία en el contexto legislativo.

subordinada a los diez mandamientos "as its justifying legal principle" de la "artificial classification of all legislation as derived from the Decalogue" (p. 12). Amir (1990: 127) también acepta la existencia de un "concept of method" legislativo en Filón. Sin mencionar algún término que lo designe, observa que en los cuatro libros de *Spec.* cada uno de los diez mandamientos es un género, considerado como la categoría principal en la que se pueden agrupar las especies y subespecies normativas. Por eso estima importante comprender la causa que motivó a Filón a elegir este método; si cada una de las leyes de la Torá está subordinada a una de las categorías principales representadas por cada uno de los mandamientos en ese complejo primordial de principios conocido como el decálogo, entonces la legislación de Moisés no puede entenderse como una concatenación de leyes individuales, sino como un "well-organized code with its inherent logical system. Its multiplicity is thus given internal unity" (p. 128). Termini (2004: 8-9), en cambio, es una de las primeras autoras en identificar el método de Filón con el término φιλοτεχνία, que traduce como "scientific study" (p. 8)[43] y define como el "effort to group the special laws that can be attributed to the γένη represented by the Decalogue". Asume de esta manera que "the precious *hapax* φιλοτεχνία evidences the *ars*[44] of Philo and the intimate intentionality (φιλία) implied by it" (p. 9); al mismo tiempo, nota que esta τέχνη de Filón consiste en συγγενῆ y κοινωνίαν (*Spec.* 4.133), que

---

43   La traducción de Colson (1939 [1° ed.] 1999: VIII.91) es posiblemente la base del sentido asignado por Termini a la expresión φιλοτεχνία. Heinemann traduce "Kunstfertigkeit" (1910: 2.284), Mosès "savoir-faire" (1970: 283), Triviño "metódico procedimiento" (1976).

44   Termini (2004: 26) sugiere que la φιλοτεχνία de Filón corresponde al *ars iuris civilis* de Cicerón. Basado en el uso de un método racional estricto (p. 24), este *ars* implica el dominio completo de una serie de operaciones complejas: la división de un todo en partes, el desarrollo de lo implícito a través de una definición, la clarificación de un "concepto oscuro" mediante la interpretación, el descubrimiento y discernimiento de la ambigüedad y, finalmente, la formulación de una regla en orden a distinguir lo verdadero de lo falso y a entender la relación correcta entre causas y consecuencias (p. 24). Termini también asegura que Cicerón encuentra en este conjunto de procedimientos las actividades típicas del jurista, que incluyen tres acciones cercanamente conectadas (p. 25): 1) ordenar los temas de acuerdo a unos pocos géneros principales, 2) asignar a estos los casos relacionados, y 3) definir los elementos esenciales. Esto podría surgir, según Termini, el carácter práctico de un conocimiento especializado, con nociones precisas y reglas generales, como observa en *De oratore* 1.42.190. Aquí Cicerón pone en boca de Crassus el siguiente proyecto:

> (…) *si enim aut mihi facere licuerit, quod iam diu cogito, aut alius quispiam aut me impedito occuparit aut mortuo effecerit, ut primum omne ius civile in genera digerat, quae perpauca sunt, deinde eorum generum quasi quaedam membra dispertiat, tum propriam cuiusque vim definitione declaret, perfectam artem iuris civilis habebitis, magis magnam atque uberem quam difficilem et obscuram* (ed. Wilkins 1898).

    Filón de Alejandría en clave contemporánea

son los criterios de proximidad entre los preceptos del decálogo y

En la sección inmediatamente precedente, el autor dice que el principal obstáculo de los estudios jurídicos es el desorden y dispersión de las materias jurídicas (*De oratore* 1.41.185-42.187). Por eso asegura que:

> (…) *nulli fuerunt, qui illa artificiose digesta generatim componerent; nihil est enim, quod ad artem redigi possit, nisi ille prius, qui illa tenet, quorum artem instituere vult, habet illam scientiam, ut ex eis rebus, quarum ars nondum sit, artem efficere possit* (*De oratore* 1.41.186; ed. Wilkins 1898).

Véase Talamanca (1977: 2, 212-213, 221). Sin embargo, ningun sistema completo es creado antes del segundo siglo II d.C. En *Institutiones*, Gaius es el primero que divide la *ius civile* en personas, cosas y acciones. Antes de Gaius, Cicerón juega con dos matices diferentes de *ars*: como método, y como sistema de nociones teoréticas fundadas en la experiencia de una disciplina particular. De acuerdo con Termini, esta es la razón por la cual se podría estimar que o bien el *ars* en *De oratore* 1.42.190 es la teoría exacta de la jurisprudencia (véase Carcaterra 1988: 46-47), puntualizando el aspecto sistemático del término (Schiavone 1977: 107; 1987: 38-42; 1990: 440), o bien el *ars* ciceroniano refiere a la fundación de la ciencia jurídica y no a su mera organización en un sistema. La palabra *ars*, en este sentido, indica la construcción de un cuerpo de conocimiento (Scarano Ussani 1997: 15), al mismo tiempo que la clasificación y ordenación de este conocimiento. Véase Termini (2004: 26-27) La filosofía ofrece al *ius* el instrumento metodológico necesario para *conglutinare* y *constringere* datos incoherentes de acuerdo con un proceso racional (p. 26). Para esto, dice Cicerón, *Adhibita est igitur ars quaedam extrinsecus ex alio genere quodam, quod sibi totum philosophi adsumunt, quae rem dissolutam divulsamque conglutinaret et ratione quadam constringeret* (*De oratore* 1.42.188). Según el mismo autor se trata de *Tum sunt notanda genera et ad certum numerum paucitatemque revocanda.* Cicerón, por su parte, define género de la siguiente manera:

> *Genus autem id est, quod sui similis communione quadam, specie autem differentis, duas aut pluris complectitur partis; partes autem sunt, quae generibus eis, ex quibus manant, subiciuntur; omniaque, quae sunt vel generum vel partium nomina, definitionibus, quam vim habeant, est exprimendum; est enim definitio rerum earum, quae sunt eius rei propriae, quam definire volumus, brevis et circumscripta quaedam explicatio* (*De oratore* 1.42.189; ed. Wilkins 1898).

Si bien esta organización racional del material legal todavía no implica una revolución científica real, Termini (2004: 27, nota 110) considera que determina que la jurisprudencia se convierta en un *ars*, abriendo el camino hacia niveles de sistematizaciones abstractas con una función isagógica, como las *Instituciones* de Gayo, o permaneciendo como una construcción flexible ante los nuevos casos concretos ofrecidos por la experiencia. Según Vesting (2018: 228-229), la jurisprudencia civil romana reúne los fragmentos dispersos e inconexos del derecho práctico, y se convierte en una ciencia integral que divide sus temas en una serie de categorías generales (*genera*) y sus tipos (*especies, membra*). Para Niehoff, Filón se dedicó a este estudio legislativo del decálogo y su significado filosófico para el judaísmo en su conjunto solo después de su llegada a Roma. Sin embargo, Termini (2004: 29) advierte que si bien tales analogías no insinúan que Filón depende los juristas romanos, pueden ayudar a delinear algunas aplicaciones regionales que se derivan de un medio cultural común. Véase "Introducción" a nuestro estudio. "Their caution against innovation reflects the hesitancy of the beginnings" (p. 29). Termini afirma que ni Cicerón ni Filón son juristas profesionales; quieren dar dignidad filosófica a su propia herencia jurídica y presentar las leyes tradicionales a un público culto, tomando algunas técnicas y principios organizativos simplificados de la dialéctica helenística. Termini concluye que la peculiaridad de la obra de Cicerón ilumina la actividad de Filón y demuestra su originalidad fundamental. Filón siguió los textos bíblicos y la tradición judaico-helenística asignando importancia al decálogo, pero hizo una contribución original cuando interpretó las diez palabras divinas como κεφάλαια y ordenó las leyes especiales de acuerdo con ellas.

las leyes especiales que ordenan la "unsystematic mass" (p. 9) de leyes mediante un análisis inductivo de contigüidades temáticas o estructurales (χρησάμενος ἑκάστῳ τῶν γενῶν ἐξ ἁπάσης τῆς νομοθεσίας τὰ οἰκεῖα προσένειμα καὶ προσέφυσα, *Spec*. 4.132). Esto le habría permitido elaborar una clasificación de los géneros y sus especies[45] justificada por la comparación y la abstracción lógica πρὸς τὸ ἀσύγχυτον τῆς ἀκριβοῦς καταλήψεως (132)[46]. Con estas acciones, que habrían sido anticipadas por Filón en el inicio de su exposición legislativa, cuando las palabras ἑξῆς αὐτοὺς ἀκριβώσω τοὺς νόμους de *Decal*. 1 y 18-19 sugerían un procedimiento secuencial analógicamente determinado, Filón selecciona el orden del decálogo y muestra que las leyes están conectadas inductivamente (οὐ δεῖ δ᾽ ἀγνοεῖν, ὅτι ὥσπερ ἰδίᾳ ἑκάστῳ τῶν δέκα συγγενῆ τινα τῶν ἐπὶ μέρους ἐστίν, ἃ πρὸς ἕτερον γένος οὐδεμίαν ἔχει κοινωνίαν, *Spec*. 4.133), logrando que cada ley se defina por su relación con el decálogo y el contenido de la norma particular. La jerarquía normativa también se vale de un procedimiento de integración, según el cual cada ley particular no surge de manera aislada ni es producto de la arbitrariedad técnica, sino como una parte armónica de un todo común nivelado jerárquicamente. Los principios generales presiden a las normas inferiores que explican y otorgan significado práctico a los mandamientos, como parece quedar en evidencia en su disposición del material legal en *Decal*. y *Spec*.

El material legal: ordenamiento legislativo

Filón presenta una segunda separación entre dos grupos de leyes. Luego de introducir la primera separación de leyes conforme a la modalidad de la doble revelación (18-19)[47], sostiene que, "siendo diez

---

45 Pero este no es un sistema puro, continua Termini (2004: 9), porque el decálogo ya ofrece paradigmas taxonómicos y Filón sigue la morfología del texto bíblico sin buscar más simplificaciones. Conviven así el respeto a la tradición transmitida en el texto sagrado y el esfuerzo hermenéutico, que hace del decálogo un paradigma de leyes especiales.

46 Según Termini (2004: 8), "(…) the κεφάλαια, revealed by God himself, and the many special laws may be put on a logical vertical axis, since they are qualified as γένη νόμων and ὑποστέλλοντα εἴδη". Esto explica con precisión terminológica la ecuación entre κεφάλαιον y γένος y entre μέρος y εἶδος, y la actitud personal del autor que aparece en los dos verbos en primera persona del singular (προσένειμα καὶ προσέφυσα, 132; Termini, p. 8-9), colocados en posición enfática al final de la oración y acompañados de la repetición de la preposición πρός que muestra el carácter distributivo de la operación.

47 Filón conecta la doble revelación con la interpretación simbólica del número diez. Véase *Decal*. 20-31. Sobre el número diez, véase *Congr*. 89-121.

   Filón de Alejandría en clave contemporánea

[los mandamientos], [Dios] los dividió en dos péntadas, que grabó en dos estelas[48]" (δέκα τοίνυν ὄντα διένειμεν εἰς δύο πεντάδας[49],

---

48   En *Antigüedades judías* 3.89-90, Josefo explica la entrega del decálogo y dice: Ταῦτ' εἰπὼν προάγει τὸν λαὸν γυναιξὶν ὁμοῦ καὶ τέκνοις, ὡς ἀκούσαιεν τοῦ θεοῦ διαλεγομένου πρὸς αὐτοὺς περὶ τῶν πρακτέων, ἵνα μὴ βλαβείη τῶν λεγομένων ἡ ἀρετὴ ὑπὸ ἀνθρωπίνης γλώττης ἀσθενῶς εἰς γνῶσιν αὐτοῖς παραδιδομένη. πάντες τε ἤκουον φωνῆς ὑψόθεν παραγενομένης εἰς ἅπαντας, ὡς διαφυγεῖν μηδένα καὶ λόγων οὓς Μωυσῆς ἐν ταῖς δύο πλαξὶ γεγραμμένους κατέλιπεν· οὓς οὐ θεμιτόν ἐστιν ἡμῖν λέγειν φανερῶς πρὸς λέξιν, τὰς δὲ δυνάμεις αὐτῶν δηλώσομεν (ed. Niese 1887). Esta fragmentación de los diez mandamientos en series de cinco normas y la jeraquización de cada una no tendría antecedentes anteriores a Filón. Pese a que la *Septuaginta*, o el Texto griego de los Setenta (Himbaza 2004: 168-169), relata el grabado de los mandamientos en piedras que luego fueron cedidas a Moisés, no menciona la partición en dos péntadas del decálogo bíblico. Ex 24, 3-7, por ejemplo, expresa que Moisés comunicó al pueblo de Israel "todas las palabras" de Dios (πάντας τοὺς λόγους, v. 3, ed. Rahlfs 1935), que tiempo después "escribió" (ἔγραψεν, v. 4) en el Libro de la Alianza (v. 7). Tal testimonio difiere de Ex 24, 12, que contiene las palabras de Dios exhortando a Moisés de la siguiente manera: "<sube> al Monte (…) te daré las tablas de piedra, <que contienen> la ley y los mandamientos, que escribí (ἔγραψα) para que las promulgues" (Ἀνάβηθι πρός με εἰς τὸ ὄρος καὶ ἴσθι ἐκεῖ· καὶ δώσω σοι τὰ πυξία τὰ λίθινα, τὸν νόμον καὶ τὰς ἐντολάς, ἃς ἔγραψα νομοθετῆσαι αὐτοῖς, ed. Rahlfs 1935). La tradición de este pasaje enlaza con otros espacios bíblicos de la LXX. Uno perteneciente a Ex 31, 18, según el cual "las (…) tablas de piedra, escritas por el dedo de Dios (πλάκας λιθίνας γεγραμμένας τῷ δακτύλῳ τοῦ θεοῦ, ed. Rahlfs 1935)" eran "dos" (δύο) en número, y otro ubicado en Ex 32, 15-16, donde se explica el descenso de Moisés sosteniendo en sus manos las dos tablas escritas por ambos lados (v. 15), y finaliza con la enseñanza que al parecer clausura el ciclo del relato del decálogo: "y las tablas eran obra de Dios, y la escritura era escritura de Dios, grabada en las tablas" (καὶ αἱ πλάκες ἔργον θεοῦ ἦσαν, καὶ ἡ γραφὴ γραφὴ θεοῦ ἐστιν κεκολαμμένη ἐν ταῖς πλαξίν, v. 16, ed. Rahlfs 1935). Pero ni Ex 24, 12, ni 31,18 o 32, 15-16 alude de manera expresa aquello expuesto por Filón en *Decal.* 50. Filón vuelve a transmitir la historia bíblica de *Decal.* 50 en *Her.* 167-173, donde repite la división binaria del decálogo, que acompaña con la anotación de Ex 32, 16 (*Her.* 167): "αἱ γὰρ πλάκες ἔργον θεοῦ ἦσαν, καὶ ἡ γραφὴ γραφὴ θεοῦ κεκολαμμένη ἐν ταῖς πλαξί". Inmediatamente declara que de las diez prohibiciones grabadas en las tablas se hizo una división en péntadas y, al igual que en *Decal.* 51, justifica otra vez esta separación mediante el principio jerárquico que sitúa en el nivel superior de la péntada dedicada a las leyes directamente vinculadas con el comportamiento para con Dios, y en el inferior las relacionadas con las acciones para con los hombres (*Her.* 168). Finalmente, explica los diez mandamientos, y añade: "éstos son los patrones generales para casi todas las faltas, a los que corresponde referir cada uno de los casos específicos" (οὗτοι γενικοὶ σχεδὸν πάντων ἁμαρτημάτων εἰσὶ κανόνες, ἐφ᾽ οὓς ἕκαστον ἀναφέρεσθαι τῶν ἐν εἴδει συμβέβηκεν, 173). *Decal.* 50-51 y *Her.* 167-173 podrían señalar que Filón está siguiendo una tradición que legitima la inauguración bíblica de la puesta por escrito de los diez mandamientos, y ratifica el privilegio de primacía de tales prescripciones en relación con las demás leyes del Pentateuco. Véase *supra* nota 14; Druille (2020a: 240-247; 2020b: 201-220).

49   Sobre la división de la década en péntadas, véase Aristóteles, *Metafísica* 1082a1-14: οἷον γὰρ ἐν τῇ δεκάδι αὐτῇ ἔνεισι δέκα μονάδες, σύγκειται δὲ καὶ ἐκ τούτων καὶ ἐκ δύο πεντάδων ἡ δεκάς. ἐπεὶ δ᾽ οὐχ ὁ τυχὼν ἀριθμὸς αὐτὴ ἡ δεκὰς οὐδὲ σύγκειται ἐκ τῶν τυχουσῶν πεντάδων, ὥσπερ οὐδὲ μονάδων, ἀνάγκη διαφέρειν τὰς μονάδας τὰς ἐν τῇ δεκάδι ταύτῃ. ἂν γὰρ μὴ διαφέρωσιν, οὐδ᾽ αἱ πεντάδες διοίσουσιν ἐξ ὧν ἐστὶν ἡ δεκάς· ἐπεὶ δὲ διαφέρουσι, καὶ αἱ μονάδες διοίσουσιν. εἰ δὲ διαφέρουσι, πότερον οὐκ ἐνέσονται πεντάδες ἄλλαι ἀλλὰ μόνον αὗται αἱ δύο, ἢ ἔσονται; εἴτε δὲ μὴ ἐνέσονται, ἄτοπον· εἴτ᾽ ἐνέσονται, ποία ἔσται δεκὰς ἐξ ἐκείνων; οὐ γὰρ ἔστιν ἑτέρα δεκὰς ἐν τῇ δεκάδι παρ᾽ αὐτήν

ἃς δυσὶ στήλαις[50] ἐνεχάραξε[51], *Decal.* 50; ed. Cohn 1902: 4.280). De estas, "la primera péntada obtuvo el primer lugar" (ἡ μὲν προτέρα πεντὰς τὰ πρωτεῖα ἔλαχεν, 50) y "la segunda era considerada digna del segundo" (ἡ δ' ἑτέρα δευτερείων ἠξιοῦτο, 50). En "la péntada superior" (ἡ μὲν οὖν ἀμείνων πεντάς, 51; ed. Cohn 1902: 4.280), donde "el comienzo es Dios, padre y creador del universo, y el final son los padres" (τὴν μὲν ἀρχὴν θεὸν καὶ πατέρα καὶ ποιητὴν τοῦ παντός, τὸ δὲ τέλος γονεῖς, 51), incluye cinco mandamientos de acuerdo con el siguiente orden: 1) "sobre la monarquía, con la que el mundo es gobernado" (περὶ μοναρχίας, ᾗ μοναρχεῖται ὁ κόσμος), 2) "sobre ídolos, estatuas y, en general, imágenes fabricadas por mano humana" (περὶ ξοάνων καὶ ἀγαλμάτων καὶ συνόλως ἀφιδρυμάτων χειροκμήτων), 3) "sobre no tomar en vano el nombre de Dios" (περὶ τοῦ μὴ λαμβάνειν ἐπὶ ματαίῳ θεοῦ πρόσρησιν), 4) "sobre celebrar el sagrado día séptimo con veneración" (περὶ τοῦ τὴν ἱερὰν ἑβδόμην ἄγειν ἱεροπρεπῶς), y 5)"sobre la honra a los padres, a cada uno en particular y a ambos en común" (περὶ γονέων τιμῆς καὶ ἰδίᾳ ἑκατέρου καὶ ἀμφοτέρων κοινῇ). En "la segunda péntada" (ἡ δ' ἑτέρα πεντάς, 51), por su parte, distribuye "todas las prohibiciones" (τὰς πάσας ἀπαγορεύσεις) correspondientes a los cinco mandamientos restantes, que tratan acerca 6) "del adulterio" (μοιχείας), 7) "del asesinato" (φόνου), 8) "del robo" (κλοπῆς), 9) "del falso testimonio" (ψευδομαρτυριῶν), y 10) "de los deseos" (ἐπιθυμιῶν, 51)[52]. De esta

---

    (ed. Ross 1924). Para las tablas, véase *QE* 2.41-42. Sobre la simbología del número cinco, véase *Opif.* 96; *Migr.* 201.

50   Para la simbología de la στήλη, véase *Somn.* 1.242-256.

51   Véase *Opif.* 128, donde Filón parece establecer una diferencia entre la acción material de inscribir una ley en piedra, indicada mediante el verbo ἀναγράφω, y la acción intelectual de grabar la ley en los pensamientos de los fieles de Moisés, marcada con la forma ἐγχαράσσω. Este significado se mantiene en distintos tratados filónicos (véase *Decal.* 101; *Spec.* 1.30; 59; 313; *Leg.* 1.19 y 3.16; *Virt.* 178), excepto en *Decal.* 50, donde Filón emplea la forma ἐγχαράσσω para la acción divina de grabar leyes en piedras.

52   *Decal.* 142-153 y *Spec.* 4.78-131 contienen el comentario sobre el décimo mandamiento. Para Svebbaken (2009: 2, nota 4; 2012: 1, nota 4), Filón lee este mandamiento como una prohibición de dos palabras, οὐκ ἐπιθυμήσεις: τῶν δέκα λογίων (...) οὐκ ἐπιθυμήσεις. En *Decal.* 142, podría haber considerado esta versión abreviada: Τελευταῖον δ' ἐπιθυμεῖν ἀπαγορεύει, τὴν ἐπιθυμίαν νεωτεροποιὸν καὶ ἐπίβουλον (ed. Cohn 1902: 4.301). Véase *Decal.* 173, πέμπτον δὲ τὸ ἀνεῖργον τὴν τῶν ἀδικημάτων πηγήν, ἐπιθυμίαν (ed. Cohn 1902: 4.306); *Her.* 173, ἡ δ᾽ ἑτέρα πεντάς ἐστιν ἀπαγόρευσις μοιχείας, ἀνδροφονίας, κλοπῆς, ψευδομαρτυρίας, ἐπιθυμίας. Según Svebakken (2009: 9-10; 2012: 8), que Filón nunca explique o justifique esta abreviatura, tiene sentido a la luz de su tratamiento general de los diez mandamientos, especialmente su visión de los últimos cinco como un pentada de prohibiciones básicas que rigen los asuntos humanos. "Superficially, the abbreviation accomplishes a stylistic leveling, bringing the Tenth Commandment into line with the four other basic prohibitions: οὐ μοιχεύσεις, οὐ φονεύσεις, οὐ κλέψεις, and οὐ

manera, completa el nivel 1 señalado más arriba, con la enumeración de los diez mandamientos revelados por Dios:

Nivel 1. τοὺς νόμους (…) ὁ θεὸς (…) δι' ἑαυτοῦ μόνου θεσπίζειν ἠξίωσεν (*Decal.* 18)

  1.1. νόμους εἶναι καὶ νόμων τῶν ἐν μέρει κεφάλαια (*Decal.* 19)
  1.2. τῶν δέκα λογίων (…) κεφάλαια (*Decal.* 175)
  1.3. τὰ γένη (*Spec.* 1.1)

    a. ἡ μὲν προτέρα πεντάς (*Decal.* 50) (…) ἡ μὲν οὖν ἀμείνων πεντὰς (51)

    a1. περὶ μοναρχίας, ᾗ μοναρχεῖται ὁ κόσμος (*Decal.* 51)

    a2. περὶ ξοάνων καὶ ἀγαλμάτων καὶ συνόλως ἀφιδρυμάτων χειροκμήτων (*Decal.* 51)

    a3. περὶ τοῦ μὴ λαμβάνειν ἐπὶ ματαίῳ θεοῦ πρόσρησιν (*Decal.* 51)

    a4. περὶ τοῦ τὴν ἱερὰν | ἑβδόμην ἄγειν ἱεροπρεπῶς (*Decal.* 51)

    a5. περὶ γονέων τιμῆς καὶ ἰδίᾳ ἑκατέρου καὶ ἀμφοτέρων κοινῇ (*Decal.* 51)

    b. ἡ δ' ἑτέρα πεντάς (*Decal.* 50, 51)

    b6. μοιχείας (*Decal.* 51)

    b7. φόνου (*Decal.* 51)

    b8. κλοπῆς (*Decal.* 51)

    b9. ψευδομαρτυριῶν (*Decal.* 51)

    b10. ἐπιθυμιῶν[53] (*Decal.* 51)[54]

ψευδομαρτυρήσεις– the last of which is itself an abbreviation of the Ninth Commandment" (2009: 10; 2012: 8).

53 En su discusión del décimo mandamiento (*Decal.* 142-153, 173-174; *Spec.* 4.78-131), Filón no menciona ninguno de los objetos de deseo prohibidos enumerados en la LXX (Ex 20, 17, οὐκ ἐπιθυμήσεις τὴν γυναῖκα τοῦ . πλησίον σου οὐκ ἐπιθυμήσεις τὴν οἰκίαν τοῦ πλησίον σου οὔτε τὸν ἀγρὸν αὐτοῦ οὔτε τὸν παῖδα αὐτοῦ οὔτε τὴν παιδίσκην αὐτοῦ οὔτε τοῦ βοὸς αὐτοῦ οὔτε τοῦ ὑποζυγίου αὐτοῦ οὔτε παντὸς κτήνους αὐτοῦ οὔτε ὅσα τῷ πλησίον σού ἐστιν, ed. Rahlfs 1935; Dt 5, 21: οὐκ ἐπιθυμήσεις τὴν γυναῖκα τοῦ πλησίον σου. οὐκ ἐπιθυμήσεις τὴν οἰκίαν τοῦ πλησίον σου οὔτε τὸν ἀγρὸν αὐτοῦ οὔτε τὸν παῖδα αὐτοῦ οὔτε τὴν παιδίσκην αὐτοῦ οὔτε τοῦ βοὸς αὐτοῦ οὔτε τοῦ ὑποζυγίου αὐτοῦ οὔτε παντὸς κτήνους αὐτοῦ οὔτε ὅσα τῷ πλησίον σού ἐστιν, ed. Rahlfs 1935), con la excepción de γυνή, que aparece una vez en una lista que incluye también δόξα y categóricamente τινος ἄλλου τῶν ἡδονὴν ἀπεργαζομένων (*Decal.* 151, ed. Cohn 1902: 4.302). Véase *Spec.* 4.93.

54 Josefo ordena los mandamientos de la siguiente manera: Διδάσκει μὲν οὖν ἡμᾶς ὁ πρῶτος λόγος, ὅτι θεός ἐστιν εἷς καὶ τοῦτον δεῖ σέβεσθαι μόνον· ὁ δὲ δεύτερος κελεύει μηδενὸς εἰκόνα ζῴου ποιήσαντας προσκυνεῖν· ὁ τρίτος δὲ ἐπὶ μηδενὶ φαύλῳ τὸν θεὸν ὀμνύναι· ὁ δὲ τέταρτος παρατηρεῖν τὰς ἑβδομάδας ἀναπαυομένους ἀπὸ παντὸς ἔργου· ὁ δὲ πέμπτος γονεῖς τιμᾶν· ὁ δὲ ἕκτος ἀπέχεσθαι φόνου· ὁ δὲ ἕβδομος μὴ μοιχεύειν· ὁ δὲ ὄγδοος μὴ κλοπὴν δρᾶν· ὁ δὲ ἔνατος μὴ ψευδομαρτυρεῖν· ὁ δὲ δέκατος μηδενὸς ἀλλοτρίου ἐπιθυμίαν λαμβάνειν, *Antigüedades judías* 3.91-92, ed. Niese 1887). Véase Vermes (1982: 293-301).

Filón propone así un ordenamiento legislativo con arreglo a su comprensión personal del material legal. Cuando dispone los mandamientos primero y segundo, que atañen a la exigencia de considerar a Dios como el único ser supremo (*Decal.* 52-65) y a la prohibición de rendir culto a los ídolos (66-81), no sigue el orden presente en los libros del Pentateuco de la LXX, Ex 20, 2-6 y Dt 5, 6-10. Lejos de aludir literalmente a Ex 20, 2 (Ἐγώ εἰμι κύριος ὁ θεός σου, ὅστις ἐξήγαγόν σε ἐκ γῆς Αἰγύπτου ἐξ οἴκου δουλείας, ed. Rahlfs 1935: 119) y Dt 5, 6 (Ἐγὼ κύριος ὁ θεός σου ὁ ἐξαγαγών σε ἐκ γῆς Αἰγύπτου ἐξ οἴκου δουλείας, ed. Rahlfs 1935: 295) para anotar el primer mandato,

Hecht (1978: 43-44, nota 7) reconoce que Josefo también aísla el decálogo dentro del corpus legal mosaico. Esto podría sugerir que su singularidad se deriva de la revelación directa de Dios, mientras que todos los demás mandatos y prohibiciones están revelados por Moisés. Véase Josefo, *Antigüedades judías* 273. En este sentido, Hecht (1978: 44, nota 7) considera que "the unique position of the Decalogue in the Pentateuch suggests the problem of Philo's perception of Scripture and the authority of the LXX". Véase Amir (1973: 1-8). Termini (2004: 19), por su parte, observa que en *Antigüedades judías* 4.199-301 Filón parece clasificar leyes particulares en el siguiente orden: leyes relativas al culto (199-213), a la administración de la justicia y gobierno del rey (214-224), a la agricultura (225-243), a la familia (244-265), a los daños causados por usura, préstamos, depósitos, robos, lesiones, accidentes, principio de responsabilidad individual y caso del eunuco (266-291), a la guerra (292-293). Véase Nodet (1995: 2.48, nota 5), quien advierte sobre "l'état dispersé de la législation biblique de Josefo". Castelli (2001: 153-154) intenta establecer inductivamente la secuencia adoptada por Josefo y sugiere el siguiente esquema, que ordena a partir de *Antigüedades judías* 4.200-301: leyes de culto (200-213); administración de justicia (214-224); propiedad y agricultura (225-230); leyes de familia (244-265); economía (266-270 y 285-288); normas humanitarias (231-240 y 274-276); derecho penal (271-273 y 277-284); responsabilidad individual (289); el caso del eunuco (290-291); leyes de la guerra (292-301). Termini (p. 18, nota 72) señala que la estructura propuesta por Castelli resalta algunas dificultades en la exposición de Josefo. Tres secciones homogéneas no se han ensamblado correctamente y algunas leyes no están en la sección correcta, por ejemplo, la prohibición de tejer lana y lino debe colocarse (4.208) en la sección sobre matrimonios mixtos y no en la relativa al culto. Aparte del caso del pasaje 208, Termini se pregunta si el esquema de Castelli hace demasiado uso de las reglas lógicas de la sistemática moderna en lugar de considerar las disponibles para Josefo. Para evitar esto, Termini intenta ubicar afinidades temáticas basadas en criterios que Josefo pudo haber conocido (p. 17, nota 72; Altshuler 1982-83: 3-4), y afirma que en el orden seguido por Josefo se percibe el dado por el Código Deuteronómico (véase Dt 19, 14; 21, 10-14, 15-21; 22, 13-29; 24, 1-4; 25, 5-10) y en *Mishnah seder* dedicado a los daños (*Nezikin*). En el caso de la guerra, observa que la elaboración de Josefo sigue Dt 20, 1-20 (p. 17). Finalmente, compara el método de Josefo con el de Filón: "Josephus' method can be compared with Philo's: laws that show thematic affinity are connected inductively; however, in the final disposition of the sequences, the Alexandrian philosopher selects the order of the Decalogue, while Josephus, even if he gives importance to the Decalogue, prefers to follow the pattern of the 'Deuteronomic Code'" (p. 18). Contra la opinión de Cohen (1995: 76), quien plantea que Filón y Josefo están siguiendo un "self-evident classificatory principle", Termini (p. 18) afirma que la innovación de ambos autores radica tanto en la individualización de los géneros como en la organización específica de las leyes κατὰ γένος. "Philo and Josephus felt the need for a more organic presentation of the legal material and in this qualitative need it is possible to see a philosophic influence" (pp. 20-21). Sobre el decálogo en Josefo, véase De Vos (2016: 115-132; 2021: 247-256).

   Filón de Alejandría en clave contemporánea

Filón se apoya en Ex 20, 3 y Dt 5, 7, que sancionan οὐκ ἔσονταί σοι θεοὶ ἕτεροι πλὴν ἐμοῦ (Ex 20, 3, ed. Rahlfs 1935: 119) y οὐκ ἔσονταί σοι θεοὶ ἕτεροι πρὸ προσώπου μου (Dt 5, 7, ed. Rahlfs 1935: 295); para formar el segundo precepto combina los vv. 4-6 de Ex 20[55] y vv. 6-10 de Dt 5[56], que prohíben la elaboración y adoración de ídolos, y anuncian castigos, recompensas y gracias para quienes transgredan o cumplan estas normas. Filón decide igualmente sobre el orden de los mandamientos sexto, séptimo y octavo. Mientras Ex 20, 13-15 anota "no cometerás adulterio" (οὐ μοιχεύσεις, v. 13, ed. Rahlfs 1935: 120), "no robarás" (οὐ κλέψεις, v. 14), "no matarás" (οὐ φονεύσεις, v. 15), y Dt 5, 17-19 "no cometerás adulterio" (οὐ μοιχεύσεις, v. 17, ed. Rahlfs 1935: 296), "no matarás" (οὐ φονεύσεις, v. 18) y "no robarás" (οὐ κλέψεις, v. 19), Filón parece seguir esta última enumeración. Por último, ubica los mandamientos sobre no dar falso testimonio ni codiciar de Ex 20, 16-17 y Dt 5, 20-21 en noveno y décimo lugar[57]. De esta manera, completa un total de diez mandamientos, que distribuye en las dos péntadas mencionadas antes (*Decal.* 52-153 y 154-175), donde el quinto mandamiento "is a link"[58]. Los mandamientos primero, segundo, tercero y cuarto son ordenanzas determinadas por la relación de los hombres con Dios, y el quinto mandamiento por la relación con sus semejantes. Honrar a los padres es la transición entre lo divino y lo humano, el paso de los mandamientos de la primera péntada a los mandamientos de la segunda péntada (*Decal.*

---

55   Ex 20, 4-6

56   Dt 5, 6-10.

57   En función de esta interpretación se podría sugerir que Filón emplea la LXX a modo de fuente principal de lectura (véase Samuel 2016: 124 ss.), o tiene conocimiento de un decálogo que une las tradiciones de Éxodo y Deuteronomio y combina los elementos distintivos de cada uno de ellos, o alude al texto bíblico de memoria, o conoce una tradición que ordena los mandamientos de la manera seguida por él. Véase Amaldez (1984: 52-53). Según Himbaza (2004: 167-169), cuando Filón enumera los diez mandamientos, no cita su contenido palabra por palabra. Sin embargo, en *Decal.* 36 tenemos una cita directa de los mandamientos 6-8: "οὐ μοιχεύσεις" λέγων, "οὐ φονεύσεις", "οὐ κλέψεις" (Ex 20, 13-15). Según la edición de Cohn y Wendland (1902: 5.276-277), en *Decal.* 36 Filón cita el orden οὐ μοιχεύσεις, οὐ φονεύσεις, οὐ κλέψεις como propio de Ex 20, 13-15. Esto difiere de la LXX, que cita ese orden en Dt 5, 17-19, y no en Ex 20, 13-15. Véase Himbaza (2004: 168-169; 2002: 411-428); Svebakken (2009: 9-10; 2012: 8), quien asegura que "Philo used the LXX, not the Hebrew Bible" (2009: 1, nota 3; 2012: 1, nota 3). Véase Nikiprowetzky (1977: 51-52). Sobre el Pentateuco de la LXX y Filón, véanse los ensayos introductorios en *Le Pentateuque d'Alexandrie: Text grec et traduction*, editados por Cécile Dogniez y Marguerite Harl, Bible d'Alexandrie, Paris, Cerf, 2001, 31-130, especialmente el estudio de David Runia, "Philon d'Alexandrie devant le Pentateuque" (pp. 99-105).

58   Bentwich (1910: 117).

120; *Spec.* 2.225)[59]. Filón mantiene esta nivelación a-b en los cuatro libros de *Spec.*, donde expone las leyes especiales derivadas de los mandamientos. El libro 1 se ocupa de las leyes subordinadas a los mandatos primero y segundo referidos a la monarquía de Dios y la idolatría. Contiene una discusión inicial sobre la circuncisión (1-12), y un tratamiento de las leyes sobre no adorar otros dioses ni venerar imágenes (13-345), sobre la prueba de la existencia (32-50) y la providencia de Dios hacia los prosélitos, los huérfanos y las viudas (51-58, 308-323). También incluye la prohibición de la adivinación (59-65), y normas acerca del Templo, sus ingresos y reglas (66-78, 280-307), junto con prescripciones sobre los sacerdotes y los sacrificios (79-279), y la expulsión de los indignos de la sagrada asamblea (324-345). El libro 2 se concentra en las leyes de los mandamientos tercero, cuarto y quinto relativos a las regulaciones del voto y los juramentos, el día séptimo y honrar a los padres. Aquí remite a la forma correcta de jurar, los días de reposo y las festividades judías y su relación con el sábado (1-223) y, principalmente, a las normas sobre honrar a los

---

59 Goodenough (1929: 65-66) sostiene que Filón discute el quinto mandamiento a partir de una base greco-romana casi en su totalidad. "Parents, he says, are θεοὶ ἐμφανεῖς, for like God they create" (p. 65). Según Goodenough, esto parece mostrar que la paternidad siempre implica divinidad, o un rango entre lo divino y lo humano. "Philo accepted the idea of the family hearth as an altar, it is significant that at the same time he regards the parent as a deity, though he seems inclined to regard both parents in this light, and not just the father" (p. 66). Sobre esta base de carácter divino, representa el quinto mandamiento como una transición de los mandamientos que se refieren a la relación del hombre con Dios, y aquellos que definen sus relaciones con otros hombres. "So it is on the grounds of gentile conceptions alone that Philo has justified the commandment to honor one's parents" (p. 66). Dice Filón "así, de una de las listas el comienzo es Dios, padre y creador del universo, y el final son los padres, que imitando la naturaleza de aquél engendran a los seres particulares" (ὡς εἶναι τῆς μιᾶς γραφῆς τὴν μὲν ἀρχὴν θεὸν καὶ πατέρα καὶ ποιητὴν τοῦ παντός, τὸ δὲ τέλος γονεῖς, οἳ μιμούμενοι τὴν ἐκείνου φύσιν γεννῶσι τοὺς ἐπὶ μέρους, *Decal.* 51). Y agrega: 106. Μετὰ δὲ τὰ περὶ τῆς ἑβδόμης παραγγέλλει πέμπτον παράγγελμα τὸ περὶ γονέων τιμῆς τάξιν αὐτῷ δοὺς τὴν μεθόριον τῶν δυοῖν πεντάδων· τελευταῖον γὰρ ὂν τῆς προτέρας, ἐν ᾗ τὰ ἱερώτατα προστάττεται, συνάπτει καὶ τῇ δευτέρᾳ περιεχούσῃ τὰ πρὸς ἀνθρώπους δίκαια (ed. Cohn 1902: 4.293); 107. αἴτιον δ' ὡς οἶμαι τόδε· τῶν γονέων ἡ φύσις ἀθανάτου καὶ θνητῆς οὐσίας ἔοικεν εἶναι μεθόριος, θνητῆς μὲν διὰ τὴν πρὸς | ἀνθρώπους καὶ τὰ ἄλλα ζῷα συγγένειαν κατὰ τὸ τοῦ σώματος ἐπίκηρον, ἀθανάτου δὲ διὰ τὴν τοῦ γεννᾶν πρὸς θεὸν τὸν γεννητὴν τῶν ὅλων ἐξομοίωσιν (ed. Cohn 1902: 4.293); 121. Τοσαῦτα καὶ περὶ γονέων τιμῆς φιλοσοφήσας τέλος ἐπιτίθησι τῇ ἑτέρᾳ καὶ θειοτέρᾳ πεντάδι. τὴν δ' ἑτέραν ἀναγραψάμενος περιέχουσαν ἀπαγορεύσεις τῶν πρὸς ἀνθρώπους ἀπὸ μοιχείας ἄρχεται, μέγιστον ἀδικημάτων τοῦτ' εἶναι ὑπολαβών (ed. Cohn 1902: 4.296-297). Para Lluch Baixauli (1997: 430-431), "el quinto mandamiento de la primera tabla es la clave explicativa de la clasificación filoniana del decálogo". No solo es "el centro de las dos series de cinco (…)", sino que también "une ambas tablas porque la situación de los padres es intermedia entre la condición inmortal y la mortal. Los padres estan sujetos a la muerte del cuerpo, pero tienen la facultad de engendrar, lo que les asemeja a Dios (…)". Lluch Baixauli considera que este "punto de unión", que debe ser entendido alegóricamente, es original de Filón. Véase Pearce (2013: 1003; 1017-1018).

   Filón de Alejandría en clave contemporánea

padres (223-241) seguidas de los castigos y las recompensas por el cumplimiento de los mandamientos de la primera tabla (242-262). El libro 3 aborda el sexto mandamiento, contra los adúlteros, y el séptimo, contra el homicidio. Abarca las leyes de la prohibición del adulterio (8-82), como las relaciones prohibidas (12-36, 43-50, 72-78, 64), la pederastia, el afeminamiento y las prostituta (37-51), las purificaciones después de la relación sexual (63), la corrupción de una virgen (65-71) y las falsas acusaciones contra las esposas (79-82), y la normativa que sanciona los homicidios (83-209), incluido el aborto y la exposición de niños (92-99, 104-123, 144-152), los hechiceros (100-103) y la pena capital (153-204). El libro 4 se focaliza en los mandamientos octavo, noveno y décimo, que prohíben el robo, el falso juramento y el deseo. Comienza con leyes especiales sobre los tipos de robo (2-19), el daño de la tierra pastoreada el producido por el fuego (20-29) y el depósito (30-38), continúa con las leyes contra falso testimonio y los juez (41-77), y termina con el deseo (78-131), que comprende la normativa de los animales terrestres, acuáticos y aéreos (100-118), el contacto con animales impuros, la sangre y la grasa (119-125) y la reprensión a los glotones (126-131). Los cuatro libros de *Spec.* agrupan entonces las especies de los principios generales, situadas en el nivel 2:

Nivel 2. τοὺς νόμους (…) [reveladas] διὰ προφήτου Μωυσέως (*Decal.* 18)

    2.1. πάντας ἐπ’ ἐκείνους ἀναφέρεσθαι (*Decal.* 19)

    2.2. νόμους δὲ τοὺς ἐν τῷ μέρει (*Decal.* 175)

    2.3. τῶν ἐν εἴδει νόμων (*Spec.* 1.1)

        a. ἡ μὲν προτέρα πεντάς (*Decal.* 50) (…) ἡ μὲν οὖν ἀμείνων πεντάς (51)

        a1. *Spec.* 1 [περὶ μοναρχίας, ἧ μοναρχεῖται ὁ κόσμος (*Decal.* 51)]

        a2. *Spec.* 1 [περὶ ξοάνων καὶ ἀγαλμάτων καὶ συνόλως ἀφιδρυμάτων χειροκμήτων (*Decal.* 51)]

        a3. *Spec.* 2 [περὶ τοῦ μὴ λαμβάνειν ἐπὶ ματαίῳ θεοῦ πρόσρησιν (*Decal.* 51)]

        a4. *Spec.* 2 [περὶ τοῦ τὴν ἱερὰν | ἑβδόμην ἄγειν ἱεροπρεπῶς (*Decal.* 51)]

        a5. *Spec.* 2 [περὶ γονέων τιμῆς καὶ ἰδίᾳ ἑκατέρου καὶ ἀμφοτέρων κοινῇ (*Decal.* 51)]

        b. ἡ δ’ ἑτέρα πεντάς (*Decal.* 50, 51)

        b6. *Spec.* 3 [μοιχείας (*Decal.* 51)]

        b7. *Spec.* 3 [φόνου (*Decal.* 51)]

· **b8.** *Spec.* 4 [κλοπῆς (*Decal.* 51)]

b9. *Spec.* 4 [ψευδομαρτυριῶν (*Decal.* 51)]

b10. *Spec.* 4 [ἐπιθυμιῶν (*Decal.* 51)]

Estos cuatro libros conectan un largo número de casos particulares elegidos como especies de cada género[60]. Si bien Filón parece agotar todas las leyes del Pentateuco, sin dejar ninguna norma fuera de su ordenamiento, este "grand architectonic blueprint" (Amir 1990: 127) no se realiza plenamente en su presentación. Si los diez mandamientos son "the ten vessels into which Philo sought to decant all the laws found in the Torah", entonces parte de la gran cantidad "overflowed the intended containers" de tal manera que Filón podría haber proporcionado una serie de "auxiliary containers" para aquellas leyes que no podía encajar en los diez mandamientos. Amir (p. 127) define este deborde como una "flaw" en la implementación de su método, mientras que Termini (2004: 8) entiende este desborde como una prueba del "experimental character of Philo's method". Esto supone un proceso exploratorio que pone en tensión el esfuerzo de orden, "which is here at its maximum" (p. 8), y la "irreductibility" del material legal que pone eventuales límites al proyecto que Filón concluye en *Spec.* 4.133, cuando da paso a la sección ético-judicial de la "Exposición" con el tratamiento de la relación entre las leyes y las virtudes[61], que será el tema central de *De virtutibus*. Aunque

---

60   Hecht (1978: 17).

61   Filón comienza su exposición con "Sobre la justicia" (Περὶ δικαιοσύνης). Este es el título dado por los editores a la sección incluida en *Spec.* 4.136-238 (ed. Mangey 1742: 358-374; ed. Cohn y Wendland 1906: 239-265), y funciona como un sub-tratado de transición hacia el escrito *Virt.* (véase Royse 2006: 75), dedicado a la valentía, la humanidad, el arrepentimiento o la conversión, y la nobleza. Sobre los problemas vinculados con la inserción de esta sección en *Spec.* 4, véase Goodenough (1929: 209); Morris (1987: 851); Runia (2001: 6); Sterling (2006: 110-111); Royse (2006: 74-75; 2009: 49, nota 44); Wilson (2010: 3, nota 6). Filón razona sobre la justicia desde *Spec.* 4.135 hasta 238 en relación con otras virtudes (véase 4.147; *Decal.* 52; 119; *Plant.* 35; 77; 122; *Virt.* 35; 95; 77-79; *QG* 2. 38; *Praem.* 53; *Mos.* 1.146), y le asigna un lugar preeminente con respecto a las otras virtudes discutidas en *Virt.* (véase 135; *Carta de Aristeas* 131). A partir de esto, Wolfson (1947 [1º ed.], 1962: 2.115, 220) y Sterling (2006: 119) plantean que Filón establece una relación jerárquica entre las virtudes (véase Coria 2010: 399, nota 140), donde la justicia ocupa un lugar preferencial junto a la piedad y la santidad; al mismo tiempo, los autores reconocen en la justicia filónica una reminiscencia del pensamiento que Aristóteles desarrolla en Ética Nicomaquea 1129b 27-1130a 10. Aquí se lee: 1) "la justicia parece ser la más grande de las virtudes" (κρατίστη τῶν ἀρετῶν εἶναι δοκεῖ ἡ δικαιοσύνη, 1129b27, ed. Bywater 1894), 2) la justicia "es la virtud completa en el más alto grado" (τελεία μάλιστα ἀρετή, 1129b30) y, finalmente, 3) ""en la justicia están resumidas todas las virtudes"" ("ἐν δὲ δικαιοσύνῃ συλλήβδην πᾶσ᾽ ἀρετὴ ἔνι", 1129b29; Aristóteles habría copiado esta frase de Teognis 147, aunque también ha sido atribuida a Focílides). Esta primacía de la justicia también aparece en Filón. En distintos lugares

    Filón de Alejandría en clave contemporánea

esto podría demostrar que Filón no logra insertar todo el material legal del Pentateuco en el marco del decálogo[62] (Termini 2004: 7, nota 28)[63] y, por esta razón, temina su organización con la taxonomía de las virtudes[64] en *Spec.* 4.133-238[65] y *Virt.*, no le quita mérito a su

---

de sus tratados, Filón designa a la justicia no solo como "reina" (ἡγεμονίς, *Abr.* 27), sino también como "la pionera y soberana entre las virtudes" (τὴν ἔξαρχον καὶ ἡγεμονίδα τῶν ἀρετῶν, *Plant.* 122). Véase *Leg.* 1.65 y 85-87, donde Filón presenta un comentario alegórico sobre esta virtud.

62 También podría demostrar que la relación intrínseca entre los tratados legislativos y *De virtutibus* está basada en la relación estructural entre *De decalogo* y *De specialibus legibus* (véase Hecht 1978: 3). En un sentido cercano, Wilson (2010: 4; véase *supra* nota 2) razona sobre la función y contribución de *De virtutibus* dentro de la "Exposición" en su conjunto. Sostiene que es una prioridad para Filón mostrar que, al enmarcar las leyes, Moisés creó una legislación de alcance y significado universal. "For example (…) he asserts that since these laws are in harmony with the cosmic order, those who follow them can achieve the goal of living in accord with nature" (p. 5). Véase Niehoff (2001: 247-266); Martens (2003: 83-101). El recurso de Filón de usar las virtudes como dispositivo estructural y temático en la "Exposición" de las leyes, dice Wilson, es coherente con esta afirmación en la medida en que el discurso de la virtud, expresado en diversas formas, ocupa un lugar destacado en el pensamiento moral, jurídico, político y filosófico de la época. El uso extendido de tal discurso contribuye a su objetivo de mostrar cómo los más altos ideales de la cultura imperante son encarnados por los patriarcas judíos y establecidos en las leyes mosaicas. Para Wilson (p. 5), esto tiene el efecto de configurar la comunidad judía, y sus leyes, no como un grupo étnico, sino como una nación guiada por los mejores principios filosóficos (véase *Opif.* 8; *Mos.* 2.212; *Decal.* 58; *Virt.* 65; Nikiprowetzky 1977: 97-116) y constituida por la mejor política, πολιτεία (véase *Spec.* 3.167; *Virt.* 175; también *Spec.* 3.24; 181; *Virt.* 219; *Praem.* 4; Wolfson 1947 [1º ed.], 1962: 2.374-395; Kasher 1985: 358-364), que concuerda con la política divina y cósmica (véase *Decal.* 97–98; también *Opif.* 134; *Jos.* 28-29; *Spec.* 1.314; 4.55). "Because citizenship in this polity depends not on nationality or ties of kinship, but "on virtues and laws which propound the morally beautiful as the sole good" (*Spec.* 2.73; cf. 3.155), Philo can even envision a day when each nation would abandon its particular customs and "turn to honoring our laws alone" (*Mos.* 2.94)" (p. 5). Véase *Virt.* 119; *Spec.* 2.48. Véase Calabi (2004); Niehoff (2018).

63 Para Svebakken (2009: 4, nota 11; 2012: 4, nota 11), *Praem.* 2 sugiere que la parte formada por *Decal.* 1-*Spec.* 4.132 de la "Exposición" representa la sección propiamente legislativa (véase *supra* notas 2, 29; Borgen (1996: 132-133; cf. 1997: 239-240), mientras que parte formada por *Spec.* 4.133-238 y *Virt.* "has a different organizational scheme (categorization by virtues, not Commandments [see Spec. 4.133–35]) and is secondary to part one in terms of both length and design". Observa que *Decal.* 1-*Spec.* 4.132 "is roughly three times as large (*ca.* 277 vs. *ca.* 95 pages in PCW)" y que "represents Philo's principal effort to organize all Mosaic precepts into a single logical system". *Spec.* 4.133-238 y *Virt,* entonces, "serves as a catchall, accommodating laws that do not fit neatly into Philo's primary scheme". Véase *supra* nota 61; Amir (1990: 127); Morris (1987: 851).

64 En *De Virtutibus* Filón indaga la ética jurídica sin utilizar ni aludir al esquema del método legislativo que guía la exposición de *De decalogo* y *De spectalibus legibus*. Véase Wilson (2010: 2). Para Goodenough (1929: 208-209), Filón podría estar usando "another method of derivation" (p. 208). Su mirada "has changed from that of the lawyer to that of the political and ethical philosopher, and his use of laws changes markedly" (p. 209). Las leyes son discutidas ahora por su armonía con los principios éticos más que legislativos. Véase Wilson (2013: 2447-2448).

65 Cohen (1993: 11) afirma que este pasaje es "as a literary device this facilitated the transition between the classification of the 'particular laws' under the rubrics of each of the Ten

método[66]. *De decalogo* trata sobre los diez géneros, presentando cada uno de los mandamientos (*Decal*. 50-153) y fijando su función como encabezados (*Decal*. 154-175). *De specialibus legibus* identifica y comenta las respectivas especies de los diez géneros, siguiendo un esquema rígido y secuancial de diez principios generales. Por desborde (Amir, p. 127) o por experimentación (Termini, p. 8), Filón solo pasa al mandamiento siguiente cuando considera completo el mandamiento anterior. Esto hace posible una lectura singular de *Spec*. Los cuatro tratados de *Spec*. contienen una serie de textos independientes en su contenido legal específico, pero integrado a un conjunto jerárquico bien identificado. Como resultado, Filón parece lograr un ordenamiento legislativo basado en un movimiento secuancial a través de la lista de los diez mandamientos y sus leyes especiales, organizada en los dos niveles que esquematizan su procedimiento metodológico para el tratamiento del material legal.

Conclusión

La cuestión del método legislativo en Filón es una problemática compleja. Bentwich (1910) sugiere que, en su ordenamiento de la ley a partir del decálogo, Filón podría estar siguiendo una tradición judía común, pues en NumR 13.15-16 se dice que los 613 preceptos están todos contenidos en los diez mandamientos. Esta lealtad filónica a la tradición judía no solo muestra un profundo sentimiento por la "historical continuity of Judaism" (p. 131), sino también un interés filosófico basado en la convicción de que la religión judía era la guía más verdadera hacia la justa conducta y el amor a Dios. Wolfson (1947) plantea una tesis cercana cuando ratifica que, en la literatura rabínica, se dice de manera similar que los diez mandamientos contie-

---

Commandments and what follows, *i.e.* the discussion of commandments, (133) common to all which fit in not with some particular number... but in a manner of speaking with the Decalogue as a whole". Agrega que al mismo tiempo, también sirvió como "vehicle" para el "didactic/homiletic message" de Filón. Según Cohen (p. 11), cuando leemos los escritos de Filón debemos tener constantemente en cuenta esta "multi-levelled dimension" para comprender la dimensión multinivel que los lectores contemporáneos de Filón deben haber disfrutado (p. 11). En este sentido, tanto en su orientación general como en su comentario específico, Wilson (2010: 7) nota que la "Exposición" exhibe motivos apologéticos. Véase *supra* nota 26; Van Veldhuizen (1982); Dautzenberg (1988); Borgen (1996). Abarca un amplio conjunto de estrategias que establecen la excelencia del judaísmo en respuesta, sea explícita o sea implícitamente, a los desafíos que se originan en la cultura no judía. Véase Hecht (1984); Conzelmann (1992: 191-195); Alexandre (1998); Pearce (1998); Barclay (2002); Berthelot (2003: 265-268); también *Opif.* 1-3; *Mos.* 2.49.

66   Amir (1990: 127).

   Filón de Alejandría en clave contemporánea

nen todas las leyes de la Torá[67]. Sin embargo, no basa su interpretación en NumR 13.15-16, propuesta por Bentwich, sino en SongR 5.14.2, donde se afirma que los 613 mandamientos están implícitos en el decálogo. Este método de clasificación habría sido adoptado por Filón en su discusión directa de las leyes de Moisés. Urbach (1975), por su parte, elabora un argumento contundente contra la posición que aboga por el paralelismo entre el método de Filón y las discusiones palestinas. Sostiene que los textos de NumR 13.15-16 y SongR 5.14.2 solo intentan mostrar que entre un mandamiento y otro se escribieron la interpretación y las regulaciones detalladas del mandamiento correspondiente. Los rabinos no logran una clasificación permanente de los mandamientos ni sobre su carácter interno ni sobre la base de la fuente de su revelación y las formas de su promulgación. También Hecht considera que esta idea aparece solo en el período tardío, mientras que los textos anteriores mencionan y describen únicamente las implicaciones halájicas de los mandamientos separados del decálogo. Hecht (1978) incluso acuerda con Urbach y su argumento en contra de cualquier paralelo trazado entre la discusión de Filón sobre el decálogo y la discusión rabínica de los diez mandamientos. Asegura que la idea del decálogo equivalente a todos los mandamientos aparece solo en el período de Gueonim, en tanto que los textos anteriores sugieren y describen solo las implicaciones halájicas de los mandamientos separados del decálogo. No obstante, Amir (1990) propone una solución a la "historical continuity of Judaism" en el método empleado por Filón. Ubica *De decalogo* como el primer intento, judío o no judío, de hacer un estudio especial de los diez mandamientos. Para Amir, el tratado contiene "the seminal formulation" (p. 121) de problemáticas relativas a la revelación en el Sinaí y al contenido de los diez mandamientos, que convierten a Filón en un "innovator" (p. 121) en la discusión sobre los diez mandamientos en la historia del pensamiento judío, y sobre la relación género y especie observada entre los diez mandamientos y las demás leyes mosaicas de *De specialibus legibus*. Filón trata cada uno de los diez mandamientos como un género que agrupa especies y subespecies de leyes que, si bien no se realiza completamente en la presentación de Filón, no resta valor al concepto de método que se fijó como guía para la tarea elegida sin antecedentes en la tradición aggádica. Deja así al descubierto el grado de vinculación entre el judaísmo helenístico y el método usado por

---

67   Wolfson (1947 [1º ed.], 1962: 201).

Filón en su tratamiento legislativo, y abre paso a las investigaciones que examinan la influencia de la cultura grecorromana en la metodología filónica, introducidas tempranamente por Goodenough, y defendidas ampliamente por Termini, quien da un nuevo giro a la cuestión del método filónico. Como Amir, asegura que Filón puede ser considerado el primer autor de la literatura judía de la época helenístico-romana que dio preeminencia al decálogo, intentando superar la resistencia del material legal al crear una taxonomía para organizar *De decalogo* y *De specialibus legibus*, mediante un método que pone en tensión el esfuerzo de orden y la irreductibilidad del material, organizado de manera jerárquica a partir de la doble modalidad de revelación de *Decal.* 18-19 y 175.

En el nivel 1, las leyes reveladas por Dios (*Decal.* 18) son τὰ δέκα λόγια, ubicados como κεφάλαια νόμων τῶν ἐν μέρει (19) y ἐν εἴδει νόμοι (175), mientras que en el nivel 2, las leyes dadas a conocer por Moisés (*Decal.* 18) son νόμους δὲ τοὺς ἐν τῷ μέρει y πάντας ἐπ᾽ ἐκείνους (=τὰ δέκα λόγια / κεφάλαια) ἀναφέρεσθαι. Esto implica una vinculación permanente entre los diez mandamientos y la normativa restante que Amir (1990: 126) denomina "binding force" de la autoridad de los diez mandamientos. Por esta razón, Termini (2004: 7) sostiene que la ambivalencia entre νόμος y κεφάλαιον "is the foundation of Philo's reworking of Jewish legislation", como lo muestra la estructura de *De decalogo*, y su extensión a lo largo de los cuatro tratados de *De specialibus legibus*, donde Filón introduce una división propia de las leyes especiales, que se suma a la doble nivelación de *Decal.* 18-19 y 175. Esto permite entender que entre las leyes divinas y las mosaicas hay una relación del género a la especie (Amir, p. 126), como Filón parece concluir en *Spec.* 4.132-133. La jerarquía de las normas en la legislación justifica así el proceso de integración, según el cual cada ley particular es parte de un todo común, se define dentro de una jerarquía y ocupa el puesto que su contenido le proporciona en la nivelación normativa. Tal nivelación jerárquica no es producto de la arbitrariedad técnica, sino repercusión de las normas que responden necesariamente a los principios generales, según parece quedar en evidencia en el ordenamiento legal de los cuatro libros de *Spec.* Filón agrupa aquí las especies de los principios generales que, de acuerdo con la doble modalidad de revelación, se sitúan en el nivel 2. Estos cuatro libros, que conectan con cada género un largo número de casos particulares elegidos como especies, probaría que *Spec.* representa una discusión completa de los mandatos legales del Pentateuco (Hecht, p. 17). Sin embargo, el "grand architectonic blueprint" (Amir, p. 127) excede la intención de Filón. En este "flaw" (p. 127) del método filónico, Termini (2004: 8) el carácter experimental de su empresa que concluye en *Spec.* 4. 133, cuando inicia su exposición de la relación entre las leyes y las virtudes de *De virtutibus*. Resulta difícil demostrar que Filón no logra insertar todo el material legal seleccionado del Pentateuco en el marco del decálogo y, por esta razón, completa su organización según la taxonomía de las virtudes en *Spec.* 4.133-238 y *Virt*. Filón sigue un esquema marcados por los pasos de su método legislativo, que cumple en función de procedimientos racionales utilizados para alcanzar el objetivo que rige su exposición. Mediante acciones estrictamente establecidas, describe, asigna y adhiere a los mandamientos generales las normas particulares afines, y crea un conjunto de unidades legislativas bien diferenciadas y vinculadas entre sí, sin antecedentes evidentes en la discusión sobre los diez mandamientos en la historia del pensamiento judío. Esto parece confirmar la innovación de la contribución de Filón y deja abierto el debate sobre la cuestión del método para alcanzar una respuesta definitiva a la problemática sobre la posible influencia recibida por Filón durante la elaboración de *De decalogo* y *De specialibus legibus*.

Bibliografía

Ediciones y traducciones

Arnim, H. F. A. (1903). *Stoicorum veterum fragmenta*, vol. 1. *Zeno et Zenoni Discipvlis*. Lipsiae: in aedibus B.G. Teubneri.

Bardy, G. (1955). *Eusèbe de Césarée. Histoire ecclésiastique*, vol. 2. Paris: Cerf.

Behrends, O. (1976). *Die Wissenschaftslehre im Zivilrecht des Q. Mucius Scaevola pontifex*. Nachrichten der Akademie der Wissenschaften in Göttingen, I. Phil.-hist. Klasse. Göttingen: Vandenhoeck & Ruprecht.

Bywater, I. (1894). *Aristotelis Ethica Nicomachea*. Oxford: Clarendon Press.

Cohn, L. y Wendland, P. (1897). *Philonis Alexandrini Opera quae supersunt*, vol. 2. Berolini: Typis et impensis G. Reimerii.

Cohn, L. (1902). *Philonis Alexandrini Opera quae supersunt*, vol. 4. Berolini: Typis et impensis G. Reimerii.

Cohn, L. (1906). *Philonis Alexandrini Opera quae supersunt*, vol. 5. Berolini: Typis et impensis G. Reimerii.

Cohn, L. y Reiter, S. (1915). *Philonis Alexandrini Opera quae supersunt*, vol. 6. Berolini: Typis et impensis G. Reimerii.

Colson, F. H. (1998). *Philo*, vol. 7 [1º ed. 1937]. Loeb Classical Library. London: Heinemann; Cambridge, Mass.: Harvard University Press.

Colson, F. H. (1999). *Philo*, vol. 8 [1º ed. 1939]. Cambridge, MA: Harvard University Press.

Feldman, L. H. (2000). *Flavius Josephus, vol. 3. Judean antiquities 1-4*. Leiden: Brill.

Ihm, M. (1907). *C. Svetoni Tranquilli de vita caesarum libri VIII: Recensuit Maximilianus Ihm: Adjectae sunt caesarum imagines selectae et tabulae phototypicae tres*. Vol. 1. Lipsiae in Edibvs B. G. Tevbneei.

Lindsay, W. M. (1911). *Isidori Hispalensis episcopi etymologiarum sive originum libri 20*. Scriptorum classicorum bibliotheca Oxoniensis. Oxonii: E. Typographeo Clarendoniano.

Mangey, T. (1742). *Philonis Judaei Opera quae reperiri potuerunt omnia*. London: G. Bowyer.

Mosès, A. (1970). *De specialibus legibus III-IV*. Les oeuvres de Philon d'Alexandrie. Paris: Cerf.

Nikiprowetzky, V. (1965). Les oeuvres de Philon d' Alexandrie. *De Decalogo*. Paris: Éditions du Cerf.

Nodet, È. (1995). Flavius Joséphe. *Les Antiquités juives*, vol. II. *Livres IV et* V. Paris: Cerf.

Rahlfs, A. (1935). *Septuaginta. Id est, Vetus Testamentum graece iuxta LXX interpretes*. Stuttgart: Privilegierte württembergische Bibelanstalt.

Ross, W. D. (1924). *Aristotle. Aristotle's Metaphysics*. Oxford: Clarendon Press.

Schwartz, E. (1903–1909). *Eusebius Werke: Die Kirchengeschichte* (GCS IX/1–3). Die Lateinische Übersetzung des Eüfinus Bearbeitet im Gleichen Auftrage von Theodor Mommsen. Leipzig.

Triviño, J. M. (1976). *Obras completas de Filon de Alejandria*, vol. IV. Buenos Aires: Acervo Cultural/Editores.

Wendland, P. (1898). *Philonis Alexandrini Opera quae supersunt*, vol. 3. Berolini: Typis et impensis G. Reimerii.

Wilkins, A. S. (1902). *M. Tulli Ciceronis Rhetorica*, tomo II. *Brutus orator; De optimo genere oratotum; partitiones oratoriae topica*. Scriptorum clasicorum bibliotheca oxoniensis. Oxonii: E. Typographeo Clarendoniano.

Bibliografía citada

Alexandre, M. (1998). "Apologétique judéo-hellénistique et premières apologies chrétiennes", en B. Pouderon y J. Doré (eds.), *Les apologistes chrétiens et la culture grecque*. Théologie Historique 105. Paris: Beauchesne, 17-46.

Altshuler, D. (1982-83). "On the Classification of Judaic Laws in the Antiquities of Josephus and the Temple Scroll of Qumran". *The Journal of the Association for Jewish Studies* 7, 1-7.

Amaldez, R. (1984). "La Bible de Philon d'Alexandrie", en C. Mondesert (ed.), *Le monde grec ancien et la bible*. Bible de tous les temps, 1. Paris: Beauchesne, 37-54.

Amir, Y. (1973). "Philo and the Bible". *Studia Philonica* 2, 1-8.

Amir, Y. (1990). "The Decalogue according to Philo", en B. Z. Segal y G. Levi (eds.), *The Ten Commandments in history and tradition*. Serie Publications of the Perry Foundation for Biblical Research in the Hebrew University of Jerusalem. Jerusalem: The Magnes Press, the Hebrew University of Jerusalem, 121-160 [= Amir, Y. (1983). "Die Zehn Gebote bei Philon von Alexandrien", en: *Die hellenistische Gestalt des Judentums bei Philon von Alexandrien*. Forschungen zum judisch-christlichen Dialog

Filón de Alejandría en clave contemporánea

5. Neukirchen-Vluyn: Neukirchener Verlag, 13-163].

Bacher, W. (1905). *Die exegetische Terminologie der jüdischen Traditionsliteratur.* Leipzig: J.C. Heinrich.

Barclay, J.M.G. (2002). "Apologetics in the Jewish Diaspora", en J. R. Bartlett (ed.), *Jews in the Hellenistic and Roman Cities.* London: Routledge, 129-148.

Bentwich, N. (1910). *Philo-Judæus of Alexandria.* Philadelphia: The Jewish Publication Society of America.

Berthelot, K. (2003). *Philanthrôpia Judaica: le débat autour de la 'misanthropie' des lois juives dans l'antiquité.* Supplements to the Journal for the study of Judaism 76. Leiden: Brill.

Borgen, P. (1996). "Philanthropia in Philo's Writings: Some Observations", en J. F. Priest, L. B. Elder, D. L. Barr y E. S. Malbon (eds.), *Biblical and humane: A festschrift for John F. Priest.* Atlanta, Ga: Scholars Press, 173-188.

Borgen, P. (1996a). "Philo of Alexandria – A Systematic Philosopher or an Aclectic Editor? *Symbolae Osloenses. Norwegian Journal of Greek and Latin Studies,* 71.1, 115-134.

Borgen, P. (1997). *Philo of Alexandria: An exegete for his time.* Leiden: Brill.

Bretone, M. (1982). *Tecniche e ideologie dei giuristi romani.* Napoli: Ed. Scientifiche Italiane.

Calabi, F. (2004). "Ordine delle città e ordine del mondo nel 'De Decalogo' di Filone di Alessandria", en A. M. Mazzanti y F. Calabi (2004), *La rivelazione in Filone di Alessandria: natura, legge, storia: Atti del VII convegno di Studi del Gruppo italiano di ricerca su Origene e la tradizione alessandrina (Bologna 29-30 settembre 2003).* Verucchio (Rimini): Pier Giorgio Pazzini, 139-158.

Calabi, F. (2005). *Filone di Alessandria. De Decalogo.* Pisa: Edizioni ETS.

Calabi, F. (2008). "Il Deserto in Filone di Allessandria". *Adamantius* 14, 6–23.

Carcaterra, A. (1988). "Concezioni epistemiche dei giuristi romani". *Studia et Documenta Historiae et Iuris* 54, 37–65.

Castelli, S. (2001). "*Antiquities* 3–4 and *Against Apion* 2.145ff. Different Approaches to the Law", en J. U. Kalms (ed.), *Internationales Josephus-Kolloquium Amsterdam 2000.* Münster: LIT, ed., 151-169.

Cohen, N. G. (1993). "The greek virtues and the mosaic laws in Philo. An elucidation of *De Specialibus Legibus* IV 133-135". *The Studia Philonica Annual* 5, 9-23.

Cohen, N. G. (1987). "The Jewish Dimension of Philo's Judaism. An Elucidation of de *Spec. Leg.* IV 132-150". *Journal of Jewish Studies* 38(2), 165-186.

Cohen, N. G. (1995). *Philo Judaeus. His Universe of Discourse.* Series Beiträge zur Erforschung des Alten Testaments und des Antiken Judentums. Frankfurt am Main, New York: Peter Lang.

Cohen, N. G. (2006). "La dimensión judía del judaísmo de filón. Una elucidación de "De Spec. Leg." IV 132-150". *Revista bíblica* 68 (3-4), 215-240.

Cohen, N.G. (1992). "*Taryag* and the Noahide Commandments". *Journal of Jewish Studies* 43, 46-57.

Cohn, L. (1899). "Einteilung und Chronologie der Schriften Philos". *Philologus: Supplementband* 1, 387-436.

Colson, F. H. (1998). "General Introduction", en *Philo,* vol. 7 [1º ed. 1937]. Loeb Classical Library. London: Heinemann; Cambridge, Mass.: Harvard University Press, ix-xviii.

Conzelmann, H. (1992). *Gentiles, Jews, Christians: Polemics and Apologetics in the Greco-Roman Era*. Minneapolis: Fortress.

Coria, M. (2010). "Sobre la plantación", en J. P. Martín (ed.), *Obras Completas de Filón de Alejandría*, vol. II. Madrid: Trotta, 353-414.

D'Ippolito, F. (1978). *I giuristi e la città. Ricerche sulla giurisprudenza romana della repubblica*. Napoli: Edizioni scientifiche italiane.

Daube, D. (1956). *The New Testament and rabbinic Judaism*. London: University of London, Athlone Press.

Dautzenberg, G. (1988). "Mt 5, 43c und die antike Tradition von der jüdischen Misanthropie", en L. Schenke (ed.), *Studien zum Matthäusevangelium: Festschrift für Wilhelm Pesch*. SBS. Stuttgart: Verlag Katholisches Bibelwerk, 49-77.

De Vos, J. C. (2016). *Rezeption und Wirkung des Dekalogs in jüdischen und christlichen Schriften bis 200 n.Chr*. Leiden, The Netherlands: Brill.

De Vos, J. C. (2021). "Josephus on the Decalogue". *Zeitschrift für altorientalische und biblische Rechtsgeschichte* 27(1), 247-256.

Dogniez, C., Harl, M., Alexandre, M. (2001). *Le Pentateuque d'Alexandrie: Text grec et traduction*. Paris: Cerf.

Druille (2020a). "Los diez mandamientos y las dos tablas en *Sobre el decálogo* 50-153 de Filón de Alejandría", en V. Suñol y M. Berrón (comps.), *Educación, Arte y Política en la Filosofía Antigua. Actas del IV Simposio Nacional de la Asociación Argentina de Filosofía Antigua*. Santa Fe: Asociación Argentina de Filosofía Antigua, 240-247.

Druille, P. (2020b). "La metodología expositiva en *Sobre el decálogo* de Filón de Alejandría". *Iter* 26, 201-220.

Druille, P. (2019). "Ἀναγράφων νόμος: la ley escrita en *Sobre el decálogo* de Filón de Alejandría", en R. Miranda y V. Suñol (eds.), *Retórica, Filosofía y Educación: de la Antigüedad al Medioevo. Instituciones, cuerpos, discursos*. Buenos Aires: Miño y Dávila, 73-96.

Ducos, M. (1984). *Les Romains et la loi: Recherches sur les rapports de la philosophie grecque et de la tradition romaine à la fin de la République*. Paris: Belles Lettres.

Elon, M. (1994). *Jewish law: History, sources, principles = Ha-mishpat ha-Ivri*, 4 vols. Philadelphia: Jewish Publication Society.

Epstein, I. (1948). *The Babylonian Talmud*, vol. I. London: Soncino Press.

Freedman, H., Simon, M., Lehrman, S. M., Israelstam, J., Slotki, J. J., Rabbinowitz, J., Cohen, A., Rabinowitz, L. I. (1961). *Midrash Rabbah. IX. Esther and Song of Songs*. Translated from the Hebrew by Maurice Simon. London: Soncino.

Gerhardsson, B. (1961). *Memory and manuscript: Oral tradition and written transmission in Rabbinic Judaism and early Christianity*. Acta seminarii neotestamentici Upsaliensis, XXII. Uppsala: C. W. K. Gleerup.

Goodenough, E. R. (1929). *The jurisprudence of the Jewish courts in Egypt: legal administration by the Jews under the early Roman empire as described by Philo Judaeus*. New Haven: Yale University Press.

Hamerton-Kelly, R. G. (1972). "Sources and traditions in Philo Judaeus: Prolegomena to an analysis of his writings". *Studia Philonica* 1, 3-26.

Hammer, R. (1986). *Sifre: A Tannaitic commentary on the book of Deuteronomy*. Translated from the Hebrew with in-

Filón de Alejandría en clave contemporánea

troduction and notes by Reuven Hammer. New Haven: Yale University Press.

Hecht, R. D. (1978). "Preliminary Issues in the Analysis of Philo's *De Specialibus Legibus*". *Studia Philonica* 5, 1-55.

Hecht, R. D. (1984). "The Exegetical Contexts of Philo's Interpretation of Circumcision", en F. E. Greenspahn, E. Hilgert, B.L. Mack (eds.), *Nourished with Peace: Studies in Hellenistic Judaism in Memory of Samuel Sandmel*. Chico: Scholars, 51-80.

Heinemann, I. (1910). "Über die Einzelgesetze, Buch 1-4", en L. Cohn (ed.), *Die Werke Philos von Alexandria in deutscher Übersetzung*, band. 2. *Über die Einzelgesetze, Buch 1-4. - Über die Tugenden. - Über Belohnung und Strafe*. Schriften der jüdisch-hellenistischen Literatur in deutscher Übersetzung, 2. Breslau: Marcus Verlag, 2-13.

Heinemann, I. (1928). "Die lehre vom ungeschriebenen Gesetz". *Hebrew Union College Annual* 4, 149–171.

Heinemann, I. (1929). "Hellenistica". *Monatsschrift für Geschichte und Wissenschaft des Judentum* 74, 425–443.

Himbaza, I. (2002). "Le Décalogue de Papyrus Nash, Philon, 4 Qphyl. G, 8Qphyl 3, et 4Qmez A". *Revue de Qumran* 79, 411–428.

Himbaza, I. (2004). *Le décalogue et l'histoire du texte: études des formes textuelles du decalogue et leurs implications dans l'histoire du texte de l'Ancien Testament*. Fribourg: Academic Press; Göttingen: Vandenhoeck & Ruprecht.

Jastram, D. N. (1989). "Philo's Concept of Generic Virtue" (Dissertation). University of Wisconsin at Madison.

Kasher, A. (1985). *The Jews in Hellenistic and Roman Egypt: The struggle for equal rights*. Tübingen: Mohr.

Liddell, H. G., Scott, R., Jones, H. S., McKenzie, R., Barber, E. A. (1968). *A Greek-English lexicon* [9° ed.]. Oxford: Clarendon.

Lluch Baixauli, M. (1997). "El Tratado de Filón sobre el Decálogo". *Scripta Theologica* 29 (2), pp. 415-441.

Mack, B. L. (1974-75). "Exegetical traditions in Alexandrian Judaism: a program for the analysis of the Philonic Corpus". *Studia Philonica* 3, 71-112.

Martens, J. W. (1992). "Unwritten Law in Philo: A Response to Naomi G. Cohen". *Journal of Jewish Studies* (Spring), 38-45.

Martens, J. W. (2003). *One God, one law: Philo of Alexandria on the Mosaic and Greco-Roman law*. Boston: Brill Academic Publishers.

Martín, J. P. (2009). "Introducción general", en J. P. Martín (ed.), *Filón de Alejandría. Obras completas*, vol. I. Madrid: Trotta, 9-88.

Massebieau, L. (1889). "Le classement des oeuvres de Philon". *Bibliothèque de l'École des Hautes Études: Sciences religieuses* 1, 1-91.

Massebieau, L. (1889). "Le classement des oeuvres de Philon". *Bibliothèque de l'École des Hautes Études: Sciences religieuses* 1, 1-91.

Morris, J. (1987). "The Jewish Philosopher Philo", en E. Schürer, G. Vermes, F. Millar, P. Vermes, M. Black y M. Goodman (revs. y eds.), *The History of the Jewish People in the Age of Jesus Christ (175 B.C. - A.D. 135)*, III.2. Edinburgh: Clark, 813-870.

Najman, H. (1999). "The Law of Nature and the Authority of Mosaic Law". *Studia Philonica Annual* 11, 55-73.

Najman, H. (2003). "A Written Copy of the Law of Nature. An Unthinkable

Paradox?". *The Studia Philonica Annual* XV, 54-63.

Neusner, J. (1982-1994). *The Talmud of the land of Israel: A preliminary translation and explanation*. Chicago studies in the history of Judaism. Chicago: University of Chicago Press.

Niehoff, M. (2018). *Philo of Alexandria: An intellectual biography*. New Haven, Connecticut: Yale University Press = (2019). *Philon von Alexandria. Eine intellektuelle Biographie. Übersetzt von Claus-Jürgen Thornton und Eva Tyrell*. Tübingen: Mohr Siebeck.

Niehoff, M. (2018). *Philo of Alexandria: An intellectual biography*. New Haven, Connecticut: Yale University Press = (2019). *Philon von Alexandria. Eine intellektuelle Biographie. Übersetzt von Claus-Jürgen Thornton und Eva Tyrell*. Tübingen: Mohr Siebeck.

Niehoff, M. R. (2001). *Philo on Jewish Identity and Culture*. Texte und Studien zum antiken Judentum 86. Tübingen: Mohr Siebeck.

Niese, B. (1887). *Flavii Iosephi Opera 1. Antiquitatum iudaicarum libri I-V*. Berolini: Apud Weidmannos.

Nikiprowetzky, V. (1977). *Le commentaire de l'écriture chez Philon d'Alexandrie: Son caractère et sa portée, observaciones philologiques*. Arbeiten zur Literatur und Geschichte des hellenistischen Judentums, 11. Leiden: Brill.

Passoni Dell'Acqua, A. (2004). *Alessandria e la Torah*. Ricerche storico bibliche 16, 2004,177–218.

Pearce, S. (1998). "Belonging and Not Belonging: Local Perspectives in Philo of Alexandria", en S. Jones y S. Pearce (eds.), *Jewish Local Patriotismand Self-Identification in the Graeco-Roman Period*. JSPSup 31. Sheffield: Sheffield Academic Press, 79-105.

Pearce, S. J. (2013). "Philo, On the Decalogue", en L. H. Feldman, J. L. Kugel y L. H. Schiffman (eds.), *Outside the Bible: Ancient Jewish writings related to Scripture*. Lincoln, Neb.: University of Nebraska Press; Philadelphia, Pa.: The Jewish Publication Society, 989-1032.

Pearce, S. (2015). "Special Section. *De Decalogo*: Philo of Alexandria as interpreter of Ten Commandments. Introduction". *The Studia Philonica Annual* 27, 129-131.

Rodríguez, A. F., Aura, J. F., y Rodríguez, S. J. (1989-). *Diccionario griego-español*. Madrid: Consejo Superior de Investigaciones Científicas, Instituto "Antonio de Nebrija".

Royse, J. (2009). "The Works of Philo", en A. Kamesar (ed.), *The Cambridge Companion to Philo*. Cambridge Companions to Philosophy. Cambridge: Cambridge University Press, 32-64.

Royse, J. R. (2001). "Philo's Division of His Works into Books". *The Studia Philonica Annual* 13, 59-85.

Royse, J. R. (2006). "The text of Philo's *De Virtutibus*". *The Studia Philonica Annual* 18, 73-101

Runia, D. (2001). "Philon d'Alexandrie devant le Pentateuque", en C. Dogniez, M. Harl y M. Alexandre (eds.), *Le Pentateuque d'Alexandrie: Text grec et traduction*. Paris: Cerf, 99-105.

Samuel, M. L. (2016). *Rediscovering Philo of Alexandria. A First Century Torah Commentator. Deuteronomy*, vol. 5. Ashton Rd, Sarasota: First Edition Design Publishing.

Sandmel, S. (1954). "Philo's Place in Judaism: A Study of Conceptions of Abraham in Jewish Literature". *Hebrew Union College Annual* 25, 209–237.

Filón de Alejandría en clave contemporánea

Sandmel, S. (1984). "Philo Judaeus: An Introduction to the Man, his Writings, and his Significance", en W. Haase (ed.), *Band 21/1. Halbband Religion (Hellenistisches Judentum in römischer Zeit: Philon und Josephus)*. Berlin, Boston: De Gruyter, 3-46.

Scarano Ussani, U. (1997). *L'ars dei giuristi: Considerazioni sullo statuto epistemologico della giurisprudenza romana*. Torino: G. Giappichelli.

Schiavone, A. (1977). *Nascita della giurisprudenza: Cultura aristocratica e pensiero giuridico nella Roma tardo-repubblicana*. Bari: Laterza.

Schiavone, A. (1987). *Giuristi e nobili nella Roma repubblicana: Il secolo della rivoluzione scientifica nel pensiero giuridico antico*. Roma: Laterza.

Schiavone, A. (1990). "Pensiero giuridico e razionalità aristocrática", en A. Momigliano, A. Schiavone y C. Ampolo (eds.), *Storia di Roma, vol. 2.1. L'impero mediterraneo. La repubblica imperial*. Torino: Giulio Einaudi, 415-478.

Schulz, F. (1946). *History of Roman legal science*. Oxford: Clarendon Press.

Siegfried, C. (1875). *Philo von Alexandria als Ausleger des Alten Testaments. An sich selbst und nach seinem geschichtlichen Einfluss betrachtet: nebst Untersuchungen über die Graecitaet Philo's*. Jena: Hermann Dufft.

Smallwood, E. M. (1961). *Philonis Alexandrini Legatio ad Gaium*. Leiden: E.J. Brill.

Stein, P. (1966). *Regulae iuris: From juristic rules to legal maxims*. Edinburgh: University Press.

Sterling, G. E. (2018). "Philo of Alexandria's Life of Moses: An Introduction to the Exposition of the Law". *The Studia Philonica Annual* 30, 31-46.

Sterling, G.E. (2006). "'The Queen of the Virtues': Piety in Philo of Alexandria". *The Studia Philonica Annual* 18, 103-123.

Svebakken, H. (2009). *Philo of Alexandria's Exposition of the Tenth Commandment*. Dissertations. Chicago, Illinois. Loyola University Chicago.

Svebakken, H. (2012). *Philo of Alexandria's exposition on the Tenth Commandment*. Brown Judaic studies, Studia Philonica monographs 6. Atlanta: Society of Biblical Literature.

Talamanca, M. (1977). *Lo schema "genus-species" nelle sistematiche dei giuristi romani* (= La filosofia greca e il diritto romano II. Colloquio italofrancese, Roma 14-17 Aprile, 1973, vol. II). Roma.

Talamanca, M. (1979). *Lineamenti di storia del diritto romano*. Milano: Giuffrè.

Terian, A. (1997). "Back to Creation: The Beginning of Philo's the Great Grand Commentar". *The Studia Philonica Annual* 9, 19-36.

Termini, C. (2004). "Taxonomy of Biblical Laws and ΦΙΛΟΤΕΧΝΙΑ in Philo of Alexandria: A Comparison with Josephus and Cicero". *The Studia Philonica Annual* 16, 1-29.

Termini, C. (2006). "The Historical Part of the Pentateuch According to Philo of Alexandria: Biography, Genealogy, and the Philosophical Meaning of the Patriarchal Lives", en N. Calduch-Benages y J. Liesen (eds.), *History and Identity: How Israel's Later Authors Viewed Its Earlier History*. Deuterocanonical and cognate literature yearbook. Berlin: De Gruyter, 265-295.

Urbach, E. E. (1975). *The Sages: Their concepts and beliefs*. 2 vols. Jerusalem: Magnes Press, Hebrew University.

Van Veldhuizen, M.D. (1982). *'Philanthropia' in Philo of Alexandria: A Scrip-*

tural Perspective. [Ph.D. dissertation]. University of Notre Dame.

Vander Waerdt, Paul A. (2016). "Philosophical Influence on Roman Jurisprudence? The Case of Stoicism and Natural Law". *Aufstieg und Niedergang der römischen Welt* 36/7, pp. 4851-4901.

Vermes, G. (1982). "A Summary of the Law by Flavius Josephus". *Novum Testamentum* 24(4), 289-303.

Vesting, Th. (2018). *Legal Theory and the Media of Law*, [1º ed. 2011].Cheltenham, UK: Edward Elgar Publishing.

Watson, A. (1974). *Law-making in the Later Roman Republic*. Oxford: The Clarendon Press.

Weber, R. (2001). *Das "Gesetz" bei Philon von Alexandrien und Flavius Josephus: Studien zum Verständnis und zur Funktion der Thora bei den beiden Hauptzeugen des hellenistischen Judentums*. Arbeiten zur Religion und Geschichte des Urchristentums, Bd. 11. Frankfurt am Main: Lang.

Wegmann-Stookebrand, A. (2018). "Sobre la noción de contrato en las *Instituciones* de Gayo". *Revista de Derecho Privado* 34, 19-49.

Scarano Ussani, V. (1997). *L'ars dei giuristi. Considerazioni sullo statuto epistemologico della giurisprudenza romana*. Torino: Giappichelli.

Wieacker, F. (1988). *Römische Rechtsgeschichte: Quellenkunde, Rechtsbildung, Jurisprudenz und Rechtsliteratur. I: Einleitung; Quellenkunde; Frühzeit und Republik*. Munich: Beck.

Wilson, W. (2010). *Philo of Alexandria: On Virtues*. Leiden, The Netherlands: Brill.

Wilson, W. (2013). "Philo, *On the Virtues*", en L. H. Feldman, J. L. Kugel y L. H. Schiffman (eds.), *Outside the Bible: Ancient Jewish writings related to Scripture*. Lincoln, Neb.: University of Nebraska Press; Philadelphia, Pa.: The Jewish Publication Society, 2447-2480.

Wolfson, H. A. (1962). *Philo. Foundations of religious philosophy in Judaism, Christianity, and Islam* [1º ed. 1947]. Structure and Growth of Philosophic Systems from Plato to Spinoza, 2. Cambridge, Mass.: Harvard Univ. Press.

El significado simbólico de las fiestas según Filón de Alejandría

Juan Carlos Alby

Introducción

Entre los distintos géneros expositivos que componen la vasta obra de Filón de Alejandría, tales como el cosmogónico, histórico, ético-judicial y legislativo, *Las leyes particulares* II se inscribe en este último y constituye, junto a *Sobre el decálogo*, un modelo de exposición de la Ley dada por Dios a Moisés en la portentosa teofanía del Sinaí. La atención del alejandrino se dirige en el presente tratado a la interpretación de Ex 20, 7-12 y Dt 5, 11-16, pasajes en los que se consignan los preceptos orientados hacia los mandamientos tercero, cuarto y quinto según la cronología del Talmud y de Calvino, frente a las posiciones de las iglesias cristianas católica y luterana que, siguiendo el orden establecido por San Agustín, los consideran como segundo, tercero y cuarto, respectivamente[1]. En realidad, el orden variable que se encuentra en las distintas Biblias refleja una pluralidad de opiniones milenaria, según surge del análisis de ciertos manuscritos del desierto de Judea en los que aparecen informes alternativos sobre el episodio del Decálogo, expresión griega que traduce la hebrea *asereth hadevarim*, עשרת הדברים, "diez palabras" (Ex 34, 28; Dt 4, 13; 10, 4). La expresión "Diez mandamientos" no aparece en la Biblia hebrea. Por otra parte, en un manuscrito del Éxodo, se registra el testimonio de una tradición según la cual Dios pronunció solo los dos primeros mandamientos, mientras que los ocho restantes fueron mediados por Moisés[2].

---

1   Cf. Alesso (*OCFA* VI, en prensa).

2   Cf. Law (2014: 44). Sobre el Decálogo, cf. Roitman (2010: 199-207).

El análisis que hace Filón del significado de las fiestas judías se organiza en torno a la hebdómada y resulta de la convergencia de tres tradiciones. Por un lado, la inspiración hipocrática con base en Alcmeón de Crotona, la neopitagórica y la medioplatónica, que se solapan con la hermenéutica judía del alejandrino acerca de la Torah.

Filón es un ejemplo paradigmático de la afirmación del pensamiento judío frente a la filosofía griega. En relación con Moisés, corrige a los pensadores griegos siguiendo la misma lógica de los autores que le precedieron y que se ubican en la línea del pitagorismo antiguo, tales como Eudoro de Alejandría, Arquitas y Filolao, junto a los platónicos y peripatéticos como Espeusipo, Xenócrates, Heráclides del Ponto, Aristóteles y Aristoxeno, frente a Antíoco de Ascalón y sus discípulos[3]. Se trata del neopitagorismo reavivado en el sur de Italia a comienzos del siglo II a. C., cuyo primer testigo público en Roma, según Cicerón, fue Nigidio Fígulo, alentado tal vez por Alejandro Polihistor, quien arribó a esa ciudad en el 82 a. C[4].

La concepción de la hebdómada en Filón puede ser ilustrada con textos paralelos de autores pitagóricos, algunos de ellos contemporáneos y posteriores a Filón, que van desde Nicómaco de Gerasa[5] hasta Isidoro de Sevilla[6], pasando por Teón de Esmirna[7], Alejandro de Afrodisia[8], Censorino[9], Anatolio[10], Calcidio[11], Jámblico[12], Macrobio[13], Juan Lido[14] y Marciano Capella[15].

---

3 Cf. García Bazán (2005: 79 s.).

4 Cf. Diógenes Laercio, *Vida de los filósofos* 8.25-35; también García Bazán (2000: 120, notas 28 y 29).

5 Es el transmisor de la aritmética pitagórica en su más pura expresión. De él la recibe Jámblico, quien escribe: "No se trata de exponer doctrinas nuevas (καινά λέγειν), sino las enseñadas por los antiguos varones (παλαιόσις ἄνδρασιν), y, por lo tanto, exponemos la aritmética de Nicómaco sin nada que quitar ni agregar", Jámblico, *De communis mathematica scientia* 30.5.

6 Isidoro de Sevilla, *Liber de numeris* 34-37.

7 Teón de Esmirna, *Sobre las matemáticas usadas para el entendimiento de Platón* 103-104.

8 Alejandro de Afrodisia, *Comentario a la metafísica de Aristóteles*.

9 Censorino, *Sobre el día del nacimiento* 7.11-14.

10 Anatolio, *Sobre los primeros diez números* 35-38. Esta obra es citada en parte por Jámblico en su *Teología de la aritmética*.

11 Calcidio, *Comentario al Timeo* 35-37.

12 Jámblico, *Teología de la aritmética* 54-56.

13 Macrobio, *Comentario al "Sueño de Escipión" de Cicerón* 1.6.5-83.

14 Juan Lido, *De mensibus* 2.12.

15 Marciano Capella, *Sobre la aritmética* 266-268.

                                    Filón de Alejandría en clave contemporánea

Nuestro trabajo se divide en dos partes. En primer lugar, consideraremos el tratamiento que hace Filón sobre la hebdómada a partir de su aritmología pitagórica. Este paso resultará fundamental para comprender la sacralidad del sábado según Filón. En segundo término, analizaremos cada una de las diez fiestas judías mencionadas por el alejandrino en *Las leyes particulares* II atendiendo a su significado litúrgico originario y a la carga simbólica que nuestro autor le otorga en el contexto del sábado y de la santidad del número 7.

La concepción pitagórica de la hebdómada

La aritmología de Filón orientada a la exaltación de la hebdómada encuentra probados antecedentes en la medicina hipocrática y en las influencias aritmológicas del ecléctico Eudoro de Alejandría[16].

En el primer caso, el alejandrino cita explícitamente a Hipócrates en el excurso sobre la hebdómada que va de los parágrafos 89 al 128 de su obra *La creación del mundo según Moisés* (*De Opificio mundi*), diciendo:

> Aunque Solón cuenta la vida humana en las diez hebdómadas señaladas, el médico Hipócrates dice que es de siete edades: niño, púber, adolescente, joven, varón, mayor, anciano y la mide en hebdómadas, aunque no una a continuación de la otra. Dice así: 'En la naturaleza del ser humano hay siete épocas, que se denominan edades: niño, púber, adolescente, joven, varón, mayor, anciano. Niño es hasta los siete años, cuando se pierden los dientes; púber, hasta la producción de semen, hasta las dos veces siete; adolescente, hasta la aparición de la barba, hasta los tres veces siete; joven, hasta el crecimiento completo del cuerpo, hasta los cuatro veces siete; varón, hasta los cuarenta y nueve años, hasta los siete veces siete; mayor, hasta los cincuenta y seis, hasta los siete veces ocho; en lo que sigue a partir de ahí es anciano'[17].[18]

La división hipocrática de las edades de la vida fue propuesta por Solón, pero está adaptada aquí a las siete expresiones griegas que van de la niñez a la ancianidad para referirse al desarrollo vital de una persona masculina. Filón menciona en muy escasas ocasiones

---

16   Para un estudio muy completo sobre la hebdómada en Filón, cf. Alesso (2016: 28-40).

17   Hipócrates (Pseudo), *Sobre la hebdómada* 5.1-35, en Roscher (1906: 48, nota 83). Para lecturas paralelas acerca del desarrollo humano en relación con las etapas de la vida en Nicómaco de Gerasa y en Macrobio, cf. Mansfield (1971: 181).

18   *Opif.* 105.

al médico de Cos. En el presente tratado, vuelve a hacerlo en el 124 donde lo señala como "conocedor de la naturaleza":

> Dice también Hipócrates, el conocedor de la naturaleza, que en la hebdómada se refuerza la fijación de la semilla y la formación de la carne. Además, el flujo de las menstruaciones les dura a las mujeres hasta siete días. Asimismo, es natural que los fetos que se encuentran en el útero lleguen a su madurez a los siete meses, de manera que sucede algo absolutamente paradójico, pues los fetos sietemesinos nacen, mientras que, en general, los de ocho meses no pueden mantenerse vivos[19].

Más adelante, siguiendo esta tradición afirma que:

> Las enfermedades graves del cuerpo, en especial cuando por una mala mezcla de nuestras fuerzas nos atrapan fiebres continuas, se deciden sobre todo en el séptimo día, pues él decide el certamen del alma, votando la salvación para unos, la muerte para otros[20].

Se advierte aquí la adhesión a las intuiciones originarias del pitagórico Alcmeón de Crotona, de quien Hipócrates tomó la doctrina de los cuatro humores, a saber: sangre, flema, bilis amarilla y bilis negra. Estos constituyen la τετρακτύς, cuya plenitud está dada por la suma de sus componentes: 1 + 2 + 3 + 4 = 10, puesto que comprenden a la década, número a partir del cual todo vuelve a contarse. La "buena mezcla" (εὐκρασία) de estos humores otorga la salud, mientras que la "mala mezcla" (δυσκρασία) generada por la ruptura de las proporciones entre los humores, genera la enfermedad.

La tétrada es para Filón un componente fundamental de la hebdómada, ya que lo que le confiere a esta su rango maravilloso en la naturaleza es que está compuesta por el tres y el cuatro, a lo que agrega:

> Si uno realiza una progresión geométrica en razón de dos, descubrirá que el tercer número a partir de la mónada es un cuadrado, mientras que el cuarto es un cubo, pero el séptimo producto de ambos es a la vez un cubo y un cuadrado. En efecto, el tercero a partir de la mónada en progresión geométrica en razón de dos es un cuadrado, <cuatro>, mientras que el cuarto, <ocho>, es un cubo y el séptimo, <sesenta y cuatro>, a su vez, un cubo y un cuadrado. Así, el número séptimo es realmente perfeccionador, puesto que proclama ambas igualdades, de la superficie, a través del parentesco con la tríada, y la del sólido,

---

19 *Opif.* 124.
20 *Opif.* 125.

   Filón de Alejandría en clave contemporánea

por su vínculo con la tétrada. La hebdómada está compuesta de la tríada y la tétrada[21].

Filón vuelve a citar al padre de los médicos en *De vita contemplativa* para referirse al famoso aforismo hipocrático sobre la brevedad de la vida en contraste con lo extenso del arte: "Y es bueno ahorrar tiempo, según el médico Hipócrates: 'La vida es breve, el arte es largo'[22]"[23].

Según Dillon, Eudoro de Alejandría fue el sabio que mejor logró la síntesis entre el pitagorismo y el platonismo de la época, con su consiguiente influencia sobre Filón[24]. Su existencia transcurrió entre la segunda mitad de la era anterior y el primer cuarto del siglo I d. C., por lo cual debe haber sido unos veinte o treinta años mayor que Filón, quien recibió un platonismo pitagorizante del mismo sesgo, pero contra el cual, a la vez, polemiza. Su interpretación de Platón debe haber sido distinta de las sucesivas etapas por las que transcurrió la Nueva Academia hasta Antíoco de Ascalón, de cuyo círculo filosófico evidentemente Eudoro no formó parte. Por lo tanto, es posible que se haya nutrido de una corriente platónico-pitagorizante que permanecía de manera subterránea en Alejandría y que tal vez se hizo pública luego de la muerte de Cicerón, quien en su escrito sobre la filosofía en Alejandría, contenido en la introducción de su traducción al *Timeo*, jamás se refiere a Eudoro[25]. Este sabio alejandrino considera al Uno supremo como principio causal de la materia y de todas las cosas existentes y lo llama "el Dios supremo". También llama "Díada ilimitada" al principio opuesto al segundo Uno, y "Monada" a este segundo Uno[26]. En tal sentido, Filón le opone al pitagorismo de Eudoro el culto de los terapeutas: "Al que es, que es superior al Bien, más puro que lo uno y más primordial que la Mónada"[27], y también afirma que "Dios está en el orden de lo Uno y de la Mónada, pero

---

21   *Opif.* 105.

22   Hipócrates, *Aforismos* 1.1. Filón lo cita de manera anónima en *De sommnis* 1.10.

23   *Contempl.* 16.

24   Cf. Dillon (2010: 154-220).

25   Cf. García Bazán (2005: 78).

26   Como señala Dillon, es probable que sea a Eudoro a quien se refiere Siriano en su *Comentario a la Metafísica* de Aristóteles, sobre *Met.* XIII. 1079 a 15: "Esos hombres (los que creen en Ideas) eran los que solían afirmar que, después del principio de todas las cosas, al que amaban llamar el Bien o el Uno y que estaba más allá del ser, había dos principios causales en el universo, la Mónada y la Díada Indefinida; por lo general, atribuyen estas causas conforme a cada nivel del ser". Sin embargo, Arquitas o Brotino pueden ser las fuentes más probables. Cf. Dillon (2010: 165, nota 18).

27   Filón de Alejandría, *Contempl.* 2.

mejor, la Mónada en el orden del Dios único; porque todo número es más reciente que el mundo igual que el tiempo, y Dios es más antiguo que el mundo y el creador"[28].

Filón distingue entre lo Uno[29] y la Mónada, distinción que es propia del pensamiento pitagórico y del platonismo medio, pero no de los pitagóricos anteriores, como Filolao y Arquitas. Se encuentra, en cambio, en Moderato de Cádiz y más tarde en Teón de Esmirna[30]. En un pasaje de *Cuestiones sobre el Génesis* dice: "Y la mónada difiere de lo uno como el arquetipo difiere de la copia, porque la mónada es el paradigma, mientras que lo uno es una imitación de la mónada"[31]. En este pasaje, "uno" refiere al número mientras que "mónada" al concepto que le subyace.

El dos como imagen de la materia, fraccionable y divisible como ella, aparece en Filón en *Alegoría de las leyes* I, en un contexto en el que va a introducir el dominio de la hebdómada, a la que vincula con las especies incorruptibles en contraste con la héxada, propia de las creaturas mortales[32].

Conocidas la dignidad de la década y la del número siete, Filón se dedica en uno de sus tratados tardíos conocido como *Las leyes particulares*, a especular sobre la ubicación del 7 en la década y su relación con el cuatro, fuente de la década como estaba señalado en la fisiología pitagórico-hipocrática de los cuatro humores del organismo. Afirma que si se disponen los primeros siete números en progresión aritmética desde el uno, surge el 28 ya que $1 + 2 + 3 + 4 + 5 + 6 + 7 = 28$, número perfecto igual a la suma de sus factores, a saber, $1 + 2 + 4 + 7 + 14 = 28$. Si se les aplica a la serie de números la progresión geométrica, se obtiene un número que es cubo y cuadrado al mismo tiempo: 64, que es el séptimo término de una progresión geométrica de razón 2 a partir de la unidad (1/2/4/8/16/32/64) y es a la vez 8^2 y 4^3. También el 729 es el séptimo término de una progresión geométrica de razón 3 a partir de la unidad (1/3/9/27/81/243/729), y es a la vez 27^2 y 9^3. Esta exacerbación aritmológica es fruto de la afirmación hecha por Eudoro de Alejandría sobre la superioridad de los diez primeros números, llevada hasta las últimas consecuencias[33].

---

28   Filón de Alejandría, *Leg.* 2.3. Cf. Dillon (2010: 155-157).
29   Lo llama τὸ ἕν, utilizando el género neutro.
30   Cf. Robbins (1921: 120-121).
31   *QG* 4.110.
32   Cf. *Leg.* 1.3-4.
33   Cf. *Spec.* 2.40.

    Filón de Alejandría en clave contemporánea

En el mismo libro, todo este aparato matemático es puesto por el judío alejandrino al servicio de la explicación del significado de las fiestas en conjunción con sus respectivos simbolismos litúrgicos.

Las diez fiestas judías

Apegado a la perfección que compota la década, Filón menciona en *Las leyes particulares* II diez fiestas sin perjuicio de que en el calendario litúrgico del pueblo judío existan tantas otras.

Hay, en efecto, un número de diez fiestas que la Ley establece. La primera, sobre la que quizás quien escuche se asombre de que es una fiesta, es la de cada día; la segunda es la del día séptimo, después de seis intermedios, es el que los hebreos llaman sábado en su lengua patria; la tercera es la que sigue a la conjunción astronómica de la luna nueva, el novilunio; la cuarta es la de la travesía, que se denomina Pascua; la quinta es la de las primicias de las mieses, la sagrada gavilla; la sexta es la de los panes ácimos; después de esta viene la de los séptimos que es verdaderamente la séptima; la octava es la del mes sagrado; la novena es la del ayuno; y la décima es la de los tabernáculos, la conclusión de las fiestas del año, cumpliendo un número perfecto, el diez. Comencemos por la primera[34].

Primera fiesta: la fiesta de cada día

La noción de que cada día debe vivirse como festivo surge de Nm 28, 2: "Mis dones, mis presentes, mis ofrendas cuidaréis de que se me presenten en mis fiestas (ἐν ταῖς ἑορταῖς μου)". A la fiesta del servicio cotidiano se le asignó un puesto en el culto del templo de Jerusalén. El texto mencionado de Nm 28 continúa con la ofrenda de un holocausto de un cordero por la mañana y otro al atardecer[35], designado por la expresión "entre las dos tardes"[36] que, según los samaritanos, indica el tiempo que transcurre entre la puesta del sol y la oscuridad de la noche. Se trata del crepúsculo, que en Oriente resulta breve. Para los fariseos, en cambio, se refiere al tiempo que precede a la puesta del sol[37]. Este sacrificio debía acompañarse de una ofrenda de harina amasada con aceite y de una libación de vino. Otros

---

34   *Spec.* 2.41.
35   Cf. Lv 6, 2-6.
36   Cf. Ex 12, 6; 16, 12; 29, 39, 41; Nm 9, 3.11; 28, 4.8
37   Cf. De Vaux (1992 : 255).

textos como Ex 30, 7-8 y el libro tardío conocido como *Eclesiástico* agregan a lo ya mencionado la obligación de una ofrenda de incienso sobre el altar de los perfumes[38]. Este servicio cotidiano es conocido como "sacrificio perpetuo" o *tâmîd*[39]. El profeta Daniel describe su abolición durante la invasión de Antíoco Epífanes (Dn 8, 11.13; 11, 31; 12, 11) y fue restablecido por Judas Macabeo. El autor de Crónicas lo atribuye a la época de los reyes[40], pero en realidad es post-exílico, pues Ezequiel solo menciona un holocausto por la mañana (Ez 46, 13-15). Durante la monarquía del rey Acaz (2 R 16, 15), se reconoce un holocausto por la mañana, *'olah*, עולה y una ofrenda vegetal por la tarde, *minḥah*, מנחה que era una indicación de la hora según Esd 9, 4-5 y Dn 9, 21, un momento de la tarde anterior a la llegada de la noche (1 R 18, 29.36). La misma jornada que se describe en el relato de 1 R 18, 40-46 incluye la matanza de los profetas de Baal, la oración de Elías, la lluvia y el regreso de Acab a Jezreel. Al regreso de la cautividad, los judíos celebraban el sacrificio de la tarde en el crepúsculo, mientras que en el primer tercio del siglo I d. C. tenía lugar hacia la mitad de la tarde, las tres, hora en que Jesús murió en la cruz según Mt 27, 46-50.

Filón alegoriza el significado de la fiesta diaria diciendo que todo el tiempo que transcurre entre el nacimiento y la muerte sería una única e incesante fiesta si las virtudes en el hombre sabio permanecieran inexpugnables[41].

El significado simbólico de esta fiesta es tomado directamente por el alejandrino de Nm 28, 2, texto que no cita por completo según la versión de los LXX, en un pasaje de *Los sacrificios de Abel y Caín:*

> Y en otro texto se dice: 'Mis dones, mis presentes, mis ofrendas cuidaréis de que se me presenten en mis fiestas', sin hablar de separar ni excluir, sino de ofrecer cosas completas, indivisibles y perfectas. Pues la fiesta del alma radica en el disfrute de las virtudes perfectas, y las perfectas son las que están libres de cuantas calamidades reúne el género humano. Solo el sabio celebra esta fiesta, ningún otro. Pues es muy raro encontrar un alma que no haya tomado parte en pasiones o vicios[42].

---

38   Cf. Si 45, 14. En Jdt 9, 1 se menciona que Judit rezaba en la hora en que se ofrecía el incienso de la tarde.

39   Cf. Esd 3, 5; Ne 10, 34.

40   1 Cro 16, 40; 2 Cro 13, 11; 31, 3.

41   *Spec.* 2.42.

42   *Sacr.* 111.

Filón omite en la cita de Nm 28, 2 que trae la *Septuaginta* la expresión "para aroma oloroso" (εἰς ὀσμὴν εὐωδίας), que en el cristianismo primitivo se convertiría, junto al Salmo 132. 2[43], en uno de los fundamentos veterotestamentarios de la llamada "teología de la fragancia"[44].

Mediante la frase "ofrecer cosas completas", Filón juega con el significado originario del holocausto, pues el *'olah* es un sacrificio ofrecido todo entero a Yahveh, del cual el sacerdote y el oferente no tomaban parte en la acción cultual, repartiéndose la comida con Yahveh. Por tal motivo recibe a veces el nombre de *kᵃlil*, כָּלִיל, "sacrificio total", que aparece en la antigua ley del altar (Ex 20, 20-46). Más tarde se convirtió en el sacrificio oficial, ofrecido regularmente en el templo (1 R 9, 25; 2 R 16, 15 y 1 R 3, 4.15). También los individuos podían ofrecerlo en situaciones muy particulares, por fuera del servicio del santuario[45]. Filón hace extensivo el significado estricto de estos ofrecimientos en ocasiones especiales a la cotidianidad de la vida, que en el hombre justo debe vivirse como una incesante celebración. Como solo Dios está libre de mal y lleno de bienes perfectos, necesariamente las fiestas son solo de Dios[46]. Poco más adelante, Filón culmina abruptamente su exégesis diciendo: "Y ya es suficiente sobre este tema"[47].

Segunda fiesta: el sábado

A continuación, Filón inicia su tratamiento sobre el sábado: "Después de esta continua, ininterrumpida fiesta que dura siempre, se celebra una segunda con intervalos de seis días, la del sagrado día séptimo"[48].

La sacralidad del séptimo día está justificada por Filón desde dos puntos de vista: uno bíblico, sustentado en el cuarto mandamiento dado por Dios a Moisés y consignado en Ex 20, 8-10 y en Dt 5, 12-14

---

43   "Como ungüento sobre la cabeza que baja sobre la barba, la barba de Aarón, que baja sobre el cuello de su vestido".

44   En el Nuevo Testamento, por su parte, se relata la escena en Betania, en la casa de Simón el leproso, en que María ungió la cabeza de Jesús con una libra de nardo puro y la fragancia se esparció por toda la casa. Ignacio de Antioquía fue uno de los primeros en apropiarse de esta memorable escena que sería recordada dondequiera que se anunciara el Evangelio y la asocia a la incorrupción de la Iglesia. Entre los grandes gnósticos, el tema aflora en la teología de Basílides. Cf. Hipólito, *Refutaciones* 7.22.13-16.

45   Cf. Von Rad (1986: 323).

46   Cf. *Spec.* 2.53.

47   *Spec.* 2.55.

48   *Spec.* 2.56.

acerca de la obligación de guardar el día de reposo; otro, filosófico, con recurso a una frondosa aritmología que ocupa la cuarta parte de *La creación del mundo según Moisés*[49] y que encuentra su paralelo en *Alegorías de las leyes* 1.8 y 1.16. En cuanto al significado religioso del sábado, se hace necesario estudiar primeramente las divisiones del tiempo en Israel y en las culturas vecinas con las que el pueblo judío, a pesar de presentar algunas similitudes, mantiene diferencias propias. En el calendario civil de Egipto, por ejemplo, el mes de 30 días se dividía en tres décadas de diez días. Estos diez días constituyen una unidad de tiempo en Gn 24, 55 y en 1 S 25, 38. No es casual, entonces, que el décimo día del mes se señale como la fecha de una fiesta o de un acontecimiento[50]. Por otro lado, el duelo por Aarón y el duelo por Moisés duran "treinta días"[51], lo que si se compara con el duelo de la mujer cautiva que según Dt 21, 13 duraba "un mes", es posible conjeturar que los meses tenían por lo general treinta días, teniendo en cuenta que los mese lunares eran alternativamente de 29 y 30 días. No obstante, estos breves testimonios no resultan pruebas suficientes para asegurar la presencia de vestigios del cómputo egipcio en el calendario de Israel. Por otro lado, la única unidad de tiempo inferior al mes que se halla suficientemente documentada en la Biblia, es el período de siete días, *šabû'a*, "semana"[52].

En el calendario asirio-babilónico, la división que más se impone es la que marca el plenilunio a mediados del mes, a punto tal que es el día decimoquinto el que tiene mayor importancia. Se designa con el término acádico *šapattu*, por lo cual es posible que el término *šabbat* tenga el mismo sentido, según lo sugiere la palabra hebrea *kese'*, "luna llena", empleada en contexto idéntico a 2 R 4, 23; Is 1, 13; 66, 23; Os 2, 13; Am 8, 5, en que *šabbat* se refiere al día feriado en relación con la luna nueva[53].

Las dos grandes fiestas israelitas, la de la Pascua y la de los Tabernáculos, se celebraban en los días 14-15 de los meses primero (*nisân* = marzo-abril) y séptimo (*tišri* = septiembre-octubre), durante la fase de luna llena. La fiesta más tardía de los *purîm* se celebrará también

---

49 Para la combinación filoniana entre la matemática pitagórica y la tradición judía, cf. el comentario de Runia (2001: 260-308) a *Opif.* 89-128.

50 Tal como sucede en Ex 12, 3; Lv 16, 29, con paralelos en Lv 23, 27; 25, 29; Nm 29, 7. También se observa este fenómeno en Jos 4, 19; 2 R 25, 1; Ez 20, 1; 40, 1.

51 Cf. Nm 20, 29; Dt 34, 8.

52 En ugarítico encontramos las formas *šbᶜ*, "siete", "séptimo", *šbᶜd* (adv), "siete veces". Cf. Del Olmo Lete (1981: 627).

53 Cf. De Vaux (1992: 260).

       Filón de Alejandría en clave contemporánea

durante el plenilunio, pero del mes duodécimo (*adar* = febrero-marzo). La incidencia de la luna en la división del mes oriental se destaca en el poema babilónico de la creación, *Enūma eliš*, en que se le ordena a la luna a identificar con sus fases los períodos del mes.

En cuanto al valor simbólico del número 7, una diferencia importante con la tradición de Israel[54] está en que en el calendario babilónico, al menos a partir del siglo VII a. C., se consideran como días nefastos el 7, el 14, el 21 y el 28, que corresponden a las fases lunares.

Otras dos distinciones entre la semana israelita, la egipcia y la babilónica consisten en que, por un lado, la observancia de la semana se convirtió en un elemento particular del calendario, superpuesto al ciclo de los meses y de los años. En tal sentido, el cómputo por semanas –y no por períodos de siete días– solo se encuentra en los textos litúrgicos, con excepción de pasajes bíblicos más tardíos como los de Dn 10, 2 y 9, 27 en que se habla de "semanas de años". La otra diferencia, y tal vez la más importante, la semana israelita se caracteriza por el descanso del séptimo día, el sábado, que es una institución antigua y propia de Israel.

El carácter rector de la semana en el calendario judío se puede detectar también en la literatura deuterocanónica de *Jubileos* y de *1 Henoc* o *Henoc etíope*. En el primer caso, el grupo religioso que está detrás de su redacción, representado posiblemente por un sacerdote anónimo imbuido de la mentalidad apocalíptica protoesenia[55], considera un año de 364 días dividido en 52 semanas o cuatro trimestres de 13 semanas, lo que da un total de 91 días. Siete años constituyen una semana de años, mientas que siete semanas de años hacen un jubileo[56]. Por medio de este cómputo, el autor persigue el propósito de que todas las fiestas se celebren en los mismos días litúrgicos de la semana, que son el primero, el cuarto y el sexto, mientras que el séptimo es el de reposo. En el caso de *1 Henoc,* se utiliza el mismo calendario sacerdotal en que el año se divide en cuatro partes, conforme al calendario asirio-babilónico, y sus autores pueden haber sido judíos palestinos[57]. En ambos casos, el cómputo en base a semanas da como

---

54   En el Antiguo Testamento se encuentran varias referencias a períodos de siete días; para la celebración de los matrimonios (Gn 29, 27; Jc 14, 12); para el duelo (Gn 50, 10); para el pésame de los amigos de Job (Jb 2, 13); para el banquete (Est 1, 5); para una gran marcha (Gn 31, 23; 2 R 3, 9). Esto podría indicar que en el Israel antiguo el período de siete días constituía una unidad del calendario.

55   Cf. Diez Macho (1983: 69).

56   Cf. *Libro de los Jubileos* 6, 23-38 (Corriente, F. y Piñero, A. en Diez Macho 1983: 98 s.).

57   Cf. *1 Hen* [*Hen (et)*] 75, 1-2 (Corriente, F. y Piñero, A. en Diez Macho 1984: 101).

resultado un año de 364 días y no se conoce cuándo se produjeron los ajustes necesarios para sincronizarlo con el año natural de 365 días[58].

En cuanto al sábado, cuyo nombre deriva del sustantivo hebreo *šabbat* que se usa únicamente en sentido religioso para designar el séptimo día de la semana[59], se refiere al descanso o al cese de actividades por su relación con el verbo *šbt*, "descansar", "cesar". De ahí que su forma alargada *šabbâton* se utilice para indicar ciertos días de fiesta y de descanso que no necesariamente coinciden con el sábado. Resulta inviable la hipótesis de hacerlo derivar de *šæbaᶜ*, שבע "siete", por el valor de ע como consonante fuerte[60]. Este intento de derivación se encuentra en la Patrística cristiana, en Teófilo de Antioquía[61]. Esta tendencia ya se encontraba también en el filósofo judío Aristóbulo:

> Todo el mundo, pues, gira en ciclos a través de las hebdómadas, tanto los engendrados animales como todo vegetal que florece. Por ellos se dice que este día llamado sábado es reposo. Ciertamente anuncian también Homero[62] y Hesíodo[63], los que dependen de nuestros libros, que es (día) santo[64].

En otras obras, Filón también relaciona el número siete con el descanso, de acuerdo a la mencionada tradición de los ciclos hebdomadarios expuesta por su antecesor Aristóbulo:

> Y coherente consigo mismo, da al séptimo día, el mismo que los hebreos llaman *sabbath*, el nombre de 'descanso', no, como algunos creen, porque la multitud tras seis días se abstuvo de actividades

---

58 Cf. De Vaux (1992: 262).

59 Lv 23, 5 es el único caso se refiere a la semana completa.

60 Cf. Jeeni y Westermann (1978: 1083).

61 Cf. Teófilo de Antioquía, *A Autólico* 2.12.5: "Hablemos ahora sobre el día séptimo (ἑβδόμης), como le llaman todos los hombres aunque la mayoría ignora el motivo. Porque lo que los hebreos llaman sábado (σάββατον) en griego se traduce hebdómada, como es llamada por todo el género de los hombres, sin que sepan la causa de llamarse así" (trad. de Martín 2004: 125 ss.).

62 Homero, *Odisea* 5.262: "Después apareció un día sagrado en el séptimo día", *apud* Clemente de Alejandría, *Stromata* 5.14.107.3. Cf. Merino Rodriguez (2003: 505).

63 Hesíodo, *Trabajos y días* 770: "Los días primero, cuarto y séptimo del mes son sagrados", *apud* Clemente de Alejandría, *idem.*

64 Aristóbulo, *Frag.* 5.152, *apud* Eusebio de Cesarea, *Praeparatio Evangelica* 13.12.13. Otro testimonio judío acerca de los pueblos que se avienen a la costumbre del sábado, lo encontramos en Flavio Josefo, *Contra Apión* 2.39.282: "Ciertamente, muchos pueblos y desde hace mucho tiempo, muestran un gran interés por nuestras prácticas piadosas. No hay una sola ciudad griega ni un solo pueblo bárbaro donde no se haya extendido nuestra costumbre del reposo semanal y donde no se guarden los ayunos, los encendidos de lámparas y muchas de nuestras reglas respecto de la comida" (trad. de Busto Saiz 1987: 221).

     Filón de Alejandría en clave contemporánea

usuales, sino porque el número séptimo en el universo y en nosotros mismos está en realidad libre de rebeliones, guerras o disputas y de todos los números es el más pacífico[65].

¿Quién, en efecto, no ha honrado aquel sagrado día séptimo dándose a sí mismo y a los cercanos pausa y descanso de los trabajos, no solo a los libres sino también a los esclavos y hasta a los animales de yugo?[66]

Respecto de los posibles orígenes extra israelitas del sábado, se han elaborado distintas teorías que lo hacen proceder de Mesopotamia, de Canaán o de los quenitas. Pero ninguna de ellas cuenta con el sustento suficiente, excepto la hipótesis quenita, que no obstante sigue resultando muy frágil. Hay quienes insisten en que la explicación quenita permite entender también el origen del yahvismo, pues Moisés recibió la revelación de Yahveh en una tierra habitada por quenitas emparentados con los madianitas[67], que continuaron en relación con Israel[68] y a quienes se los vincula a los recabitas, yahvistas intransigentes[69] a los que recurrió Jeremías para dar un ejemplo de fidelidad a los antepasados en cuanto a la abstinencia de beber vino, en contraste con la infidelidad de Israel a la palabra de Yahveh[70]. Debido a que el término "quenita" parece evocar el significado de "herrero", "forjador", se los ha relacionado con la única prohibición explícita de un trabajo particular en el día sábado que aparece en los textos considerados antiguos: "No encenderéis fuego el día sábado en ninguna de nuestras viviendas (Ex 35, 3)". La raíz verbal *rkb*, רכב, puede aludir a un carro de guerra tirado por caballos[71] (Jo 11, 4), de donde el nombre "recabitas", que podría identificar a un grupo de artesanos metalúrgicos de modo de vida nómade y no-agrícola. La exégesis contemporánea que ha puesto en revisión el paradigma del "ideal del desierto" en el profetismo de Israel, proporcionó una visión desmitificada y menos romántica de los recabitas, a quienes se les solía atribuir un estilo de vida religioso inspirado en la concepción

---

65   *Abr.* 28.

66   *Mos.* 2.21.

67   Cf. Nm 10, 29 y Jue 1, 16.

68   Cf. Jc 1, 16; 4, 11.17; 1 S 15, 6.

69   Cf. 1 Cro 2, 25 y 4, 12.

70   Cf. Jr 35. Sobre los recabitas, véase De Vaux (1992: 54-55). Más detalles en Frick (1992: 630-632).

71   Cf. Jos 11, 4.

del desierto como "tiempo ideal"[72]. Además, Nm 15, 32-36 narra el episodio acerca de un hombre que fue lapidado por recoger leña para el fuego en día sábado. Por otro lado, en época tardía el séptimo día de la semana fuera de Israel era el día de Saturno, el último y más alejado planeta de las esferas cósmicas, considerado sombrío y nefasto como el fuego de las fraguas que se encendían en esa jornada. En un texto corrompido de Am 5, 26 se menciona un culto que los israelitas rindieron en el desierto a *Sacut* y *Queván*, nombres asirios para Saturno[73]. Uno de los defectos de esta hipótesis es que no tiene en cuenta que en la astrología de Mesopotamia no hay información de que haya habido planetas "buenos" ni "malos". La clasificación de días en "fastos" y "nefastos" se basa en criterios que no tienen nada que ver con la astrología, hemerológicos o menológicos –esto es, en una técnica particular de adivinación– o en creencias hasta el momento desconocidas.

Filón aporta una explicación distinta a la prohibición de encender el fuego en día sábado, pues el fuego es condición de posibilidad de todas las tareas orientadas al sostén de la existencia:

> Está prohibido en ese día encender fuego, porque es el comienzo y germen de las actividades de la existencia, ya que sin el fuego no es posible llevar a cabo ninguna de las actividades de la vida. Y por tanto, a través de una sola cosa, el principio más eminente y antiguo para las artes y en especial para las artesanías, quedan impedidas también las distintas clases particulares de servicios[74].

---

72   Cf. Roitman (2010: 283, nota 7).

73   El planeta Saturno era conocido en Mesopotamia con el nombre de SAG.US, correspondiente al acadio *kayamânu*, "el fijo", "el sólido", "el constante". En sumerio, se escribía UDU.IDIM.SAG.UŜ. La expresión UDU.IDIM (de UDU, "cordero" e IDIM, "poderoso", "de talla") se usa de modo genérico para referirse a los planetas y corresponde al acadio *bibbu*, "muflón", por la movilidad y vida errante de ese mamífero de los países mediterráneos, en contraste con la placidez del cordero doméstico. El nombre acadio *kayamânu* ha pasado a otras lenguas como *kijjûn*, en hebreo (Am 5, 26) y *kaiwân* en árabe. Si a Saturno se lo calificaba como "constante" se debe a que registraba menos anomalías y cambios de aspecto que los otros. Por tal motivo se lo llegó a equiparar al sol e incluso a darle su nombre, llamándolo a la vez "estrella de la justicia y del derecho", ya que el dios del sol era el de la justica. Saturno era la estrella del dios guerrero arcaico Nimurta. Cf. Klibansky y Panofsky (1991: 147, especialmente el punto 4) de la nota 35 en que los autores introducen correcciones a Cumont 1935: 6 ss.). Cf. también Bouché-Leclerq (1899: 93 ss.).

74   *Spec.* 2.65.

     Filón de Alejandría en clave contemporánea

En Israel, los orígenes del sábado parecen coincidir con los del yahvismo o incluso pueden llegar a ser anteriores[75]. Ya se encuentra en el código yahvista de la Alianza (Ex 34, 21), en el elohista (Ex 23, 12), en las dos redacciones del Decálogo (Dt 5, 12-14; Ex 20, 8-10) y en el código sacerdotal de Ex 31, 12-17; es decir, en todas las tradiciones literarias del Pentateuco y con las mismas características: un día séptimo en el que se descansa luego de seis días de trabajo y como una cláusula de los distintos pactos de la alianza[76], a saber, el pacto primitivo del Sinaí o Decálogo y el pacto de la conjunción de las tribus, que es el código de la alianza (Ex 23, 12; 34, 21). En la forma primitiva del Decálago el sábado se prescribe sin explicaciones, pero en las variantes redaccionales que responden a ideas diversas se ofrecen dos fundamentos distintos; uno de carácter humano-social y otro de índole religiosa-cosmogónica. En cuanto a la primera, que aparece en Dt 5, 14-15, se destaca el aspecto humano y comunitario del sábado: "Recuerda que fuiste esclavo en el país de Egipto y que Yahveh tu Dios te sacó de allí con mano fuerte y tenso brazo; por eso Yahveh tu Dios te manda guardar el día del sábado". La segunda redacción que vemos en Ex 20, 11, añade al mandamiento la siguiente explicación: "Pues en seis días hizo Yahveh el cielo y la tierra, el mar y todo cuanto contienen, y el séptimo descansó; por eso bendijo Yahveh el día del sábado y lo santificó".

Como se puede apreciar, mientras Deuteronomio fundamenta la observancia del sábado con énfasis en el pueblo de la alianza, los textos sacerdotales contenidos en Ex 20, 11 trasladan ese fundamento al Dios de la Alianza.

Más allá de las especulaciones acerca del origen del sábado, resulta indudable el significado religioso que adquirió y que lo convierte en una institución auténticamente israelita. Su núcleo religioso consiste en que está santificado por su relación con el dios de la Alianza y es parte de la misma, llegando a ser su signo distintivo luego de la destrucción del templo y durante el cautiverio, cuando no se podían

---

75   Para las teorías sobre los orígenes babilónico y cananeo con sus respectivas debilidades, cf. De Vaux (1992: 600-603).

76   El Decálogo es el instrumento de la alianza entre Yahveh y su pueblo, que Dios entregó a Moisés en el Sinaí grabado en las tablas (Ex 24, 12). Estas son las tablas de la ley, 'edût (Ex 31, 18) o tablas de la alianza, b⁽e⁾rît (Dt 9, 9). El código de la alianza puede vincularse al pacto de Siquem, donde Josué concluyó una alianza entre Yahveh y su pueblo otorgando a este un estatuto y un derecho (Jos 24, 25-26). Por su parte, el código del Deuteronomio es también la expresión de un pacto que contiene una serie de condiciones que acompañan la donación de la tierra (Dt 12, 1) y, como tal, fue aceptado por el rey y por el pueblo como una alianza con Yahveh (2 R 23, 2-3).

celebrar las demás fiestas. Al retorno del exilio, los judíos llamaron al sábado "día delicioso y venerable"[77] y en el segundo templo se ofrecían sacrificios especiales. Pero en tiempos de Nehemías, cuando este regresó para su segunda misión, las prohibiciones impuestas sobre el sábado, tales como abstenerse de hacer negocios o de viajar (Is 58, 13) o de hacer ninguna clase de trabajo (Jr 17, 21-22) causaron irritación en el pueblo y se violaban esas prescripciones comerciando con traficantes fenicios (Ne 13, 15-16) o pisando el lagar, entre otras transgresiones. Esto condujo a que Nehemías cerrara las entradas a Jerusalén (Ne 13, 19-22) y la comunidad se comprometió, entonces, a respetar el descanso del sábado (Ne 10, 32). Las imposiciones en torno al sábado fueron adquiriendo tal rigor que, en tiempos de los Macabeos, un grupo de judíos prefirió sucumbir sin defenderse ante los sirios, antes que violar la ley del sábado (1 M 2, 32-38; 2 M 6, 11; 15, 1-3). A pesar de que Matatías permitió a los judíos defenderse en caso de ser atacados en sábado, cuando los judíos de Nicanor vencieron a sus enemigos, decidieron interrumpir la persecución al iniciarse el sábado y postergar el reparto del botín para el día siguiente (2 M 8, 25-28).

En la comunidad de Qumrán se conservaban doce prohibiciones en torno al sábado según lo que se lee en el *Documento de Damasco* procedente de la secta[78]. Por su parte, Josefo se refiere a los esenios diciendo que se abstienen de trabajar el sábado más rigurosamente que cualquier otro judío, desde la preparación de alimentos en la víspera para no encender el fuego en sábado hasta el extremo de no hacer sus necesidades fisiológicas[79]. La ocupación principal durante el *šabbat* consistía en el llamado "culto del corazón". Se trataba del culto a Dios mediante el estudio y la oración. En sustitución de los sacrificios en el templo de Jerusalén, cantaban una serie de himnos, trece en total, uno por cada sábado repetido cuatro veces al año, hasta cubrir así las 52 semanas del año. Para los sectarios, estos cánticos, contenidos en el manuscrito *Cánticos del Sacrificio sabático*, eran un reflejo de los cantos de los ángeles en el templo celestial, pues sostenían que eran entonados por ángeles distintos, uno por cada *šabbat*[80].

En su extensa consideración sobre el sábado, Filón le otorga mucha importancia al significado alegórico que comporta más allá de

---

77   Cf. Is 58, 13.

78   Cf. *Documento de Damasco*, Col. X, 14 – Col XIII; García Martínez (2009: 88-91).

79   Cf. Flavio Josefo, *Guerras de los judíos* 2.8.9. Cf. Piñero y Nieto Ibañez (2017: 213).

80   Cf. Roitman (1999: 109-130).

                                              Filón de Alejandría en clave contemporánea

las cuestiones concretas y de los aspectos meramente legislativos. Reconoce en las doctrinas fundamentales dos componentes: una que se refiere a Dios a través de la piedad y otra que involucra a los hombres en su humanidad y justicia, con lo cual parece tener en cuenta los dos grandes núcleos de los códigos de la alianza mencionados más arriba, el teológico y el humanitario-social. A su vez, cada una de ellas se divide en ideas que se bifurcan, todas encomiables[81]. En *La migración de Abraham*, Filón critica a los alegoristas radicales que separan el sentido alegórico de los aspectos particulares e insiste en la necesidad de mantener los dos niveles de comprensión[82]. Esto se sustenta en la antropología dual de alma y cuerpo, propia de los griegos, sucediéndose de manera alternada las actividades de cada una. Mientras durante seis días el cuerpo trabaja en las acciones que le son propias, el alma descansa. Cuando el cuerpo repose de la vida activa (πρακτικός) en el séptimo día, el alma trabajará en la vida contemplativa (θεωρητικός). A la vida activa se le asigna el seis como servicio del cuerpo y a la contemplativa el siete, dirigido al conocimiento de las cosas celestes y de la naturaleza, a modo de contemplación religiosa y de perfección de la inteligencia[83]. Las imágenes que Filón utiliza para el siete evocan realidades conocidas en la mitología y cosmología griegas: "virgen (παρθένος) sin madre, engendrada solo por el Padre del universo"[84], con clara referencia a Atenea; "momento oportuno (καιρός)", los siete planetas, la Osa Mayor[85], las Pléyades[86], los ciclos de la luna creciente y menguante y las revoluciones de los otros cuerpos celestes, "luz del seis".

---

81 Cf. *Spec.* 2.63.

82 "Porque hay algunos que considerando las leyes establecidas como símbolos de hechos inteligibles, muestran respecto de estos un rigor excesivo, pero a las primeras las subestiman tomándolas a la ligera. Podría censurarlos por su habilidad de manos (εὐχέρεια), ya que sería necesario que cuidaran ambos aspectos, la investigación de los significados ocultos con suficiente precisión y la administración irreprochable de los visibles", Filón de Alejandría, *Migr.* 89. Dos siglos más tarde, Plotino emprenderá su crítica contra los alegoristas que separan ambos sentidos en la llamada "gran tetralogía" contra los gnósticos, *Enéada* 2.9 (33), 6 y 15. Cf. García Bazán (1981: 227-232 y 260-262).

83 Cf. *Spec.* 2.64.

84 Cf. *Mos.* 2.210; *Her.* 170. En este caso, la hebdómada es llamada "siempre virgen y sin madre" (ἀειπάρθενος καὶ ἀμήτορος), que en la tradición pitagórica se encuentra en Filolao (DK, Frag. 20.15-17). Esta es la primera vez que se aplica a la exégesis judía de la Biblia y, en el cristianismo, ocupará un lugar importante en las menciones a María en la Patrística, como puede verse en el segundo Símbolo de la fe de Epifanio del año 374 (DZ 44). Cf. De Aldama (1970: 246).

85 Cf. *Opif.* 114.

86 Cf. *Opif.* 115.

Tercera fiesta: la luna nueva

Filón retoma el orden de exposición sobre las fiestas luego de una larga digresión sobre las herencias que interrumpió su enseñanza sobre el sábado. A partir de 140, introduce la fiesta de la luna nueva según el ciclo lunar, a la que define como "el tiempo comprendido desde una conjunción (σύνοδος)[87] hasta la otra, tiempo que han calculado muy bien los discípulos de los matemáticos".

La luna nueva se da cuando esta se interpone entre la tierra y el sol sin formar un ángulo estricto de 180 grados, pues, de lo contrario, se trataría de un eclipse. La luna queda envuelta en el resplandor del sol, de modo tal que su faz iluminada no puede ser vista desde la tierra. Dice Filón: "Mientras en la conjunción, en la que pasa la luna bajo el sol, la parte que mira a la tierra está oscura, con la luna nueva rompe a brillar"[88].

Aristóteles consideraba que la luna produce calor y, por lo tanto, en las fases de luna menguante y de luna nueva, las épocas son más frías[89].

La prescripción del ritual de la fiesta de la luna nueva establece en Nm 28, 11-15 que cada primer día de cada mes lunar se ofrezca un holocausto de diez toros, de un carnero y de siete corderos, como ofrendas y libaciones, más un macho cabrío en expiación por el pecado. Los cabritos de los novilunios figuran entre las cinco cosas que se pueden ofrecer en estado de impureza, pero no comer en ese estado[90]. Para participar de la comida de las neomenias se exigía estar puro, como lo indica el relato de 1 S 20, 5.18.26 acerca de la mesa preparada por Saúl con un sentido religioso, de donde se desprende también que la fiesta llegaba a durar dos días. En Is 1, 13-14 y Os 2, 13, se menciona esta fiesta junto con el sábado, lo que nos habla de su antigüedad. Según Am 8, 5, también era un día de descanso; a veces se utilizaba para visitar a un "hombre de Dios". Así, cuando la sunamita va a ver al profeta Eliseo para llevarle a su hijo muerto, su

---

87   Término utilizado por Aristóteles: "Además de esto, dicen también los egipcios que se forman conjunciones tanto entre los planetas como entre estos y los [astros] no errantes y nosotros mismos hemos visto el astro de Zeus [Júpiter] convergiendo con uno de los gemelos [Géminis] y ocultándolo incluso, pero sin convertirse en cometa", *Meteorológicos* 1.343b.30 (trad. de Candel 1996: 267).

88   *Spec.* 2.140.

89   Cf. Aristóteles, *Reproducción de los animales* 2.738a.20; 4.767a.4-6; *Partes de los animales* 4.630a.34; *Problemas* 26.18.942a.24.

90   Cf. *Mišná, pesahim* (Pes) (*Pascua*) 7.5; Del Valle (2011: 221).

marido le preguntó: "¿Por qué vas donde él? Hoy no es novilunio ni sábado" (2 R 4, 23). Según Ezequiel, el príncipe debía ofrecer en ese día un toro, un cordero y un carnero (Ez 46, 6-7). Esta fiesta continuó celebrándose hasta los tiempos de Esdras y Nehemías[91].

En el Nuevo Testamento encontramos una referencia a ella en Col 2, 16, en que se la menciona junto al sábado; pero con el tiempo fue perdiendo importancia. La *Mišná* ordena leer en los novilunios la perícopa de Nm 28, 11: "En los primeros días de vuestros meses"[92].

El novilunio más solemne era el del primer día del mes séptimo, *tišrí*, nombre babilónico del séptimo mes del año de primavera. La *Mišná* le consagró un tratado especial por su prestigio del que ya gozaba al comienzo de nuestra era[93]. Se trata del año nuevo o *rôš ha-šânah*, que inaugura un mes que ya estaba sobrecargado de fiestas, pues el 10 era el día de las expiaciones y del 15 al 22 se celebraba la fiesta de los tabernáculos. Filón la mencionará más adelante en *Spec.* 2.188 en ocasión de introducir la octava fiesta, a la que llamará "fiesta del mes sagrado" y "fiesta de las trompetas".

Filón expone cuatro motivos por los cuales la luna nueva fue incluida en el orden de las fiestas. En primer lugar, porque es el comienzo del mes, el comienzo del número y también del tiempo, lo que la hace digna de honor. En segundo lugar, porque en esa oportunidad nada queda sin iluminación en el cielo. Tercero, porque durante ese lapso el cuerpo mayor y más fuerte le proporciona al cuerpo menor y más débil la ayuda necesaria. La luz que el sol le da a la luna nueva se transforma en una luminiscencia perceptible que es lo que le da la belleza ante nuestros ojos. De aquí extrae una enseñanza moralizante: por imitación del cielo, los hombres más poderosos deben ofrecer y compartir sus bienes con alegría, con los más débiles. En cuarto lugar, porque de todos los cuerpos en el cielo, la luna recorre el zodíaco en un plazo menor, completando su órbita en tan solo un mes. La Ley declara que ese día en que la luna completa su ciclo debe ser de fiesta, para enseñarnos que en las acciones de la vida, nuestros finales deben estar en armonía con los comienzos[94].

---

91   Cf. Esd 3, 5; Ne 10, 34; 1 Cro 23, 31; 2 Cro 2, 3; 8. 13; 31, 3.

92   Cf. *Mišná, meguilá* (Meg) *(Rollo de Ester)* 3. 6, Del Valle (2011: 306).

93   El tratado de Año Nuevo, *rôš ha-šânah* (RhSh).

94   Cf. *Spec.* 2.140-142.

Sigue a continuación un elogio de la luna en cuanto a sus efectos benéficos sobre la naturaleza, a manera de colofón de las razones expuestas para colocar a la neomenia en el orden festivo[95].

Cuarta fiesta: la Pascua

Filón introduce su interpretación de la Pascua con las siguientes palabras:

> Después de la fiesta de la luna nueva viene una cuarta, la de la travesía (τὰ διαβαρτήρια), la que los judíos llaman Pascua en su lengua nativa, durante la que sacrifica en masa muchas miríadas de víctimas desde el mediodía hasta el atardecer la comunidad en su conjunto, ancianos y jóvenes, investidos esa jornada de la dignidad del sacerdocio […]. Esta es la causa: la fiesta es conmemoración y acción de gracias por el gran Éxodo que desde Egipto más de dos millones de hombres (μυριάς διακοσία)[96], junto con sus mujeres, llevaron a cabo en acuerdo con los oráculos revelados[97].

En *Mos.* 2.224, el alejandrino aporta la explicación del nombre.

> Hacia el día decimocuarto de este mes (*nisán*), cuando el disco de la luna está por alcanzar su plenitud, se realiza la fiesta de la travesía, celebración del pueblo que en lengua caldea se llama *Pascua* (Πάσχα). En ella no acontece que los particulares lleven ofrendas al altar y que los sacerdotes ofrezcan sacrificios, sino que por prescripción de la Ley, toda la nación es sacerdote[98].

La palabra "travesía" (διαβατήρια) interpreta la palabra Πάσχα, del hebreo *pesah*, פסח, ya en Aristóbulo[99]. No obstante, su etimología resulta incierta. La biblia hebrea vincula la raíz *psh*, "saltar", "co-

---

95   Cf. *Spec.* 2.143-144.

96   La cuenta surge de multiplicar 10.000 por 200 (διακοσία), lo que no se correspondería con Ex 12, 37 y Nm 11, 21, donde se dice que el total de hombres era de 600.000, sin contar las personas impuras y los que estaban en viajes lejanos. Sumar las mujeres y los niños no esclarece la referencia, ya que el texto griego de Filón dice ἀνδρῶν, "de hombres". Josefo cuenta que en una Pascua celebrada entre el 63 y el 66 d. C. el recuento de las víctimas arrojó la cifra de 255.600 mientras que el total de los asistentes a la fiesta fue de 2.700.000, teniendo en cuenta que un cordero nunca se comía entre menos de diez personas. Cf. Flavio Josefo, *Guerras de los judíos* 6.9.3.422 (Vol. II: 304); 2.14.3.280 (Vol. I: 244).

97   *Spec.* 2.145.

98   *Mos.* 2.224.

99   Cf. Aristóbulo, *Frag.* 1.

jear"[100], con la experiencia de la última plaga de Egipto, en que Yahveh "saltó", "omitió" las casas de los israelitas en las cuales se celebraba la Pascua y habían pintado los dinteles de sus puertas con la sangre del cordero sacrificado (Ex 12, 13.23.27)[101]. Pero se trata de una explicación insuficiente. También se ha relacionado la palabra con el acádico *pašahu*, "calmar", "apaciguar"; pero la fiesta de la Pascua no tiene sentido expiatorio. Una explicación más plausible es la que la relaciona con una palabra egipcia que significa "golpe", con lo cual la Pascua sería el "golpe" decisivo asestado por Dios con la décima plaga en la noche del exterminio de los primogénitos de Egipto. Sin embargo, es difícil aceptar que los israelitas utilizaran una palabra egipcia para describir una costumbre que les es propia. Por otro lado, esta explicación pondría el énfasis en la muerte de los primogénitos, que en la celebración de la fiesta es un rasgo secundario. R. de Vaux propone renunciar a estas discusiones etimológicas y dejar que la Pascua se nos presente como un rito de nómadas o semi-nómadas, un sacrificio de pastores, ya que de todo el complejo ritual israelita, este es el más próximo a los árabes en cuanto a la ausencia de sacerdotes, ninguna relación con el altar y la importancia del rito de la sangre[102].

Con el término "muchas miríadas" (μυριάς = 10.000), Filón parece indicar que se sacrificaban más de diez mil víctimas. A estos sacrificios, los fieles los hacían sin la intermediación sacerdotal, lo que hacía que en esa fiesta cada individuo se transformara en un sacerdote. Desde el mediodía hasta el atardecer (Ex 12, 6; Nm 11, 21), alrededor de las 18, hora en que se pone el sol en el mes de *nisán*, la familia preparaba el cordero o cabrito sacrificado y debía consumirlo completamente al siguiente día, antes de la medianoche.

En tiempos de Jesús las víctimas se inmolaban en el templo y no en la casa, pues la sangre del cordero, que era una víctima, debía ser utilizada ritualmente y derramada sobre el altar, según lo que leemos en 2 Cro 35, 11. La norma rabínica de los sacrificios de menor santidad exige que la inmolación tenga lugar en el templo[103]. Filón está en lo cierto cuando dice que la inmolación debía ser realizada por particulares, pues no solamente lo prescribe así Lv 1, 5, sino que lo confirma el tratado de la *Mišná* conocido como *pesaḥim*:

---

100 Cf. 2 S 4, 4; 1 R 18, 21.

101 Esta sangre debía alejar al *mašḥît*, el exterminador, cuya mención ha sido conservada tanto en la tradición yahvista (Ex 12, 23) como en la sacerdotal (Ex 12, 13).

102 Cf. De Vaux (1992 : 552 s. y 615).

103 Cf. Jeremías (2000: 115).

Un israelita lo inmolaba, el sacerdote recibía [la sangre] y se la entregaba a su compañero, y este al suyo, recibía el [vaso] lleno y devolvía el vacío. El sacerdote que se encontraba más cerca del altar la vertía de una vez sobre las basas [del altar][104].

Esta descripción permite comprobar que las inmolaciones se realizaban en el templo.

Los textos sacerdotales y Ez 45, 21 son los únicos que apuntan con precisión la fecha de la Pascua el 14 y 15 del primer mes, durante el plenilunio[105]. Por tratarse de una fiesta del desierto, tal vez esta sea la fecha más antigua de la Pascua, ya que se celebraba en la noche más clara del mes. Se trata de una de las fiestas más antiguas, anterior al éxodo, común a las fiestas de los semitas nómadas en primavera, pero que en Israel adquirió un significado especial. La celebración de esta fiesta ha experimentado una compleja evolución, llegando a convertirse en la fiesta principal de los judíos en tiempos del Nuevo Testamento e incluso después. La forma que adoptó en el judaísmo post-bíblico se describe en la *Mišná*[106].

El sentido alegórico que le otorga Filón consiste en el pasaje del alma desde la situación corporal hacia la virtud o el conocimiento, así como Israel salió de Egipto, la casa de esclavitud[107].

La tradición cristiana debe a Filón este significado, tal como puede verse en Orígenes, quien no obstante no nombra a su ilustre predecesor cuando lo expone en un pasaje de *Contra Celso*:

Además, el que comprende que Cristo, nuestra pascua, fue inmolado y que debemos celebrar fiesta comiendo de la carne del Logos (1 Co 5, 7; Jn 6, 52), no hay momento en que no esté celebrando la pascua, que significa 'sacrificio por el tránsito', pues constantemente está pasando de las cosas de la vida de Dios y acelerando el paso a la ciudad de Dios[108].

---

104 *Mišná*, Pes. 5. 6, Del Valle (2011: 217 s.).

105 La hipótesis contraria a la celebración de la Pascua en plenilunio se basa en una traducción de Dt 16, 1 que haría caer la Pascua durante la luna nueva. Esto es debido a que el término *ḥodeš* significó primero "luna nueva", antes que "mes", con lo cual el citado texto se leería de esta manera: "No dejes de observar el novilunio (*ḥodeš*) de *abib* y celebrar en él una pascua para Yahveh tu Dios". Los defensores de esta teoría aducen que en la continuación del versículo en que la palabra *ḥodeš* significa "mes", se habría producido una interpolación de la tradición sacerdotal.

106 Cf *Mišná*, Pes.; Del Valle (2011: 209-228).

107 Cf. *Spec.* 2. 145-147; *Leg.* 3.154; *Sacr.* 63; *Mig.* 25.

108 Orígenes, *Contra Celso* 8.22; Ruiz Bueno (1967: 538).

Sexta fiesta: la de los panes ácimos

Filón invierte aquí el orden en el tratamiento de las fiestas; entre 150 y 161 se ocupa de la sexta, mientras que describirá la quinta –la de la gavilla– en 162 - 175. La fiesta de los panes ácimos se celebraba desde el día 15 del séptimo mes, *nisán*, hasta el 21. Se distingue de la Pascua, que acontecía en la tarde y noche del día 14. Filón hace una interesante consideración del orden de los meses, de la cual hará depender el significado simbólico que le otorga a la fiesta:

> Se vincula con la fiesta de la travesía otra que tiene una diferente y no acostumbrada utilización del alimento, panes ácimos (ἄζυμα), de los que además proviene el nombre. Existe una doble razón para esta fiesta; una es propia de nuestra nación y la causa es la migración ya mencionada; la otra es común a los pueblos, conforme a la ley de la naturaleza y a la armonía de todo el universo. Hay que investigar cuánto de verdadero tiene esta hipótesis. Aunque este mes es el séptimo en número y también en orden dentro del ciclo solar, por su poder es el primero y por lo tanto es también el primero registrado en los libros sagrados[109].

En el antiguo Israel, Ex 12, 2 fija como mes primero del año y más importante a *nisán*. Pero en la época de Filón, el primer mes del año es *tišrí*, que conmemora la creación del mundo, mientras que *nisán* es el séptimo. En tiempos del judaísmo rabínico, "el primero de Nisán es el comienzo del año para los reyes y para las fiestas"[110], pero el año debe iniciarse en el mes de *tišrí*, el día de la fiesta de las trompetas porque es cuando se recuerda el día de la creación del mundo o, según R. Eleazar ben Shammúa, el día de la creación del hombre.

La tradición sacerdotal representada por Lv 23, 5-8; Nm 28, 16-25 y Ex 12, 1-20 y 40-51, menciona a la Pascua y a los panes ácimos como dos fiestas sucesivas.

Los panes sin levadura, ἄζυμα, en hebreo מצּות *maṣṣôt*, debían acompañar, junto a las hierbas amargas, al cordero que debía asarse y comerse en la noche del plenilunio del 14.

En el día 15 en que comienza la fiesta, se debe eliminar todo rastro de levadura y comer durante siete días solo pan ácimo. El primer día y el séptimo son de descanso y se celebra en ellos una ceremonia religiosa.

---

109 *Spec.* 2.150.
110 Cf. *Mišná*, RhSh, 1, 1, Del Valle (2011: 281).

En la tradición deuteronomista, en cambio, se unen la Pascua y los ácimos de manera más estrecha que en la tradición sacerdotal, según la lectura de Dt 16, 1-8. Los versículos 1.2.4b-7 conciernen a la Pascua, mientras que los vv. 3.4a-8, a la fiesta de los ácimos. El "pan de miseria" o *maṣṣôt* se comerá durante siete días. Pero si el pueblo se dispersaba a la mañana siguiente de la noche de la Pascua, no se quedaba para celebrar la fiesta de los ácimos[111].

La fiesta de los *maṣṣôt* marcaba el comienzo de la siega de la cebada durante la primavera.

El texto de Dt 16, 9 dice que "desde el momento en que la hoz comienza a cortar las espigas", deben contarse siete semanas hasta la fiesta de la siega o de las semanas. El hecho de comer el pan con los granos recién cosechados y sin levadura indicaba un nuevo comienzo. La fiesta de los ácimos es la preparación de la fiesta de las semanas, de las primicias de la cosecha, que señala el fin de la siega.

Más allá de los posibles orígenes cananeos de esta fiesta, como parece indicarlo Lv 23, 9-14 respecto de la primera gavilla –lo que indica que comenzó a celebrarse luego de la entrada en Canaán– en Israel siempre estuvo asociada a la semana. Según Ex 23, 15 y 34, 18, dura siete días; Ex 12, 16; Dt 16, 8 y Lv 23, 6-8, dicen "de sábado a sábado", lo que justificó la inserción de la ley del sábado a continuación de la de los *maṣṣôt* (Ex 34, 21).

Estamos frente a la combinación de un régimen lunar, el de la Pascua, con uno semanal, el de los *maṣṣôt*. Cuando la centralidad del culto en el templo promovió la peregrinación para celebrar la Pascua en Jerusalén, tanto el Deuteronomio como la reforma de Josías consideraron conveniente unir ambas fiestas. A la Pascua se le unió la fiesta de los ácimos, vinculación que se vio favorecida por el hecho de comer panes sin levadura durante la celebración de la primera. Así fue reconocida esta unión en tiempos previos al cautiverio, según el ritual que indica Ez 45, 21. Con el tiempo se fue abandonando la conexión

---

111 La famosa Pascua celebrada en tiempos del rey Josías transcurrió de acuerdo al ritual deuteronomista, según 2 R 23, 12-23 donde no se habla de los panes ácimos. El texto destaca una celebración inusual de la Pascua: "No se había celebrado una Pascua como aquella desde los días de los jueces que habían regido a Israel y durante todo el tiempo de los reyes de Israel y de Judá". Cf. 2 Cro 35, 1-18. En Ex 23, 15 y 34, 18, los dos más antiguos calendarios religiosos hablan de los ácimos pero no de la Pascua. Los *maṣṣôt* se comían durante siete días en el mes de *abib* –el mes de las espigas– y consistía en una de las tres fiestas de peregrinación, *ḥâg*, גח, cuando Salomón oficiaba personalmente en el templo según 1 R 9, 25. Las otras dos se designan explícitamente con sus nombres, semanas y tabernáculos. Cf. De Vaux (1992: 612).

   Filón de Alejandría en clave contemporánea

entre ambas fiestas, prestándose atención únicamente a la Pascua[112] hasta que en tiempos de la *Mišná* llegan a confundirse en una sola[113].

Esto explica que Filón haya invertido el orden de las fiestas y explique la de los ácimos a continuación de la Pascua. También se aprecia en su interpretación alegórica de la misma el recurso a la hebdóamada.

> Volviendo a la fiesta, se celebra durante siete días en razón de la preeminencia y honor que en el mundo le corresponden a este número, para que nada de lo que atañe a la alegría, al alborozo popular y a las acciones de gracias a Dios quede desvinculado de la sagrada hebdómada, que ha sido concebida como principio y fuente de todos los bienes para los hombres[114].

En *Sobre el Decálogo*, el alejandrino reafirma la santidad de esta fiesta en relación con el número siete, la sagrada hebdómada que corona la héxada.

> Con la hebdómada me refiero a la que está unida a la fecundísima héxada, y también a la que está sin la héxada, a la que eclipsa, y que se asemeja a la mónada. Con una y otra hace el cálculo de las fechas y de las fiestas: con la mónada, la del mes sagrado que anuncian las trompetas, y el ayuno, en el que está prescrita la abstención de comida y bebida, y a la que los hebreos en su lengua patria denominan Pascua […]. Con la mónada se calcula también el día en que se ofrece una gavilla en acción de gracias por la fertilidad y feracidad del suelo, rebosante de espigas, y el día quincuagésimo, que se calcula contando siete semanas a partir de este. En él hay costumbre de llevar panes, que llaman con propiedad 'de los primeros frutos', ya que son la primicia de los productos y los frutos, propios de una alimentación civilizada, que Dios concedió al hombre, el más civilizado de los

---

112 Un breve interregno en esta amalgama se dio durante la época de los partidos de los fariseos y saduceos, en que un grupo de estos últimos conocido como betuseos, discutió con los fariseos la interpretación del sábado de los *maṣṣôt* y del "día siguiente al sábado" de Lv 23, 15, en que se debía ofrecer la primera gavilla y se iniciaba el cómputo de las siete semanas. Los fariseos interpretaban que se refería al sábado que cae el mismo día de Pascua, mientras que los betuseos entendían que se trataba del primer sábado de los *maṣṣôt*. La disputa no produjo ningún resultado. Cf. De Vaux (1992: 619).

113 "La Pascua abre el año litúrigico judío, de ahí que siendo después del sábado la primera fiesta del año, viene a continuación de los tratados del sábado y del *erub*. La Biblia llama a esta fiesta *ḥag ha-maṣṣôt*, 'fiesta de los ácimos'; sólo en una ocasión la denomina *ḥag ha-pesaḥ*, 'fiesta de la Pascua', refiriéndose allí sólo a la celebración del sacrificio pascual que introduce la fiesta. En este tratado mísnico (*Pes.*), la fiesta de la Pascua abarca los siete días (ocho en la diáspora) que siguen al sacrificio pascual. Cf. Del Valle (2011: 209).

114 *Spec.* 2.156.

animales. A la hebdómada asignó las fiestas mayores y que duran más días, las que tienen lugar en los equinoccios, el de primavera y el de otoño, atribuyendo dos fiestas a los dos, cada una de siete días, una en primavera con ocasión de la germinación de los granos sembrados; y otra en el otoño por la recogida de todos los frutos que los árboles han producido. Es natural que se atribuyan siete días a los siete meses de cada equinoccio, sin duda para que cada uno reciba como un privilegio especial un día sagrado de fiesta para el regocijo y el disfrute del descanso[115].

En *Las leyes particulares* II, Filón reflexiona sobre el significado de comer el pan sin leudar a partir de la experiencia de sus antepasados que debieron partir de la casa de esclavitud con la máxima prisa ante la inminente liberación de Dios. Así también durante la primavera, estación que coincide con la celebración de la fiesta, el fruto del trigo está sin madurar porque aún no ha llegado la época de la cosecha. Como la fiesta de la primavera es una recordación de la creación del mundo, era inevitable que los habitantes más antiguos y sus descendientes utilizaran sin alterar los dones del universo, puesto que aún no se imponía el placer. De ahí que la Ley estableció un alimento muy apropiado para la ocasión, con el deseo de que en cada uno se volviera a inflamar la ἐμπυρεύμα, "chispa subyacente"[116] de ese noble y austero modo de vida[117].

Quinta fiesta: la gavilla

Filón la llama "una fiesta dentro de otra fiesta" porque se celebra el día inmediatamente posterior al primero. La describe en 162-175 y se basa en Lv 23, 11, que dice que "el día siguiente del primero, el sacerdote mecerá la gavilla con los primeros frutos". En cambio, en Lv 23, 15 se habla del "día siguiente del sábado", diferencia que originó la ya mencionada discusión entre fariseos y betuseos. En la *Septuaginta*, la gavilla se designa con la palabra δράγμα, que refiere a un haz de mieses[118] y se utiliza para nombrar los primeros frutos,

---

115 *Decal.* 159-161, trad. de Santamaría, con "Introducción" de Druille y notas de Saitúa (*OCFA* VI, en prensa).

116 Cf. Alesso (*OCFA* VI, en prensa).

117 Cf. *Spec.* 2.158-160.

118 Cf. Homero, *Ilíada* 11.69: "Como los segadores caminan en direcciones opuestas por los surcos de un campo de trigo o de cebada de un hombre opulento, y los manojos de espiga (δράγμα) caen espesos [...]" (trad. de Segalá y Estalella 2005: 306).

    Filón de Alejandría en clave contemporánea

según Lv 23, 12. Filón considera a esta fiesta como una prolongación de la fiesta anterior, la de la Pascua, y le confiere un significado universal al sostener que esa primicia corresponde no solamente a la tierra de los judíos sino que representa a la totalidad del género humano, porque lo que el sacerdote es a Israel, el pueblo judío lo es al resto de las naciones. Filón expresa la idea de que la gavilla que presenta el sacerdote es para toda la humanidad, porque los cuatro elementos se reúnen en sus vestiduras sagradas[119]. Para Filón, el hombre y el cosmos son homólogos, pues ambos son un reflejo del Logos divino[120]. A partir del 168 comienza una disquisición sobre la tierra como heredad. Considera que la responsabilidad de ofrecer las primicias proviene del carácter propio de la tierra. La celebración de la fiesta de la gavilla se vincula directamente con la instalación de los israelitas en la Tierra de promisión. Así lo manda el Lv 23, 10: "Yahvé dijo a Moisés: 'Cuando entréis en la tierra que yo os doy y seguéis ahí su mies, llevaréis al sacerdote una gavilla como primicia de vuestras cosechas". Filón agrega un plus de gratitud al significado de la fiesta, por tratarse de una heredad propia. Dado que la fiesta de la gavilla marca el comienzo de la cosecha, Filón considera que hay dos realidades importantes que se actualizan por intermedio de estas primicias. Una, el recuerdo de Dios, porque no hay un bien más completo que este; segundo, la retribución más justa a la verdadera causa de la buena cosecha, lo que permite disipar en el trabajador de la tierra los temores y angustias que surgen del carácter penoso y forzado de tal labor[121], y de los riesgos que comportan para las cosechas, otros hombres y ciertos animales. Lv 25, 13 afirma que Dios es el propietario de la tierra, por lo cual Filón lo llama aquí "anfitrión" (ἑστιάτωρ), puesto que nos proporciona una heredad verdaderamente hospitalaria.

Séptima fiesta: la fiesta de las semanas

Según Filón, la fiesta de la gavilla tiene, además de la dignidad propia que le otorga la Ley, el honor de ser el preludio de un festi-

---

119　Ex 28 y 39 proporcionan una meticulosa descripción de las vestiduras del sacerdote.

120　Cf. *Spec.* 1.96-97; *Opif.* 82.

121　La τέχνη γεωργική, "técnica agraria". Cf. *Opif.* 81 y *Fug.* 170. Filón le dedicó dos tratados a la experticia del agricultor, de la cual también depende el éxito de la cosecha, además del concurso del favor divino. Estas obras son *Sobre la agricultura* y *Sobre la plantación.* Cf. Martín (2010: 31-414).

val de mayor importancia. Se menciona en Ex 23, 16 y se trata de la segunda gran fiesta anual de la cosecha (*qâšîr*). En el mismo texto se prescribe guardar también la fecha de la recolección (*'asîp*). Por su parte, Ex 34, 22 se encarga de especificar que se trata de la siega del trigo[122]. Allí se la llama "fiesta de las semanas" y guarda identidad con la de Dt 16, 9-10, el *ḥâg* de las *šâbu'ot*; en el mismo texto se indica la fecha, a saber, siete semanas después del corte de las primeras espigas. En Nm 28, 26 recibe el mismo nombre, además del de "fiesta de las primicias (*bikkûrîm*)". Se trata de una fiesta agrícola posterior a la instalación de Israel en Canaán, de donde probablemente se tomó, ya que la ofrenda de las primicias a la divinidad era de práctica corriente entre los cananeos. Esta fiesta constituía uno de los grandes acontecimientos, tanto del calendario agrícola de Palestina[123] como en el calendario de Guézer[124].

---

122 Las expresiones "siega del trigo" y "siega de la cebada" se utilizaron para ubicar ciertos acontecimientos en el tiempo como también épocas ("siega del trigo", para 1 S 12, 17 y "siega de la cebada" para 2 S 21, 9-10); así, por ejemplo, según Gn 34, 14, Rubén salió "en ocasión de la siega del trigo"; en Rt 1. 22 se dice que Rut y su suegra llegaron a Belén "al principio de la siega de la cebada"; en Jc 15. 1, Sansón va a visitar a su mujer "en ocasión de la siega del trigo"; en Am 7, 1, el profeta advierte que las langostas salen del huevo "al tiempo en que comienzan a brotar los sembrados tardíos" (*leqeš*).

123 Como los antiguos israelitas se guiaban por el mes lunar, designaron al mes con la palabra cananea *yeraḥ*, "luna", que en 1 R 6, 38 y 8, 2, es glosada por la palabra *ḥodeš* acompañada por el número del mes. Los meses lunares se componían alternativamente de 29 y 30 días; al principio, recibieron nombres cananeos en relación con las estaciones, por ejemplo, *abib*, el "mes de las espigas" (Ex 13, 14; 23, 15; 34, 18; Dt 16, 1); *ziv*, el "mes de las flores" (1 R 6, 1.37); *etanim*, el mes de las "corrientes de agua permanentes" (1 R 8, 2); *bûl*, el "mes de las grandes lluvias" (1 R 6, 38). Los nombres *ziv*, *etanim* y *bûl* se encuentran atestiguados también en inscripciones fenicias.

124 Se trata de tabletas cuneiformes descubiertas en la localidad del mismo nombre y datadas entre los siglos X-VII a. C., en base a los nombres babilónicos de los meses, a pesar de que están redactadas en asirio, tal vez por un israelita bajo la dominación asiria. Se trata de un cuadro de equivalencias entre las doce lunas, los meses del año oficial designados con sus nombres propios y los períodos del año agrícola nombrados según las actividades que los agricultores ejercían en ellos. El cuadro es el siguiente:
Dos meses: *'sp* = recolección
Dos meses: *zr'* = siembra
Dos meses: *lqš* = siembras tardías
Un mes: *'ṣd pšt* = cosecha del lino
Un mes: *qṣr s'rm* = siega de la cebada
Un mes: *qṣr wkl* = siega (de los trigos) y cuenta
Dos meses: *zmr* = poda
Un mes: *qṣ* = frutos de verano
Más tarde, la secta de Qumrán enumerará las cuatro estaciones tomadas de los griegos, pero con nombres que se refieren a la actividad agrícola; los tres primeros están en el calendario de Guézer, pero las equivalencias se trazan con las estaciones griegas y el año comienza en primavera, como en el calendario babilónico. Cf. De Vaux (1992: 256 ss.).

   Filón de Alejandría en clave contemporánea

La descripción más detallada del ritual de la fiesta se da en Lv 23, 15-21, donde se establece que a partir del día siguiente al sábado en que se había presentado la primera gavilla, se cuentan siete semanas completas hasta el día siguiente al séptimo sábado, es decir, cincuenta días, lo que explica el nombre griego de la fiesta: *Pentecostés*, "quincuagésimo", de πεντηκοστόν, "cincuenta", cuyas primeras menciones están en 2 M 12, 31-32 y Tb 2, 1. También con ese nombre la recuerda Flavio Josefo[125].

En su explicación sobre el significado de la fiesta, Filón despliega con amplitud su pitagorismo en unas líneas tan plenas de sentido que ameritan ser reproducidas en su extensión:

> A partir de esta fecha se calcula el día quincuagésimo contando siete veces siete y se añade como un sello al final un uno, número sagrado, que es la imagen incorpórea de Dios, al que puede parangonarse con su singularidad. Esta es la primera bondad que demuestra el número cincuenta. Hay otra cosa que debemos develar. Admirable y apetecible es la naturaleza <del número cincuenta> por numerosas razones, entre las que se incluye estar constituido por la más elemental y antigua de cuantas cosas revista la existencia, así dicho por los matemáticos, el triángulo rectángulo. Por su longitud, los lados son tres, cuatro y cinco, cuya suma es el número doce, modelo del círculo del Zodíaco, duplicación del muy fecundo seis, que es el principio de la perfección, ya que es igual a la suma de los factores de los que es producto. A la segunda potencia, es evidente, suman cincuenta; es decir, tres por tres, cuatro por cuatro y cinco por cinco, sumados, dan cincuenta, de modo que es necesario reconocer que el cincuenta es superior al doce, en la medida en que la segunda potencia es superior a la primera[126].

El día cincuenta resulta de sumar la mónada, imagen de la singularidad divina, a la perfección de la hebdómada: 7 x 7 = 49. Por otro lado, la aplicación del teorema de Pitágoras, según el cual el cuadrado de la hipotenusa es igual a la suma de los cuadrados de los catetos, viene a demostrar la superioridad del número cincuenta, pues $5^2 = 4^2 \times 3^2 =$ 25. Filón desarrolla este cálculo en otras de sus obras[127]. A su vez, la suma de los tres lados, 3 + 4 + 5 = 12, imagen de la más extraordinaria esfera celeste, que es el Zodíaco, duplicación del fecundo seis, que es la suma de los factores de los cuales es producto, ya que 6 = 1+2+3 y

---

125 Cf. Flavio Josefo, *Antigüedades de los judíos* 3.10.6.252; *Guerras de los judíos* 1.13.3.253.
126 *Spec.* 2.176-177.
127 Cf. *Mos.* 2.80 y *Contempl.* 65; Martín (2009: 105 y 170).

también 6 = 1 x 2 x 3. Elevados al cuadrado dan cincuenta, porque 3^2 + 4^2 + 5^2 = 50, dos veces 25. Esta fiesta que tiene lugar bajo el número cincuenta, ha sido llamada por Filón "fiesta de las primicias" (ἑορτὴ πρωτογεννημάτοων), en la cual se ofrecen dos panes leudados hechos de harina de trigo, el alimento por excelencia. La singularidad de esta presentación consiste en que por primera vez se ofrece a Yahveh algo que lleve fermento. El sentido es muy claro: así como al comienzo de la cosecha se comen los *maṣṣôt*, "panes de la miseria", al final de la siega del trigo se vuelve a comer el pan cotidiano de los sedentarios y se renuevan las actividades ordinarias completándose así el ciclo de renovación. Por su vinculación a la fiesta de los panes ácimos, los rabinos le dieron el nombre de *'ăṣeret*, "asamblea" de la clausura o " *'ăṣeret* de la Pascua".

Más tarde, se unió la fiesta de la semana a la conmemoración de la entrega de la Ley en el Sinaí en base al relato de Ex 19, 1, según el cual los israelitas arribaron al monte santo en el tercer mes de la salida de Egipto, que había acontecido a mediados del primer mes. Aunque no se mencione como fiesta de las semanas, 2 Cro 15, 10 habla de una fiesta religiosa en el tercer mes, durante el reinado de Asá, para una renovación de la alianza.

La fiesta de Pentecostés recién tuvo una fecha fija a partir de la tradición sacerdotal que anexó los ácimos a la Pascua. Por lo tanto, al celebrarse a las siete semanas y un día después de la Pascua, la fecha es el 6 de *siván* (mayo-junio). El tiempos del Libro de los Jubileos esa conexión ya era conocida, porque coloca en el día de la fiesta de las semanas todas las alianzas que van desde Noé hasta el Sinaí. Por este motivo, se la suele llamar también "fiesta de la entrega de la Torá" y "fiesta de los juramentos", porque el acontecimiento de la entrega de la Ley, que resultó fundacional para Israel, comportó un doble juramento: el del pueblo que se comprometió a cumplir los mandatos de la Torá y el de Dios, por el cual lo acepta como pueblo elegido. Los sectarios de Qumrán hallaron conveniente celebrar la renovación de la alianza en la fiesta de Pentecostés, ya que se llamaba a sí misma la comunidad de la alianza.

En la época en que vivió Filón, la fiesta de Pentecostés no halló un elevado reconocimiento por parte del judaísmo ortodoxo. No se menciona en el calendario litúrgico de Ez 45, 18-25 ni tampoco se le ha dedicado un tratado en la *Mišná*. Recién a partir del siglo II de la era común, los rabinos aceptaron que Pentecostés conmemorara la entrega de la Ley en el Sinaí. Esto destaca la importancia que le otorga Filón en aquellos momentos, un significado conclusivo, por la interpretación que hace del hecho de que se presente el pan y no el trigo como ofrenda. Para el alejandrino, el pan leudado es un alimento completo del que puede disponerse de inmediato, a diferencia del trigo, del cual hay que esperar su maduración.

Según De Vaux, no existe vinculación alguna entre la celebración cristiana de Pentecostés, en que se conmemora el descenso del Espíritu Santo (Hch 2), y la fiesta judía de las semanas, tanto en la comprensión que tuvo de la misma la comunidad de Qumrán como la que tendría más tarde el judaísmo ortodoxo. Tampoco se hace mención alguna a la entrega de la Ley a los judíos[128]. No obstante, ciertos hechos que jalonan el relato de Lucas sobre el momento de la efusión del Espíritu Santo, tales como la comprensión universal del sermón de Pedro a pesar de las distintas lenguas de los presentes, más la conversión de los tres mil como primicias del Evangelio, parecen sugerir una conexión subterránea con alguna tradición de la que Filón no resultó ajeno y de la cual puede haber servido como transmisor.

Octava fiesta: la de las trompetas

Filón la ubica en el día primero del mes de *tišrí* y sigue para su descripción, Lv 23, 24-25 y Nm 29, 1-6. Es una "fiesta de las trompetas (σαλπίγγων)" que inaugura el mes de las grandes celebraciones, por lo cual se lo llama "mes sagrado" (ἱερομηνία). Filón dice que hay razones etimológicas para que se la llame por el nombre de "trompetas", puesto que el sustantivo proviene de la raíz σαλπίζειν, "tocar la trompeta". Para el alejandrino, el nombre conlleva un doble sentido. En un primer momento, Filón explica el significado estrictamente nacional de la fiesta:

Inmediatamente después es la fiesta del mes sagrado, en el que es costumbre tocar las trompetas en el templo al mismo tiempo que se están celebrando los sacrificios. De allí que por razones etimológicas se denomine 'fiesta de las trompetas', que tiene un doble sentido: uno particular para nuestra nación, y otro común a todo el género humano. El primero refiere a la memoria de un hecho maravilloso y monumental que tuvo lugar en el tiempo en que fueron revelados los oráculos relativos a las leyes. En esa ocasión, desde el cielo, el eco de una trompeta resonó y llegó seguramente hasta los confines

---

128 Cf. De Vaux (1992: 622).

del universo, para que, no solo a los cercanos, sino también a los que habitaban en lugares lejanos los sobrecogiera tal maravilla y consideraran, como es natural, que la extraordinaria señal lo fuera de acontecimientos extraordinarios. ¿Y qué más grande y provechoso podría arribar para los hombres que las leyes generales, las que Dios reveló, no a través de un intérprete, como las leyes particulares? Ese es el sentido que tiene para nuestra nación[129].

El día primero del mes séptimo es aquel en que Esdras leyó la ley hasta el mediodía y todo el pueblo lloró al oírla. El gran escriba les dijo entonces que esa lectura era motivo de alegría y no de llanto, y así cambiaron de ánimo (Ne 7, 72 -8. 12). Después de Esdras, solo los dos textos mencionados más arriba pertenecen a la redacción más reciente del Pentateuco: Lv 23, 24-25 y Nm 29, 1-6. El Levítico ordena que el día primero del séptimo mes sea de descanso, se ofrezcan sacrificios y se realice una asamblea de culto con aclamación, la *t^eû'ah*, expresión que es al mismo tiempo "grito de guerra"[130] y "grito religioso"[131]. Por su parte, Nm 29, 1-6 aporta los detalles de la prescripción, diciendo qué tipos de sacrificios se deben celebrar y le da a la fiesta el nombre de "día de la aclamación". Con fecha y circunstancias inciertas, la fiesta judía del *roš haššanah* reanudó la *t^eû'ah* de la tradición sacerdotal. Pero en la Biblia hebrea, tanto en los textos litúrgicos como en los históricos anteriores al cautiverio, la fiesta no es nombrada como *roš haššanah*. Produjo cierta confusión entre los exégetas la visión del templo futuro de Ez 40, 1, datada "en el *roš haššanah*, el 10 del mes", único caso, además, en que tal expresión aparece en las Escrituras. Pero aquí se refiere al "comienzo de un año", que en tiempos de Ezequiel corresponde al inicio del año de primavera, es decir, el mes de *nisán* y no el de *tišrí*, en que más tarde comenzó a celebrarse el año nuevo. Tampoco se refiere a una fiesta de año nuevo Ex 12, 2, que dice "Este mes será para vosotros el primero de los meses, el primer mes del año", en referencia a *abib* del antiguo calendario de Dt 16, 1, y que se convertiría en *nisán* según la nomenclatura babilónica. El mismo texto de tradición sacerdotal manda en el v. 3 a escoger la víctima para la Pascua en el día diez del mes, pero de ninguna manera consagra a este día como comienzo del año. Dicha confusión, que llevó a algunos a celebrar el comienzo del año en el día 10 de un

---

129 Cf. *Spec.* 2.188-190a.

130 Cf. 1 S 4, 5, cuando los israelitas lanzaron el grito de guerra a la llegada del arca a Afeq.

131 Cf. 2 S 6, 15, en que tal aclamación forma parte del ritual del arca.

  Filón de Alejandría en clave contemporánea

mes, se vio agravada por la indebida asociación del texto de Ezequiel con Lv 25, 9-10 que exalta el día 10 del séptimo mes como día de la expiación y fin del jubileo.

La fiesta incluía el toque del šofar y el cántico de himnos de alabanza. Filón acude a Ex 19, 1, que menciona un sonido de trompeta proveniente del Sinaí en ocasión de la entrega de la Ley. Este eco que atemorizó a los que estaban al pie del monte es un elemento fundamental de la teofanía sinaítica. A partir del mismo, Filón explica el sentido ampliado de la fiesta:

> El significado de la fiesta común a todo el género humano es el siguiente. La trompeta es un instrumento de guerra, no solo en caso de ataque a los enemigos, cuando llega el momento de trabarse en lucha, sino también para avisar cuando es necesario desconcentrarse y retornar a los campamentos a los que pertenecen. Mas existe otra guerra convocada por Dios, sucede cada vez que la naturaleza se rebela contra sí misma, sus partes se atacan unas a otras y se ve sometida la equidad mejor legislada en manos del ansia de desigualdad[132].

Seguidamente, Filón menciona como ejemplos de las devastaciones de la naturaleza aquellas que provienen de la mano del hombre, tales como la tala de árboles ($\delta \epsilon \nu \delta \rho o \tau o \mu í \alpha$), la quema de alimentos y de los granos de los campos, como así también las que sobrevienen por causas naturales, como las sequías, lluvias torrenciales y otras calamidades. Por eso Dios le dio el nombre de un instrumento de guerra a esta fiesta, como acción de gracias a Dios, autor y protector de la paz, que aplaca las sediciones en las naciones y en las regiones del universo, proveyendo la fertilidad y prosperidad. Se trata, por tanto, de una fiesta de conmemoración, al igual que la Pascua, y no de una celebración asociada a un hecho particular de la historia de Israel.

Novena fiesta: Yom kippur o Día de la expiación

En este día, la experiencia de lo sagrado llegaba a su punto culminante en el calendario litúrgico de Israel, cuando el Sumo sacerdote, la persona más santa del pueblo, entraba en el recinto más sagrado del santuario, el "Santo de los Santos". Se trata de una fiesta posterior a la cautividad que comenzó a celebrarse hacia los últimos siglos de la Biblia hebrea y se ha mantenido vigente hasta nuestros días, como la *ḥănukkah* y los *purîm*.

---

132 Cf. *Spec.* 2.190-191.

En los comienzos de la era cristiana, el *yom hakkipurîm* gozaba ya de tal prestigio que, en el tratado *Yoma* que la *Mišná* le consagra a esta festividad, se la llama "el día" por antonomasia[133]. Se celebra el 10 del mes de *tišrí*, es decir, a los diez días de comenzado el año nuevo. Esta datación es anterior a la adopción de los nombres babilónicos de los meses y está fijada en dos textos sacerdotales tardíos, Lv 23, 27-32 y Nm 29, 7-11. El ritual completo se describe en un capítulo de la misma antigüedad aproximada que la de los pasajes anteriores, como lo es el de Lv 16, texto heterogéneo que ha sufrido diversas elaboraciones, al punto de presentar duplicación de versículos, discontinuidades entre ellos, separaciones indebidas y hasta dos conclusiones[134].

Es un día de ayuno completo en el que no se permite comer ni beber nada desde el atardecer de ese día hasta la puesta del sol del día siguiente. También se prohíben todos los trabajos que no son lícitos en el sábado, sin excepciones. Así, por ejemplo, la *Mišná* menciona entre las cosas prohibidas el uso del baño, de cosméticos y bálsamos, como también del cuero.

Para introducirla, Filón se refiere precisamente a este aspecto y la llama "fiesta del ayuno (νηστεία ἑορτή)"[135]:

> Después de la fiesta de las trompetas viene la del ayuno. Quizá algu-
> no entre los de distinta opinión y que no se avergüenza en criticar lo
> bueno, diga: ¿Qué clase de fiesta es esta en la que no hay para beber
> ni para comer, ni tampoco una fraternidad de agasajantes y agasaja-
> dos, ni abundante vino puro, ni mesas abarrotadas, ni estipendios, ni
> preparativos de todas las cosas propias de los banquetes públicos, ni
> regocijos, ni procesiones con pasatiempos y bromas, ni juegos al son
> de la flauta, la cítara, los tímpanos, los címbalos y otros instrumentos
> para cuanta clase de música es inapropiada y enervante y a través de
> los oídos despierta inclinaciones desenfrenadas?[136]

Luego de subrayar el carácter austero de la fiesta, Filón vuelve una vez más a la hebdómada para destacar su sacralidad. Cuando Moisés proclamó que el día de ayuno era una fiesta, la denominó la más grande de las fiestas en su lengua ancestral: "sábado de sábados" (σάββατα σαββάτου), *šabbāt šabbātôn*, literalmente "El séptimo día (es) día de reposo", según aparece en Lv 16, 31 y 23, 32 en referencia

---

133 Cf. Del Valle (2011: 243).
134 Para un análisis detallado de estas irregularidades textuales, cf. De Vaux (1992: 637).
135 Así también en *Spec.* 1.168 y 186 y *Decal.* 159.
136 *Spec.* 2.193.

     Filón de Alejandría en clave contemporánea

al *Yom kippur*. Y agrega Filón: "como dirían los griegos, hebdómada de las hebdómadas"[137]. Más adelante explica por qué se celebra el día décimo del mes séptimo, para lo cual evoca reflexiones anteriores acerca de ese número[138], denominado por los hombres "totalmente perfecto" (παντέλεια). A esta perfección propia del día 10 se ordena, según el alejandrino, la abstinencia de bebida y de comida, no porque el intérprete de las Escrituras entienda que hay que padecer el mayor de los males que es el hambre, sino para interrumpir brevemente la corriente que fluye hacia las cavidades del cuerpo. Esto permitirá que la otra corriente, la translúcida y pura que procede de la fuente de la razón, llegue con suavidad hasta el alma.

A pesar de que en *Spec.* II no se refiere a los sacrificios rituales, como sí lo hace en *Spec.* 1.186, tiene en cuenta la dimensión del perdón (ἱλασμός), que en este día de expiación, propiciación y reconciliación, está en el núcleo mismo de la ceremonia.

> (…) toda la jornada está reservada a oraciones y súplicas, sin que a ninguna otra cosa, de la mañana al anochecer, las personas dediquen su descanso más que a plegarias con peticiones, con las que se afanan para ganar el favor de Dios, suplicándole el perdón por las faltas voluntarias e involuntarias, con honestas esperanzas, no por la propia valía, sino por la misericordiosa naturaleza del que prefiere el perdón más que el castigo[139].

Según el ritual levítico, el Sumo Sacerdote ofrece un toro en sacrificio por sus propios pecados[140] y por los de los miembros de su linaje aarónico. Por única vez en el año, penetra detrás del velo que separa el Santo de los Santos, esparce incienso sobre el propiciatorio (*kapporet*, כפרת)[141] y lo rocía con la sangre del animal sacrificado. Seguidamente, sacrifica un macho cabrío por los pecados del pueblo

---

137   *Spec.* 2.194.

138   Probablemente, *Decal.* 20-21, *Mos.* 2.115, *Opif.* 52, o tal vez su tratado perdido *Sobre los números* (Περὶ ἀριθμῶν) aludido en *Mos.* 2.115 y *QG* 4.110.

139   *Spec.* 2.196.

140   La palabra hebrea *ḥaṭṭâ't* significa a la vez el pecado y el ritual que lo elimina (Lv 4, 1-5.13; 6, 17-23).

141   Se trata de una lámina de oro colocada sobre el Arca de la Alianza (o Arca del Testimonio, *'ărôn hā'ēdût*, ארון העדות) y de su mismo ancho. Según la tradición sacerdotal sobre el culto en el desierto, Yahveh se encuentra con Moisés entre los querubines, en lo alto del *kapporet* y desde allí le comunica sus mandatos; cf. Ex 25, 22; 30. 6; Nm 7, 89. Luego del cautiverio, el arca no se había vuelto a construir y es posible que el *kapporet* ocupara su lugar, según se desprende de Jr 3, 16 y 1 Cro 28, 11, en que la "sala del *kapporet*" designa el Santo de los Santos. Según Lv 16. 2.13, el *kapporet* era la sede de la presencia divina. Con el tiempo, al igual que el arca el *kapporet* desapareció. Cuando Josefo describe el

y repite el procedimiento anterior, rociando el propiciatorio detrás del velo. Ambos sacrificios se unen en Lv 23, 33 pero en términos invertidos. Se intenta destacar en este ritual la idea de purificación y el valor expiatorio de la sangre, como elementos característicos de las reglas del Levítico, en base al valor que se le asigna a la sangre[142].

Un rito particular de esta fiesta que se describe en Lv 16, 8 ss. denota el carácter tardío de esta celebración, ya que los rituales de purificación más recientes combinan usos levíticos con creencias populares. El Sumo Sacerdote se acercaba al joven toro que ofrecía por su propia cuenta como sacrificio por el pecado, colocaba sus manos sobre la cabeza del toro y recitaba la confesión de los pecados propios y los de su familia. Esta era la única ocasión en el año en que el sacerdote pronunciaba el nombre de Yahveh, ante lo cual, el pueblo que se congregaba en el atrio del Templo caía de rodillas y exclamaba: "Bendito sea el nombre de la gloria de su reino por siempre jamás". Luego se dirigía hacia la parte norte del altar de los holocaustos, donde esperaban dos machos cabríos. Agitaba una caja que contenía las dos "suertes" y las extraía. En una estaba escrito "para Dios" y en la otra "para Azazel". A este último, conocido como "macho cabrío emisario"[143], le ataba una cinta de lana carmesí en los cuernos y lo colocaba en la dirección a donde había de ser enviado[144]. Al otro, lo disponía en la dirección a donde habría de ser sacrificado. Repetía el procedimiento de la imposición de manos sobre la cabeza del toro que habría de ser inmolado, la confesión de los pecados por su propia casa y por la casa de Aarón, sacrificaba el animal y recogía su sangre en un cáliz. Posteriormente, se acercaba al macho cabrío destinado para Azazel, colocaba sus manos sobre su cabeza y hacía la confesión por todo el pueblo. El animal era entregado al guía que habría de conducirlo hacia el desierto y el pueblo acompañaba esta marcha hasta la primera de las diez estaciones. Llegado al lugar previsto, el guía se subía a una roca, partía una cinta roja en dos mitades. Una

---

Santo de los Santos del Templo de Herodes, dice que "allí no había absolutamente nada". Cf. Flavio Josefo, *Guerras de los judíos* 5.5.219.

142 Cf. Lv 17, 11: "La vida de la carne está en la sangre. Esta sangre os la he dado yo para que hagáis en el altar el rito de expiación por vuestras vidas: pues es la sangre la que expía por la vida que está en ella".

143 Según las LXX y la Vulgata.

144 Según la tradición rabínica, este macho cabrío era enviado a la región de Bet Hadudu o a Bet Harudún, la actual Hirbet Hareidan, sobre el valle del Cedrón a aproximadamente seis kilómetros de Jerusalén.

 Filón de Alejandría en clave contemporánea

parte la sujetaba a la roca, la otra la ataba a los cuernos del carnero y luego lo despeñaba por el precipicio[145].

A partir de esto último se ha especulado con que *'azâ'zel* significaría "el precipicio". Pero la interpretación armónica del texto exige que Azazel sea un nombre personal, así como lo es Yahveh. De modo que no sería coherente leer por un lado, "suerte para Yahveh" y, por el otro, "suerte para el precipicio". Tanto la versión siríaca de la Biblia como el Targum[146] prefieren ver aquí el nombre de un ser sobrenatural, un antiguo demonio que según los hebreos y los cananeos, habitaba el desierto. El *Henoc* etíope lo considera el décimo de los jefes y el primero en enseñarles a los hombres a fabricar espadas, escudos y toda clase de instrumentos bélicos, además de los metales y el trabajo con ellos. Se trata de una potencia hostil a Yahveh que habita en el desierto[147]. En el *Apocalipsis de Abraham*, Azazel es presentado como la impiedad misma[148].

Lo que queda claro es que el animal no se sacrifica a Yahveh, porque al estar impuro por cargar sobre sí mismo el pecado del pueblo, ya no es apto para el sacrificio.

Este ritual no se menciona en Ez 45, 18-20, así como tampoco que el primero del séptimo mes sea el día de las expiaciones. Por otra parte, el silencio de Esd 1, 3-6 acerca de esta fiesta, como también en Neh 8, puede ser un indicio de que la fiesta es tardía[149].

Décima fiesta: la de los tabernáculos

Esta es la última de las tres grandes celebraciones anuales. Filón identifica a la "fiesta de las cabañas" (ἑορτὴ σκηνῶν) con la prescripción de Lv 23, 40-43, que establece que durante siete días los israelitas habiten en tiendas, porque ya no hay necesidad de permanecer a la intemperie realizando las labores del campo debido a que todos los frutos se han recogido y almacenado[150]. La ubica en el equinoccio de otoño, como corresponde a su nombre, según Filón, pues la palabra

---

145 Cf. *Mišná*, Yom. 4-6, Del Valle (2011: 250-255).

146 Cf. *Targum del Pseudo-Jonatan* a Gn 6, 3, en Martínez Saiz (2004: 73).

147 Cf. *Hen* (Et) 8.1. El *Henoc* griego (Gr⁵) lo llama Azael; en Diez Macho (1984: 44). Para la creencia de los judíos acerca de demonios que habitan en lugares desolados, como el desierto, cf. Is 13, 21; 34, 11-14; Tb 8, 3; Mt 12, 4.

148 Cf. *Apocalipsis de Abraham* 13.6, en Alvarado (2009: 87).

149 Sobre la antigüedad de la fiesta, cf. De Vaux (1992: 639s.).

150 Cf. *Spec.* 2.206.

griega para otoño es μετόπωρον, que significa literalmente "después de la fruta". Cada palabra aporta, para Filón, una enseñanza. El equinoccio (ἰσημερία) proporciona el esplendor de la fiesta, debido a la luz continua del día y de la noche[151]. Podía acontecer tanto a comienzos del otoño según Ex 23, 16 o a fines de esa estación, como afirma Ex 34, 22. Esta aparente discrepancia obedece a que en el antiguo Israel la fecha de la fiesta no estaba determinada con exactitud porque dependía del estado de madurez de los frutos. La fecha se determinó a partir de Lv 23, 34 que fijaba su comienzo el día 15 del mes séptimo del año de primavera, se prolongaba durante siete días y culminaba con una jornada de clausura. Un acontecimiento histórico central en la historia de Israel coincidió con la celebración de esta fiesta: la dedicación del templo de Salomón. Esto ocurrió en el mes de *etanim* según el calendario cananeo, que se ha asimilado al séptimo mes del calendario babilonio introducido por Josías (1 R 8, 2). En aquella ocasión, la fiesta de los tabernáculos y la dedicación del templo pueden haber coincidido en la última semana de *etanim*, ya que su octava semana coincide con la primera del mes cananeo de *bûl*, asimilado al octavo del calendario babilónico, en que según 1 R 6, 38 quedó finalizado el templo con todo su ornamento y mobiliario. Las coincidencias entre el mes séptimo y una fiesta que se celebraba durante siete días, más las siete peticiones de Salomón en su discurso inaugural (1 R 8, 31-32.33-34.35-37a.37b-40.41-43.44-45.46-53), más la presencia constante de este número en la descripción que hace la Biblia hebrea de la construcción del templo, no pueden disimularse. Hay un relato paralelo en la tradición ugarítica, según el cual al dios Baal le llevó siete días la construcción de su templo. Se sugiere que la intención de esta descripción era la de presentar la construcción del templo como una nueva creación, a la par de la creación del mundo en siete días (Gn 1, 1-2. 4)[152].

En cuanto al nombre de la fiesta, la palabra tabernáculo proviene del latín *tabernaculum*, "tienda de campaña", que es como la designa la Vulgata. La traducción exacta de la palabra hebrea con la que se denomina a la fiesta, *sukkôt*, סכת es "cabaña", por lo cual se la suele llamar también "fiesta de las cabañas". Tal nombre aparece solo en los calendarios religiosos más recientes, los de Dt 16, 13.16 y Lv 23, 34, así como en los textos que dependen de ellos, a saber, Esd 3, 4 y

---

151 Cf. *Spec.* 2.151, en ocasión de la fiesta de los ácimos, en que la expresión "luz sin sombra" (ἄσκιον φῶς) se aplica al equinoccio y también a Dios; *Mut.* 6; *Abr.* 119: *Decal.* 49.

152 Cf. Roitman (2016: 79, nota 61).

     Filón de Alejandría en clave contemporánea

Za 14, 16.18. Pero en los calendarios más antiguos, como el de Ex 23, 16 y 34, 22, se la conoce como "fiesta de la recolección (*'âsîp*)". A lo largo de la historia de Israel ha recibido otros nombres, tales como "fiesta de Yahveh" (Lv 23, 39; Nm 29, 12), o simplemente "la fiesta", *heḥâg*, singularidad que hace pensar en que se trata de la fiesta por excelencia (Ez 45, 25; 1 R 8, 2.65). Por este motivo, Judas Macabeo la tomó como modelo al realizar la purificación del templo, pues la alegría de la Dedicación (*ḥānukkah*) "se celebra al modo de la fiesta de las Cabañas" (2 M 10, 6). Por su parte, el libro de los Jueces atestigua un episodio que implicó el rapto de las jóvenes de Siló por parte los varones de la vapuleada tribu de Benjamín, que buscaban esposas[153]. Según el relato del libro de los Jueces, estas jóvenes habían salido a danzar a las viñas por la "fiesta de Yahveh que se celebra cada año en Siló". Si la tradición recogida por el tratado *Ta'anit* de la *Mišná* coincide con la práctica antigua, la celebración se hacía en el día 15 del mes de *ab* (julio-agosto) y consistía en una danza en que las mujeres lucían vestidos blancos y cantaban diciendo: "Joven, alza tus ojos y mira qué escoges. No pongas tus ojos en la belleza, sino colócalos en la familia"[154]. Cuando el santuario se ubicaba en Siló, Elí, el padre de Samuel, acudía cada año al mismo en ocasión de esta fiesta (1 S 1, 3). Como se trataba de una celebración plena de alegría, luego de haber pisado las uvas en el lagar y las aceitunas, se acostumbraba a beber vino. Esta costumbre podría llegar a explicar el error de Elí, quien confundió la angustia de Ana, la madre de Samuel, con una embriaguez (1 S 14-15). No cabe ninguna duda de que la manifestación de la alegría en esta fiesta nocturna resultaba proverbial[155]. Pero este júbilo no estaba reñido con la santidad de la fiesta, si seguimos a Josefo que la identifica como "la fiesta más santa y la más grande entre los hebreos"[156]. Esta alegría y santidad se harían extensivas a todas las naciones que, según la visión de Zacarías, subirán todos los años a Jerusalén para adorar a Yahveh durante esta fiesta (Za 14, 16).

Era una fiesta de carácter agrícola cuyo rito era propio de las prácticas campesinas. El modo de celebrarla en tiempos de Esdras se basaba en Lv 23, 42-43: "siete días vivirás en cabañas, en recuerdo de las cabañas en que Yahveh hizo habitar a Israel después de la salida

---

153 Cf. Jc 21, 19-21.

154 *Mišná, Ta'anit* (Taan), Del Valle (2011: 299).

155 Se llegó a decir: "El que no ha visto la alegría en esta fiesta nocturna, no ha visto verdaderamente alegría en su vida". Cf. *Mišná, Sukká* (Suk), Del Valle (2011: 267 s.).

156 Cf. Flavio Josefo, *Antigüedades de los judíos* 8.4.1.

de Egipto". Se dice en Ne 8, 14 que la comunidad, luego de oír esta lectura, se fue a cortar ramas y levantó cabañas, cada uno sobre su azotea, o en el atrio del templo, o en las plazas de Jerusalén. El relato culmina afirmando que "desde los días de Josué los israelitas no habían hecho cosa semejante" (Ne 8, 17). Según la redacción posterior de Lv 23, 43, Dios enseña que la residencia en las cabañas durante siete días resultará ejemplar para las generaciones futuras, que así entenderán que los hijos de Israel habitaron de esa manera a la salida de Egipto. La prescripción de Lv 23, 40 ordena reunir las primicias de cuatro especies: el *lulav*, una hoja de palma; el *etrog* o cítrico amarillo; tres hojas de mirto y algunas hojas de sauce. Filón las omite, tal vez porque este rito no se practicaba fuera de Jerusalén[157].

Filón utiliza la estructura semanal de la fiesta para desarrollar explícitamente su pitagorismo:

> Después de los siete días del festival se agrega un octavo, denominado 'final' (ἐξόδιος)[158], no de ese, como parece, sino de todos los festivales anuales, de cuantos he dado cuenta y descrito puntillosamente. Esta fiesta es la última del año y determina su conclusión. Por cierto, el primer cubo, el ocho, asignado a este festival, tiene un motivo. Por fuerza es el comienzo de la sustancia corpórea según el sucederse desde las categorías incorpóreas; y, por otro lado, es el límite final de la sustancia inteligible. Lo inteligible, mediante incrementos progresivos hacia la naturaleza sólida[159].

El alejandrino expresa aquí una intuición que encontramos en *Opif.* 135, según la cual la geometría plana (γεωμετρία) se identifica con las cosas incorpóreas, a las que aquí asocia con las inteligibles (νοητά), mientras que la sólida (στερεομετρία) con las corpóreas.

Filón afirma que la fiesta otoñal que comporta el beneficio final de la prodigalidad de la tierra, culmina y da cumplimiento a todas las festividades del año, las que son hijas del sagrado número siete[160].

---

157 Para esta y otras omisiones de ciertos aspectos de la fiesta, tales como el topónimo transjoradano: "Jacob construyó [...] σκηνάς para el ganado [...] y por eso el lugar se llamó Σκηναί" (LXX Gn 33, 17), el topónimo egipcio, correspondiente a la primera etapa del Éxodo (Σοκχωθ, LXX Ex 12, 37), así como también la prescripción de leer la Torá cada siete años durante la fiesta de *sukkôt* (Dt 31, 9-11; Ne 8), véanse las explicaciones que propone Vicent (1995:152s.).

158 El término aparece en la LXX, en 2 Cro 7, 9. Se trata de un hápax de Filón que, en este contexto, no tiene la misma importancia que en *Spec.* 1.189 había querido destacar. Completado el número 10 de las fiestas, Σκηναί es el "sello" final del calendario festivo del año.

159 Cf. *Spec.* 2.211-212.

160 Cf. *Spec.* 2.214; *Decal.* 158-164.

    Filón de Alejandría en clave contemporánea

Consideraciones finales

En dos mil años de exégesis judía, Filón es el único que se basa en la Biblia griega. Su acceso al texto sagrado se caracteriza por ir más allá de la letra, según él mismo lo expresa: "Sin contentarme con una simple lectura de los santos comentarios de Moisés, me he atrevido a escrutar cada uno de ellos y a explicar y dar a conocer lo que no es conocido por el público"[161]. Al igual que la mitología para los griegos, la Escritura para Filón quiere decir algo más que el significado llano que emerge de su lectura. Su interpretación de las fiestas judías se desarrolla en el contexto de la sacralidad del sábado y se atiene casi exclusivamente al Pentateuco, dirigiendo su hermenéutica hacia la vinculación entre la creación del mundo y los orígenes de Israel. Pero el significado críptico del sábado no anula de ninguna manera la Ley de Moisés, pues solo cuando se cumplen las leyes se ilumina el sentido oculto y las realidades que ellas simbolizan[162], pues la práctica de un precepto ilumina su comprensión[163].

Las fiestas participan del sábado, la institución más elevada de Israel que realiza el sentido más profundo de la creación. Las fiestas son "hijas del sábado" y "solo Dios realmente celebra fiesta"[164] porque el trabajo y el descanso le pertenecen a Dios[165]. En ese descanso divino se esconde el significado profundo de las fiestas[166]. Filón no trata las fiestas de *ḥānukkah* ni las del *purîm* por no estar relacionadas con el sábado.

El ciclo de las fiestas marca una progresión sistemática anual que involucra el devenir de las estaciones y la alternancia entre el día y la noche, concomitante al ritmo de la vida agrícola que va desde la germinación en primavera hasta la cosecha en el otoño.

---

161   *Spec.* 3.6.

162   Cf. *Migr.* 89-93.

163   Cf. *Abr.* 5.

164   Cf. *Cher.* 86.

165   Cf. *Cher.* 90.

166   Filón, que sigue la versión de las LXX, elude la aparente contradicción que se presenta en el texto hebreo que dice que en el día séptimo Dios "descansó" y, al mismo tiempo, completó la obra de la "creación" (Gn 2, 2). No obstante, esta dificultad textual podría desaparecer si en el texto hebreo se entiende *wayĕkal* como pluscuamperfecto: en el día séptimo Dios "ya había terminado" su obra. La LXX, Gn 2, 2 elimina el problema diciendo que Dios "terminó" (συνετέλεσεν) en el día sexto y "descansó" (κατέπαυσε) en el séptimo, de lo que Filón deduce dos niveles de actividad ya que Dios no deja nunca de actuar (cf. *Leg.* 1.6; *Opif.* 89). Por lo tanto, terminó la creación de las realidades corruptibles en el día sexto y "comenzó" las divinas en el día séptimo. Cf. Vicent (1995: 144, nota 22).

La gravitación del sábado en cada fiesta hace que, a su vez, estas se expliquen entre sí por sus nexos con la creación y con la historia de Israel. En esta conexión que se aprecia mejor en los dos grandes centros festivos de primavera y otoño resulta fundamental el número siete, sagrada hebdómada, principio y fuente de todos los bienes humanos. Por este medio Filón introduce toda su alegoría aritmética en la que demuestra su profunda formación en el pitagorismo y el medioplatonismo.

La fiesta de los panes ácimos dura siete días, es imagen del comienzo del mundo porque en esta estación todo germina y crece. Esta ofrenda es la del alimento puro, sin la elaboración de la industria humana. Es una celebración propia de la austeridad, pues la tierra fue austera en sus orígenes. En el otro extremo está *sukkôt*, celebrada en el mes séptimo, momento improductivo de la naturaleza que nos lleva a la evocación del éxodo, cuando Israel habitó en σκηναί construidas durante la cosecha. Los alimentos superfluos y el placer con que se disfruta su celebración marcan el contraste entre la actual prosperidad y la antigua menesterosidad, entre la estabilidad de la casa y la precariedad de las cabañas en el desierto. Se trata de la abundancia que invita a olvidar el ayuno celebrado unos días antes de esta fiesta pero que constituye para Filón la manera más profunda de vivir el sábado, ya que la saciedad propia de *sukkôt* puede llevar al hombre al engaño de la autosuficiencia. Esta actitud resulta muy peligrosa porque tal autonomía puede hacer olvidar la dependencia que Israel tuvo del favor divino durante el éxodo.

Filón asistió personalmente –tal vez por única vez en su vida– a alguna de las tres fiestas de peregrinación al templo de Jerusalén que los judíos de Israel y de la Diáspora estaban obligados a hacer en Pascua, Pentecostés y las Cabañas. En la descripción de aquella experiencia trasunta su comprensión de las fiestas como momentos de descanso y de plenitud:

> Incontables personas procedentes de las innumerables ciudades que existen: unas por tierra, otras por mar, desde Oriente, Occidente, el norte y el sur, acuden con ocasión de cada festividad al templo, como hacia un común puerto y seguro refugio para los muchos trabajos e inquietudes de la vida. Allí procuran hallar la calma y aliviarse de las preocupaciones que desde temprana edad los agobian y oprimen, gozando durante cierto tiempo de regocijantes expansiones. Y rebosantes, así, de nobles esperanzas, consagran un tiempo libre al más

    Filón de Alejandría en clave contemporánea

necesario de los descansos practicando actos piadosos y rindiendo homenaje a Dios[167] .

Con respecto a la posible influencia de Filón sobre el cristianismo desde la perspectiva de las fiestas, resulta arriesgado proponer una vía directa porque, tal como afirma García Bazán, no es posible considerar a Filón como representante de un movimiento que sustenta principios filosóficos y metodológicos de exploración que se mueven en un plano distinto de lo real, como es el caso de los gnósticos. Esto no quita que en la Alejandría de los comienzos del cristianismo convivieran corrientes judías, gnósticas, judeocristianas y protoortodoxas, ya que hay testimonios suficientes de esto en el primer tercio del siglo II con la presencia de Basílides y Valentín, así como en la utilización de escritos gnósticos por parte de escritores alejandrinos como Clemente y Orígenes. También resultan significativas las semejanzas entre noticias filonianas y dos manuscritos de Nag Hammadi, a saber, *Las enseñanzas de Silvano* y *El testimonio de la verdad*[168]. En el primero de los dos tratados mencionados[169], hay una referencia al Logos como guía del Intelecto y Maestro, de la que podemos encontrar un paralelo en Filón[170]. En *El testimonio de la verdad* se habla de la levadura como el deseo del error de los ángeles, de los demonios y de los astros. Se trata del fermento nocivo que, adherido a los intérpretes judíos, se inspira en las potencias cósmicas[171]. En el trasfondo se destaca el uso helenístico de la antítesis "levadura-ácimo", como tipos de soberbia y humildad, respectivamente, que también puede verse en Filón[172].

Este estrato subyacente de convivencia pacífica y sincrética de distintas corrientes de sabiduría invita a investigar sobre un posible impacto de la comprensión filoniana de Pentecostés sobre la importancia que los primeros cristianos le otorgaron a esta fiesta, que en tiempos de Filón y hacia la primera mitad del siglo I d.C. no gozaba del prestigio que el cristianismo le habría de otorgar más tarde con Ireneo[173], que constituye uno de los primeros testimonios de la celebración cristiana de la fiesta.

---

167 *Spec*. 1.69-70.

168 Cf. García Bazán (2011: 81 s.). Para algunos elementos que puedan presentar a Filón como precursor del cristianismo, cf. Borgen (1984: 233-282).

169 Cf. *Las enseñanzas de Silvano* (*Sil*) (NHC VII 4). 85. 24; Mangado Alonso (2000: 276).

170 Cf. *Migr*. 174-176.

171 Cf. *El testimonio de la verdad* (TestV) (NHC IX 3), 29, 10-20; García Bazán (2000: 219).

172 Cf. *Spec*. 2.158-161; *QE* 1.15.

173 Cf. Ireneo, *Contra los herejes* 3.17.1-2.

Bibliografía

Ediciones y traducciones

Alesso, M. [en prensa]. *Filón de Alejandría. Obras completas*, vol. VI. Madrid: Trotta.

Alvarado, S. (2009). "Apocalipsis de Abraham", en A. Diez Macho (ed.), *Apócrifos del Antiguo Testamento*, vol. VI. Madrid: Cristiandad.

Busto Saiz, J. R. (1987). *Flavio Josefo. Contra Apión*. Madrid: Alianza.

Candel, M. (1996). *Aristóteles. Acerca del cielo. Meteorológicos*. Madrid: Gredos.

Del Valle, C. (2011). *La Misná*. Salamanca: Sígueme.

Diez Macho, A. (1983). *Apócrifos del Antiguo Testamento*, vol. II. Madrid: Cristiandad.

Diez Macho, A. (1984). *Apócrifos del Antiguo Testamento*, vol. IV. Madrid: Cristiandad.

Diez Macho, A. (2009). *Apócrifos del Antiguo Testamento*, vol. VI. Madrid: Cristiandad.

García Bazán, F. (2000). "El testimonio de la verdad", en A. Piñero, J. Montserrat Torrents y F. García Bazán (eds.), *Textos gnósticos. Biblioteca de Nag Hammadi III: Apocalipsis y otros escritos*. Madrid: Trotta.

García Martínez, F. (2009). *Textos de Qumrán*. Madrid: Trotta.

Heiberg, J. y Tannery, P. (1901). *Anatolius. On the first ten numbers*. Paris: Annales Internationales d'histoire.

Hiller, E. (1966). *Theonis Smirnae: expositio rerum mathematicarum ad legendum Platonem utilium* [1º ed. 1878]. Leipzig: Teubner.

Macías Villalobos, C. (2014). *Calcidio. Traducción y comentario al Timeo de Platón*. Zaragoza: Pórtico.

Mangado Alonso, M. L. (2000). "Las enseñanzas de Silvano", en A. Piñero, J. Montserrat Torrents y F. García Bazán (eds.), *Textos gnósticos. Biblioteca de Nag Hammadi III: Apocalipsis y otros escritos*. Madrid: Trotta.

Martín, J. P. (2004). *Teófilo de Antioquía. A Autólico*. Fuentes Patrísticas 16. Madrid: Ciudad Nueva.

Martín, J. P. (2009-2016). *Obras completas de Filón de Alejandría*. Madrid: Trotta.

Martínez Saiz, T. (2004). *Traducciones arameas de la Biblia. Los Targumim del Pentateuco: I. Génesis*. Estella: Verbo Divino.

Merino Rodriguez, M. (2003). *Clemente de Alejandría. Stromata IV-V: Martirio cristiano e investigación sobre Dios*. Fuentes Patrísticas 15. Madrid: Ciudad Nueva.

Migne, J. P. (1800-1875). *Patrologia Latinae*, vol. 83. Series Patrologiae Cursus Completus. Paris: Apud Garnier.

Montserrat Torrents, J. (2002). *Los gnósticos. Textos II*. Madrid: Gredos.

Movia, G. *et al.* (2007). *Commentario alla Metafisica di Aristotele*. Milán: Bompiani.

Navarro Antolín, F. (2006). *Macrobio Ambrosio Teodosio. Comentario al 'Sueño de Escipión' de Cicerón*. Madrid: Gredos.

Ortiz y Sanz, J. (2003). *Diógenes Laercio. Vida de los filósofos*. México: Porrúa.

Piñero, A. y Nieto Ibañez, J. M. (2017). *Flavio Josefo. La guerra de los judíos*, vol. I. Madrid: Gredos.

Romano, F. (1995). *Giamblico, il numeroe il divino*. Milán: Rusconi.

Ruiz Bueno, D. (1967). *Orígenes. Contra Celso*. Madrid: BAC.

Sallmann, N. (1983). *Censorinus. On the Birthday*. Leipzig: Teubner.

Segalá y Estalella, L., Henríquez Ureña, P., Alesso, M. y Regúnaga, A. (2005). *Homero. Ilíada*. Buenos Aires: Losada.

Wünsch, R. (1878). *Ioannes Lydus. De mensibus*. Leipzig: Teubner.

Willis, J. (1983). *Martianus Capella. De arithmetica*. Leipzig: Teubner.

Bibliografía citada

Alesso, M. (2016). "La simbología de la hebdómada en Filón de Alejandría". *Anuario Epiméleia. Estudios de Filosofía e Historia de las religiones* 6/7, 28-40.

Borgen, P. (1984). "Philo of Alexandria". *Compendia* 2/2, 233-282.

Bouché-Leclerq, A. (1899). *L'astrologie grecque*. Paris: Ernest Leroux.

Cumont, F. (1935). "Les noms des planètes et l'astrolatrie chez les Grecs". *L'Àntiquité classique* 4/1, 5-43.

De Aldama, J. A. (1970). *María en la Patrística de los siglos I y II*. Madrid: BAC.

De Vaux, R. (1992). *Instituciones del Antiguo Testamento* [1º ed. 1964]. Barcelona: Herder.

Del Olmo Lete, G. (1981). *Mitos y leyendas de Canaán según la tradición de Ugarit*. Madrid: Cristiandad.

Dillon, J. (1977). *The Middleplatonists. A Study of Ppaltonism (80 B. C. to A. D. 220)*, London: Duckworth (= *I Medioplatonici. Uno studio sul Platonismo (80 a. C. -220 d. C.)*, a cura di Emmanuele Vimercati. Milano: Vita e Pensiero, 2010).

Frick, F. S. (1992). "Rechab", en D. N. Freedmann (ed.), *Anchor Bible Dictionary* (ABD), vol. V. New York: Doubleday, 630-632.

García Bazán, F. (1981). *Plotino y la gnosis. Un nuevo capítulo en la historia de las relaciones entre el helenismo y el judeocristianismo*. Buenos Aires: Fundación para la educación, la ciencia y la cultura.

García Bazán, F. (2000). "Antecedentes, continuidad y proyecciones del neoplatonismo". *Anuario Filosófico* 33, 111-149.

García Bazán, F. (2005). *La concepción pitagórica del número y sus proyecciones*. Buenos Aires: Biblos.

Jeeni, E. y Westermann, C. (1978). *Diccionario teológico del Antiguo Testamento II*. Madrid: Cristiandad.

Jeremías, J. (2000). *Jerusalén en tiempos de Jesús*. Madrid: Cristiandad.

Law, T. M. (2014). *Cuando Dios habló en griego. La Septuaginta y la formación de la Biblia cristiana*. Salamanca: Sígueme.

Mansfield, J. (1971). *The Pseudo-Hippocratic Tract Peri-Hebdomádon*. Assen: Van Gorcum.

Klibansky, R. y Panofsky, E. (2016). *Saturno y la melancolía* [1º ed. 1991]. Madrid: Alianza.

Robbins, F. E. (1921). "The Tradition of Greek Aritmology". *Classical Philology* 16, 97-123.

Roitman, A. (1999). "De la mañana a la noche: la vida cotidiana de los hombres de Qumrán", en J. Trebolle Barrera (coord.), *Paganos, judíos y cristianos en los textos de Qumrán*. Madrid: Trotta, 109-130.

Roitman, A. (2010). *Biblia, exégesis y religión. Una lectura crítico-histórica del judaísmo*. Estella: Verbo Divino.

Roitman, A. D. (2016). *Del Tabernáculo al Templo. Sobre el espacio sagrado en el judaísmo antiguo*. Estella: Verbo Divino.

Roscher, W. H. (1906). *Die Hebdomadenlehren der griechischen Philosophen und Aertze*. Leipzig: Teubner.

Runia, D. T. (2001). *Philo of Alexandria. On the Creation of the Cosmos according to Moses*. Leiden-Boston-Köhln: Brill.

Vicent, R. (1995). *La fiesta judía de las Cabañas (Sukkot). Interpretaciones midrásicas en la Biblia y en el judaísmo antiguo*. Estella: Verbo Divino.

Von Rad, G. (1986). *Teología del Antiguo Testamento I*. Salamanca: Sígueme.

Filón de Alejandría en clave contemporánea

El Politeísmo en Filón y en los Rabinos.
Dos miradas diferentes sobre *Génesis* 1, 26

Rodrigo Laham Cohen

Introducción

El 18 de junio de 2015 la Iglesia de la Multiplicación –parte de ella– ardió. Una vez sofocado el fuego, se reveló que el incendio había sido intencional. Los perpetradores, de hecho, no habían dudado en dejar un *graffiti* en el mismo sitio: "והאלילים כרות יכרתון" ("y los dioses serán destruidos")[1]. Investigaciones posteriores dejaron al descubierto que el incendio había sido generado por un grupo de jóvenes ultraortodoxos judíos. Para tales individuos, cristianismo e idolatría eran equivalentes. Por otra parte, siempre siguiendo la lógica de quienes quemaron parte de la iglesia, era necesario tomar acciones directas contra el politeísmo.

Es interesante resaltar que este tipo de actitudes tiene pocos antecedentes en el pasado judío. Deberíamos decir, mejor, en los múltiples –y diversos– pasados judíos. Por supuesto que las condiciones objetivas de Filón de Alejandría, el rabino Gamaliel y los jóvenes que quisieron destruir la Iglesia de la Multiplicación son diversas y compararlas es forzado. Pero sí es pertinente remarcar que, al menos en los casos del alejandrino y de los rabinos que forjaron la primera literatura rabínica, la crítica hacia el politeísmo convivió con una situación de aceptación del otro religioso. La famosa historia de Gamaliel relajándose en un baño donde se erigía una estatua de Afrodita es muestra de la aceptación de un politeísmo que, aunque criticado,

---

1   Remitimos a la noticia publicada en el matutino israelí *Haaretz* el mismo 18 de junio: https://www.haaretz.co.il/1.2663208 (con acceso el 3 de julio de 2018). La referencia a los dioses pertenece a la segunda parte de una plegaria, el *Aleinu*, que comenzó a ser utilizada asiduamente en la Edad Media, si bien se supone que su creación es anterior.

era una realidad ineludible –y en algún punto digerible– para tales sujetos.

En este breve capítulo aspiramos a comparar a Filón y la literatura rabínica en relación a sus perspectivas frente al politeísmo. Gn 1, 26, versículo en el que Dios crea al hombre utilizando, para tal acto, un verbo plural, nos servirá para reflexionar sobre cómo lidiaron ante una posible lectura, en clave politeísta, del Dios veterotestamentario.

Filón y el politeísmo

Tal como ha señalado la crítica en diversas ocasiones, Filón de Alejandría fue el primero en utilizar el término πολύθεος, al menos con la connotación que hoy conocemos[2]. Más allá de las virtudes del alejandrino, la acuñación (o reformulación) del vocablo dependió de su propio monoteísmo. *Politeísmo* nace, en efecto, de la oposición a *monoteísmo*. Los pensadores griegos no habían tenido la necesidad de establecer un término para verbalizar la pluralidad divina dado que, en su lógica, era algo natural. Ningún politeísta, insistimos, se llamó a sí mismo politeísta, así como tampoco pagano o idólatra[3]. De hecho, como sostuvo Maria Bitarello (2010), investigar al politeísmo en sus propios términos ha sido muy difícil dado que la matriz en la que nació el término está viciada de origen por la perspectiva monoteísta.

El politeísmo, entonces, no existe. No es la religión natural que imaginó Hume en 1757. No es, de hecho, una religión. Es un conjunto de prácticas y creencias, abiertas y no excluyentes, que solo tienen en común ser rechazadas por los monoteísmos. Como concepto –con la carga que un concepto posee– solo comenzó a ser utilizado, si se-

---

2   Remitimos a las palabras de David Runia (2001: 397-398): "As the eminent historian of European religion, Prof. B. Gladigow, once pointed out to me in conversation, the concept of polytheism is in fact first found in Philo. In *Virt.* 214-215 Abraham, founder of the Jewish nation, migrates from the πολύθεος δόξα (same expression as here) to discovery of the one God; cf. also *Decal.* 65; *Virt.* 221; *Praem.* 162; *Ebr.* 11 (linked with atheism), etc.". José Pablo Martín (2009: 45) se manifestó en la misma línea, agregando con buen tino: "Pareciera que en centurias de cultura griega, nadie había tenido la necesidad de inventar este término para definirse a sí mismo o a algún otro". El mismo Martín (1998) había ya mencionado el neologismo. Solo se detecta una aparición anterior del término, refiriendo a altares consagrados a múltiples dioses, en Esquilo, *Suplicantes* 424. El trágico, no obstante, no lo presenta como una *doxa*, sino como un vocablo para describir el simple hecho de que los altares se consagraban a muchos dioses.

3   Ni siquiera el supuesto *revival pagano* de Juliano enarboló el término "pagano", optando –para denominar la religiosidad grecorromana– por "heleno". Un buen resumen en torno al tema, que incluye una buena introducción sobre los términos "pagano" y "politeísta", en Cameron (2011).

        Filón de Alejandría en clave contemporánea

guimos a Jan Assmann (2004) en el siglo XVII. En sus palabras (2004: 17) politeísmo es: "...simply a less polemical substitute for what monotheistic traditions formerly called 'idolatry' and 'paganism' (Hebrew *'aboda zara*, Arabic *shirk* or *jahiliya*)". No es este, sin embargo, el espacio para discutir los contornos de lo que hoy visualizamos como politeísmo[4].

Ahora bien, ¿cuál fue la posición de Filón ante ese universo de creencias con el que interactuaba cotidianamente? En primer lugar es menester aclarar que para el alejandrino, como bien señaló Calabi (2015: 99-103), monoteísmo equivalía a monarquía y esta, a su vez, a orden y felicidad. En oposición, politeísmo se equiparaba a caos e infelicidad. El desorden de ciertas realidades era, en la lógica de Filón, trasladado al cielo:

Διὰ δὲ τῆς λεχθείσης κοσμοποιίας πολλὰ μὲν καὶ ἄλλα ἡμᾶς ἀναδιδάσκει, πέντε δὲ τὰ κάλλιστα καὶ πάντων ἄριστα (...) δεύτερον δ᾽ ὅτι θεὸς εἷς ἐστι, διὰ τοὺς εἰσηγητὰς τῆς πολυθέου δόξης, οἳ οὐκ ἐρυθριῶσι τὴν φαυλοτάτην τῶν κακοπολιτειῶν ὀχλοκρατίαν ἀπὸ γῆς εἰς οὐρανὸν μετοικίζοντες.

A través de la creación del mundo mencionada, nos enseña otras muchas cosas, pero cinco son las más bellas y las mejores de todas. (...) En segundo lugar, que Dios es uno —por los intérpretes de la corriente politeísta, que no enrojecen trasladando la pésima oclocracia de las malas constituciones de la tierra al cielo[5].

Ahora bien, más allá de esta concepción que traza un paralelo entre realidad política y espacio celeste, Filón rechazaba abiertamente aquellos cultos que no reconocían al Dios de Israel como el único y hacían hincapié, siempre en su lógica, en la adoración de objetos creados por el mismo hombre (*Decal.* 156). Puede sorprender, tal vez, encontrar en Filón palabras ásperas contra la cultura que había permitido, de algún modo, la existencia de pensadores e ideas con los cuales él comulgaba y a partir de los cuales comprendía y potenciaba su judaísmo[6]. De hecho, José Pablo Martín (2009: 83, nota 250) comenta

---

4   Sobre el politeísmo en general, entre la ingente bibliografía, véase a Assmann (2004) y a DuBois (2014). Reenviamos también a los ya mencionados trabajos de Bitarello (2010) y Cameron (2011).

5   *Opif.* 170-171. Todos los textos griegos de Filón fueron tomados de la edición de Cohn y Wendland (1896-1915). Todas las traducciones de Martín (2009-2016).

6   Mucho se ha debatido (y se debatirá) en relación al vínculo entre judaísmo y helenismo en Filón. En una tesis polémica, David Dawson (1994) sostuvo que Filón aspiraba a subsumir el helenismo en el judaísmo. Una línea más tradicional, que ve en Filón el in-

en una simpática nota al pie, que Emmanuel Levinas le respondió secamente, al mencionar él que estaba estudiando a Filón, que este era un autor pagano. Pero Filón (¿es una verdad de Perogrullo afirmarlo?) era judío y actuaba como judío. Aunque fue olvidado por los judíos que le siguieron y solo fue rescatado del olvido por la memoria cristiana, escribió siempre en defensa del judaísmo, más allá de los auditorios que pudo haberse planteado[7]. En virtud de ello, solo reconocía como posible la lealtad al Dios de Israel, la única deidad real en su sistema de creencias. Por ello no dudaba en advertir a quienes seguían la Ley mosaica que la adopción de prácticas alógenas los llevaría a la perdición:

> Τὰς μὲν οὖν ἀρὰς καὶ τιμωρίας, ἃς ὑπομένειν ἄξιον τοὺς τῶν ἱερῶν νόμων δικαιοσύνης καὶ εὐσεβείας ὑπερορῶντας καὶ ταῖς πολυθέοις δόξαις ὑπαχθέντας, ὧν ἀθεότης τὸ τέλος, λήθῃ τῆς συγγενοῦς καὶ πατρίου διδασκαλίας, ἣν ἐκ πρώτης ἡλικίας ἐπαιδεύθησαν τὴν τοῦ ἑνὸς φύσιν τὸν ἀνωτάτω νομίζειν θεόν, ᾧ δεῖ μόνῳ προσκεκληρῶσθαι τοὺς ἄπλαστον ἀλήθειαν ἀντὶ πεπλασμένων μύθων μεταδιώκοντας, οὐδὲν ὑποστειλάμενος δεδήλωκα.

Así pues, he indicado sin omitir nada lo referente a las maldiciones y castigos que merecen soportar los que pasan por alto las sagradas leyes de justicia y piedad, seducidos por las opiniones politeístas, cuya consumación es el ateísmo. Esto ocurre por el olvido de las enseñanza de sus familiares y de su patria que aprendieron desde la tierna infancia, aquella que señala la naturaleza del Uno como dios supremo, el único al que deben ser asignados los que van en búsqueda de la verdad no ficticia antes que de los fraguados mitos[8].

---

tento de universalizar al judaísmo a través de herramientas de la cultura griega, en Daniel Boyarin (1994). Remitimos, también, para obtener diversas miradas sobre el fenómeno, a Bamberger (1977), Cohen (1995), Borgen (1997), Collins (2005), Hadas-Lebel (2012) y Niehoff (2018). Por nuestra parte, coincidimos con las palabras de Jonathan Dyck (2002: 174): "Philo represents a form of Judaism which had come to terms with a high degree of socio-cultural and political assimilation and acculturation. Furthermore, it accommodated Judaism to the dominant culture via practices such as allegorical interpretations without abandoning its distinctive traditions and practices".

7 Hadas-Lebel (2012) se expresó categóricamente sobre el auditorio filoniano. Sostuvo: "It could be argued that the entire corpus of Philo's writings had been nothing less than a lengthy monologue" (p. 68). Afirmó, también: "These explanations are probably not intended to directly address pagans, who are unlikely to have read Philo. Rather, they may have been intended to address Jews shocked by the derision, and others, more attached to tradition, who were simply in search of arguments to justify their faith and attempt to combat those in their immediate environment who ridiculed the practice" (p. 95). Coincidimos, en general, con esta mirada de Hadas-Lebel, aunque aceptamos que la definición del auditorio pensado por Filón amerita un debate amplio.

8 *Praem.* 162.

    Filón de Alejandría en clave contemporánea

Filón había recibido, a través del ingente acervo del judaísmo helenístico, una constelación de ideas de cuño griego. Pero ello, en ningún momento, lo llevó a aceptar los cultos que englobaba bajo el rótulo del politeísmo. De la cultura griega –si es que podemos pensarla como algo escindible, en la mente de Filón, del propio judaísmo– tomó nociones, categorías y metodologías de lo que recortaba como filosofía. Incluso, como señala Niehoff (1998), aceptó y reelaboró los mitos filosóficos, pero rechazó la religiosidad griega en su conjunto. Debemos tener en cuenta, sin embargo, que nunca se embarcó en una batalla contra la religiosidad grecorromana. El pasaje que acabamos de citar, de hecho, es un ataque dirigido a los judíos que adoptaban prácticas no judías, pero no una embestida directa contra los gentiles. Cierto es que en otros pasajes (*Spec.* 1.21, por ejemplo) Filón ridiculiza la creación manual de dioses y la mera existencia de templos que los honran, pero siempre lo hace en un plano teórico y nunca insta a la violencia[9]. Nunca podremos saber si la hostilidad filoniana ante las deidades grecorromanas no se materializó en un llamado a la violencia por la mera relación de fuerzas que Filón vislumbraba en Alejandría o si su discurso solo aspiraba a contener a los judíos dentro de la Ley mosaica. Dirimir ello sería, de hecho, contrafactual. Lo único claro que tenemos hasta aquí es un rechazo teológico y esperable al politeísmo y la advertencia a los propios judíos de los riesgos que conllevaba incorporar cultos alógenos.

Pero Filón, como bien remarca Hadas-Lebell (2012: 42), nunca se ensañó con tales cultos. En efecto, en algunos pasajes puso en alerta a los judíos sobre lo inapropiado de burlarse de estos:

ἀλλ᾽ ὡς ἔοικε θεοῦ τὰ νῦν οὐχὶ τοῦ πρώτου καὶ γεννητοῦ τῶν ὅλων ἀλλὰ τῶν ἐν ταῖς πόλεσι μέμνηται· φευδώνυμοι δ᾽ εἰσὶ γραφέων καὶ πλαστῶν τέχναις δημιουργούμενοι· ζοάνων γὰρ καὶ ἀγαλμάτων καὶ τοιουτοτρόπων ἀφιδρυμάτων ἡ οἰκουμένη μεστὴ γέγονεν, ὧν τῆς βλασφημίας ἀνέχειν ἀναγκαῖον, ἵνα μηδεὶς ἐθίζηται τῶν Μωυσέως γνωρίμων συνόλως θεοῦ προσρήσεως ἀλογεῖν· ἀξιονικοτάτη γὰρ καὶ ἀξιέραστος ἡ κλῆσις.

Como es razonable pensar, en este pasaje "dios" no hace mención del que es primero y generador del universo sino de los que se encuentran en las ciudades, llamados así falsamente porque son producto de las artes de pintores y escultores. La ecúmene, en efecto, está colmada de estatuas de madera, esculturas e imágenes semejantes, contra las

---

9   Una referencia más hostil, pero referida a quien insta a un judío a asistir a templos, en *Spec.* 1.315-316.

que es necesario abstenerse de blasfemar a fin de que ninguno de los discípulos de Moisés se acostumbre a tratar con descuido la denominación genérica de dios[10].

Por otra parte, si bien, como vimos, el politeísmo es esporádicamente atacado –siempre en el plano teórico– en algunas obras filonianas, no representa, en el conjunto de su producción, un blanco central. Aunque en algunos pasajes deslizó la idea de que ciertos judíos adoptaban prácticas politeístas, solo refirió a tal realidad en escasas ocasiones, por lo que la evidencia parece indicar que la temática no le generaba una gran preocupación[11].

Nada de lo afirmado implica que no existieran tensiones entre judíos y gentiles. Pero tales tensiones –verificadas no solo en textos (judíos y no judíos) sino también en hechos puntuales como el usualmente denominado *pogrom* del 38 d.C.[12] – no deben leerse mecánicamente como la consecuencia de diferencias religiosas. Si bien los judíos eran reconocidos por adscribir a una religiosidad diferente, los ataques contra ellos se basaban, principalmente, en el hecho de ser recortados, por parte de los agresores, como un grupo étnico alógeno al cosmos alejandrino. Quienes atacaron a los judíos no lo hicieron en nombre de una religión ya que no existía homogeneidad en los individuos que hoy sindicamos como politeístas. Tampoco conocían con precisión –las inconsistencias de Apión son un claro ejemplo[13]– la religiosidad judía. En virtud de ello, como veremos más adelante, creemos que para Filón el politeísmo representaba un paisaje cotidiano pero no un desafío religioso, dado que los politeístas no centraban sus ataques en las escrituras judías, a las que probablemente solo conocían superficialmente.

Veamos, ahora, la mirada rabínica ante el politeísmo.

---

10   *Mos.* 2.205. Otra referencia contra los prosélitos que hostilizan a los dioses que adoraban previamente en *Spec.* 1.53.

11   Vale la pena citar aquí una breve reflexión de Claude Mondésert (2006: 896): "What is curious however is that the Christians (at least those of the early generations as they expressed themselves through apologists) reproached the pagans unceasingly for their polytheism; while Philo, although he asserted that only the supreme, unique God could be adored, only rarely attacked such polytheism, and he even seems to see in the pagan world that surrounded him a measure of monotheism. Perhaps this can be explained by the fact that his attention was focused on the philosophy of his time rather than on the religious practices of the masses". Una mirada que enfatiza la agresividad filoniana ante el politeísmo y la importancia de este en su pensamiento, en Borgen (1997: 209, *passim*).

12   En torno al *pogrom* de Alejandría, véase Gambetti (2009). Sobre el contexto alejandrino en general, véase también Mélezè Modrzejewski (2001) y Gruen (2002).

13   A Apión lo conocemos gracias a Flavio Josefo, quien escribió un texto contra él. El tema fue bien tratado en Goodman (1999).

       Filón de Alejandría en clave contemporánea

Los rabinos y el politeísmo

El subtítulo "los rabinos y el politeísmo" es realmente ambicioso y amerita múltiples explicaciones. En primer lugar, "los rabinos" remite a una constelación de individuos muy dispares, con posiciones distintas entre sí. No son lo mismo los *tanaím* que los *amoraim* y mucho menos los rabinos posteriores. Ni siquiera hay unicidad entre rabinos de la misma temporalidad. Peor aún, existen infinidad de debates en torno a si las posturas atribuidas a los rabinos en los textos que llegaron a nuestros días reflejan realmente lo afirmado por tales sujetos o simplemente la labor de los editores finales de las obras tal como las conocemos hoy. En otras palabras, cuando el *Talmud de Babilonia* (*Bavlí* desde aquí) afirma que un rabino del siglo II d.C. sostuvo cierto postulado, ¿debemos darle crédito? ¿O sencillamente está proyectando una idea del siglo VI d.C.? No es este el lugar –dados los objetivos del trabajo y el espacio disponible– para resolver el interrogante, pero es necesario poner en guardia al lector en torno a los inconvenientes de trabajar con la literatura rabínica[14]. No menos importante, al trabajar con esta nos centramos en un grupo que, hasta el siglo IV, no logró ser preponderante en el judaísmo. Más aún, si siguiéramos las tesis de Seth Schwartz (2001), deberíamos considerar que la mayor parte de los judíos de tiempos posteriores a la caída del templo aceptó tácitamente gran parte del acervo cultural politeísta. Pero dado que estos grupos no legaron textos, es necesario centrar la mirada en los rabinos.

Como bien indica Christine Hayes (2007), el gentil –reconociendo la multiplicidad de tratos que recibe en la literatura rabínica– es visto, en general, como un sujeto que desconoce las prácticas verdaderas y vive ciegamente apegado a la idolatría. Puede ser, de hecho, integrado al judaísmo si decide convertirse y puede tornarse un justo, incluso sin conversión, si respeta las normas noájidas[15]. No hay guerra directa –como tampoco la vimos en Filón– contra el paganismo. Nuevamente, podemos preguntarnos si esta conducta es consecuencia

---

14 Para un resumen de los debates relacionados al origen, desarrollo y edición final de los textos canónicos de la literatura rabínica, véase, entre la ingente bibliografía, a Neusner (1987), Kalmin (1994), Strack-Stemberger (1996) y Halivni (2013).

15 El tema de las leyes noájidas ha suscitado diversos debates. Así, Goldenberg (1998: 88) consideró que estas permanecieron solo en el plano teórico, mientras que Novak y Lagrone (2001: 65-96), más moderados, dudaron de que hubieran sido aceptadas por la totalidad de los rabinos. Por otra parte, como veremos más adelante, una de las leyes noájidas obligaba a los gentiles a abandonar la idolatría para ser considerados justos.

de un posicionamiento teológico o el mero resultante de habitar en ciudades paganas gobernadas por politeístas –si pensamos en la *Mishná* o en el *Talmud de Jerusalén* (*Yerushalmi* desde aquí)– o por cristianos o zoroastrianos –ya en la temporalidad del *Bavlí*–[16]. Pero más allá de ello, los rabinos –seguimos aquí con Hayes– aspiraron a controlar la interacción con la religiosidad politeísta, ya sea limitando los contactos en momentos sensibles (festividades, por ejemplo) o aceptando ciertas representaciones politeístas, presentándolas en términos subordinados. La historia, que ya adelantamos, del rabino Gamaliel relajándose en un baño que poseía una estatua de Afrodita es señal del modo en el que el rabinismo lidió con la ineluctable presencia politeísta:

שאל פרקלוס בן פלוסלוס את רבן גמליאל בעכו, שהיה רוחץ במרחץ של אפרוטידי. אמר לו, כתוב בתורתכם,ו לא ידבק בידך מאומה, מן החרם. מפני מה אתה רוחץ במרחץ של אפרוטידי. אמר לו, אין משיבין במרחץ. כשיצא אמר לו, אני לא באתי בגבולה, היא באה בגבולי; אין אומרין נעשה מרחץ נואי לאפרוטידי, אלא נעשית היא אפרוטידי נואי למרחץ.

Proclo el hijo del filósofo interrogó, en Acre, al rabino Gamaliel, quien estaba bañándose en un baño de Afrodita. Le dijo: "En tu Torá está escrito 'nada quedará pegado a tu mano de lo que fue anatema [por idolatría]'[17] ¿Por qué, entonces, te bañas en el baño de Afrodita?". Él [Gamaliel] le dijo: "No se responde en un baño". Luego de salir le dijo "Yo no entré en sus dominios [de Afrodita]; ella entró a los míos". "No decimos hagamos del baño un ornamento de Afrodita, más bien Afrodita es un ornamento del baño" [18].

El pasaje continúa con otras explicaciones pero a nosotros nos interesa simplemente poner de manifiesto que el rabino –si nos ceñimos a la lógica del relato– asistía, sin problemas, a un baño en el cual había una estatua de una deidad grecorromana[19]. Halbertal (1998), apoyándose en lo que veía como moderación rabínica, refirió a la constitución de un espacio neutral por parte de la *Mishná*, concepto que nos acercaría, aunque anacrónicamente, a cierta noción de tolerancia. Loewe (2006), sugirió que, más allá de las apariencias, ciertas perspectivas rabínicas abrían la puerta a una mirada benigna

---

16   Un buen análisis de la acomodación del discurso rabínico a la inevitable existencia de imágenes en las ciudades romanas, en los distintos capítulos de Schäfer (1998).

17   Dt 13, 17.

18   *M* (= *Mishná*) *Avodá Zará* 3.4. Traducción propia.

19   Sobre este pasaje, véase, entre otros, a Schwartz (1998) y a Yadin (2006).

        Filón de Alejandría en clave contemporánea

en torno a la integración de la gentilidad asociada al politeísmo. Más aún, Avery-Peck (2008) enfatizó que la legislación rabínica intentó, por todos los medios posibles, habilitar –siempre en el marco de la regulación– la posibilidad de interactuar y obtener ventajas del contacto con politeístas.

No debemos creer, sin embargo, que estos posicionamientos conllevan una ponderación positiva del politeísta. Como bien afirmó Robert Goldenberg (1998: 83), "Rabbinic literature has nothing good to say about gentile paganism". La posibilidad de ser convertido y la ausencia de una retórica que incentive a la violencia coexisten con una mirada despectiva frente a este. El politeísta es usualmente asociado a la inmoralidad y, en virtud de ello, se recomienda mantener distancia. El gentil no debe permanecer solo con una mujer judía; ni siquiera con un animal, dado que es sospechado de poseer tendencias al bestialismo:

שהעובדי כוכבים מצוויין אצל נשי חבריהן ופעמים שאינו מוצאה ומוצא את הבהמה ורובעה. ואיבעית אימא אפילו מוצאה נמי רובעה דאמר מר חביבה עליהן בהמתן של ישראל יותר מנשותיהן

Porque los adoradores de estrellas[20] pasan mucho tiempo dando vueltas con las mujeres de su vecinos y si por casualidad el gentil no encontrara a la mujer pero hallara ganado, él tendrá relaciones sexuales con el ganado. Tú deberías decir que incluso cuando encontrara a su mujer, él utilizará el ganado porque un maestro dijo "ellos prefieren el ganado de Israel a sus propias mujeres"[21].

Todo un tratado de la *Mishná* –expandido tanto en el *Yerushalmi* como en el *Bavlí*– se orientó a regular el contacto con los cultos no judíos. El nombre de tal tratado, *Avodá Zará,* suele traducirse usualmente como politeísmo o idolatría, aunque su traducción literal es "culto extranjero". Más allá de la ausencia, a diferencia de Filón, de un término específicamente construido para dar cuenta de la creencia en una pluralidad de dioses, la existencia del tratado revela, *a priori*, la importancia que los rabinos atribuyeron a los cultos no judíos. De hecho, Novak (2006: 652) afirmó: "It seems that the Rabbis were

---

20 El término עובדי כוכבים (adorares de estrellas) es en realidad producto de la censura cristiana y la auto-censura judía bajomedieval y moderna. En manuscritos previos a las intervenciones encontramos גוים (*goim*), término que, aunque originalmente atribuido a gentiles en general, fue fuertemente asociado al cristianismo en la Edad Media y, en virtud de ello, censurado.

21 *B Avodá Zará* 22b. Traducción propia. En torno a la mirada rabínica sobre el paganismo y su vínculo con el bestialismo, reenviamos a Laham Cohen (2017).

making a far wider-ranging demand on the Gentiles to renounce the idolatry ubiquitous in their world than the biblical demand that merely specific blasphemy against the God of Israel be proscribed and punished (mostly by God)". En la misma línea, el autor trae a colación un pasaje del *Bavlí* en el cual se sostiene que todo aquel que repudia la idolatría (*Avodá Zará*, en el texto) puede ser llamado judío (*b Meguilá* 13a). Friedheim (2006), de hecho, consideró que el paganismo era, para los rabinos, un tema de gran preocupación[22].

Sin embargo, creemos –como han sostenido los ya citados Goldenberg y Hayes, entre otros– que no debemos exagerar la relevancia de la temática en la literatura rabínica. El politeísmo es, en el conjunto de esta, un problema importante pero no central[23]. Existen, de hecho, muchas más líneas destinadas a regular las conductas judías en sí mismas que a confrontar las prácticas politeístas. En este sentido y a diferencia de lo sostenido por Friedheim, el conocimiento del politeísmo de la época se manifiesta, en los textos rabínicos, deficiente (Porton 1988: 306). Vale la pena aclarar que no estamos dudando de la vitalidad del politeísmo en la región[24], sino de la percepción rabínica de este.

Ahora bien, más allá del debate en torno a cuánto conocían del politeísmo circundante, ciertamente la actitud de los rabinos frente a los politeístas es más hostil –sin llegar a la tensión total– que la observada en Filón. En algo que coincide gran parte de la crítica es que los rabinos impulsaron, universalizando al Dios de Israel, el rechazo al politeísmo incluso entre los propios politeístas. En efecto, las leyes noájidas que mentamos anteriormente, si bien podían llevar al no-judío a ser aceptado como *justo* y por ende abrían la puerta al pluralismo, ¡implicaban que este debía renunciar a la idolatría! Aunque la Biblia mostraba rechazo al politeísmo, no había establecido una prohibición explícita, para los no judíos, de practicar lo que consideraba idolatría. La interpretación rabínica de las leyes noájidas, en cambio, sí avanzaba sobre el campo gentil (Novak-Lagrone 2001: 65-96; Halbertal 1998: 161). Podemos decir, entonces, que la literatura

---

22 En sus palabras, los rabinos "polémiquèrent virulemment contre le polythéisme" (p. 384).

23 Gary Porton (1988: 285) fue contundente en relación al tema: "The gentiles were an element in the sages' environment, to be catalogued, interpreted, and regulated through the existing categories of rabbinic deliberation. But the gentiles in no case define an area of legislation unto themselves".

24 En relación a la vitalidad del politeísmo reenviamos, entre otros, a Hadas-Lebel (1990), Borgen (1998), Lapin (1998), Jacobs (2000), Belayche (2001), Schwartz (2001) y Friedheim (2006).

Filón de Alejandría en clave contemporánea

rabínica se muestra más agresiva ante el politeísmo que los planteos filonianos.

Por otra parte vale recordar junto a Goldenberg (1998: 98) que no debemos buscar una coherencia en el posicionamiento de los rabinos, precisamente porque los *corpora* rabínicos son dispares e, incluso hacia dentro de cada texto, muestran opiniones diferentes. Como bien sostiene el autor, en la actitud rabínica ante el politeísmo podemos encontrar indiferencia, rechazo o aceptación obligada.

Menos visible aún es, en el entramado discursivo rabínico, el cristianismo. Más allá de algunas referencias directas, incluso aceptando la pérdida de textos producto de la censura cristiana, Jesús y la religión constituida en torno a él casi pasan desapercibidos. Mucho se ha debatido en torno a ello[25]. Llamó la atención a los investigadores que el *Bavlí*, compilado entre el VI y el VII, presentara al politeísmo grecorromano –en mucha menor medida el zoroastrismo– como el más preocupante desafío religioso precisamente en un tiempo en el cual el cristianismo había desplazado a la religiosidad tradicional en Occidente e incluso era visible en el mundo sasánida. Veremos, no obstante, que aunque poco visibilizado en la literatura rabínica, en ocasiones el cristianismo generó impacto en ciertas afirmaciones de los rabinos.

El vínculo entre los escritos filonianos y la literatura rabínica

Antes de avanzar a la comparación de Gn 1, 26, es pertinente realizar una breve presentación de los debates en torno a la existencia (o no) de paralelismos entre los textos filonianos y los rabínicos. *A priori*, por una cuestión temporal, se esperarían ecos de los planteos de Filón en los textos rabínicos. No obstante, la cuestión es mucho más compleja. En primer lugar, hay una intensa polémica sobre las alegadas influencias entre ambos *corpora*. Hay quienes han visto múltiples paralelismos y quienes han considerado que tales puntos de contacto solo se hallan en la mirada de investigadores que caen, en el afán de construir puentes, en la "paralelomanía"[26]. Pero el problema es aún mayor: incluso quienes aceptan la existencia de coincidencias entre ambos registros textuales debaten en torno a cuál de los textos

---

25   Relativo a la temática, entre los autores más relevantes, recomendamos a Boyarin (1999), Yuval (2006), Schremer (2010), Goshen-Gottstein (2003-2004) y Murcia (2014).

26   Término acuñado por Samuel Sandmel en 1962. Volveremos, más adelante, sobre el tema.

porta tradiciones más antiguas. Ello se debe a un consenso casi total entre los autores en relación al desconocimiento rabínico de Filón. Si bien esta lectura puede ser puesta en tela de juicio, ciertamente ha primado entre los investigadores más reconocidos y no es este el espacio para discutirla. Baste, entonces, afirmar que no hay mención alguna a Filón en la profusa literatura rabínica.

La lectura de Filón permite (y obliga a) repensar la literatura rabínica. Sobre todo insta a volver sobre el tema del origen –temporal y espacial– de la exégesis que se denominó rabínica. Porque existe, como ya anticipamos, acuerdo en las fechas de compilación de los principales textos rabínicos: *Mishná* (III d.C.), *Tosefta* (III d.C.), *Yerushalmi* (IV-V d.C.) y *Bavlí* (VI-VII d.C.). Pero tales textos se presentan como compilaciones de discusiones rabínicas que se remontan, entre los más antiguos, a personajes anteriores a la era común. Tal aspecto habilita la posibilidad de que tanto los textos filonianos como el material rabínico que fue plasmado tardíamente hayan abrevado en tradiciones comunes.

Así, Samuel Belkin (1940) consideró que Filón había sido influenciado por la exégesis rabínica palestinense y que, en virtud de ello, se detectaba una coincidencia entre ambos registros. En otras palabras, Filón había utilizado modelos y métodos provenientes de la Tierra de Israel que luego cristalizarían –tempranamente según acepta implícitamente Belkin– en los círculos –y luego textos– rabínicos, tanto de Palestina como de Babilonia. Naomi Cohen (1995) siguió una línea similar, aunque en lugar de leer una influencia unilateral de la tierra de Israel sobre Egipto, aseveró la existencia de un cúmulo de *midrashim* tradicionales que trascendían las fronteras.

En oposición a estas ideas, surgen los trabajos del siempre genial (y polémico) Samuel Sandmel (1962), quien rechazó de plano paralelismos (habló de *paralellomania*) e influencias, considerando que eran coincidencias esperables en textos que se basaban en el estudio del *Tanaj*. También cuestionó a los estudiosos que sostenían que el tipo de exégesis considerada rabínica era algo exclusivamente palestino.

Pero más allá de las posiciones radicales, la mayor parte de los autores acepta que hay algunos paralelos visibles y que esto se debe a que existieron ciertas tradiciones que tomó Filón y que continuaron oralmente en los colectivos judíos y fueron retomadas (y resignificadas) por los rabinos tardíos. Ello fue advertido por Adam Kamesar quien no obstante –desde nuestro punto de vista– exageró en el grado de consenso existente. No es este el espacio para debatir

 Filón de Alejandría en clave contemporánea

este problema aquí, pero nos pareció pertinente, antes de avanzar, dejar en claro las ópticas desde las que se investigan los puntos de contacto (y disidencia) entre textos filonianos y rabínicos.

Veamos, ahora sí, las exégesis que Filón y los rabinos realizaron sobre Gn 1, 26. De tal modo podremos ponderar las coincidencias (o no) entre ambos, así como también el modo en el que sus exégesis pueden (o no) haber reflejado el contexto.

Génesis 1, 26 y el problema del *hagamos*

Comencemos, ante todo, refiriendo al versículo en cuestión. Así, leemos en la *Septuaginta*:

Καὶ εἶπεν ὁ θεός Ποιήσωμεν ἄνθρωπον κατ᾽ εἰκόνα ἡμετέραν καὶ καθ᾽ ὁμοίωσιν, καὶ ἀρχέτωσαν τῶν ἰχθύων τῆς θαλάσσης καὶ τῶν πετεινῶν τοῦ οὐρανοῦ καὶ τῶν κτηνῶν καὶ πάσης τῆς γῆς καὶ πάντων τῶν ἑρπετῶν τῶν ἑρπόντων ἐπὶ τῆς γῆς[27].

El texto masorético, a su vez, sostiene:

ויאמר אלהים נעשה אדם בצלמנו כדמותנו וירדו בדגת הים ובעוף השמים ובבהמה
ובכל הארץ ובכל הרמש הרמש על הארץ

Por su parte, la versión española de la *Biblia de Jerusalén* optó por:

Entonces dijo Dios: Hagamos al hombre a imagen nuestra, según nuestra semejanza, y dominen en los peces del mar, en las aves del cielo, en los ganados y en todas las alimañas bestias, y en toda sierpe que serpea sobre la tierra[28].

Más allá de los matices de cada versión, aquí nos centraremos en el uso del plural para referir a la creación del hombre: Ποιήσωμεν ἄνθρωπον en la *Septuginta* y נעשה אדם en el texto masorético. El "hagamos", donde se esperaría un singular, llamó la atención desde muy temprano a los exégetas y, como veremos, derivó más tarde en disputas entre judíos y cristianos en torno al carácter divino.

Filón refirió al problema en *Opif.* Si bien el pasaje es muy extenso, creemos pertinente citarlo completo:

Ἀπορήσειε δ᾽ ἄν τις οὐκ ἀπὸ σκοποῦ, τί δήποτε τὴν ἀνθρώπου μόνου γένεσιν οὐχ ἑνὶ δημιουργῷ καθάπερ τἆλλα ἀνέθηκεν, ἀλλ᾽ ὡσανεὶ πλείοσιν· εἰσάγει γὰρ τον πάτερα τῶν ὅλων ταυτὶ λέγοντα·

---

27   Texto tomado de la edición de Rahlfs-Hanhart (2006).

28   *Biblia de Jerusalén. Edición Española*, Desclée de Brouwer, Bruselas, 1967.

«ποιήσωμεν ἄνθρωπον κατ᾽ εἰκόνα ἡμετέραν καὶ καθ᾽ ὁμοίωσιν.» μὴ γὰρ χρεῖός ἐστιν, εἴποιμ᾽ ἄν, οὑτινοσοῦν, ᾧ πάντα ὑπήκοα; ἢ τὸν μὴν οὐρανὸν ἡνίκα ἐποίει καὶ τὴν γῆν καὶ τὴν θάλατταν, οὐδενὸς ἐδεήθη τοῦ συνεργήσοντος, ἄνθρωπον δὲ βραχὺ ζῷον οὕτως καὶ ἐπίκηρον οὐχ οἷός τε ἦν δίχα συμπράξεως ἑτέρων αὐτὸς ἀφ᾽ ἑαυτοῦ κατασκευάσασθαι; τὴν μὲν οὖν ἀληθεστάτην αἰτίαν θεὸν ἀνάγκη μόνον εἰδέναι, τὴν δ᾽ εἰκότι στοχασμῷ πιθανὴν καὶ εὔλογον εἶναι δοκοῦσαν οὐκ ἀποκρυπτέον. | ἔστι δέ ἥδε. τῶν ὄντων τὰ μὲν οὔτ᾽ ἀρετῆς οὔτε κακίας μετέχει, ὥσπερ φυτὰ καὶ ζῷα ἄλογα, τὰ μὲν ὅτι ἄψυχά τέ ἐστι καὶ ἀφαντάστῳ φύσει διοικεῖται, τὰ δ᾽ ὅτι νοῦν καὶ λόγον ἐκτέτμηται· κακίας δὲ καὶ ἀρετῆς ὡς ἂν οἶκος νοῦς καὶ λόγος, ᾧ πεφύκασιν ἐνδιαιτᾶσθαι· τὰ δ᾽ αὖ μόνης κεκοινώνηκεν ἀρετῆς ἀμέτοχα πάσης ὄντα κακίας, ὥσπερ οἱ ἀστέρες· οὗτοι γὰρ ζῷά τε εἶναι λέγονται καὶ ζῷα νοερά, μᾶλλον δὲ νοῦς αὐτὸς ἕκαστος, ὅλος δι᾽ ὅλων σπουδαῖος καὶ παντὸς ἀνεπίδεκτος κακοῦ· τὰ δὲ τῆς μικτῆς ἐστι φύσεως, ὥσπερ ἄνθρωπος, ὃς ἐπιδέχεται τἀναντία, φρόνησιν καὶ ἀφροσύνην, σωφροσύνην καὶ ἀκολασίαν, ἀνδρείαν καὶ δειλίαν, δικαιοσύνην καὶ ἀδικίαν, καὶ συνελόντι φράσαι ἀγαθὰ καὶ κακά, καλὰ καὶ αἰσχρά, ἀρετὴν καὶ κακίαν. Τῷ δὴ πάντων πατρὶ θεῷ τὰ μὲν σπουδαῖα δι᾽ αὐτοῦ μόνου ποιεῖν οἰκειότατον ἦν ἥνεκα τῆς πρὸς αὐτὸν συγγενείας, τὰ δὲ ἀδιάφορα οὐκ ἀλλότριον, ἐπειδὴ καὶ ταῦτα τῆς ἐχθρᾶς αὐτῷ κακίας ἀμοιρεῖ, τὰ δὲ μικτὰ τῇ μὲν οἰκεῖον τῇ δ᾽ ἀνοίκειον, οἰκεῖον μὲν ἕνεκα τῆς ἀνακεκραμένης βελτίονος ἰδέας, ἀνοίκειον δὲ ἕνεκα τῆς ἐναντίας καὶ χείρονος. διὰ τοῦτ᾽ ἐπὶ μόνης τῆς ἀνθρώπου γενέσεώς φησιν ὅτι εἶπεν ὁ θεὸς « ποιήσωμεν,» ὅπερ ἐμφαίνει συμπαράληψιν ἑτέρων ὡς ἂν συνεργῶν, ἵνα ταῖς μὲν ἀνεπιλήπτοις βουλαῖς τε καὶ πράξεσιν ἀνθρώπου κατορθοῦντος ἐπιγράφηται θεὸς ὁ πάντων ἡγεμών, ταῖς δ᾽ ἐναντίαις ἕτεροι τῶν ὑπηκόων· ἔδει γὰρ ἀναίτιον εἶναι κακοῦ τὸν πατέρα τοῖς ἐκγόνοις·

No andaría descaminado quien se planteara el problema de por qué precisamente no atribuyó la creación de un único ser humano a un único creador, como en el caso de los demás seres, sino que habla como si se tratara de muchos. En efecto, introduce al padre del universo hablando de la siguiente manera: «Hagamos al hombre a nuestra imagen y semejanza» (Gn 1, 26). ¿No es que no tiene necesidad de nadie, yo diría, aquel al que todo obedece? ¿O es que cuando hizo el cielo, la tierra y el mar, no necesitó de ninguno que lo ayudara, pero no sería capaz de hacer por sí solo, sin la colaboración de otros, al ser humano, un animal de tan poca monta y sujeto a la muerte? Sólo Dios conoce, necesariamente, la verísima causa, pero no debemos ocultar la que parece ser verosímil y racional a la conjetura probable.

   Filón de Alejandría en clave contemporánea

Es la siguiente. Unos seres no participan de la virtud ni del vicio, por ejemplo las plantas y los animales irracionales, las unas porque carecen de alma y son gobernadas por una naturaleza sin facultad de representación, los otros porque tienen cercenado el intelecto y la razón. El intelecto y la razón serían como la casa, en la que el vicio y la virtud naturalmente residen. Además, unos seres participan de la sola virtud, pero no son partícipes de ningún vicio, como los astros. Se dice que estos son seres vivos, más precisamente seres vivos con intelecto; más aún, cada uno es él mismo intelecto, bueno de pies a cabeza e impenetrable para cualquier mal. Otros pertenecen a la naturaleza mixta, como el ser humano que admite los contrarios, la inteligencia y la demencia, la templanza y la intemperancia, la valentía y la cobardía, la justicia y la injusticia, y, en resumen, lo bueno y lo malo, lo bello y lo feo, la virtud y el vicio. Para Dios padre de todas las cosas era lo más apropiado hacer lo bueno por sí solo, por su parentesco con él, y no dejar las cosas indiferentes a otro, porque tampoco estas son partícipes del vicio que le es hostil, mientras que las mixtas, en un sentido era lo propio que las hiciera, mientras que en otro no lo era. Era lo propio por la idea mejor que les estaba mezclada; impropio, por la contraria y peor. Por eso, sólo en el caso de la creación del hombre dice que dijo Dios «hagamos» (Gn 1, 26), lo que indica la colaboración de otros como una especie de ayudantes, para que se atribuyan a Dios, el señor del universo, las reflexiones y acciones irreprochables del ser humano cuando actúa correctamente, mientras que las contrarias lo sean a sus otros ayudantes, pues era necesario que el padre no fuera causa del mal de sus hijos. Mal son el vicio y las actualizaciones según el vicio[29].

Filón reconoce aquí un problema que debe explicarse. Lo reconoce y lo resuelve, como bien remarcó David Runia (2001: 236-238), siguiendo los parámetros de la filosofía griega, cuyos ecos del *Timeo*, aunque con diferencias, se perciben claramente[30]. Pero más allá del uso, esperable, de la filosofía, es pertinente remarcar que su respuesta no parece haber estado orientada a defenderse de ataques politeístas. En otras palabras, el análisis del alejandrino es disparado por la propia inconsistencia del texto bíblico y no –al menos así se deduce del

---

29   *Opif.* 72-75.

30   También percibido por Niehoff (1998: 145): "Philo clearly argues here by way of conjecture –a method appropriate to philosophical myth. His explanation –namely that God cannot be held responsible for evil and must therefore have employed assistants for man's creation *(Opif.* 75)– closely follows the relevant passage in Plato's creation myth *(Tim.* 42d-e)".

texto– por una lectura en clave politeísta del Ποιήσωμεν. Tampoco, como remarcó Segal (1977: 176), parece preocuparle en exceso la idea de que Dios fuera ayudado[31]. Si bien resalta la potencia de Dios y su prescindencia de cualquier ayuda, termina aceptando que la parte negativa del humano fue efectivamente realizada por agentes que denomina συνεργοί. Vale la pena anticipar estas cuestiones porque los textos rabínicos sí reaccionarán ante tales pasajes[32].

Precisamente el "hagamos", para los rabinos, se tornó un problema grave. Veamos, por ejemplo, la lectura que hizo *Bereishit Rabbá*, comentario de difícil datación pero usualmente pensado como producido *ca.* siglo V:

רַבִּי שְׁמוּאֵל בַּר נַחְמָן בְּשֵׁם רַבִּי יוֹנָתָן אָמַר, בְּשָׁעָה שֶׁהָיָה מֹשֶׁה כּוֹתֵב אֶת הַתּוֹרָה, הָיָה כּוֹתֵב מַעֲשֵׂה כָל יוֹם וָיוֹם, כֵּיוָן שֶׁהִגִּיעַ לַפָּסוּק הַזֶּה, שֶׁנֶּאֱמַר, וַיֹּאמֶר אֱלֹהִים נַעֲשֶׂה אָדָם בְּצַלְמֵנוּ כִּדְמוּתֵנוּ, אָמַר לְפָנָיו רִבּוֹן הָעוֹלָמִים מָה אַתָּה נוֹתֵן פִּתְחוֹן פֶּה לַמִּינִים, אֶתְמְהָא. אָמַר לוֹ כְּתֹב, וְהָרוֹצֶה לִטְעוֹת יִטְעֶה.

El rabino Shmuel bar Najman dijo en nombre del rabino Yohanan: En el momento en el que Moisés estaba escribiendo la Torá y estaba escribiendo los hechos de cada día; cuando arribó al versículo que dice: "Y dijo Dios, hagamos al hombre a nuestra imagen y semejanza", dijo: "Soberano del mundo, ¿por qué das un argumento a los heréticos [*minim*]?". Le dijo [Dios]: "Escribe, quienquiera desee equivocarse, que se equivoque"[33].

Para el momento en el que este pasaje fue construido, Gn 1, 26 ya era, a todas luces, un problema. Los *minim*[34] –según la advertencia de Moisés en el relato– empleaban el plural bíblico para referir a la

---

31 "Here [Segal se refiere a un pasaje de *Mut.* 23, 24] Philo flirts with ideas of providence opposed by the tannaim. Notice too that Philo does not shrink from the idea that God's agents are called gods themselves, nor from the idea that God had help in creation—ideas which the rabbis later opposed".

32 Ciertamente, como sugirieron tenuemente Segal y Runia, podría leerse aquí una respuesta a ciertas posturas gnósticas. Es pertinente, no obstante, aceptar que tal cuestión dista de ser clara.

33 Traducción propia. El pasaje fue bien identificado por Runia (2001: 236).

34 Literalmente, *min* significa especie y, de hecho, las cuatro especies utilizadas en la festividad de *sucot* son llamadas ארבעת המינים (*arba'at ha-minim*, las cuatro especies). *Minuth*, por su parte, puede ser traducido como herejía, aunque en realidad representa el tipo de conducta de los *minim* y, por tanto, la definición está atada a aquello que definamos como *min*. De hecho, en torno a la categoría de *min* existen infinidad de debates. El término fue asociado a gnósticos, a cristianos, a judeo-cristianos y/o a judíos disidentes, entre otros grupos, mientras que ciertos especialistas lo consideraron una construcción artificial que no responde a ninguno de estos grupos en especial. Buenos análisis en torno al término *min*, en Hayes (1998), Schremer (2010) y Langer (2011).

 Filón de Alejandría en clave contemporánea

existencia de una pluralidad divina. Claro que el texto no aclara quienes eran tales herejes. Pero nos basta con notar que los versículos que para Filón representaban un problema filosófico –resuelto mediante una explicación filosófica– para los rabinos ya implicaban un conflicto religioso con grupos alternativos.

En efecto, ya en el *Bavlí*, leemos:

א"ר יוחנן כ"מ שפקרו המינים תשובתן בצידן. נעשה אדם בצלמנו; ויברא אלהים את האדם בצלמו. הבה נרדה ונבלה שם שפתמנ‏ירד ה ' לראות את העיר ואת המגדלכי שם נגלו אליו האלהים; לאל העונה אותי ביום צרתי. כי מי גוי גדול אשר לו אלהים קרובים אליו כה' אלהינו בכל קראנו אליו. ומי כעמך כישראל גוי אחד בארץ אשר הלכו אלהים לפדות לו לעם. עד די כרסוון רמיו ועתיק יומין יתיב הנך. למה לי. כדרבי יוחנן דא"ר יוחנן אין הקב"ה עושה דבר אא"כ נמלך בפמליא של מעלה שנאמר בגזירת עירין פתגמא ובמאמר קדישין שאילתא³⁵

Dijo R. Yohanan, "En cada lugar que los minim desordenaron, hay soluciones a su lado: Hagamos un hombre a nuestra imagen (Gn 1, 26); Y Dios creó al hombre en su propia imagen (Gn 1, 27). Vengan, descendamos y confundamos sus lenguajes (Gn 11, 7); Y el señor bajó a ver la ciudad y la torre (Gn 11, 5). Porque allí Dios se reveló [נגלו, en plural] para él [Jacobo] (Gn 35, 7); Al Dios que me respondió en los días de angustia (Gn 35, 3). Porque, ¿dónde hay una gran nación que tenga a su Dios tan cerca [קרובים, en plural] de ella como el Señor nuestro Dios está siempre que lo invocamos? (Dt 4, 7). ¿Y qué otra nación en la tierra es como tu gente, Israel, cuyo Dios fue [הלכו, en plural] a redimirla para hacerla su pueblo? (2 Sam 7, 23). Y los tronos fueron dispuestos y un anciano se sentó (Dn 7, 9). ¿Por qué esto? La respuesta es según dijo R. Yohanan. Porque R. Yohanan dijo: "El Santo, bandito sea, no hace nada sin consultar a la familia de las alturas, porque está escrito: este asunto lo han decretado los vigilantes, y la sentencia por la palabra de los santos (Dan 4, 17)"³⁶.

El tono del *Bavlí* confirma lo que ya se observaba en *Bereishit Rabbá*. Si bien es cierto que Yohanan pertenece a la segunda generación de *amoraím* (entre mediados y fines del siglo III d.C.), es más seguro

---

35   La tradición manuscrita es relativamente estable. Las únicas diferencias que detectamos son: פימליא en lugar de פמליא en Herzog I; מינין en lugar de מינים en Florencia II.1.8-9 y en Munich 95. Abreviatura de אלהים en Florencia II.1.8-9 y en Munich 95; כרסוון en lugar de כורסוון en Florencia II.1.8-9. Munich 95 parece expresar קרוב en lugar de קרובים. El mismo manuscrito torna dificultoso descifrar la palabra פמליא. En efecto, la letra del Munich 95 torna compleja la comprensión de este.

36   Traducción propia. Un antecedente que utiliza argumentos similares puede hallarse en *Y Berajot* 12d-13a.

analizar este pasaje desde el momento de la edición final del texto en el siglo VI. Es interesante que el texto muestra diversos versículos que generaban polémica con ciertos adversarios religiosos que, nuevamente, no son especificados. La respuesta de los rabinos –al menos la que vemos aquí– opera en dos niveles. Por una parte recupera la unicidad de Dios a través de versículos cercanos que refieren a este en singular. Por la otra, concede que Dios, antes de actuar, consulta a la familia (פמליא, *familia*, directo del latín) celestial. Quienes para Filón –el filósofo helenístico– eran entidades orientadas a salvar la perfección de Dios, se convierten en asesores divinos, en una maniobra que aspira a rescatar el texto sin crear colaboradores directos ni recurrir a una lectura platónica. En relación a esos otros religiosos que ponían en tensión a los rabinos, se ha hablado de gnósticos, politeístas, judeo-cristianos o cristianos, aunque el consenso en torno a la respuesta está aún lejos[37].

A modo de conclusión

Más allá de quiénes hayan sido los grupos que motivaron las lecturas rabínicas de Gn 1, 26, es evidente que no hay paralelo entre escritos filonianos y rabínicos en relación al versículo. La coincidencia, en todo caso, radica en la necesidad de explicar el mismo texto sagrado, lo que nos lleva a un punto de contacto inevitable[38]. El plural bíblico era a todas luces una inconsistencia semántica y tanto Filón como los rabinos buscaron subsanarlo. El texto, evidentemente, no había cambiado, pero las respuestas sí. En Filón el politeísmo era una realidad ubicua; era su contexto y su cotidiano; del mismo modo que lo era la filosofía griega en la que se había formado. Pero tal filosofía –y la gran mayoría de los politeístas– no recurrían al *Tanaj* para discutir con el alejandrino. El *Tanaj* no era campo de batalla. En tal sentido cuando Filón hacía exégesis de este, pensaba en los judíos que lo leían y no en los politeístas. Ciertamente pudo haber concebido un auditorio politeísta. No obstante, no existía una tradición de polémica en base al texto sagrado que obligara a Filón a levantar defensas contra una lectura politeizante, si se permite el neologismo, del "hagamos".

---

37 Un buen resumen de las posiciones en Segal (1977) y en Schremer (2010).

38 Bien resumido por Van der Horst (2006: 126): "We may say that, in spite of the great diversity of solutions of or answers to exegetical problems and questions, the common ground of the first century Alexandrian philosopher and the rabbis of Byzantine Palestine is to be found in the fact that they wrestled with the same questions that the biblical text put before them".

  Filón de Alejandría en clave contemporánea

En el mundo rabínico –sobre todo en la Tierra de Israel– el contexto era diferente. En los primeros siglos, como ya advertimos, el politeísmo poseía tanta vitalidad como en tiempos del alejandrino, pero ello operó, en todo caso, de modo similar a lo que observamos con aquel. Los rabinos, aunque más hostiles que Filón, aceptaron implícitamente –tal vez forzosamente– la coexistencia con los politeístas, cuyas plumas, en general[39], no discutían el texto bíblico. Pero sí lo hicieron, probablemente, los gnósticos (sobre todo los de tendencia cristiana) y, con seguridad, judeo-cristianos y cristianos. Lo que diferencia a Filón de los rabinos, entonces, no es solo su apego a la filosofía grecolatina sino, sobre todo, sus adversarios religiosos. Desde la llegada del cristianismo el texto bíblico sí fue un territorio en disputa. Cada palabra fue debatida y leída en claves diversas. El "hagamos", problema menor para Filón, se convirtió, para los cristianos, en prueba de la existencia de Jesús antes de su advenimiento[40]. La fuerte respuesta rabínica, entonces, no se orientó tanto a atacar a politeístas –insistimos, distantes del debate exegético– sino a los nuevos grupos religiosos que resignificaban el sentido del Antiguo Testamento.

El politeísmo no tensionó la interpretación bíblica ni de Filón ni de los rabinos. Fue el nacimiento de otro monoteísmo que, poniendo en tela de juicio la interpretación de las Sagradas Escrituras, hizo del "hagamos" un problema mayor. Porque a diferencia de los politeístas que aceptaban múltiples deidades, judíos y cristianos compartían Dios y texto. Y en ese acto de compartir, los rabinos debieron reinterpretar un versículo que, para Filón, solo representaba una posibilidad más de comprender los misterios divinos con ayuda de la filosofía gentil.

Bibliografía citada

Assmann, J. (2004). "Monotheism and Polytheism", en S. Johnston (ed.), *Religions of the Ancient World. A Guide.* Cambridge: Cambridge University Press, 17-31.

Avery-Peck, A. (2008). "Tolerance of Idols and Idol Worshipers in Early Rabbinic Law", en J. Neusner y B. Chilton (eds.), *Religious Tolerance in World Religions*. West Conshohocken: Templeton Foundation, 193-217.

Bamberger, B. (1977). "Philo and the Aggadah". *Hebrew Union College Annual* 48, 153-85.

---

39 Podría argumentarse que Celso sí se inmiscuyó en el texto bíblico. No obstante, lo hizo en el marco del ataque al cristianismo y no al judaísmo.

40 Así interpreta, por ejemplo, Justino Mártir el "Hagamos" (*Diálogo con Trifón* 62).

Belayche, N. (2001). *Iudaea-Palaestina. The Pagan Cults in Roman Palestine (Second to Fourth Century)*. Tübingen: Mohr Siebeck.

Belkin, S. (1940). *Philo and the Oral Law. The Philonic Interpretation of Biblical Law in Relation to the Palestinian Halakah*. Cambridge: Harvard University Press.

Bitarello, M. (2010). "Western Suspicion of Polytheism, Western Thought". *Journal of Religion in Europe* 3, 68-110.

Borgen, P. (1997). *Philo of Alexandria. An Exegete for His Time*. Leiden: Brill.

Borgen, P. (1998). "'Yes', 'No', 'How Far?': The Participation of Jews and Christians in Pagan Cults", en *Early Christianity and Hellenistic Judaism*. Edimburgo: T&T Clark, 15-43.

Boyarin, D. (1994). *A Radical Jew: Paul and the Politics of Identity*. Berkeley: University of California Press.

Boyarin, D. (1999). *Dying for God. Martyrdom and the Making of Christianity and Judaism*. Stanford: Stanford University Press.

Calabi, F. (2015). "Il potere regale di Dio e le sue crepe in Filone di Alessandria", en Calabi, F. *et al.* (eds.), *Pouvoir et puissances chez Philon d'Alexandrie*. Turnhout: Brepols, 97-110.

Cameron, A. (2011). *The Last Pagans*. Oxford: Oxford University Press.

Cohen, N. (1995). *Philo Judaeus: His Universe of Discourse*. Frankfurt: Peter Lang.

Cohn, L., Wendland, P. *et al.* (1896-1915). *Philonis Alexandrini. Opera Quae supersvnt*, vols. I-VII. Berlin: Reimeri.

Collins, J. (2005). *Jewish Cult and Hellenistic Culture. Essays on the Jewish Encounter with Hellenism and Roman Rule*. Leiden-Boston: Brill.

Dawson, D. (1994). *Allegorical Readers and Cultural Revision in Ancient Alexandria*. Berkeley: University of California Press.

DuBois, P. (2014). *A Million and One Gods*. Cambridge: Harvard University Press.

Dyck, J. (2002). "Philo, Alexandria and the Empire. The Politics of Allegorical Interpretation", en Barlett, J. (ed.), *Jews in the Hellenistic and Roman Cities*. London-New York: Routledge, 149-174.

Friedheim, E. (2006). *Rabbinisme et paganisme en Palestine romaine. Étude historique des Realia talmudiques (Ier-IVème siècles)*. Leiden-Boston: Brill.

Gambtetti, S. (2009). *The Alexandrian Riots of 38 C.E. and the Persecution of the Jews. A Historical Reconstruction*. Leiden-Boston: Brill.

Goldenberg, R. (1998). *The Nations That Know Thee Not. Ancient Jewish Attitudes toward Other Religion*. New York: New York University Press.

Goodman, M. (1999). "Josephus' Treatise *Against Apion*", en M. Edwards, M. Goodman y S. Price (eds.), *Apologetics in the Roman Empire*. Oxford: Oxford University Press, 45-58.

Goshen-Gottstein, A. (2003-2004). "Polemomania-Methodological Reflection on the Study of the Judeo-Christian Controversy between the Talmudic Sages and Origin over the Interpretations of the Song of Songs". *Jewish Studies* 42, 119-190.

Gruen, E. (2002). *Diaspora. Jews amidst Greeks and Romans*. Cambridge: Harvard University Press.

Hadas-Lebel, M. (1990). *Jérusalem contre Rome*. Paris: Cerf.

Hadas-Lebel, M. (2012). *Philo of Alexandria. A Thinker in the Jewish Diaspora*. Leiden-Boston: Brill.

Halbertal, M. (1998). "Coexisting with the Enemy: Jews and Pagans in the Mishnah", en G. Stanton y G. Stroumsa (eds.), *Tolerance and Intolerance in Early Judaism and Christianity*. Cambridge: Cambridge University Press, 159-172.

Halivni, D. (2013). *The Formation of the Babylonian Talmud*. New York: Oxford University Press.

Hayes, C. (1998). "Displaced Self-Perceptions: The Deployment of *Minim* and Romans in B. *Sanhedrin* 90b-91a", en H. Lapin (ed.), *Religious and Ethnic Communities in Later Roman Palestine*. Potomac: University Press of Maryland, 249–289.

Hayes, C. (2007). "The Other in Rabbinic Literature", en C. Fonrobert y M. Jaffee (eds.), *The Cambridge Companion to the Talmud and Rabbinic Literature*. Cambridge: Cambridge University Press, 243-269.

Jacobs, M. (2000). "Pagane Tempel in Palästina - rabbinische Aussagen im Verleich mit archäologischen Funden", en P. Schäfer y C. Hezser (eds.), *The Talmud Yerushalmi and Graeco-Roman Culture*, vol. II. Tübingen: Mohr Siebeck, 139-160.

Kalmin, R. (1994). *Sages, Stories, Authors, and Editors in Rabbinic Babylonia*. Atlanta: Scholars Press.

Laham Cohen, R. (2017). "Otredad y bestialismo en *b Avodá Zará* y *b Sanedrín*". *Bibliotheca Agustiniana* 8/1, 132-153.

Langer, R. (2011). *Cursing the Christians? A History of the Birkat HaMinim*. Oxford: Oxford University Press.

Lapin, H. (1998). *Religious and Ethnic Communities in Later Roman Palestine*. Potomac: University Press of Maryland.

Loewe, R. (2006). "Gentiles as seen by Jews after ce 70", en W. Horbury, W. Davies y J. Sturdy (eds.), *The Cambridge History of Judaism*, vol. III. Cambridge: Cambridge University Press, 250-266.

Martín, J. P. (2009-2016). *Obras completas de Filón de Alejandría*. Madrid: Trotta.

Mélezè Modrzejewski, J. (2001). *The Jews of Egypt. From Ramses II to Emperor Adrian*. Illinois: Varda Books.

Mondésert, C. (2006). "Philo of Alexandria", en W. Horbury, W. Davies y J. Sturdy (eds.), *The Cambridge History of Judaism*, vol. III. Cambridge: Cambridge University Press, 877-900.

Murcia, T. (2014). *Jésus dans le Talmud et la littérature rabbinique ancienne*. Turnhout: Brepols.

Neusner, J. (1987). *The Bavli and Its Sources: The Question of Tradition in the Case of Tractate Sukkah*. Atlanta: Scholars Press.

Niehoff, M. (1998). "Philo's views on paganism", en G. Stanton y G. Stroumsa (eds.), *Tolerance and Intolerance in Early Judaism and Christianity*. Cambridge: Cambridge University Press, 135-158.

Niehoff, M. (2018). *Philo of Alexandria. An Intellectual Biography*. New Haven-London: Yale University Press.

Novak, D. (2006). "Gentiles in Rabbinic Thought", en S. Katz (ed.), *The Cambridge History of Judaism*, vol. IV. Cambridge: Cambridge University Press, 647-662

Novak, D. y Lagrone, M. (2001). *The Image of the non-Jew in Judaism: the Idea of Noahide Law*. Oxford-Princeton: Littman Library of Jewish Civilization.

Porton, G. (1988). *Goyim: Gentiles and Israelites in Mishnah-Tosefta*. Atlanta: Scholars Press.

Rahlfs, A. y Hanhart, R. (2006). *Septuaginta*. Stuttgart: Deutsche Bibelgesellschaft.

Runia, D. (2001). *Philo of Alexandria. On the Creation of the Cosmos According to Moses*. Leiden-Boston: Brill.

Sandmel, S. (1962). "Parallelomania". *Journal of Biblical Literature* 81, 1-13.

Schäfer, P. (1998). *The Talmud Yerushalmi and Graeco-Roman Culture*, vol. 1. Tübingen: Mohr.

Schremer, A. (2010). *Brothers Estranged. Heresy, Christianity, and Jewish Identity in Late Antiquity*. New York: Oxford University Press.

Schwartz, S. (1998). "Gamaliel in Aphrodite's Bath. Palestinian Judaism and Urban Culture in the Third and Fourth Centuries", en P. Schäfer (ed.), *The Talmud Yerushalmi and Graeco-Roman Culture*, vol. 1. Tübingen: Mohr, 203-218.

Schwartz, S. (2001). *Imperialism and Jewish Society. 200 B.C.E. to 640 C.E.* Princeton: Princeton University Press.

Strack, H. y Stemberger, G. (1996). *Introduction to the Talmud and Midrash*. Minneapolis: Fortress Press.

Van der Horst, P. (2006). *Jews and Christians in Their Graeco-Roman Context*. Tübingen: Mohr Siebeck.

Yadin, A. (2006). "Rabban Gamliel, Aphrodite's Bath, and the Question of Pagan Monotheism". *The Jewish Quarterly Review* 96/2, 149-179.

Yuval, I. (2006). *Two Nations in Your Womb. Perception of Jews and Christians in Late Antiquity and the Middle Ages*. Berkeley - Los Ángeles: University of California Press.

Vidas en común, vidas solitarias: las prácticas ascéticas judías y la lectura de Eusebio de Cesarea

Estefanía Sottocorno

Introducción: Preparación evangélica

En dos de las grandes obras del cristianismo en ascenso durante la primera mitad del siglo IV, la *Preparación evangélica* y la *Historia eclesiástica*, Eusebio de Cesarea alude a las prácticas ascéticas de distintos grupos del judaísmo, siguiendo principalmente los escritos de Filón de Alejandría. Redactadas entre los años 312 y 323, y a pesar de las evidentes diferencias formales, ambas constituyen elementos fundamentales del enorme proyecto apologético desarrollado por este hombre de las letras cristianas tan vinculado a las políticas de Constantino[1]. En este marco común, no obstante, la tradición ascética judía resulta enfocada desde perspectivas muy diversas que responden, sin duda, a las estrategias argumentales específicas de cada escrito[2].

Así, en *Preparación evangélica* Eusebio busca posicionar la novedad del cristianismo en el terreno espiritual que se dividen griegos y judíos, privilegiando el legado de estos últimos en tanto que propedéutica más apta para el cristianismo que las disciplinas paganas. Buena parte del libro VIII, fuente por lo demás invaluable para el conocimiento de materiales filonianos no conservados en griego (*De Providentia*) o perdidos (*Hypothetica*), se aboca a la descripción de las costumbres y creencias del grupo judío de los esenios. El tema es introducido en 8.10 por la singular discriminación del pueblo hebreo en dos clases, de acuerdo con la relación que mantienen con la Ley. De manera que, mientras el común de los judíos se atiene a la letra

---

1   Cf. Di Berardino (2006: 1845-1853).
2   Cf. Niehoff (2015: 185-194).

de la misma, los esenios se distinguen por una interpretación que va más allá de la literalidad, en clave de una "filosofía más divina", y que se materializa en una serie de prácticas virtuosas, tales como el celibato, la moderación en el consumo, el trabajo comprometido y la puesta en común tanto de las ganancias obtenidas honestamente como de los bienes individuales.

La santidad de los esenios

Eusebio asocia de entrada el propio nombre de este colectivo con la santidad. Lo propio había hecho Filón, en *Prob.* 74-75, un tratado donde los esenios son presentados entre los pocos exponentes del género humano que, "mediante hechos y palabras", ponen de manifiesto su compromiso con la sabiduría y la justicia, como los gimnosofistas, quienes "hacen de su vida entera una exhibición de virtud". Estos términos resultan significativos para ajustar el enfoque del ascetismo judío en el marco tradicional de la Ley, respecto de la cual se exige ahora no solo respeto y obediencia, sino también un ejercicio intelectual que apunta al significado velado tras sus enunciados materiales, es decir, hechos (ἔργα), pero también la articulación del propio discurso al respecto en términos racionales (λόγοι). Es precisamente este ejercicio el que habilita al asceta a aprehender la convergencia entre ley y naturaleza, para actuar luego en consecuencia, poniendo de manifiesto lo que Filón entiende, en la huella de los estoicos, como verdadera libertad: "una filosofía que lleva a sus alumnos a practicar acciones loables, por las cuales la libertad que nunca puede ser esclavizada resulta firmemente establecida" (*Prob.* 88).

Desde esta perspectiva, ¿qué significa la santidad que daría nombre a estos esenios? Siguiendo a Filón, en el origen de esta denominación se halla la entrega al servicio de Dios (θεραπευταὶ θεοῦ), la cual se verifica "no por las ofrendas animales, sino por la resolución de santificar sus mentes" (*Prob.* 75), lo cual, según hemos visto, no puede referir sino al disponerse en sintonía con la ley natural universal, a través de una correcta hermenéutica de los significantes de la Ley. En tal sentido, las palabras de Filón resultan nítidas al contrastar el itinerario físico con el espiritual de Abraham, el migrante por antonomasia:

Este es el fin celebrado por los que mejor han filosofado: vivir de acuerdo con la naturaleza, pero esto sucede cuando el intelecto, yendo por el camino de la virtud, avanza según las huellas de la recta

   Filón de Alejandría en clave contemporánea

razón y sigue a Dios, teniendo siempre presente sus mandamientos, poniéndolos en práctica y confirmando sus palabras todas, siempre y en todo lugar (*Migr.* 128).

El panorama que Filón traza acerca de los esenios coincide, a grandes rasgos, con otros dos testimonios prácticamente contemporáneos, los de Flavio Josefo y Plinio el Viejo, aunque resaltan sus declaraciones demográficas: se trataría de un colectivo de unos 4000 individuos, dispersos entre Siria y Palestina, que rehúyen las grandes ciudades en razón de las perturbaciones que acarrean para sus ideales espirituales y que, por el mismo motivo, excluyen de su comunidad tanto a mujeres como a niños, por considerarlos seres volubles a las pasiones (*Prob.* 75-88; *Preparación evangélica* 8.8-9). Por lo demás, a pesar del volumen de aportes que se han hecho en base a los descubrimientos arqueológicos y documentales en torno a Qumrán, que incluyen evidencia convergente con las fuentes clásicas, persisten las dudas acerca de la etimología del nombre que identifica al grupo, así como sobre los orígenes del mismo[3].

En relación a este último punto, sigue siendo controvertida la identificación de los esenios con los *hasidim* –piadosos– del período del segundo templo, especialmente por la dificultad a la hora de circunscribir nítidamente el alcance de un término aplicado a lo largo de mucho tiempo y en situaciones diversas. En este sentido, revisten particular interés las referencias a "los antiguos piadosos", como leemos, por ejemplo, en el *Tratado de Berajot* –bendiciones–, donde además este horizonte ético-cronológico se caracteriza a partir de la concentración y purificación interior como elementos propiciatorios para la comunicación con Dios: "Antes de orar, los primeros *hasidim* meditaban durante una hora para dirigir sus corazones a Dios" (5.1). Y ciertamente, puede resultar atractivo asociar el uso del vocablo en la literatura rabínica para designar a aquellos que defendían estándares excepcionales en la observancia de los mandamientos religiosos y morales con las ideas de Filón acerca de la santidad de los esenios[4].

Pensar bien, actuar bien, bendecir

En todo caso, a partir de la referencia a Dt 11, 26, Filón trabaja con las nociones de bendición y cumplimiento de los preceptos en una

---

3   Cf. Shanks (2005: 143-152).
4   Cf. Skolnik (2007: 390-391).

clave compatible con *Berajot* y parte de sus numerosos comentaristas a lo largo de los siglos, especialmente al describir la felicidad como la convergencia entre las palabras, las intenciones y las obras de un individuo que ha pensado bien:

> El bien no se encuentra a enorme distancia [...] está próximo y muy cercano, enraizado en las tres partes que cada uno de nosotros posee, "en la boca, en el corazón y en las manos", lo que figuradamente significa en la palabra, en el pensamiento y en las acciones. En efecto, pues, si como son las intenciones así fueran las palabras y, si como son los dichos, así fueran las acciones, y si todas estas cosas correspondiesen las unas con las otras atadas por indestructibles lazos de armonía, entonces reinaría la felicidad, es decir, la sabiduría (*Praem.* 79-83).

Esta armonía también es invocada en *Somn.* 2.174, a raíz de lo cual Filón declara: "Es tan grande y hermoso pensar bien —*eu phronein* es la etimología de *euphrosyne*". En *Sefer Hasidim* 46 leemos, por caso:

> Uno no se debe comportar como aquellos que actúan porque así están acostumbrados a hacerlo, y decir con la boca palabras sin pensarlas ni sentirlas. Por esta causa Dios se enoja con su pueblo y nos dijo a través del profeta Isaías: "Porque este pueblo se acerca a mí con su boca, y con sus labios me honran, pero sus corazones están muy lejos de mí".

Así, las bendiciones divinas ínsitas en cada aspecto de la creación y, sobre todo, en las leyes son reconocidas racionalmente, agradecidas con palabras sinceras y puestas en práctica por los hombres piadosos, sabios y justos. Además, la condición del servicio divino, que en Filón delimita regularmente los contornos de la sabiduría, también se asocia explícitamente con la práctica de las bendiciones en la tradición de *Olat Tamid*: "Este es un servicio especialmente importante y elevado y cuando uno reflexiona y concentra su corazón en las plegarias y en las bendiciones, logra un servicio puro y completo, que lo santifica y lo eleva a un nivel muy alto"[5].

Ahora bien, la sabiduría concebida en clave piadosa no permanece recluida en el ámbito religioso privado, antes bien tiene impacto a nivel social, de manera que el servicio divino se traduce en un beneficio generalizado:

> Pues el hombre inteligente no es un bien valioso solo para sí mismo, sino que es un bien común para todos, estando siempre dispuesto a entregar el provecho que de sí mismo emana. Como el sol es la luz

---

5   Cf. Meir (2016: 71-72).

    Filón de Alejandría en clave contemporánea

de todos los que tienen ojos, así también el hombre sabio es la luz de los que participan de la naturaleza lógica (*Somn*. 1.176).

El pasaje es sumamente relevante en tanto propone un modelo alternativo a la corrupción de la política –"que tiene entremezclada solo una mínima parte de verdad, y hay muchas y grandes partes de mentira, de verosimilitud, de persuasión, de imágenes" (*Somn*. 1.220)–, pero también al teórico despreocupado del bienestar del prójimo, entregado así a una actividad vana.

Es precisamente a este a quien Filón interpela, invocando una vieja consigna socrática: "¡Pero, hombre!, deja de observar las cosas de allí arriba, que están por encima de ti y presta atención a las cosas que están cerca de ti, o mejor, investígate a ti mismo de manera imparcial" (*Somn*. 1.54). El autoconocimiento es, de hecho, parte esencial de la sabiduría, en tanto permite comprender que existe un elemento en nosotros que, como el cielo, se vincula íntimamente con lo divino: "pues lo que es santo entre las cosas creadas es el cielo en el cosmos, en el que giran las criaturas incorruptibles e inmortales, y en el hombre, la mente, siendo una emanación divina" (*Somn*. 1.34). Asimismo, debemos comprender que mientras se prolongue esta existencia terrenal, el alma tiene su morada en el cuerpo y que, por necesidad, el hombre somático es un ser gregario. Esto conduce a Filón, sin duda, a considerar la filantropía como una de las virtudes que brotan de la sabiduría.

La ascesis es una escalera inacabable

Ahora bien, aunque los numerosos requerimientos corporales no podrán ser erradicados en nuestra circunstancia actual, el cultivo de las virtudes permite morigerar la urgencia de los mismos, haciendo de quien las practica con compromiso un verdadero atleta, conciente de la importancia de un entrenamiento regular y constante para mantenerse en esa situación intermedia que le depara su condición híbrida: "El virtuoso carece de poco, pues ocupa una posición intermedia entre la naturaleza inmortal y la mortal: tiene una parte con muchas necesidades debido a su cuerpo mortal, pero otra parte sin grandes necesidades porque su alma aspira a la inmortalidad" (*Virt*. 9).

Según explica Filón, podemos acceder a la sabiduría a través de distintas vías, la naturaleza, la enseñanza o la práctica. En la obra filoniana, estas vías de acceso a la sabiduría están encarnadas en las grandes figuras de las Escrituras, Isaac, Abraham y Jacob, respectivamente, cuyas vidas asumen un carácter paradigmático respecto de la virtud, precisamente por haber preexistido a la institución de la legislación mosaica. Y si el ejemplo de Isaac parece, por definición, rehuir cualquier intento de emulación, el itinerario abrahámico y la escalera de Jacob son dos espejos para nuestra fuerza de voluntad, donde Filón pretende con frecuencia que nos miremos. Ciertamente, la de la escalera parece ser la imagen más apta para representar la búsqueda de la sabiduría desde nuestra mentada condición híbrida, que nos conduce a través de sinuosidades y vaivenes constantes, al menos hasta que logremos hacer pie en un terreno algo más estable: "Pero quizá también el asceta se imagine su propia vida parecida a una escalera. Pues por naturaleza es la práctica espiritual un asunto irregular, unas veces sube a las alturas y otras vuelve en dirección contraria" (*Somn.* 1.150).

En todo caso, Filón nos recuerda que la estabilidad plena es prerrogativa de Dios (*Gig.* 20). La inestabilidad humana, en cambio, es consecuencia de las variables materiales que condicionan nuestros esfuerzos por acceder a la sabiduría, inscribiéndolos en una dialéctica de altibajos. Desde esta perspectiva, y pese a la relevancia que Filón otorga a la clave alegórica de lectura, el abandono completo de las costumbres y la letra de la ley no parece recomendable para ningún tipo de sociedad actual, por el contrario, Filón se muestra crítico de quienes actúan "como si vivieran solos consigo mismos, en aislamiento, o como si se hubieran transformado en almas incorpóreas, sin cuidarse ni de la ciudad, ni de la aldea, ni de la familia ni, en suma, de asociación humana alguna" (*Migr.* 90). Evidentemente, no podemos desencarnarnos, en un sentido pleno del término, o como dice Filón, vivir como si fuésemos ya almas libres de cuerpo, lo que nos lleva a asociarnos de una u otra forma al prójimo y a buscar, además de la prudencia y la piedad, también la filantropía. Así, veíamos a los esenios, definidos por su santidad como servidores de Dios, organizados en comunidades donde tanto las cargas como los frutos de las labores físicas y espirituales son compartidos.

Pero Filón nos muestra, además, otro modelo posible de asociación regida por estas mismas virtudes, en su tratado *Sobre la vida contemplativa*. A diferencia de los esenios, los miembros de estas comunidades están abocados a la contemplación, esto es, han renunciado al mundo del trabajo y se han desprendido de sus posesiones, mientras que son asistidos por jóvenes aspirantes en aquellos aspectos que suponen algún nivel de compromiso con la vida activa. Filón se

          Filón de Alejandría en clave contemporánea

apresura a aclarar que no existen entre ellos esclavos, ya que estos contemplativos, como los esenios, reniegan de las relaciones sociales que contravienen las leyes naturales (*Contempl.* 70), y que cualquier principio de jerarquía que se observe al interior de sus comunidades responde a los niveles de desarrollo espiritual alcanzados en el marco de un régimen de prácticas que combina el ejercicio en solitario con la puesta en común de dudas y certezas (67). Entre ellos se encuentran incluso mujeres, en la medida en que presenten inclinaciones espirituales afines a las de los integrantes masculinos (32).

Filón, que tiene en gran estima a quienes se consagran a este tipo de vida, deja entrever, sin embargo, que su tarea está –por definición– siempre en curso, procurando el ascenso hacia Dios por esa escalera inacabable para los seres corpóreos. La perspectiva es, acaso, más nítida desde el discurso de *Somn.* 1.66:

> El guiado por la sabiduría llega al primer lugar, habiendo encontrado al Logos divino, la cumbre y la perfección de la Gracia, pero habiendo llegado allí, no alcanza a llegar a Dios en su esencia, sino que lo ve de lejos. Aún más, ni siquiera es capaz de verlo de lejos, solo ve que Dios está lejos de toda la creación, y que la comprensión del mismo se encuentra en el punto más lejano de todo pensamiento humano.

En todo caso, corresponde a los más aventajados ayudar al resto de los miembros del grupo, en ocasión de las prácticas colectivas, y a todos, en la reclusión cotidiana, dedicar las horas diurnas a los ejercicios espirituales o ascesis. Según leemos en *Contempl.* 28, estas prácticas consisten fundamentalmente en la reflexión sobre los sentidos alegóricos de las Escrituras, cuya prolongación a lo largo del día relega al espacio nocturno los cuidados del cuerpo, que se piensan como poco dignos de ser visibilizados (34). Los ascéticos más experimentados llegan incluso a olvidarse de ingerir alimentos durante varias jornadas de prácticas intensas:

> Algunos, incluso, que tienen más enraizado el deseo de la ciencia, se acuerdan del alimento cada tres días. Otros, de tal manera gozan y se nutren del banquete de doctrinas que les brinda abundante y generosa la sabiduría que hasta resisten el doble de tiempo y toman apenas el necesario alimento cada seis días (*Contempl.* 35).

El hombre es siempre un animal corpóreo y social

Naturalmente, no pueden dejar de comer, beber ni dormir, aunque sea muy frugalmente, de manera que, como los esenios y los hombres de a pie, tampoco pueden abjurar de toda lógica de convivencia, aunque sea muy minimalista. Es cierto que esta de la que se ocupa ahora Filón es harto particular, pero observada de cerca, se atiene a varios criterios de lo más razonables en términos de conveniencia humana:

> Un lugar apropiadísimo que se encuentra más allá del lago Mareotis, sobre una colina baja, óptima posición tanto por su seguridad como por la templanza del aire. En efecto, brindan seguridad las fincas y aldeas circundantes, mientras que proporcionan templanza en el aire las brisas que de continuo van desde el lago abierto al mar y regresan del mar cercano –livianas las que vienen del mar y densas las del lago–, cuya combinación produce la más saludable de las condiciones climáticas. Las residencias de los congregados son por completo simples y ofrecen las dos protecciones más necesarias, contra el calor del sol y contra el frío del aire. No están contiguas como en las ciudades, pues la cercanía es molesta y fastidiosa para quien busca con ansia la soledad; pero tampoco lejos, porque aprecian la vida en común y para ayudarse mutuamente en caso de incursión de bandidos (*Contempl*. 22-24).

Como se ve, salvo por la prevención relativa a la soledad –bastante moderada, por lo demás–, el resto de los requisitos entrarían en consideración para cualquier evaluador pragmático a la hora de determinar su residencia, básicamente seguridad, salubridad y amparo contra inclemencias meteorológicas y ataques de malhechores.

Es probable que Filón conociera de cerca comunidades con estas características, como se ha inferido de la descripción pormenorizada que realiza de la establecida en las cercanías del lago Mariotis[6]. Además, en *Leg.* 2.85 alude a frecuentes experiencias ascético-contemplativas de primera mano, en ocasión de retiros solitarios propiciatorios. La reflexión de Filón al respecto es fundamental para comprender que la quietud del aislamiento es buscada en tanto situación propicia para la contemplación, porque en alguna medida imita la quietud natural de Dios (ἠρεμία, *Praem.* 121), pero no es para el hombre causa suficiente:

> Hay casos en que aíslo mi inteligencia en medio de una numerosa multitud, puesto que Dios había dispersado la muchedumbre de mi interior y me había enseñado que las diferencias de lugares no inciden para mejor o peor, sino que es Dios quien moviliza o conduce por donde prefiere el carruaje del alma.

---

6   Cf. Daumas (1963: 39-62).

    Filón de Alejandría en clave contemporánea

Vimos, de hecho, que las soledades de los contemplativos resultan estratégicamente gestionadas en el espacio, pero también en el tiempo, puesto que alternan regularmente con instancias de reunión, que se celebran precisamente los días sábados (*Contempl*. 30-31), honrando de este modo principios cohesivos clave para distintas comunidades judías.

Más aún, que la filantropía es aliada de la sabiduría se reafirma a través del relato minucioso que Filón ofrece sobre el banquete celebrado cada cincuenta días. La periodicidad de la reunión se ve determinada por el valor recóndito de este número, símbolo de la pureza (*Contempl*. 65), cualidad que a su vez guía todo el protocolo vigente, desde la sobriedad en la comida y los gestos (73-74), hasta la pulcritud del vestido (66). El punto culminante del evento, una embriaguez espiritual (89), se alcanza cuando la dimensión colectiva del mismo incrementa efectivamente la potencialidad contemplativa de cada participante, en virtud del provecho mutuo que reportan los esfuerzos individuales. El regocijo general se expresa entonces mediante el canto que, como vimos, presta voz al acto de la bendición:

> El coro de terapeutas y terapeútrides, mezclando adecuadamente la voz baja de los hombres con el timbre alto de las mujeres en las estrofas alternadas y antifonales, lleva a la perfección un concierto armónico, que es música de verdad. Hermosísimos son los pensamientos, hermosísimos los textos, venerables los coreutas. El fin de los pensamientos de los textos y de los coreutas es la piedad (*Contempl*. 88).

La celebración concluye al amanecer, cuando cada comensal emprende la vuelta hacia su morada, sin haber perdido el autodominio y con el objetivo de seguir trabajando sobre sí mismo en soledad (89), hasta el sábado siguiente, porque el esfuerzo no puede cejar mientras el alma permanezca en un cuerpo. Como leemos en *Somn*. 1.10:

> Pues la vida es breve, dijo alguien, y el arte es grande, y quien conoce mejor su dimensión, es el que profundiza en ella sin falsedad y excava en ella como en un pozo. Por esto se cuenta de uno que estando a punto de morir, lleno ya de canas y de años, rompió a llorar, no por cobardía por temor a la muerte, sino por su deseo de educarse, porque apenas había entrado en los estudios cuando debía abandonarlos definitivamente.

Las ramas de la filosofía

Como los esenios, los contemplativos son caracterizados a partir de su dedicación al servicio de la divinidad, a tal punto que Filón identifica a los últimos con el nombre de terapeutas y terapéutrides. Esta noción de servicio es entendida como prerrogativa del espíritu, "pues el hombre recibió frente a los demás animales el especial privilegio de servir al Existente" (*Somn.* 1.35), y exige ante todo una metamorfosis desde lo más íntimo de la persona: "Esfuérzate, oh, alma, en convertirte en morada de Dios, en templo sagrado" (*Somn.* 1.149). Pero el trabajo de introspección no excluye, según comentamos, el compromiso social. Por el contrario, la diligencia volcada hacia la propia vida interior es beneficiosa para el resto de la comunidad: "Si alguien en una casa o ciudad o tierra o pueblo resulta hacerse amigo de la razón, por necesidad esa casa, ciudad, tierra y pueblo disfrutarán de una mejor vida" (*Somn.* 1.177). Por lo demás, en ambos grupos se manifiesta la preocupación especial por los miembros más vulnerables de la comunidad, esto es, ancianos y enfermos, como parte de un servicio cuyas dos caras son la piedad y la filantropía.

Desde este punto de vista, todos los servidores de Dios son ascetas y también filósofos, es decir, que están siempre en busca de la sabiduría que aún no poseen a cabalidad. Filón sostiene que la filosofía consta de tres ramas principales de investigación, a saber, lógica, ética y física, que son otros tantos canales de acceso diversos a la sabiduría: "La sabiduría suministra esta riqueza a través de doctrinas y principios de lógica, ética, y física, de donde resultan originarse las virtudes, que extirpan del alma el despilfarro y engendran en ella deseos de contentarse con la propia suerte y de austeridad" (*Virt.* 8). Y es a partir de esta discriminación al interior de la filosofía que nos parece posible hallar el fundamento de la discriminación filoniana entre esenios y terapeutas. Así, de acuerdo con *Preparación evangélica* 8.11, los esenios se habrían enfocado principalmente en las cuestiones éticas, subordinando a estas los demás aspectos de la filosofía:

> De la filosofía han dejado la rama lógica a los cazadores de palabras, por ser innecesaria para el logro de la virtud, y la rama física a los observadores de estrellas, demasiado alta para la naturaleza humana, excepto en la medida en que se hace un estudio sobre la existencia de Dios y la creación del universo, pero la rama ética la estudian muy elaboradamente.

    Filón de Alejandría en clave contemporánea

Los contemplativos, en cambio, aspiran a la visión del Ser, de modo tal que Filón los describe como "raptados por el amor celeste" (*Contempl*. 12). Este estado de rapto o posesión se menciona también en *Opif*. 71, asociado a la "embriaguez sobria", a la que ya hemos aludido como culminación del banquete de los terapeutas:

> Una vez que [el intelecto] hubo contemplado en aquella [la sabiduría] los modelos y las formas de las cosas sensibles que vio aquí, superiores en belleza, es poseído por una embriaguez sobria, como los coribantes por el entusiasmo, pleno de la avidez de otro deseo mejor, que lo envía al supremo ábside de lo inteligible, cree llegar al gran rey en persona. Cuando anhela verlo, fluyen a la manera de un torrente invernal los rayos inmaculadamente puros de toda la luz, de forma que con los resplandores el ojo de la inteligencia se encandila y marea.

Es decir que el intelecto, tras abrirse camino airoso entre las cosas de la tierra, el mar y los cielos, con la ayuda de las ciencias (*Opif*. 70), alcanza un objeto frente al cual su capacidad de operación se rinde, se abandona como en una borrachera o un trance extático. Puesto que se trata del "gran rey en persona", este objeto claramente excede nuestras facultades intelectuales, fijando de este modo los límites del conocimiento humano.

Con todo, la diferencia en las prioridades de ambos grupos no excluye de manera absoluta la incursión en las otras áreas de la filosofía. De hecho, a los esenios no les resulta ajena la reflexión acerca de la existencia de Dios y la creación, no porque sean hueros observadores de estrellas, sino porque las leyes éticas, recordemos, son por definición las leyes íntimas de la naturaleza. Y si la retórica artificiosa es rehuida por partes iguales, la lógica permite una conveniente estructuración del discurso, dispositivo indispensable para la comunicación de los avances logrados entre los contemplativos y, por ende, para la progresión de la comunidad como tal. En efecto, las homilías pronunciadas en ocasión de las reuniones periódicas no persiguen el lucimiento de los oradores, "sino el amor por conseguir una visión más nítida de ciertos temas y comunicarla generosamente a quienes, sin tener la misma perspicacia, sí tienen un semejante deseo por aprender" (*Contempl*. 75).

Ahora bien, Filón pone en juego en el conjunto de los escritos que hemos citado, sin lugar a dudas, una ponderación personal de estos modos de vida consagrados al servicio de la divinidad. Y es que si ambos se hallan inmersos en el trabajo ascético cotidiano, buscando ascender peldaños en el itinerario hacia la sabiduría, desde la óptica filoniana los contemplativos llevan la delantera, dado que, como leemos en *Contempl.* 67, ellos trabajan con la "porción contemplativa de la filosofía, que es la más hermosa y divina". Esto supone, de manera conspicua, haber dejado atrás algunas de las costumbres que representan todavía el apego de la persona al mundo material, como el trabajo, aunque sus rendimientos sean compartidos en un marco de convivencia signado por la piedad y la filantropía, como resulta efectivamente de la práctica de los esenios.

Excursus: Historia Eclesiástica

Retomando en este punto nuestra fuente de información inicial, digamos que Eusebio también emitió un juicio muy elogioso acerca de la comunidad del lago Mariotis. En *Historia eclesiástica* 2.16-17, en efecto, se detiene sobre estos virtuosos llamados "terapeutas" –conocidos solo por Filón– y su admirable ascetismo, que lo lleva a asumir erróneamente la identidad cristiana del grupo. Esta aproximación inexacta parece haber complicado, a su vez, la tradición filoniana al interior del cristianismo (Runia 1993: 227-231): de momento, basta observar el impacto del material de Eusebio sobre uno de sus lectores más consecuentes, Jerónimo de Estridón, en este plano. De hecho, este se siente comprometido a considerar a Filón entre los hombres ilustres de las letras cristianas, dado que el filósofo judío "se volcó en alabanza de los nuestros y no solo recordando a los de ahí [Alejandría], sino también a los que estaban en muchas provincias y diciendo que sus moradas eran monasterios" (*Sobre hombres ilustres* 11). Por lo demás, la confusión de Eusebio debe verse en el contexto de *Historia eclesiástica*, una obra donde, a diferencia de lo que veíamos en *Preparación evangélica*, la nación judía se encara desde el prefacio como responsable por la muerte de Cristo y merecedora de las calamidades que se estudiarán, junto con los ataques provenientes del paganismo, en el marco de las sucesiones apostólicas que dan legitimidad a las distintas sedes obispales (1.1.2).

Así pues, en *Historia eclesiástica* 2.16, Eusebio refiere la predicación y fundación de iglesias por parte del evangelista Marcos en Alejandría y, a renglón seguido, la emergencia de un conspicuo movimiento ascético de creyentes en la misma ciudad. El pasaje es de interés, porque concentra y vincula dos núcleos de noticias problemáticas por distintos motivos. El primero de estos núcleos, naturalmente, gira en torno a la figura del evangelista y cabe abordarlo a través de

   Filón de Alejandría en clave contemporánea

la cuestión de la legitimidad de su testimonio. De hecho, en el pasaje inmediatamente anterior, Eusebio relataba la génesis del mismo, afirmando no solo que Marcos había sido compañero de Pedro, sino también que los oyentes de este último lo habían exhortado a que pusiera por escrito su predicación: "y de esta manera se convirtieron en causa del texto llamado *Evangelio de Marcos*". Es más, el apóstol "se alegró por la buena voluntad de estas gentes y aprobó el escrito para ser leído en las iglesias" (*Historia eclesiástica* 2.15).

Algo más adelante y apelando al obispo Papías de Hierápolis, Eusebio añade que Marcos se preocupó especialmente por transcribir de manera exacta las palabras de Pedro, dado que era este quien había oído y seguido al Señor (3.39.15). Es claro, pues, que la vinculación entre Pedro y Marcos resultaba fundamental en vistas a insertar al segundo en la tradición apostólica. Vielhauer (1981: 277-279; 365-372) sostiene que 1 Pe 5, 13 –donde leemos "mi hijo Marcos"– es el escrito más temprano que menciona la relación entre ambos personajes y que, puesto que la carta circuló en Asia Menor, explica la posición de Papías, al margen de su escaso valor histórico.

Desconocemos, por cierto, la identidad del autor del evangelio de Marcos, aunque la tradición referida, según la cual el evangelista habría actuado como intérprete de Pedro, ha llevado a suponer que la redacción tuvo lugar en Roma. Sin embargo, para ciertos estudiosos resulta más convincente situarla en alguna región que conservara la memoria palestina de Jesús, como la Siria griega, años antes o después de la destrucción del templo, según se acrediten o no los supuestos indicios textuales de este acontecimiento fundamental para el judaísmo. Con todo, existe consenso acerca de que su lengua de composición fue el griego, no el arameo, y su público, gentiles cristianizados de la comunidad helenística; asimismo, hoy se acepta generalmente que Mateo y Lucas dependen directamente de su formulación, contra la opinión antigua que la consideraba posterior a Mateo[7].

A este panorama de por sí complejo, Eusebio añade el dato de la predicación pionera de Marcos en Egipto, apelando a una tradición oral no especificada (2.16.1), pero que, como señala De Santos Otero (2003: 461-466), está en la base del *Martyrium Marci*, compuesto en griego en el siglo IV y probablemente traducido al latín muy pronto, a juzgar por la letra del *Carmen* XIX de Paulino de Nola[8]. La noticia se

---

7   Cf. Di Berardino (2007: 3026-3028).

8   De hecho, en el *Carmen* XIX 84-85, Paulino hace referencia al conflicto de Marcos con el culto de Serapis, en Alejandría, elemento fundamental en el *Martyrium: Marcus,*

ha difundido a partir de este punto, con divergencias significativas en los detalles, especialmente los relativos a la secuencia interna del relato, lo que hizo dudar a los investigadores y condujo a algunos de ellos a proponer interpretaciones menos literales de la versión de Eusebio. Así, para Roberts, que había establecido que el factor que llevó a desplazar en Egipto el formato escriturario habitual del rollo en favor del códice fue el cristianismo, la novedad en torno a Marcos tiene que ver precisamente con la entrada de este texto en folios, a través de la ruta comercial que unía el puerto de Puteoli con Alejandría. Burkitt sostuvo, en cambio, que la preeminencia que esta tradición confiere a Marcos se explica por la influencia que su evangelio habría ejercido en el combate contra el gnosticismo[9]. Curiosamente, Chapa (2010: 327-352), que argumenta en contra de la tesis de Bauer y sus seguidores acerca de la tendencia gnóstica del temprano cristianismo egipcio y su apego al evangelio de Juan, muestra que Mateo es tan popular como Juan en la comunidad local, seguidos ambos por Lucas y, con gran desventaja, por Marcos. En todo caso, aunque un argumento *ex silentio* nunca tenga un carácter definitivo, parece verdaderamente clamorosa la omisión de los dos grandes referentes de la escuela de Alejandría Clemente y Orígenes en este sentido.

De manera que, si bien algunos pensadores han suscripto la tesis según la cual el cristianismo egipcio fue inicialmente herético –gnóstico–, hasta el obispado de Demetrio (189-232), existe evidencia acerca de su difusión a través de la importante comunidad judía alejandrina, al menos hasta el quiebre de las revueltas judías de los años 115-117, que tienen graves consecuencias para los miembros de esta comunidad[10]. El cristianismo alejandrino posterior, por lo demás el que conocemos mejor, es el de la escuela catequética, fuertemente influenciado por el pensamiento helenístico y enfrentado a la cosmovisión pagana. Así, si resulta difícil admitir como históricamente válida la tradición que pone los orígenes de la iglesia cristiana egipcia –o más específicamente alejandrina– en Marcos, queda fuera de duda que esta geografía es el hogar de una teología y de un método hermenéutico particulares y determinantes para la historia del cristianismo posterior.

Alexandrea, tibi datus, ut bove pulso/ Cum Iove, nec pecudes Aegyptus in Apide demens. A partir del *Martyrium*, a su vez, deben haberse desarrollado luego los *Acta Marci*. Cf. De Santos Otero (2003: 465).

9   Cf. Barnard (1964: 145-150).

10   Pearson y Goehring (1986: 132-160).

                                                 Filón de Alejandría en clave contemporánea

A modo de conclusión

Mucho se ha discutido sobre la posible identificación de esta comunidad de "terapeutas", como los llama Filón en su escrito *Sobre la vida contemplativa*, e incluso sobre la autenticidad de este texto. Actualmente existe consenso acerca de este último punto, mientras que conviven interpretaciones diversas acerca de la naturaleza del fenómeno terapéutico. En todo caso, resulta verosímil ver en este grupo una comunidad real de personas ligadas a textos y prácticas judaicas, independientes de los esenios y que, dejando atrás una vida de actividad en el siglo[11], pueden haber optado por un retiro ascético-filosófico, centrado en la exégesis alegórica y la expresión clara del sentido "invisible, encerrado en las palabras" (*Contempl.* 77). Por lo demás, semejantes usanzas han inducido a situar a los miembros de este tipo de comunidades –y Filón asegura que existen otras en distintos lugares del mundo, si bien son especialmente abundantes en suelo egipcio (21)– al interior de los sectores dominantes[12], puesto que necesitarían una sólida formación intelectual en vistas a alcanzar su objetivo último de encontrarse "verdaderamente asociados al Padre y creador de todas las cosas por medio de la virtud" (90).

La evaluación desigual que Eusebio ofrece de las prácticas acéticas judías en su obra se explica, en parte, por los diferentes criterios que articulan los escritos aludidos: si en *Preparación evangélica* la tradición judía aparece como un antecedente válido para el cristianismo, *Historia eclesiástica* la cuestiona como opositora a la novedad que representa el mensaje cristiano, dando por hecho que las manifestaciones espirituales encomiables, como la de los terapeutas, podrían ser reconducidas al propio terreno cristiano, de resultar verosímil. Lo que no resultaría verosímil, por otra parte, sería referir la espiritualidad esenia al horizonte de la teología cristiana, dado que este grupo era conocido como perteneciente al judaísmo gracias a otras fuentes al margen de Filón, lo que, como vimos, no ocurría con los contemplativos del Mariotis. De este modo, Eusebio cede a la tentación de asimilar la descripción de esta comunidad filoniana a los cristianos que se describen en *Hechos de los apóstoles* como partidarios de una opción vital ascética, aun cuando reconoce entre los miembros de aquella "antiguas costumbres muy a la manera de los judíos"

---

11   Cf. Calabi (2008: 173-184).

12   Cf. Taylor y Davies (1998: 3-24).

(*Historia eclesiástica* 2.17.2) y, en última instancia, el *modus vivendi* de los cristianos de Hch 32, 4 parece más próximo al ascetismo esenio activo que al contemplativo de los terapeutas y terapéutrides.

Ya a partir del siglo IV, se vuele notorio el modo en que la perspectiva de Eusebio acerca de estos fenómenos condiciona a sus lectores cristianos. El caso de Epifanio de Salamina es de gran interés, puesto que a pesar de ver en los contemplativos a cristianos de la primera hora, apegados todavía a los usos del judaísmo, en consonancia con *Historia eclesiástica* 2.17, postula la identidad entre estos y los esenios (*Panarion* 29), probablemente porque Filón caracterizaba a ambos como dedicados primordialmente al servicio de Dios, esto es, como terapeutas. También el monje Nilo de Ancira fusiona a esenios y contemplativos, aunque afirma, en cambio, que sus prácticas ascéticas son infructuosas, dado que desconocen la buena nueva asociada con Cristo, es decir, que se mantienen en el seno del judaísmo: "pero, ¿qué utilidad sacaron de sus luchas ellos, que eliminaron al que presidía las lides de sus ejercicios ascéticos, esto es, a Cristo?" (*Tratado ascético* 3). Nilo tiene, por cierto, motivaciones personales para realizar esta amalgama, dado que está convencido de la inconveniencia de escindir las esferas de la acción y la contemplación:

> Porque el que separa la acción de la contemplación divide cosas que creemos están unidas por naturaleza y, al elegir una de ellas como realmente buena, da a entender que ambas son extrañas entre sí, corriendo el riesgo de convertirse en piedra de escándalo, sobre todo si pierde el control de su razón y los discípulos prestan atención a razonamientos renqueantes e inseguros (*Tratado ascético* 29).

Durante el siglo V, la versión eusebiana se cargará de un énfasis especial en manos de aquellos receptores cristianos crecientemente comprometidos con el *ethos* monástico, para el que buscan un antecedente tan antiguo como el mismo cristianismo y con las credenciales evangélicas de Marcos. Así, en la noticia que Jerónimo dedica a Filón en su catálogo de hombres ilustres, hallamos una expresión que convalida la lectura de Eusebio sobre los terapeutas, a la vez que tiende un puente entre estos y las florecientes corrientes ascéticas de su propio tiempo: "está claro que, al principio, la iglesia de los creyentes en Cristo fue tal como ahora imitan ser los monjes" (*Sobre hombres ilustres* 11). Casiano, por su parte, remite a los lectores explícitamente al material eusebiano para pensar "la primera infancia en Cristo del nuevo monasterio", destacando que los monjes de Alejandría "recibieron la norma de vida del evangelista Marcos de santa memoria"

   Filón de Alejandría en clave contemporánea

y encomiando el rigor en las prácticas diarias, así como la constancia en las lecturas divinas, a lo que añade también las labores manuales (*Instituciones cenobíticas* 2.2-5), imbuido acaso de una convicción afín a la de Nilo.

Bibliografía

Ediciones y traducciones

Alef-Jojmá (asoc.) (2003). *El Talmud*, vol. II. *Tratado de Berajot (I)*. Madrid: Edaf.

Bejarano, V. (2002). *Jerónimo de Estridón. Sobre los hombres ilustres*. Madrid: BAC.

Ceresa-Gastaldo, A. (1988). *Jerónimo de Estridón. Gli uomini illustri*. Bologna: EDB.

Colson, F. H. (1941). *Philo of Alexandria. On the contemplative Life*. Loeb Classical Library 363. Cambridge, MA: Harvard University Press.

Daumas, F. y Miquel, P. (1963). *Philon d'Alexandrie. De vita contemplativa*. Paris: Cerf.

De Santos Otero, A. (2003). "Martyrium Marci", en W. Schneemelcher (ed.), *New Testament Apocrypha.*, vol. 2. Louisville : Westminster John Knox Press.

Díaz Sánchez-Cid, J. R. (1994). *Nilo de Ancira. Tratado ascético*. Madrid: Ciudad Nueva.

Martín, J. P. *et al.* (2009-2016). *Filón de Alejandría. Obras Completas*, vols. I-V. Madrid: Trotta.

Matthei, M., Contreras, E. y Monjas del monasterio de Santa María, Madre de la Iglesia (2000). *Casiano. Instituciones cenobíticas*. Zamora: Monte Casino.

Seoane, M. (2016). *Eusebio de Cesarea. Preparación evangélica*, vol. II. *Libros VII-XV*. Madrid: BAC.

Sefer Hasidim. Princeton University Database (PUSHD).

Velasco-Delgado, A. (2002). *Eusebio de Cesarea. Historia eclesiástica*. Madrid: BAC.

Vidal, S. (2005). *Filón de Alejandría. Los terapeutas. De vita contemplativa*. Madrid: Sígueme.

Williams, F. (2009). *Epifanio de Salamina. Panarion*. Leiden: Brill.

Bibliografía citada

Barnard, L. W. (1964). "St. Mark and Alexandria". *The Harvard Theological Review* 57/2, 145-150.

Calabi, F. (2008). *God's Acting, Man's Acting. Tradition and Philosophy in Philo of Alexandria*. Leiden: Brill.

Chapa, J. (2010). "The Fortunes and Misfortunes of the Gospel of John in Egypt". *Vigiliae Christianae* 64, 327-352

Di Berardino, A. (2006-2008). *Nuovo Dizionario patristico e di antichità christiane*. Milano: Marietti 1820.

Meir, J. (2016). *Kabbalistic Circles in Jerusalem (1896-1948)*. Leiden: Brill.

Niehoff, M. (2015) "Eusebius as a Reader of Philo". *Adamantius* 21, 185-194.

Pearson, B. y Goehring, J. (1986). *Roots of Egyptian Christianity*. Philadelphia: Fortress Press.

Runia, D. (1993). *Philo in early Christian Literature, a survey*. Minneapolis: Fortress Press.

Shanks, H. (2005). *Los manuscritos del Mar Muerto*. Barcelona: Paidós.

Skolnik, F. (2007). *Encyclopaedia Judaica*. Vol. 8. Detroit: Macmillan.

Taylor, J. y Davies, P. (1998). "The so-called *Therapeutae* of *De vita contemplativa*. Identity and Character". *The Harvard Theological Review* 9/1, 3-24.

Vielhauer, Ph. (1981). *Historia de la literatura cristiana primitiva*. Salamanca: Sígueme.

Índice Filónico

ÍNDICE DE CITAS BÍBLICAS

Nuevo Testamento

Nota sobre los autores

Juan Carlos Alby es Profesor en la Universidad Nacional del Litoral, Universidad Católica de las Misiones, Universidad Católica de Santa Fe, y Doctor en Filosofía (Universidad Católica de Santa Fe), Argentina.

Marta Alesso fue Profesora Titular de Lengua y Literatura Griegas en la Facultad de Ciencias Humanas de la Universidad Nacional de La Pampa, y es Doctora en Letras (Universidad Nacional de La Plata), Argentina.

Pablo Cavallero es Profesor Titular Regular Plenario de Lengua y Cultura Griegas de la Universidad de Buenos Aires, Profesor Titular Ordinario de la Universidad Católica Argentina, Investigador Superior del Consejo Nacional de Investigaciones Científicas y Técnicas, y Doctor en Letras (Universidad de Buenos Aires), Argentina.

Paola Druille es Profesora Adjunta de Lengua y Literatura Griegas de la Universidad Nacional de La Pampa, Investigadora Adjunta del Consejo Nacional de Investigaciones Científicas y Técnicas, y Doctora en Letras (Universidad Nacional del Sur), Argentina.

Rodrigo Laham Cohen es Profesor de Historia Antigua II (Clásica) en la Universidad de Buenos Aires y Profesor de Historia del Mundo Antiguo en la Universidad Nacional de San Martín, e Investigador Adjunto del Consejo Nacional de Investigaciones Científicas y Técnicas, y Doctor en Historia (universidad de Buenos Aires), Argentina.

Laura Pérez es Profesora de Lengua y Literatura Griegas en la Universidad Nacional de La Pampa, y Doctora en Letras (Universidad Nacional del Sur), Argentina.

Estefanía Sottocorno es Profesora de Historia del Pensamiento I y de Extensión Universitaria (Lenguas Clásicas) en la Universidad Nacional de Tres de Febrero, Profesora de Edad Media del IES N°1 "Alicia Moreau de Justo", y Doctora en Historia (Universidad Nacional de Tres de Febrero y Università Ca'Foscari di Venezia), Argentina.